中职·清华版"十一五"规划教材·计算机

黄骁 主编

电子商务实践入门
——从网上购物到开店

清华大学出版社

北京

内 容 简 介

本书站在职业院校学生的立场,以初学者的角度开发实战项目,通过浏览商品信息、网络购物、网络售物、开网店、寻找货源、推销商品、维护交易安全、法律维权等网络交易过程来安排实训项目,引导学生自主创业。全书突出实践特色,以实战的需要选择理论知识进行教学,使学生在网络购物、网络售物和开网店的成功体验中学习电子商务的基础知识,最终能够以适度的理论指导实战技能。

本书适当降低理论起点,强调知识与实践的运用,既可作为全国职业院校电子商务专业教材和社会相关领域培训班教材,也可作为电子商务爱好者的启蒙用书。

图书在版编目(CIP)数据

电子商务实践入门——从网上购物到开店/黄骁主编. —北京:清华大学出版社,
2009.12 (2017.7 重印)
中职·清华版"十一五"规划教材·计算机
ISBN 978-7-302-21263-8

Ⅰ. 电…　Ⅱ. 黄…　Ⅲ. 电子商务－专业学校－教材　Ⅳ. F713.36

中国版本图书馆 CIP 数据核字(2009)第 180412 号

责任编辑:帅志清　张　伟
责任校对:袁　芳
责任印制:刘祎淼

出版发行:清华大学出版社
　　　　　网　　　址:http://www.tup.com.cn, http://www.wqbook.com
　　　　　地　　　址:北京清华大学学研大厦 A 座　　　邮　　　编:100084
　　　　　社　总　机:010-62770175　　　　　　　　　邮　　　购:010-62786544
　　　　　投稿与读者服务:010-62776969, c-service@tup.tsinghua.edu.cn
　　　　　质　量　反　馈:010-62772015, zhiliang@tup.tsinghua.edu.cn
印　装　者:北京季蜂印刷有限公司
经　　　销:全国新华书店
开　　　本:185mm×260mm　　　印　　张:19.75　　　字　　数:438 千字
版　　　次:2009 年 12 月第 1 版　　　　　　　　　印　　次:2017 年 7 月第 10 次印刷
印　　　数:18501~20500
定　　　价:26.00 元

产品编号:034548-02

中职·清华版"十一五"规划教材·计算机

编写委员会

（按姓氏笔画排序）

丛书序

PREFACE

2005年11月7日,温家宝总理在全国职业教育工作会议上强调,要大力发展中国特色的职业教育,加快培养高技能人才和高素质劳动者。在本次会议上发布了《国务院关于大力发展职业教育的决定》,进一步确立了新时期职业教育在全面建设小康社会、加快社会主义现代化建设、构建和谐社会中的重要地位。

1997年、2000年和2006年,我社按照当时社会的需求,先后出版了三套中等职业学校计算机教材,受到全国多所中等职业学校用户的好评。

未来几年内,各行各业计算机及相关技术的技能型人才需求存在巨大的缺口,而这些人才的培养主要靠中等职业教育来承担,因此对教材建设提出了更高的要求。

为适应当前职业教育的发展需要,根据教育部"学制要缩短、课时要压缩、相关专业要打通、强化技能培养"的要求,结合教育部关于技能型紧缺人才培养培训指导方案和劳动部职业技能证书考试,并考虑到目前我国各就业岗位对计算机人才的需求,以及培养的目的主要是为了就业等因素,我们组织北京、江苏、四川、河北、黑龙江等省市有实践经验的优秀教师以及多家IT企业技术专家,遵循"以职业能力为本位,以就业为导向,体现教学内容的先进性和前瞻性,体现教学组织的科学性和灵活性"的原则,编写了本套教材。

本套教材在内容编排上,以提高使用者的职业能力为重点,具有以下特点。

(1) 定位:面向接受技能型人才培养的中职(包括社会培训)学生,突出中等职业计算机及相关专业当前新的教学理念。

(2) 体系:突出任务驱动、项目式教学,以满足新教学需要为首要目标,使学生学习后可以尽快胜任所在岗位的工作。

(3) 内容:反映技术发展,体现先进的教学方法和手段,重点突出实训。选择大量与知识点紧密结合的实际操作案例,力求任务明确、步骤翔实、练习有度、易学易用。

(4)服务:为教师提供培训和交流服务。

本套教材的核心就是采用"项目教学法"理念。该理念打破了传统教材的模式,以"项目"为中心,以具体的应用案例组织知识点,对于要解决的问题,先不讲理论,只探讨解决问题的方法。先学会应用,再回头讲理论,理论以够用为度。这种方式容易激发学生的兴趣,有利于培养学生解决具体问题的职业能力。

为方便教学,我们在清华大学出版社网站(http://www.tup.com.cn)上提供了教学素材供下载。

中等职业教育教学质量的提高,与使用的教材有着极为密切的关系。随着中等职业教育教学改革的不断深入,对所需教材将不断提出新的要求。我们衷心希望全国从事中等职业教育的教师和企业的技术专家与我们联系,帮助我们搞好中等职业学校的教材建设。对教材中出现的问题,欢迎用户们指正。联系方式:010-62781809,shuaizhq@tup.tsinghua.edu.cn。

丛书编写委员会
2007 年 9 月

FOREWORD

根据中国互联网络信息中心(CNNIC)发布的《第 23 次中国互联网络发展状况统计报告》,截至 2008 年年底,中国网民规模达到 2.98 亿人。电子商务是与网民生活密切相关的重要网络应用,其中网络购物市场的增长趋势明显。目前网络购物用户人数已经达到 7400 万人,年增长率达到 60%,网络售物用户人数已经达到 1100 万人,网络售物用户包括通过互联网开店和出售二手物品的用户。在电子商务应用的重点群体中,中小学生和大学生分别占网络购物用户数的 16.2% 和 38.8%,而网络售物只占 2.1% 和 5.2%。为落实国家信息化发展的战略重点,工业和信息化部将电子商务行动计划列入《2006—2020 年国家信息化发展战略》,成为优先制订和实施的战略行动计划之一。据不完全统计,电子商务专业 50% 以上的学生有网络创业的意愿。本书站在职业院校学生的立场,以初学者的角度开发实战项目,通过网络交易过程来安排实训项目,引导学生自主创业。

全书围绕电子商务 B2B、B2C、C2C 三种商务模式和网络营销,以网络交易过程为轴心安排教材内容,具体包括走进电子商务、购买心仪商品、出售首件货品、开网店当老板、寻找稳定货源、推销网店商品、规避商务风险、善用法律维权。

本书特点:①全书将整个网络交易过程分为走进电子商务等八个典型工作任务,将网店企业的生产、管理理念,以企业一系列的真实产品为载体移植到课堂,使学生获得较以前更多、更直接的职业能力,真正实现学校与企业"零对接",实现工学结合一体化;②全书以电子商务中的网络交易职业能力形成为核心,以纵向技能模块递进和横向知识打包跟进为主线,使专业理论、专业实践实现一体化;③全书遵循行动导向驱动、工作任务引领,以淘宝、易趣等流行商务网站为实验平台设计项目实战任务,使教材通用性强、实用性高;④以《三国演义》、《西游记》、《笑傲江湖》等小说人物为原型,用诙谐的语言虚构电子商务故事情景,增强了教材的可读性和趣味性,目标任务也更加明确;⑤本书站在学生的立场考虑学生的实训问题,全书以淘宝、易趣等流行商务网站为实验平台设计项目实战任务,所有实训项目均可在互联网环境下完成,不需要专业的电子商务实训室,通用性强;⑥全书用生动的故事情节构建实训背景,以图解形式呈现教材内容;⑦本书主编既有行业从业经历,又是职教名师,同时邀请企业专家参与教材编写,使教材的内容编排既能满足行业需求,又符合职校生特点;⑧全书配有项目实战题和练习题,可登录清华大学出版社网站(www.tup.com.cn)免费下载,方便学生检测和巩固学习效果。

本书由黄骁主编和统稿,参加本书编写的有:王得利、陆郁(第1章)、杨锐、王蕾(第2章)、岳涛、赵文艳(第3章)、张绍波、李强(第4章)、杨建生、赵俊利(第5章)、绪宝弟、王磊(第6章)、崔涛、张玉凤(第7章)、孙玉章、黄骁(第8章)。彭丽华、吴广宇和张学英也参加了本书部分章节的编写。本书在编写过程中得到谢宝荣、周凤山、张小川等专家的指导和支持,在此表示衷心的感谢! 限于编者水平,缺点与错误在所难免,敬请读者批评指正。

编　者
2009 年 6 月

分配建议:

章	小　计	节	主要内容	合　计	讲　授	实　践
第1章 走进电子商务	8	1.1	体验网络购物	3	1	2
		1.2	尝试网络销售	1	0.5	0.5
		1.3	寻觅进货渠道	2	1	1
		1.4	熟悉货物流通	2	1	1
第2章 购买心仪商品	8	2.1	寻找心仪商品	2	1	1
		2.2	选择商品	2	1	1
		2.3	准备购物	2	1	1
		2.4	购买商品及收货后评价	2	1	1
第3章 出售首件商品	9	3.1	寻找交易平台	2	1	1
		3.2	注册常驻卖家	2	1	1
		3.3	介绍商品资料	3	1.5	1.5
		3.4	上架商品	2	1	1
第4章 开网店当老板	13	4.1	准备开店	3	1	2
		4.2	发布商品	2	1	1
		4.3	装修网店	4	2	2
		4.4	经营网店	4	2	2
第5章 寻找稳定货源	6	5.1	了解行业	2	1	1
		5.2	寻找稳定货源	3	1	2
		5.3	达成供货关系	1	0.5	0.5
第6章 推销网店商品	6	6.1	巧用搜索引擎	2	1	1
		6.2	快捷的联系方法	2	1	1
		6.3	无处不在的网络广告	2	1	1
第7章 规避商务风险	11	7.1	打造安全网络环境	2	1	1
		7.2	交易安全与电子身份证	3	1	2
		7.3	保护商业信函	4	2	2
		7.4	避免交易纠纷	2	1	1
第8章 善用法律维权	8	8.1	了解电子商务交易过程中的法律制度	2	2	0
		8.2	认清电子合同的法律效力	2	2	0
		8.3	使用和保护知识产权	2	2	0
		8.4	维护消费者权益	2	2	0
机动学时	1			1	0.5	0.5
合　计	70			70	37	33

第 **1** 章

走进电子商务

**学习
要点**

- 电子商务的概念和特点
- 电子商务的类型
- 不同进货需求的平台
- 在电子商务交易中货物的发送方法

虚构情景

这是一个发生在大观园里的故事。

计算机信息时代的涛声推开了大观园尘封的大门。听说不几日的工夫,各园子里都装上了计算机,还连了互联网。这可乐坏了喜欢追波逐浪的凤姐。这几年园子里里外外采购的活儿都是凤姐一个人盯着,小到一根针,大到家具摆设,哪一件都是她跑到商场精挑细选的,光鞋都磨坏了好几双。自从上了网,各园倒少见了她忙碌的身影。王夫人想着凤姐是不是躲一边偷懒去了,暗地里看着各房各处的东西却总能够及时补给。下人们好奇却不敢问。倒是心直口快的平儿问了凤姐:"我也不见您出门逛街,这东西怎么就买到了呢?"凤姐得意地瞥了一眼平儿,说:"网上买的呗,网上有专门卖货的网站,足不出户也能买到东西。"浅笑一声道:"这就叫电子商务。"平儿羡慕地点点头,说:"我也要网上购物,您可要带我!""没事,现在我就教你,保你很快就学会。我们先要熟悉购物平台,每一个买家都要经过购买平台买到自己心仪的商品。如果要在网上淘金,就要熟悉销售平台,那是每一个卖家的领地,就像自己开的店铺一样,不过是由网页来替代罢了。"平儿不禁喜道:"当然了,我还要当一个好店主呢。""当好店主可没有那么简单,自然就要熟知进货平台和货物流通的方法了。好店主就要进好货,进货平台可是店主们要心知肚明的。卖出了商品,就要依靠物流商把货物送到买货人的手中,其中的学问也不小哟。不急,不急。就让我们一点点熟悉吧。"

知识链接

电子商务是利用计算机技术和网络技术等现代信息技术平台,将商品交易过程安

2

全、快捷、有效地实现的贸易方式。电子商务的历史可以追溯到 20 世纪 50 年代中期,那时美国首先出现了的"商业电子化"一词。现在的电子商务有广义和狭义两种概念。

广义的电子商务一般被称为电子商业(E-Bussiness),指通过各种电子工具、利用网络环境进行的各种各样的商务活动。这种电子商务采用的工具广泛,从电话、电视、传真到计算机、网络以至更先进的设备,来完成企业全面的商业活动,如市场分析、客户管理(Customer Relationship Management,CRM)、资源调配、企业决策等。

狭义的电子商务也称电子交易(E-Transaction),是指利用互联网提供的网络平台进行商业贸易活动。这种电子商务突出了互联网的实时性、广域性和高效性,也主要以销售商品为主要目的。

无论广义的电子商务,还是狭义的电子商务,都有如下几个特点。

1. 虚拟商品

电子商务中以网页、图片、文字取代了传统商业中的柜台、货架和商品。一方面大大减少了对人力、物力的投入,降低了成本;另一方面突破了时间和空间的限制,使交易活动可以在任何时间、任何地点进行,从而大大提高了效率。

2. 降低成本

现实企业销售商品除了要占用商场柜台,还要通过各种媒体手段如电视、广播等宣传商品,而这些都将最终影响商品的销售价格。但是在网络中,却大不相同。据统计,在互联网上做广告可以提高 10 倍的销售数量,同时它的成本却只是传统广告的 1/10。

3. 减少库存

企业存留货品是因为对于市场信息掌握不及时、动态掌控不全面,而需要存留货品应对市场需求。而电子商务可以通过互联网把市场需求信息高效、准确地传递给企业,企业依据所得信息增产或是减产,从而减少库存积压现象。此外,企业还可以通过互联网及时地找到购买方,将商品销售出去。

4. 交易高效

传统的交易方式是交易双方约定时间,通过信件、电话或传真传递信息,有时由于人员合作和工作时间的问题,会延误传输时间,失去最佳商机。而电子商务中交易的双方可以通过互联网实时地在线洽谈生意,生意达成后又通过互联网相互传递所需报文、单证等,实现了安全、省时、高效。

5. 增加商机

互联网所连接的是世界每一个角落,不受时间和地域的限制,因此,基于互联网的电子商务,可以实现 24 小时全球动作。或许在你睡觉的时间里,你的企业网站正在被地球另一端的某个人浏览,并准备和你洽谈商讨。

6. 实时互动

企业可以及时更新商品的相关信息;买方与卖方之间可以通过互联网实时地交流、洽谈、签署合同等;消费者可以把意见、建议等反馈在企业或商家网站上,而企业或商家可以根据消费者的反馈及时改进,做到良性互动。

1.1　体验网络购物

虚构情景

　　凤姐拉着平儿坐到了计算机前,笑盈盈地打开了计算机。"网上商城指的是专用于销售商品的网站,它把我们平时货架上的商品变成了图片和文字,或是采用其他手段介绍商品。我们先从网上的购物平台看起吧!"平儿随着凤姐的指引,分别浏览了淘宝、易趣、拍拍、卓越亚马逊、当当和阿里巴巴的购物平台,也学会了如何分辨 C2C(Consumer to Consumer,消费者之间)、B2C(Business to Consumer,企业与消费者之间)与 B2B(Business to Business,企业之间)的网站类型。

知识链接

　　走在店铺林立的街道,看着柜台上琳琅满目的商品进行选购,这是人们习以为常的购物方式。从出现"商品"开始,人们就是这样进行买卖交易。但是今天,出现了一种全新的交易方式——网络交易。它由一个新兴的事物,逐渐依据自身的特点和优势发展壮大,走入了千家万户,成为当今商务活动中一颗耀眼的"明星"。它不再以柜台来出售商品,而是采用网络虚拟店铺的形式,将商品的外形、特色等内容以图片、文字的形式描述出来,以供购买者浏览、购买,并通过网络达成买卖协议,实现交易过程。尽管网络上的购物平台风格不同、各有特色,但网络上的购物流程大致相同,如图 1-1 所示。

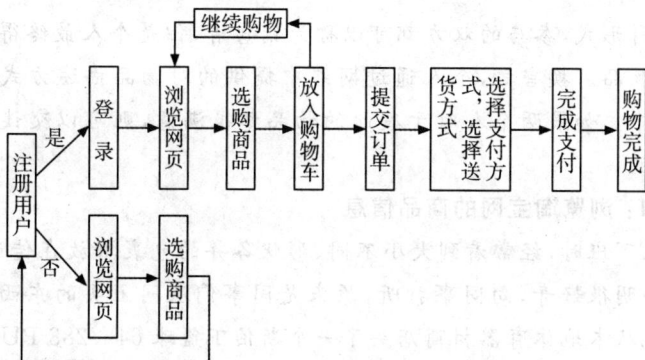

图 1-1　网络购物流程

1.1.1　参观淘宝购物平台

　　淘宝网于 2003 年 5 月 10 日由阿里巴巴集团投资创办,是目前我国 C2C 市场中的佼佼者。截至 2008 年第一季度,淘宝网注册会员超过 6200 万人,覆盖了中国绝大部分网购人群;2008 年第一季度,淘宝网交易额突破 188 亿元。其网站包括计算机通信、男士和女士用品、书籍音像、运动用品、游戏装备等商品拍卖及相关的社区交流。

知识链接

C2C 其实是指个人之间商品交易的活动。第三方研究机构艾瑞咨询集团(iResearch)的研究显示,2007 年 4 月,C2C 类电子商务网站用户覆盖人数为 6380.3 万人。2007 年中国网购市场规模达 514.42 亿元,较 2006 年增长 74%。随着网络用户量以及用户平均消费金额的双重快速增长,其交易额也呈逐年增长的趋势。

消费者与消费者之间的电子商务,其参与销售的一方为个人,那么目前在电子商务中个人的销售主要有以下三种。

1. 个人店铺

个人店铺是个人在网络中从事销售活动最主要的一种形式。一般个人通过“淘宝”、“拍拍”、“易趣”等 C2C 网站平台,申请自己的一个店铺空间,在店铺空间中排列商品以达到销售的目的。这个店铺可以根据销售者的喜好来选择空间的设计风格、色调、布局等,使每一个店铺都体现出个性与特点。而在店铺中销售的商品多是以图片和文字的形式进行说明,以便购买者浏览、了解。

2. 拍卖商品

拍卖商品这种销售形式,一般不需要销售者在 C2C 网站中申请自己的个人店铺。在注册了 C2C 网站会员后,即可通过网站的拍卖方式将自己的商品出售。但是这种商品具有现实拍卖的特点。销售者只能设定商品的价格底线和拍卖时段,不能直接制定销售价格。通过购买者在线竞拍来完成销售活动。

3. 以物易物

以物易物这种形式,参与的双方都可以称为销售者,但是个人最终得到的不是钱币,而是自己需要的物品。换言之,个人通过网络中提供的对物品描述方式,将自己不需要的物品放在网络中。如果两个人对于彼此的物品都很满意,则可以交谈达成协议,以达到出售物品的目的。

实战演练 1-1:浏览淘宝网的商品信息

最近,小明上下班时,经常看到大小不同、形状各异的包裹堆放在传达室。这些包裹每天都不一样,小明很好奇,向同事打听,原来是同事们从网上买的东西,物美价廉。例如,小张花 228 元从本地体育器材商店买了一个斯伯丁篮球 64—288 PU 篮球;李姐从网络上为儿子购买了相同品牌、相同型号的篮球,也是斯伯丁篮球 64—288 PU 篮球,却只花了 75 元,加上快递费 15 元,总价还不到小张的一半。小明平常上网主要看新闻、打游戏、收发电子邮件、聊天,或下载歌曲、电影、软件等,根本没有接触过网络购物,他决定亲自到个人交易量最大的淘宝网遛遛,了解商情。

首先从淘宝网开始,通过对其操作平台的了解来加深对 C2C 概念的理解。进入淘宝网后,应用商品链接查看商品及商家的相关信息。

① 启动 IE 浏览器,在“地址”栏中输入“http://www.taobao.com”,登录淘宝网站,首页如图 1-2 所示。

图 1-2　淘宝网首页

② 一般商家都会对商品进行分类以便于购买者浏览。首先可以查看一下商品的分类表，先明确本网站所经营商品的范围，如图 1-3 所示。

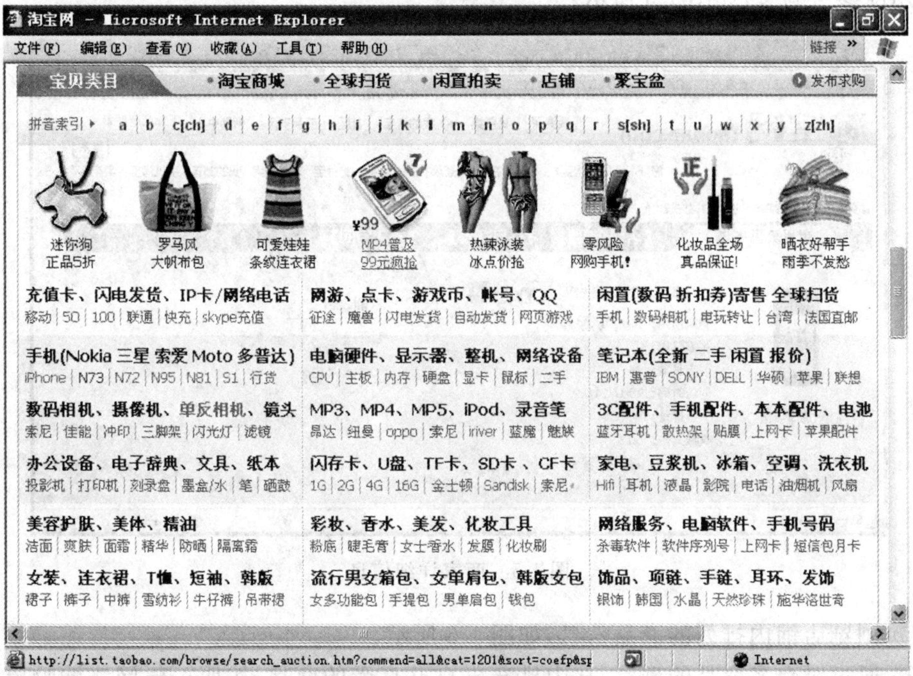

图 1-3　淘宝商品分类

③ 浏览者单击所需要购买商品的种类,如单击"手机"栏下的"N73",则会列出经营这种商品的商家店铺,如图 1-4 所示。

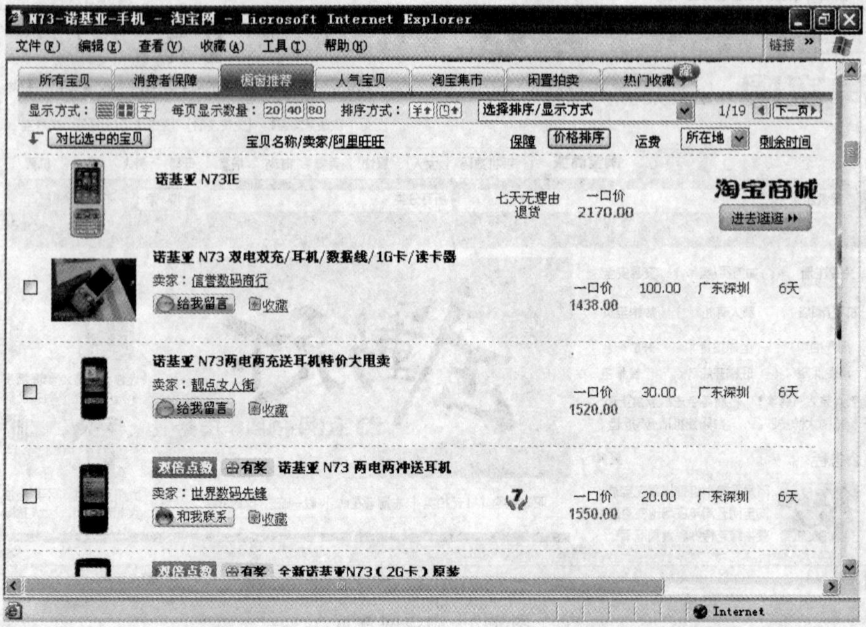

图 1-4　出售"N73"的商家信息

④ 单击商品图片则进入相应店铺内了解商家的基本信息,浏览者可以根据网站给出的信用度参考购买,如图 1-5 所示。

图 1-5　商家详细信息

⑤ 浏览店铺内排列的商品信息,如图 1-6 所示。

⑥ 通过对众多商品的浏览,从中挑选出自己喜爱的商品,按照一般网络购物流程即可购买到自己心仪的商品。

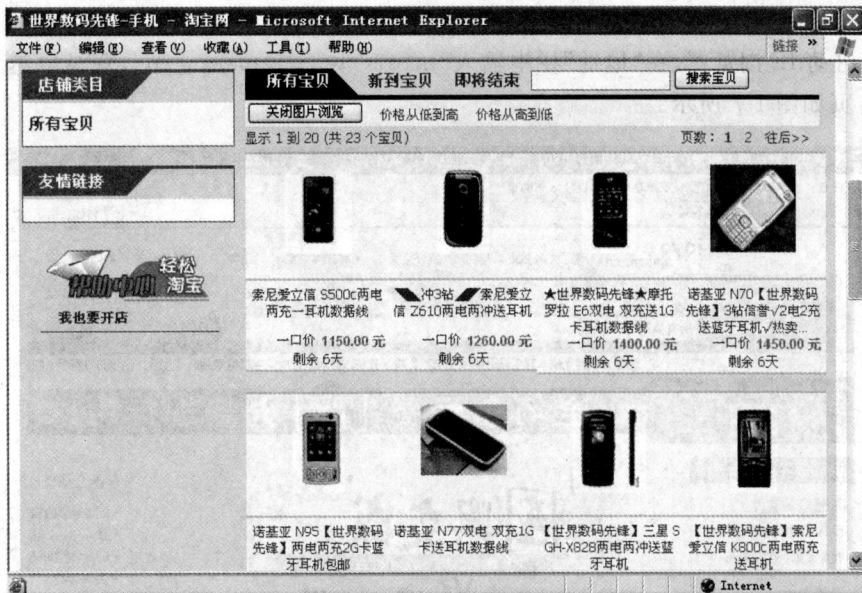

图 1-6　浏览商品信息

1.1.2　参观卓越亚马逊购物平台

卓越网于 2000 年 1 月由金山软件股份公司分拆，发布于 2000 年 5 月，在 2004 年 8 月被亚马逊以 7000 万美元全资收购。2007 年 6 月卓越网更名为"卓越亚马逊"，"amazon.cn"字样出现在卓越公司标志中。亚马逊网上书店（amazon.com）成立于 1995 年，是目前世界上销售量最大的书店，自 1999 年开始，亚马逊网站开始扩大销售的产品门类。现在的卓越亚马逊网站主营音像制品、图书、软件、游戏、礼品等商品。卓越亚马逊网站是我国 B2C 网络交易的典型网站之一。

知识链接

B2C 是指各企业利用计算机网络开展网上销售的一种商业活动。消费者通过浏览企业的网站，来了解、购买商品。B2C 的网络交易模式，即卖方是企业而买方是个人。例如国美网站，就是国美企业与消费者之间的电子商务的体现。没有商场，也没有柜台，节省了空间、人力、财力，没有一个有远见卓识的企业会错过这样的机会。越来越多的企业都开设了自己的电子商务网站，如：美国著名的亚马逊网站，国内的 8848 网站、当当网、国美网站等。

实战演练 1-2：浏览卓越亚马逊购物平台商品信息

小明的表妹即将参加高考，特地托小明买一本高中政治的精解题荟萃。小明跑遍了全城的每个书店，也没有发现表妹指名要买的那本书。正在小明发愁之际，他突然想起了网络购物。网络中各种商品包罗万象，没准儿就有表妹要买的那本书。他急忙打开网页搜索起来，原来网络中还有以经营图书为主的网站，这更便于小明的查找。终于，功夫不负有心人，他在卓越亚马逊的网站中找到了表妹要的那本书。想着表妹拿到书时的高兴劲儿，小明也开心地笑了。

① 启动 IE 浏览器，在"地址"栏中输入"http://www.amazon.cn"，登录卓越亚马逊网站，首页如图 1-7 所示。

图 1-7 卓越亚马逊网首页

② 由于该网站的卖方就是卓越亚马逊，所以浏览的直接是商品，如图 1-8 所示。

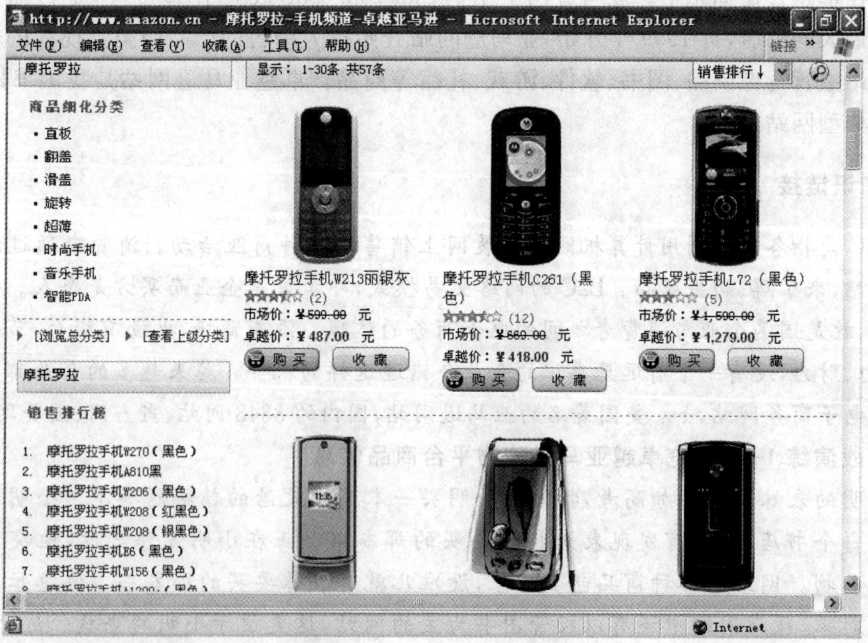

图 1-8 商品排列信息

③ 选中商品,可浏览该商品信息,如图 1-9 所示。

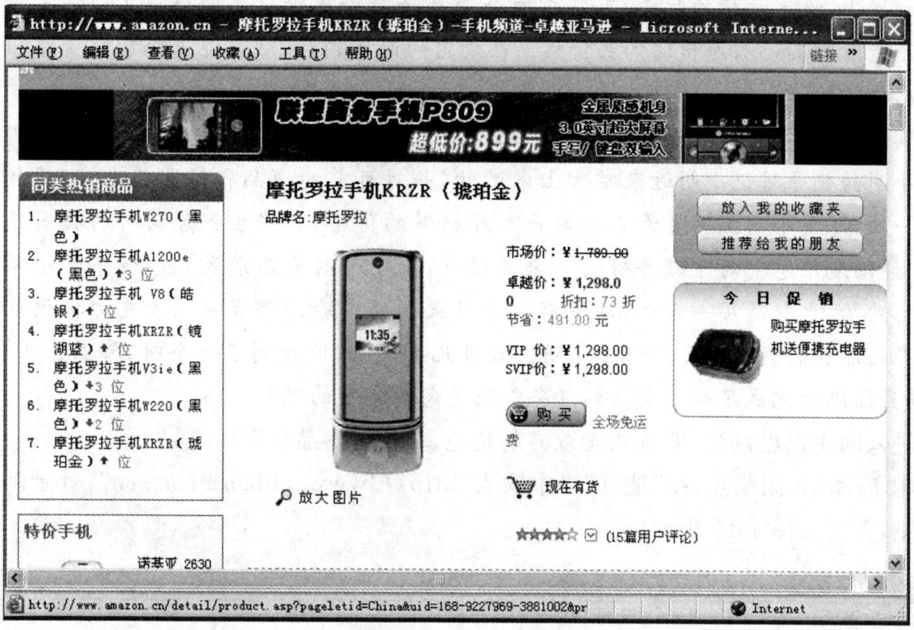

图 1-9　具体商品信息

较 C2C 而言,在 B2C 中购买商品,商家的可信度更高,商品的质量也更有保证。

1.1.3　参观阿里巴巴购物平台

阿里巴巴网络有限公司为阿里巴巴集团成员,是全球领先的 B2B 电子商务公司。阿里巴巴网站负责联结来自世界各地的中小型买家及卖家,主要针对全球进出口贸易,中文网站(http://www.alibaba.com)针对国内贸易买家和卖家。截至目前,阿里巴巴的中英文网上交易市场拥有近 3000 万名注册用户,遍及 240 多个国家及地区。

📖 知识链接

B2B 是指参与销售的一方为企业,购买方也为企业的一种商业活动。目前企业主要采用的形式有以下两种。

1. B2B 网上商城

B2B 网上商城主要是针对各企业进行产品交流、交易洽谈而开设的网站。这种网站要求注册的会员必须是企业,而面对的销售对象也是企业。企业在网站内摆放商品,有需求的企业通过对商品的浏览产生购买意向,通过企业双方洽谈达成协议,实现销售目的。这种形式的交易商品在数量上会有一定的要求。

2. 网上竞标

网上竞标有很多种形式,如卖家将所售物品卖给最高出价者,或买家通过最低价格购买商品等。但都是企业想通过这种形式得到商品的最大利益。如企业将自己的商品发布到网上,设定竞标的时段,有需求的企业就会纷纷出价想要购得商品。一般情况购买方不能看到其他人所出的购买价格。在设定的时段内,销售企业选择理想价格出售给该价格的竞标者。

实战演练 1-3:浏览阿里巴巴商品信息

小明的领导听说小明近来常常上网购物,并对目前的商品行情掌握准确,便找小明谈了一次话,要小明上网查看本公司产品原材料的价格,并将生产原材料的公司及报价具体、详细地汇总。对于领导吩咐下来的任务,小明一时也不敢耽搁。但平常小明都是给自己购物,也就是买一两件,从没有过大量采购的经验。哪家网站有能力提供数量巨大的产品原材料呢?这可难坏了小明。经过几番周折,他找到了一个叫"阿里巴巴"的网站,并且圆满地完成了领导交给的任务。他是怎样完成的呢?

进入阿里巴巴网站,明确买卖双方的角色,并查看商品信息。

① 启动 IE 浏览器,在"地址"栏中输入"http://www.alibaba.com.cn",登录阿里巴巴网站,首页如图 1-10 所示。

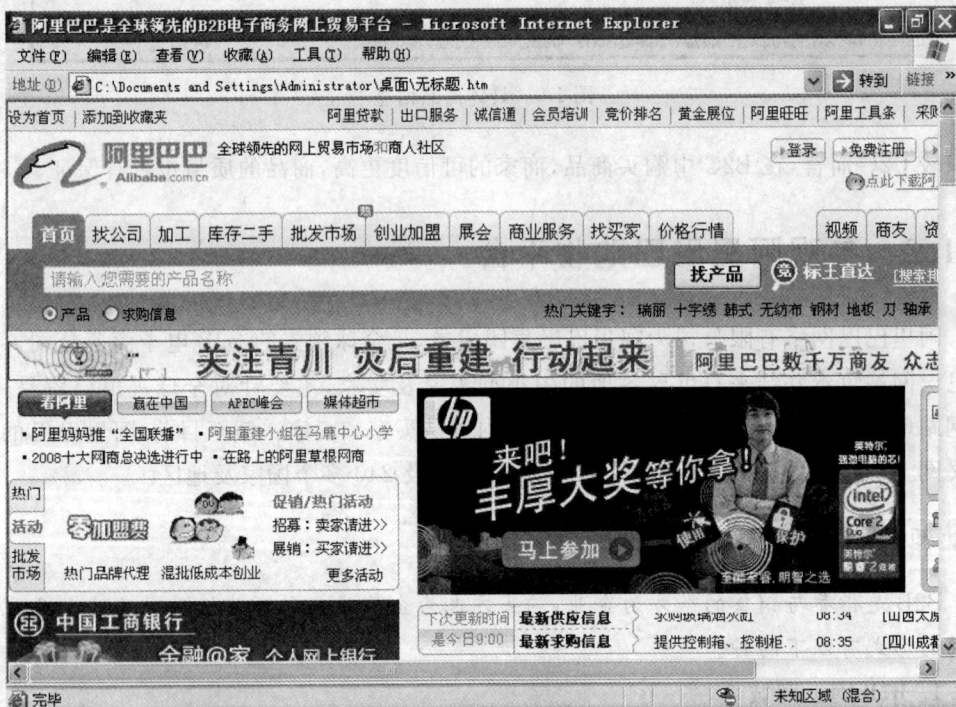

图 1-10 阿里巴巴网首页

② 进入"找公司"网页,查看网站可以交易的公司,如图 1-11 所示。

③ 进入查看生产某一种产品的公司,如查看生产电池的公司,如图 1-12 所示。

④ 在所列出的公司列表中选择公司店铺,进入浏览所需产品,如图 1-13 所示。

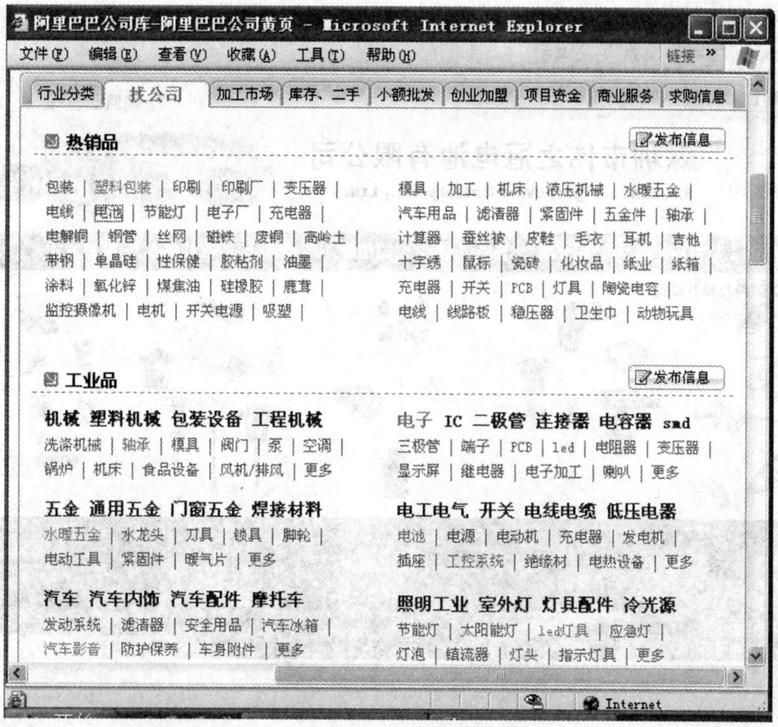

图 1-11　公司种类网页

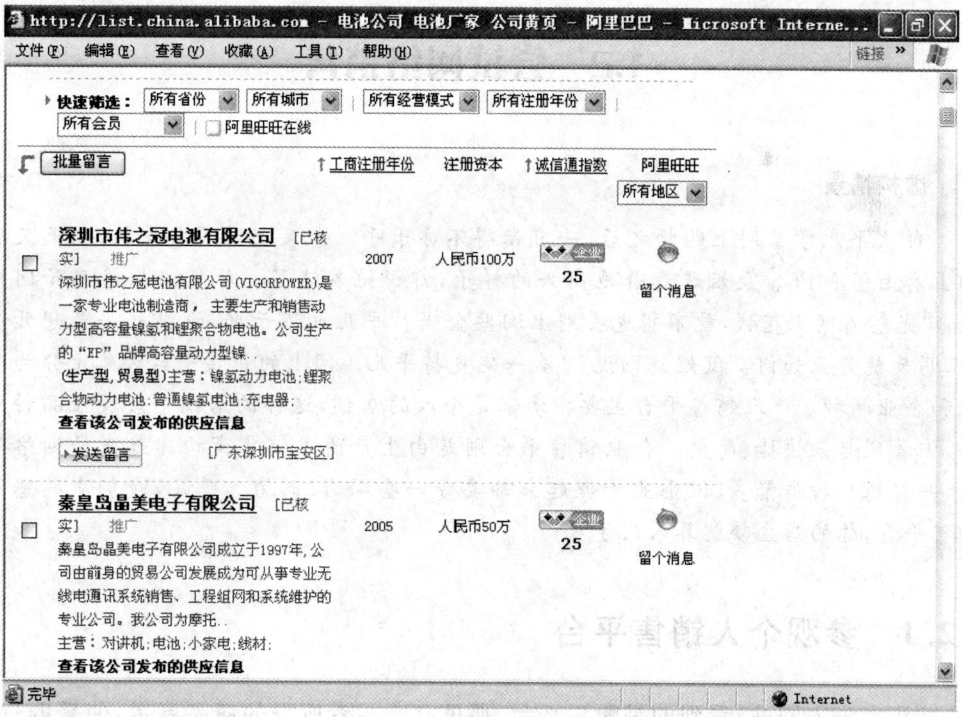

图 1-12　生产电池公司信息

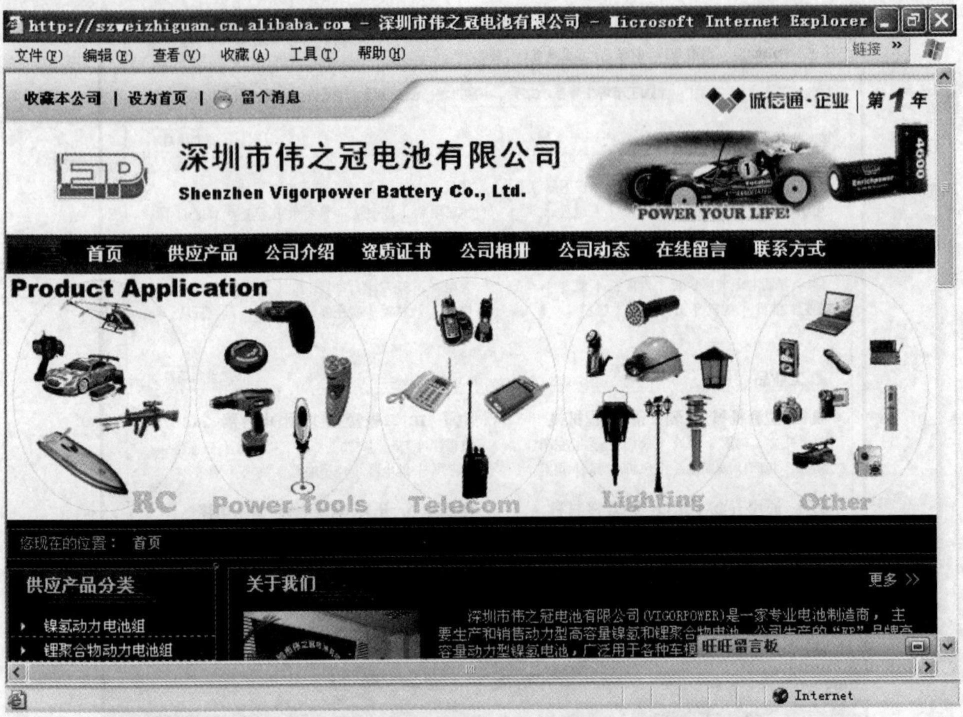

12

图 1-13　公司生产产品

1.2　尝试网络销售

虚构情景

　　自从平儿学了网上购物之后,一直忙得不亦乐乎。今天上网买个手机,明天又从网上看上了 MP5。众姐妹看着她高兴的样子,都说她着迷了。林黛玉摇着扇子问平儿:"光想着网上花钱,就不想也去网上淘些金吗?"平儿也不示弱,说:"我早就想开店了,明天就开业如何?"凤姐鼓励说:"我一定支持平儿。网上的销售平台大体上分为个人和企业两种。个人销售平台主要指卖家是个人的店铺,这样的店铺一般营业品种单一,但管理起来快捷、简单。企业销售平台则是由生产商或销售商构建起来的网络商城,一般商品种类繁多,但企业管理起来却要费一些人力、财力。平儿,我们先熟悉了销售平台,你的店主梦就算入门了。"

1.2.1　参观个人销售平台

　　购买者进入网站,看到的是购买平台,那里有购买者所需的商品展示,使采购过程更方便、快捷。而销售平台则是销售者的领地,包括店铺的风格设定、商品的信息添加、订单的处理等。下面以易趣的销售平台为例，从销售者的角度来体验一下当店主的感觉。

实战演练 1-4：熟悉易趣网开店程序

前几天，小明的表姐在网上开了一个出售饰品的店铺，没想到生意还异常红火，这可让小明羡慕极了。他从小就有做生意的想法，但是自从找到了一份稳定的工作后，这种想法就渐渐淡忘了。同样有着稳定工作的表姐，居然在网上开了店，做起了生意。小明开始萌生了效仿表姐的想法，他决定开一个经营三星手机的店铺，圆自己做生意的梦想。但买商品和卖商品的过程却不一样，现在，就让我们一起看看开店卖货的过程吧。

易趣的个人销售平台，为卖方提供了多种的销售方式，如：竞拍方式、一口价方式、仓储物品方式等。卖方在易趣的网站中注册成功后即可开设店铺。易趣还提供了一个辅助用户管理商品的客户端软件——易趣助理。它可以帮助用户在计算机中快速创建、编辑、储存物品资料，并一次性将物品上传到易趣上，为用户节省大量的时间、精力。在网络中新开设店铺的用户，易趣助理无疑会给予非常大的帮助。

① 进入易趣网页，注册会员后登录，首页如图 1-14 所示。

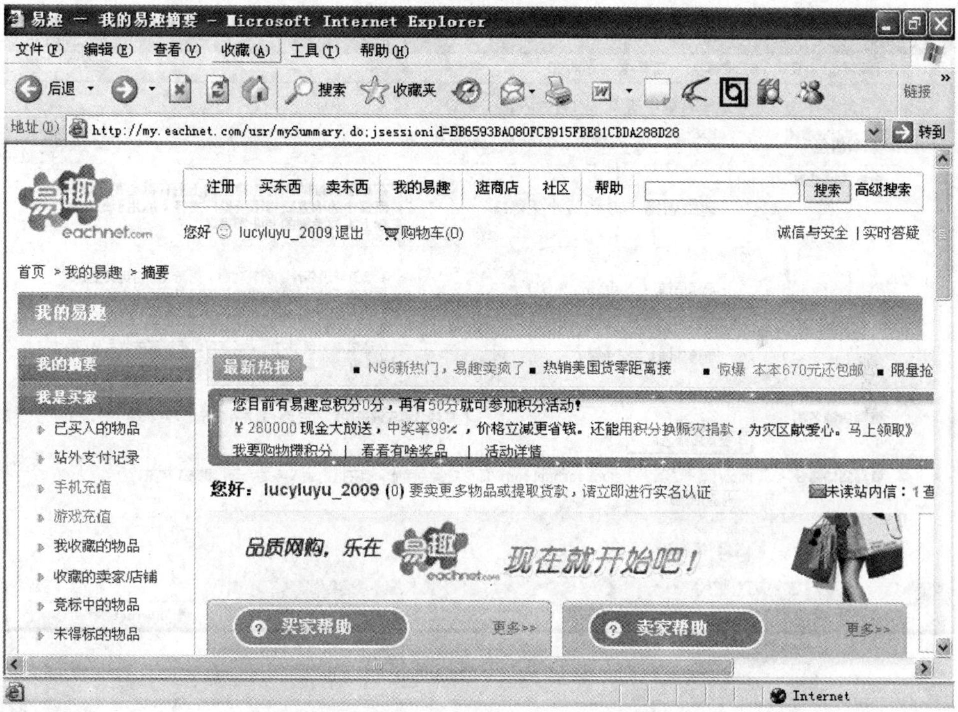

图 1-14　易趣网首页

② 单击窗口左侧"我是卖家"下的"我要开店"，开始当店主的第一步，如图 1-15 所示。

③ 认真、仔细地将店铺及商品的相关信息填写完整，一个店铺就构建成功了，如图 1-16 所示。

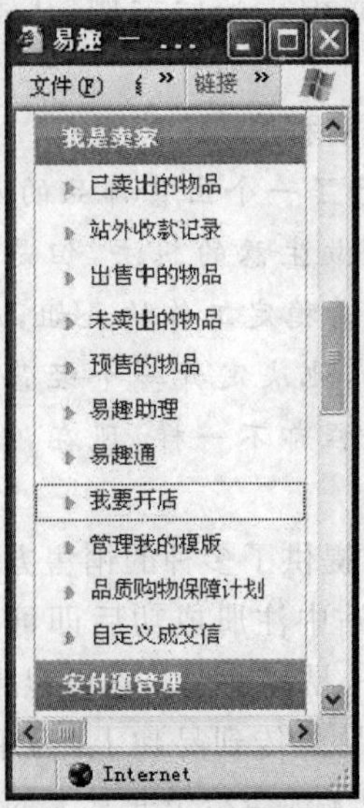

图 1-15 "我是卖家"管理栏

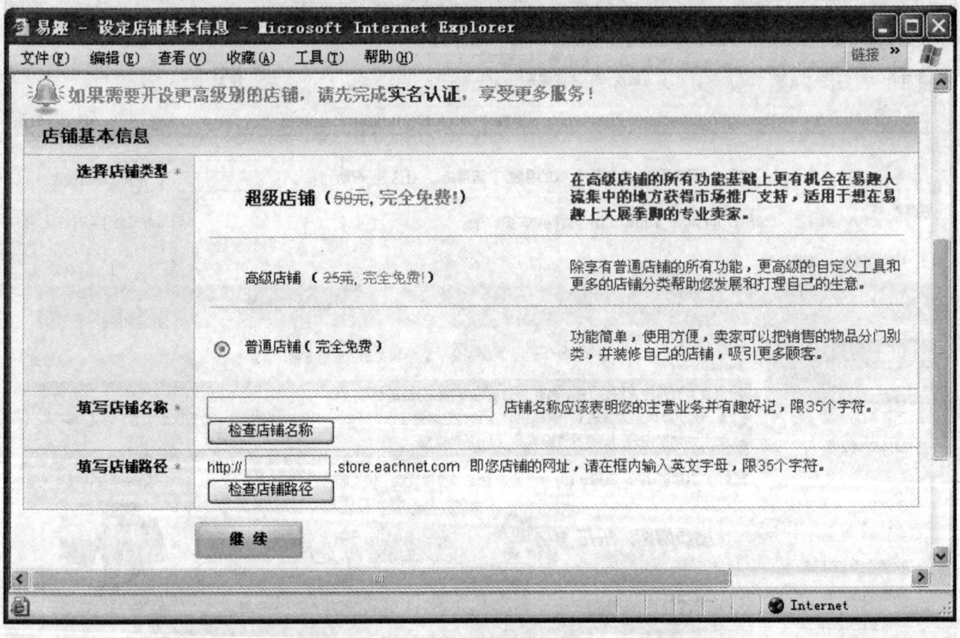

图 1-16 填写店铺信息

④ 进入"我的网易"查看"我是卖家"的信息,这里包括了"已卖出的物品"、"站外收款记录"、"出售中的物品"、"未卖出的物品"等内容,如果想做一个经商有道的店主,就要仔细管理好这些项目。首先是"管理店铺",可以对店铺信息进行浏览、修改操作,如图1-17所示。

⑤ 查看一下本店的商品列表,对商品信息可以进行浏览、修改、删除操作,如图1-18所示。

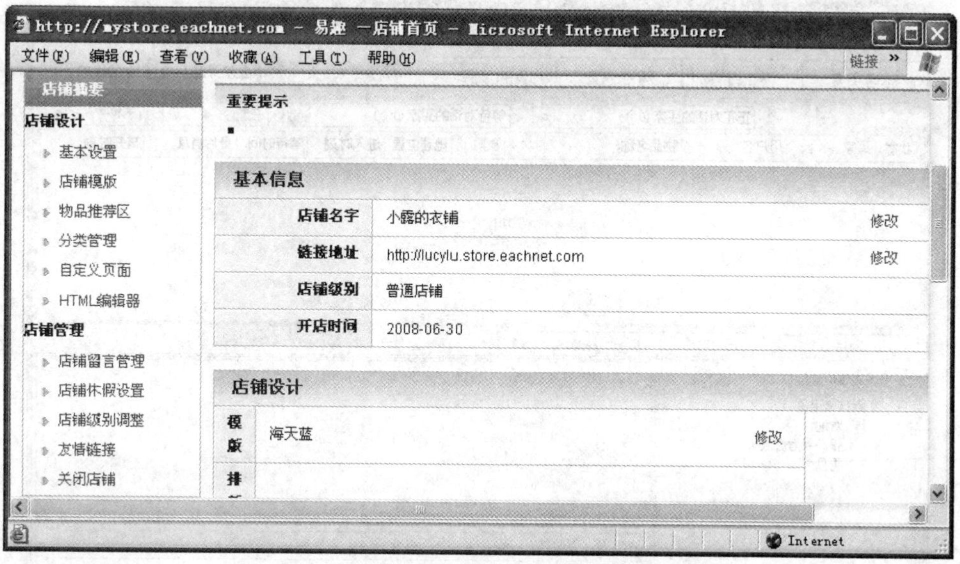

图 1-17　店铺信息管理

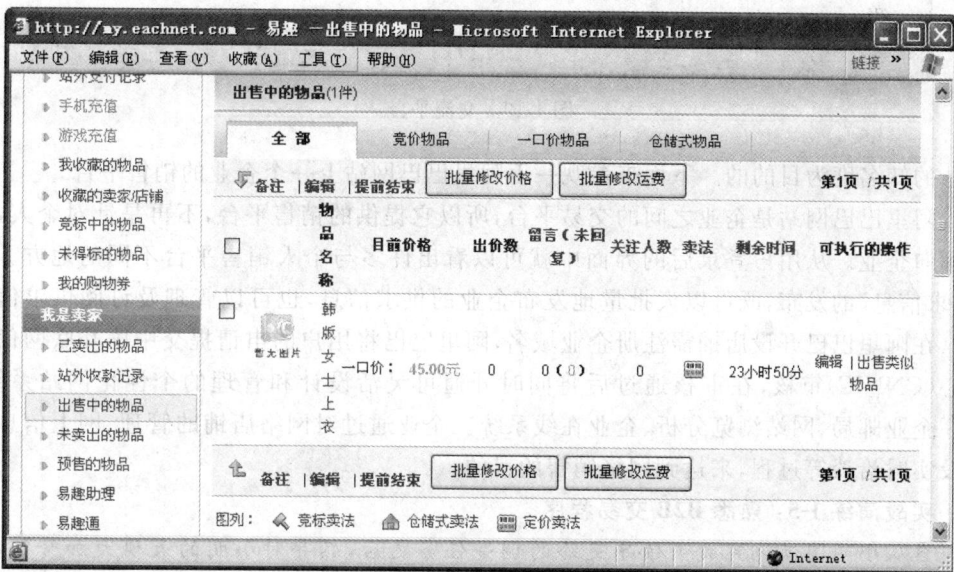

图 1-18　商品信息管理

⑥ 查看一下与买家交流的平台,有些网站为使买卖双方更方便、快捷地洽谈,提供了一些实时的交流工具,如淘宝的阿里旺旺、易趣的易趣通等,如图 1-19 所示。

1.2.2　参观企业销售平台

企业可以通过创建一个网站来经营自己的产品,或是选择一个 B2B 网站构建销售平台。无论选择哪种方式,企业的销售平台都是以利于商品的管理、促进商品的出售、提高

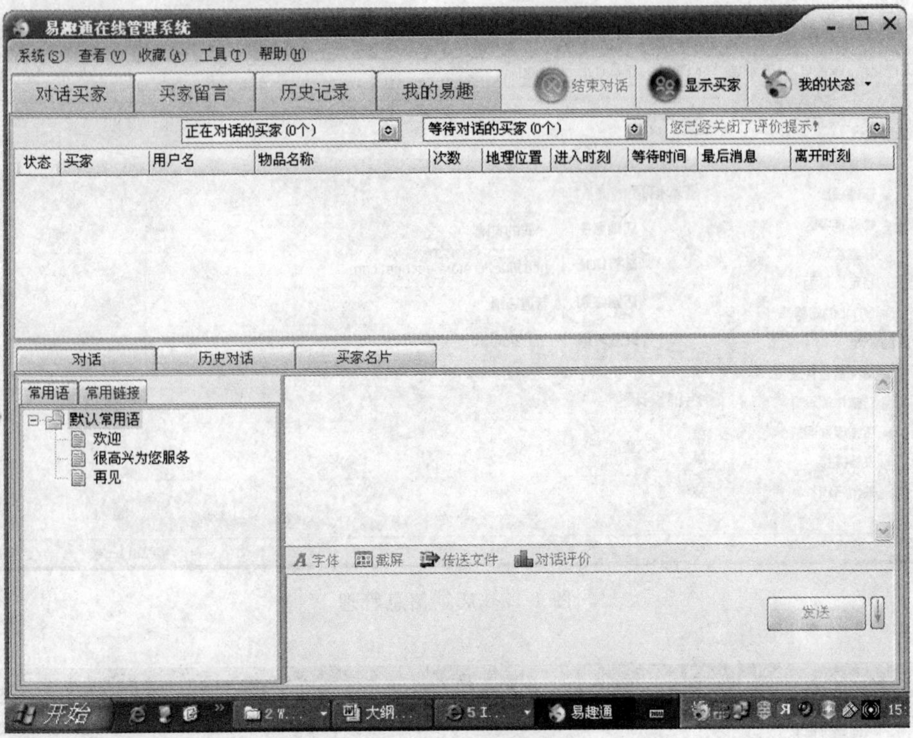

图 1-19　交流平台

企业的知名度为目的的。下面来参观一下阿里巴巴网站上一个企业的销售平台。

阿里巴巴网站是企业之间的交易平台,所以它提供的销售平台,不再是针对个人,而是面向企业。从用户登录后的界面中就可以看出许多与个人销售平台不同的地方。如"供求信息"的发布,既可以大批量地发布企业的供求信息,也可以管理及订阅供求信息等。在阿里巴巴开设店铺需注册企业域名,阿里巴巴将用户的申请提交中国互联网信息中心(CNNIC)审核,在审核通过后将同时开通可灵活设计和管理的个性化网站系统、20G 企业邮局、网站浏览分析、企业在线系统。企业通过对网络店铺的管理、网上信息查询及实时洽谈等过程,来达到网络销售的目的。

实战演练 1-5:熟悉 B2B 交易程序

自从小明圆满地完成了领导交给的调查任务之后,领导对小明的表现大加赞赏,并给小明布置了一项新的任务,要求小明在网络交易平台中建立一个本企业的销售平台,让所有浏览该平台的企业都可以看到本公司所生产的产品。这样不仅可以扩大企业的知名度,还可以招揽更多的商业合作伙伴。阿里巴巴网站是企业之间的交易平台,蕴藏着很多商机。小明首先登录了阿里巴巴网站,开始了完成任务的第一步。接下来,他按照阿里巴巴网站的要求,开始逐步建立起公司的销售平台。

① 企业申请阿里巴巴会员后登录网站,这里包括公司的"供求信息"、"公司介绍"、"留言"、"交易管理"等项目,如图 1-20 所示。

② 公司介绍是让别人认识公司最直接的方式,一定要详细、完整地填写好本公司介绍,如图 1-21 所示。

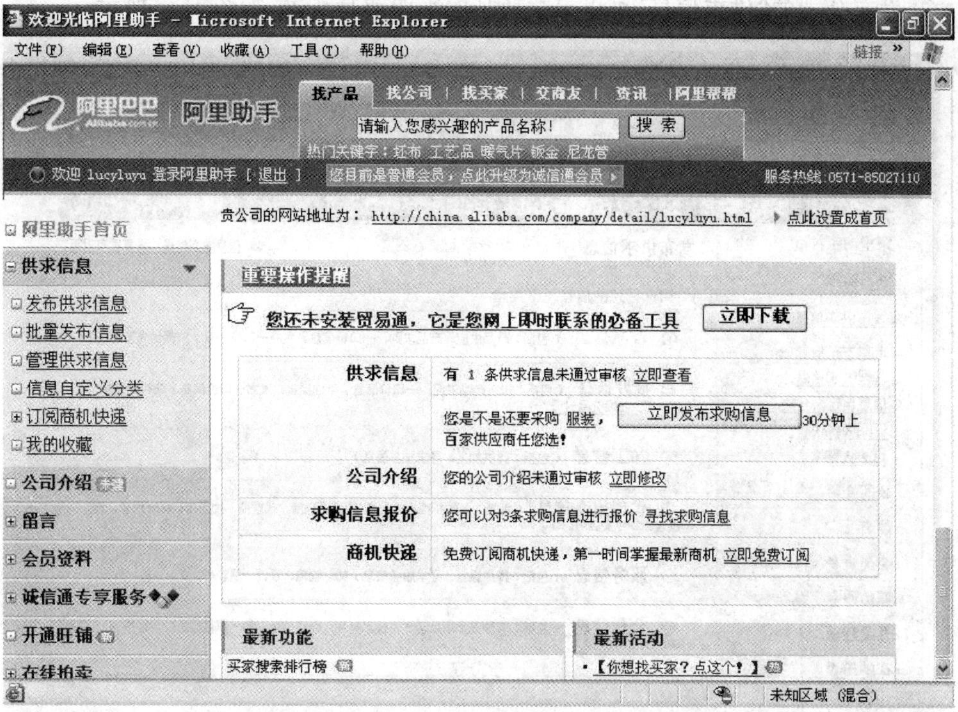

图 1-20 企业信息管理

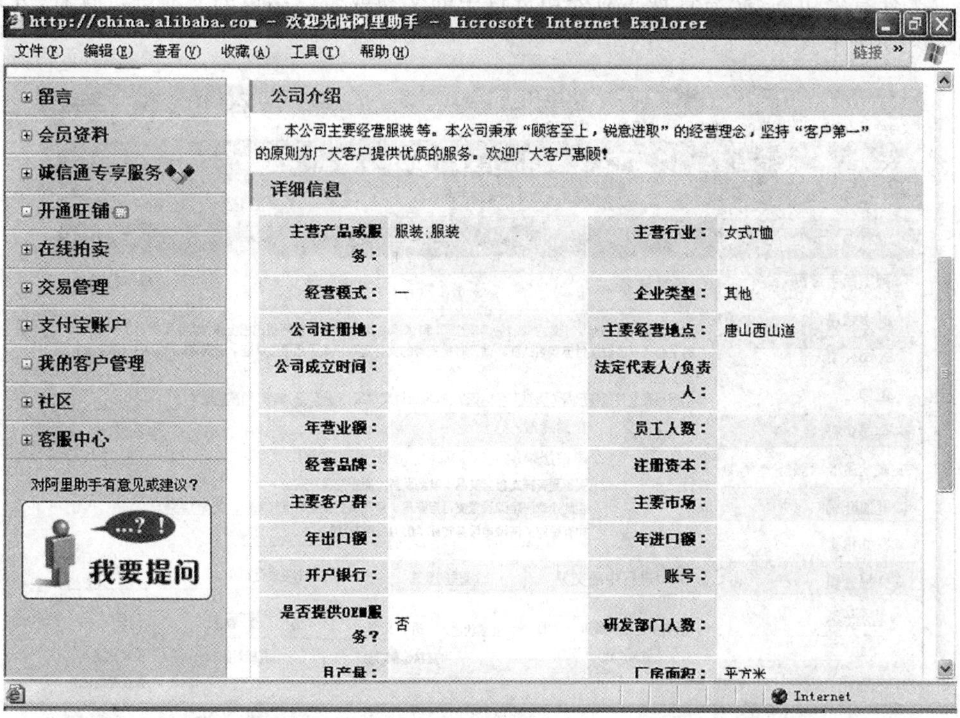

图 1-21 公司介绍

③ 发布公司的"供求信息"可以寻找商品的来源或是买家，如图 1-22 所示。

图 1-22　发布供求信息

④ 查看公司的"交易管理"，对公司进行中的交易或是已结束的交易进行查看、处理，如图 1-23 所示。

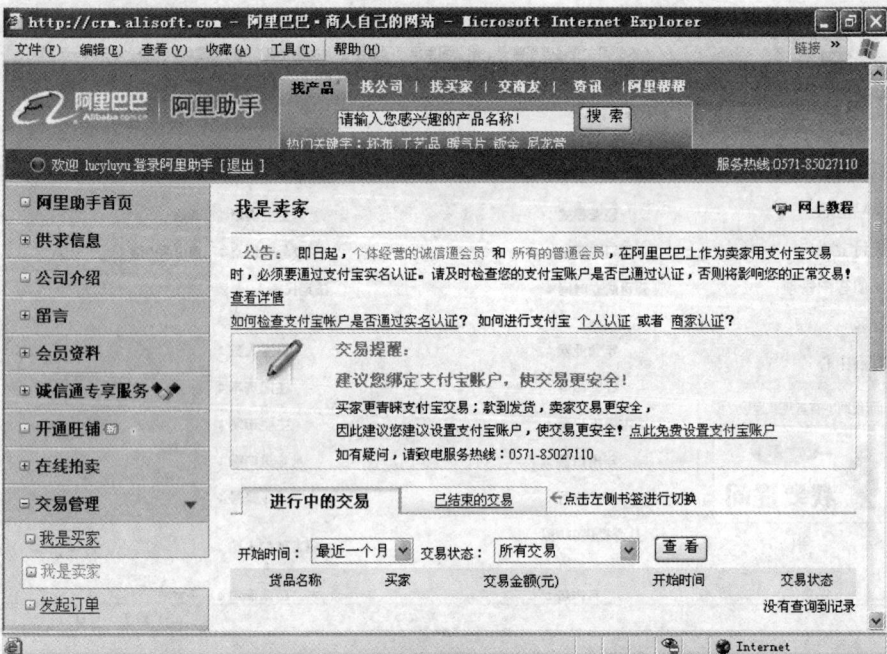

图 1-23　交易管理．

⑤ 查看公司的"我的客户管理"，对本公司的客户做到了如指掌，如图 1-24 所示。

图 1-24　客户管理

1.3　寻觅进货渠道

虚构情景

　　平儿决定在网上开一家名叫"豪利来"的店铺，可上哪里去进货呢？平时上街购物，平儿在行，商场、专卖店在哪儿她都清楚。但是要成批的进货，平儿就摸不到门道儿了，她决定找凤姐求教。凤姐听完，鼓励了平儿一番，之后浅笑道："要说去哪儿进货，姐姐也是知道的，但是网络包罗万象，可供你选择的货源不知比市场多多少呢，又不用东奔西走的，还是去网上找找供货商吧。"平儿一听如梦初醒。她进入了阿里巴巴网站，但那里多是提供企业进货，不太适合这个小本经营店铺。之后她又想着代理一个知名的品牌，便进入雅芳想一试身手。最后还是在个人进货平台上找到了适合自己的货源。下面我们随着她的进货探索一起来参观一下进货平台吧。

1.3.1　寻找企业进货平台

　　如果想大批进货又价格便宜、质量可靠的话，可以直接进入企业交易的平台，与企业直接对话。阿里巴巴网站是典型的 B2B 网站,企业可以在这里进行产品信息的交换。网站里不仅有大量的销售信息,也存在着很多的供给信息。企业可以在众多的信息源中找到满意的对口企业进行洽谈、协商。下面就来参观一下企业的进货平台。

实战演练 1-6:通过阿里巴巴寻找企业进货平台

小明为公司建立了销售平台,实现了网络销售的突破,更促成了几次大额销售的业绩,公司的销售额有了大幅度的提高。现在单一的供货商已经不能满足本公司产品原材料的需求了。领导决定,让小明配合采购科的同事在网络中找一些可以提供原材料的公司。小明驾轻就熟地登录了阿里巴巴网站。这里的企业商品信息,可以为小明和同事们提供足够的选择空间,还可以发布产品需求信息,等待着有意向的企业前来联络、洽谈。

进入阿里巴巴网站,浏览所需产品,并查看相关信息。

① 启动 IE 浏览器,在"地址"栏中输入"http://www.alibaba.com.cn",登录阿里巴巴网站,首页如图 1-25 所示。

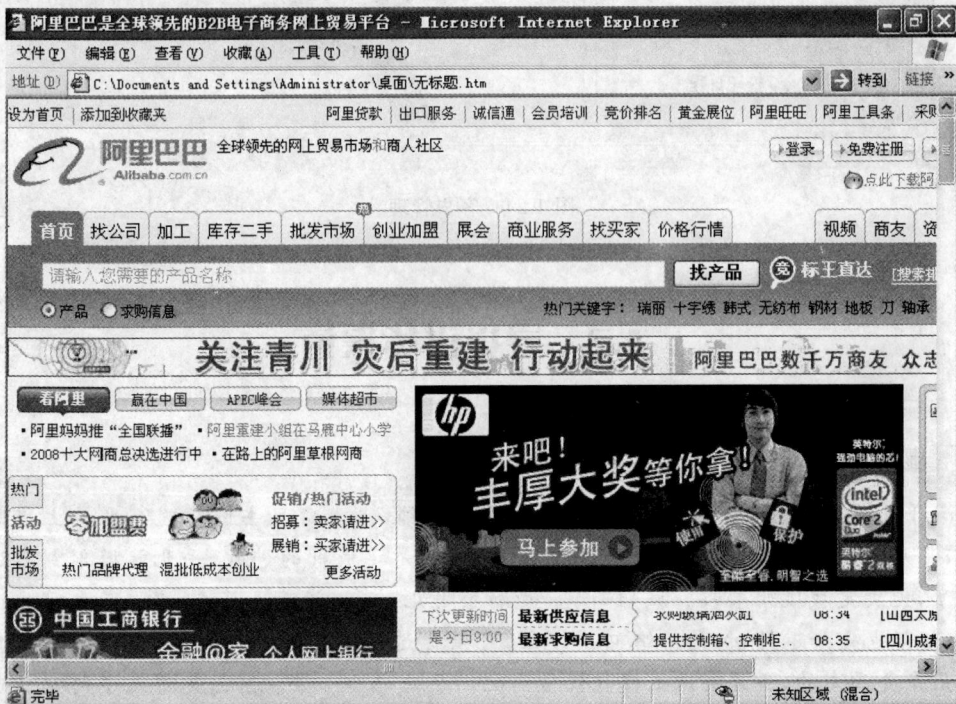

图 1-25 阿里巴巴网首页

② 进入"批发市场"网页,浏览所需商品,如图 1-26 所示。

③ 单击所需商品,查看所有货源物品,如图 1-27 所示。

④ 进入商家店铺查看商品,进行洽谈以达成协议,如图 1-28 所示。

也可以直接进行商品搜索,查看商家信息后,进入商家店铺洽谈。

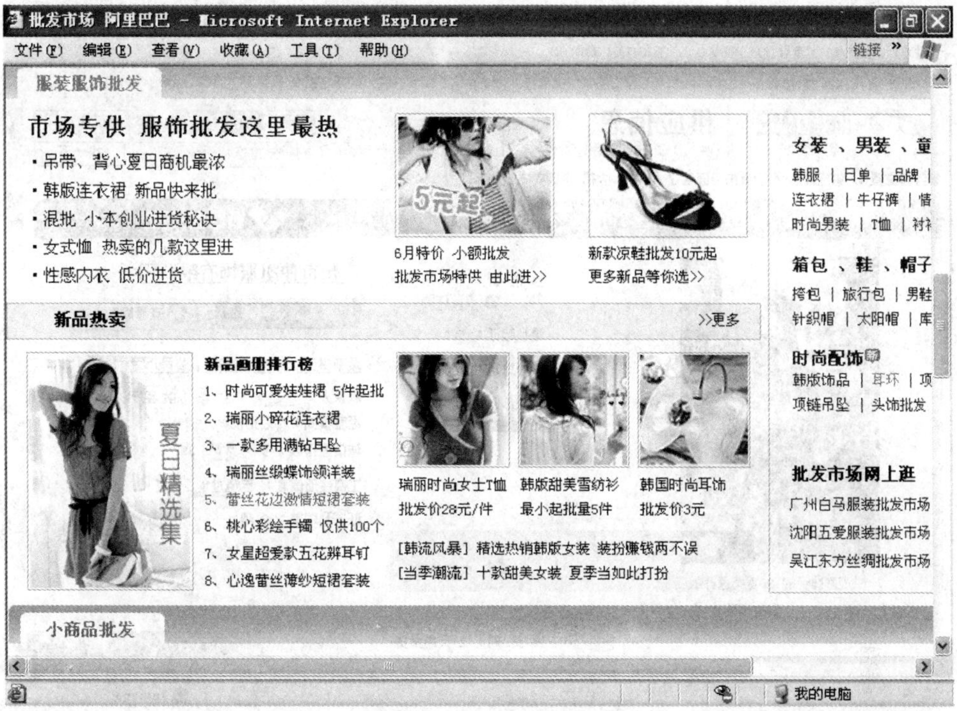

图 1-26　批发市场网页

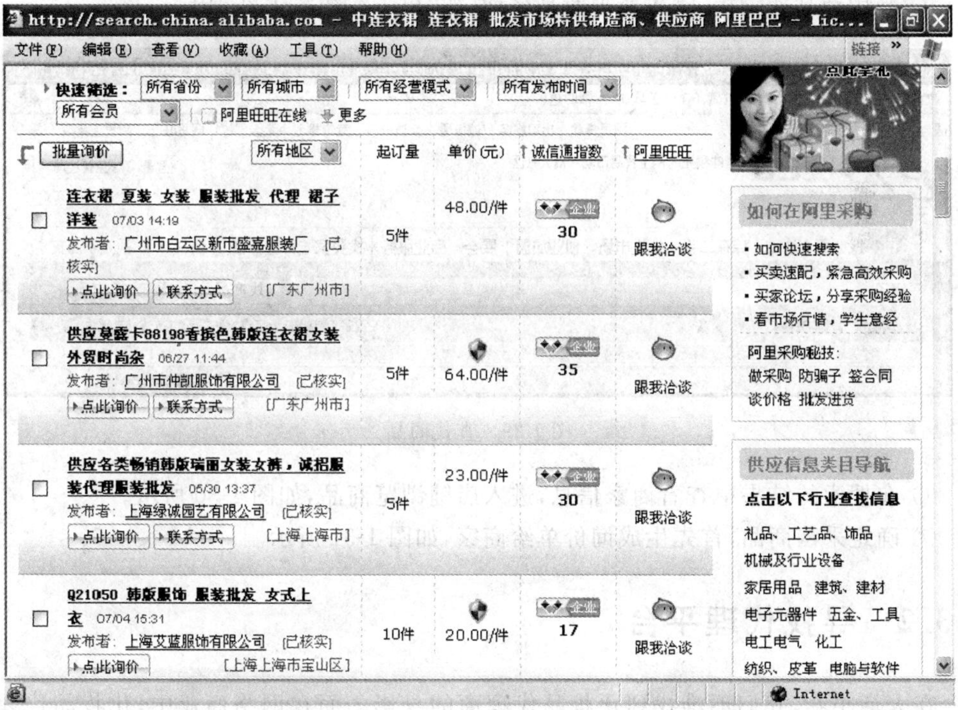

图 1-27　查看货源信息

图 1-28 商品信息

⑤ 利用商品搜索栏,输入所需商品名称,如"裙子",如图 1-29 所示。

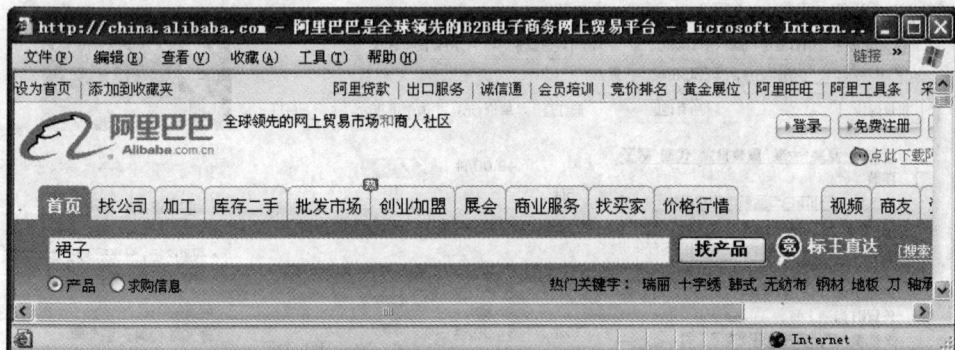

图 1-29 查找商品

⑥ 在搜索的结果中查看商家信息,进入店铺浏览商品,如图 1-30 所示。

⑦ 确定采购商品,首先生成询价单给商家,如图 1-31 所示。

1.3.2 寻找代理平台

在大街小巷,我们不难找到化妆品代理商的身影。而在网络商业中,化妆品代理也一样随处可见。要想做一个成功的商家,做品牌代理也是一个很好的选择。雅芳,这个

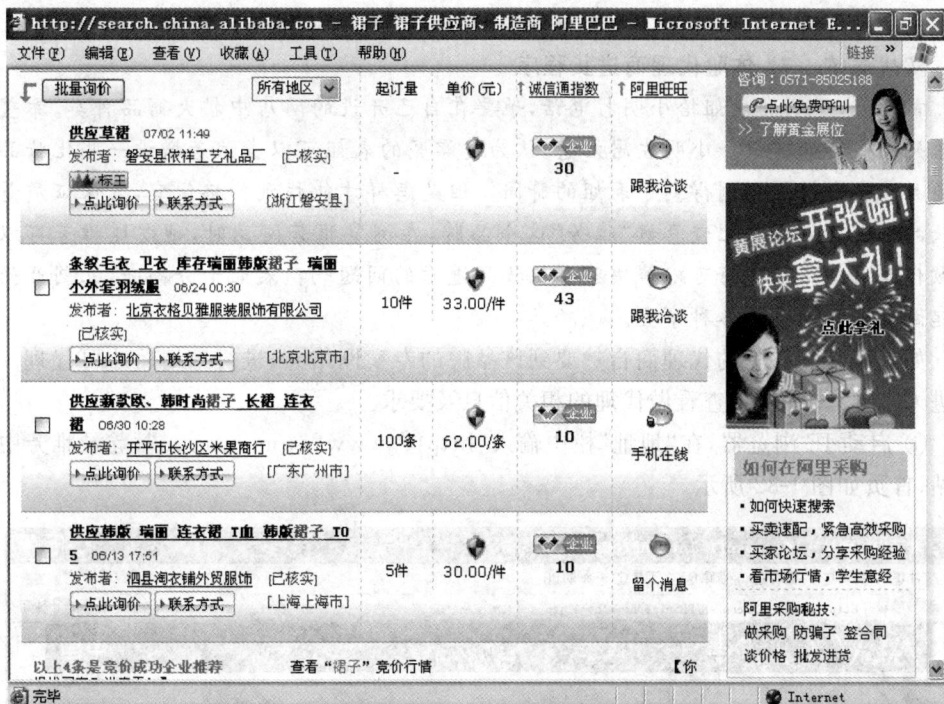

图 1-30　搜索结果

图 1-31　询价单

化妆品品牌广为人们所熟知。下面以代理"雅芳"品牌为例,来体验做化妆品代理商。

实战演练 1-7:体验代理商进货程序

前两天,小明的表姐给小明打电话,她要在自己开设的网店中扩大商品种类,希望小明给她一些好的建议。小明左思右想,认为爱漂亮的表姐可以尝试着增设一些化妆品类的商品。这个提议立刻得到了表姐的赞同。但是怎样才能找到价格便宜,又保证质量的化妆品呢?表姐自己比较喜好"雅芳"这个品牌,在浏览雅芳网站时,她发现雅芳可以申请做代理商。这不正好可以解决雅芳化妆品进货的问题吗?表姐十分高兴,立刻开始筹备起做雅芳代理商的各种事宜。

如果做某一品牌的代理自然要到该品牌的专卖网站上,进行申请后才可代理。下面进入雅芳官方网站,查看做代理的相关信息及要求。

① 启动 IE 浏览器,在"地址"栏中输入"http://www.avon.com.cn",登录雅芳中国网站,首页如图 1-32 所示。

图 1-32 雅芳中国网首页

② 要做某一品牌的代理首先要了解该品牌的产品信息。单击"产品资讯廊"查看雅芳产品,如图 1-33 所示。

③ 除对雅芳的产品要多加了解外,还要知道厂家的理念、文化等。单击"分享女人心",如图 1-34 所示。

④ 单击"事业在雅芳"查看代理信息,如图 1-35 所示。

⑤ 完成申请表格填写等申请过程后,才可完成代理申请,如图 1-36 所示。

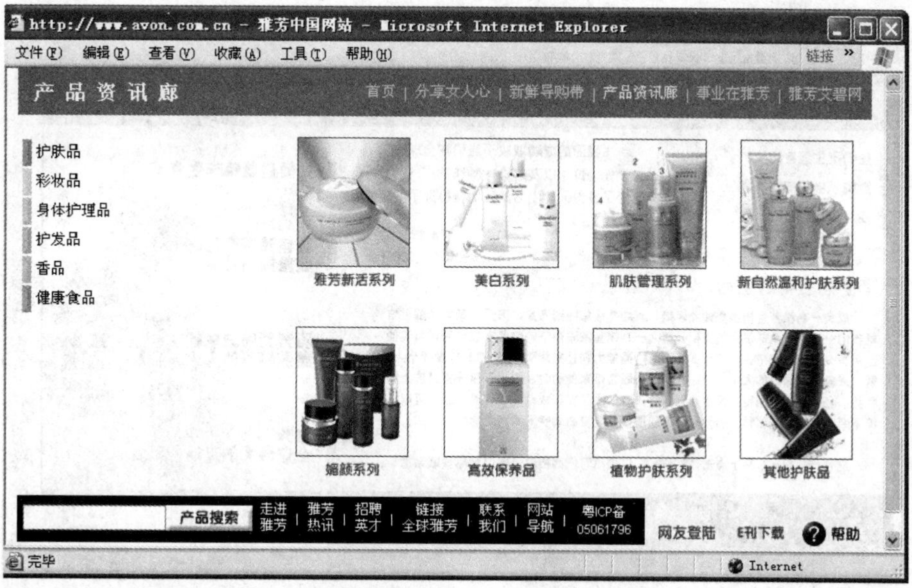

图 1-33 了解产品信息

图 1-34 了解雅芳理念

1.3.3 寻找个人进货平台

个人进货的来源可以是从厂家直接进货,也可以同代理商或个体商家交易进货。一般情况从厂家进货价格较便宜,但是一次购买的数量也相对较多。如果从网络上进行电子交易,建议个人卖家的存货不要过多,有针对性地选择进货商。下面以淘宝网站为例,

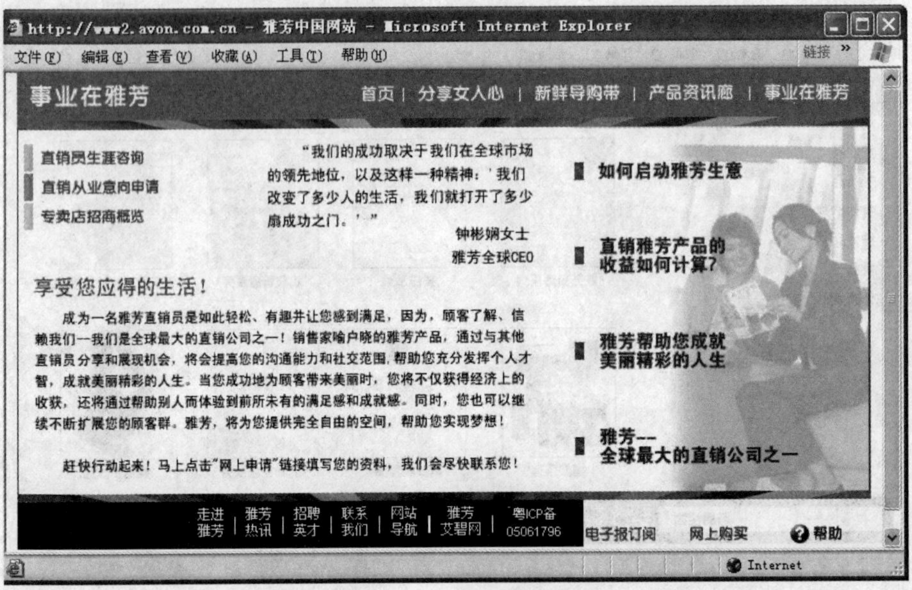

图 1-35　了解代理信息

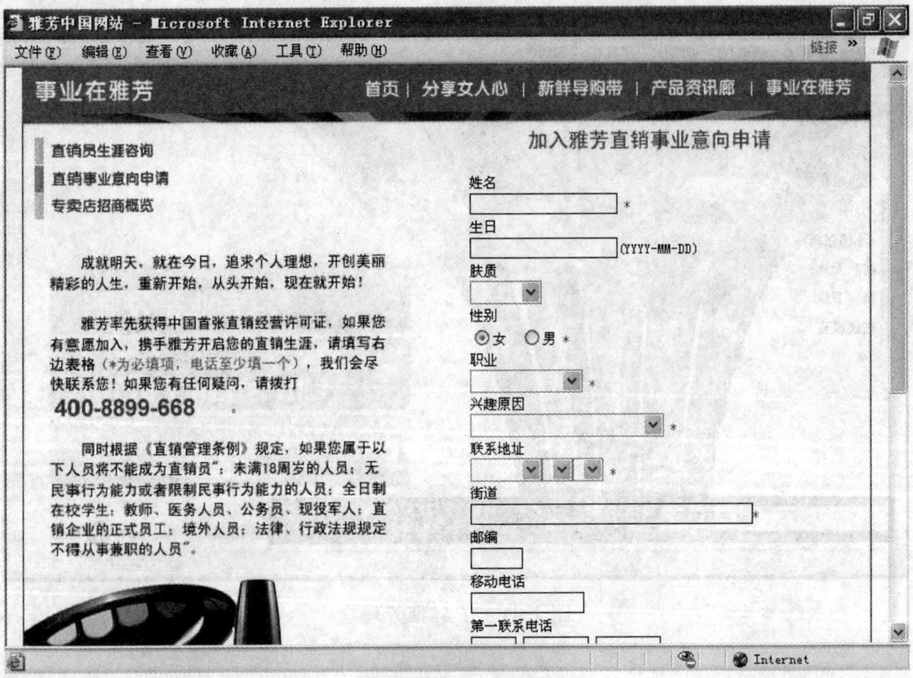

图 1-36　代理表格

参观个人的进货平台。

实战演练 1-8：体验个人进货程序

小明表姐的网店开得越来越红火，所售的化妆品更是受到了许多买家的欢迎。但是有些买家反映，要是再卖一些配套的化妆用具就更好了，那样就不用再到别家的店里购买。既可以节省购买者的精力和时间,也可以增加营业额,何乐而不为呢?表姐立刻着手化妆品用具的进货事宜。她进入了淘宝网站,用"搜索店铺"选项找到了这类商品的批发商,之后就是洽谈、进货了。

进入淘宝网站,查看货源并与店主洽谈进货事宜。

① 进入淘宝网站后,单击"高级搜索",选择"搜索店铺",在"店铺名"处输入"代理批发",选好进货的分类,如图 1-37 所示。

图 1-37 代理店铺搜索

② 浏览这些店铺,查看商品信息,如图 1-38 所示。

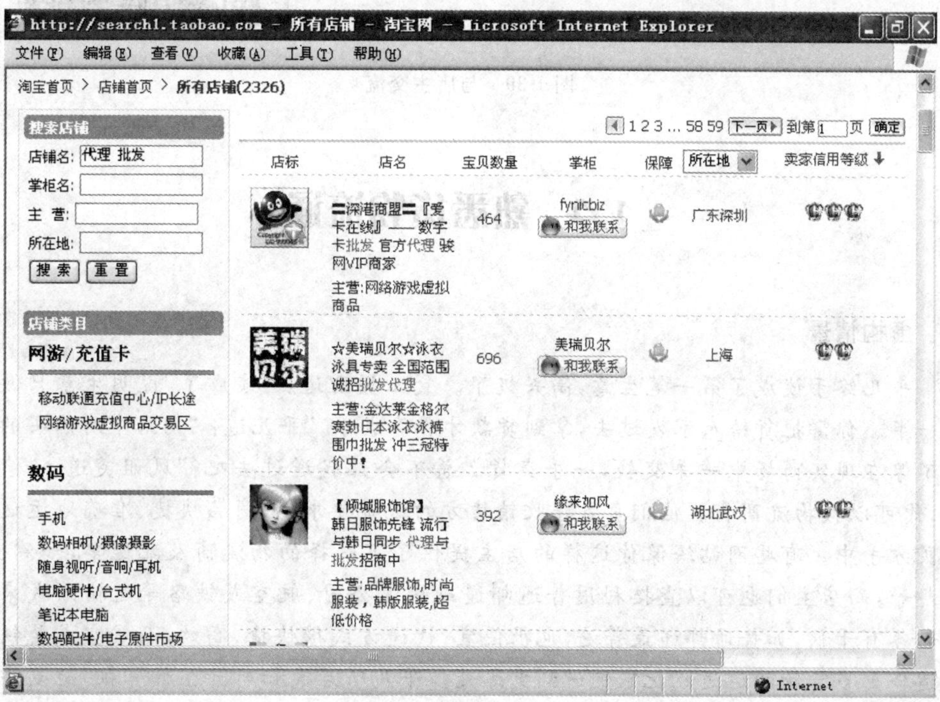

图 1-38 商品信息

③ 进入店铺与店主洽谈,可以给店主发信件或留言等待店主回应,或是采用实时沟

通的方式,如登录淘宝网站上的"阿里旺旺"与店主直接交流,如图 1-39 所示。

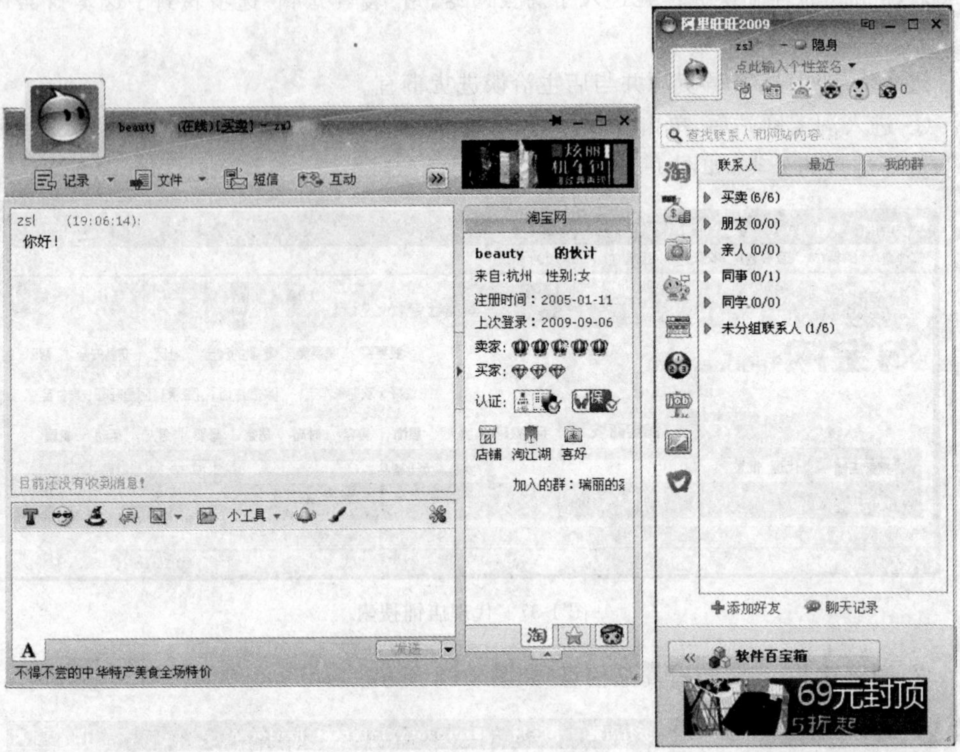

图 1-39　与店主交流

1.4　熟悉货物流通

虚构情景

平儿终于谈成了第一笔生意,高兴极了。黛玉提醒道:"谈成了,说明生意只做成了一半。你得把货给人家发过去,拿到货款才算真成了。"平儿道:"网络中所购买的商品不像在现实商场中一手交钱,一手交货。总不会让我送过去吧?"凤姐笑道:"傻妹妹,你可以找物流商啊。他们负责接收销售方的送货要求,将商品快捷、准确地运送到购买方手中。有些网站给像你这样的店主提供了可选择的物流商及配送单,如淘宝、易趣等,而店主们也可以直接利用普通邮递或快递公司、航空或铁路等运输方式来完成。各有千秋,如普通邮递最普遍,也很便宜;快递方式很快捷、高效,而航空或是铁路则适合更多货物的运送或把它们送到更远处。"平儿听后急忙打开了计算机,她要去物流平台上看个究竟。

1.4.1　熟悉邮寄过程

邮寄方式可以到达全国每一个城市,覆盖面十分广泛,一般适合运输量不多且不易损坏的物品,如图书、衣物等。选择邮寄方式则需要到邮局按要求将邮寄的物品打包,之后填写好邮单,待邮包到达后,由收件人凭身份证和收包票据到邮局领取邮包。一般普通包裹的基本邮费按公里数及重量计算。邮寄过程如图 1-40 所示。

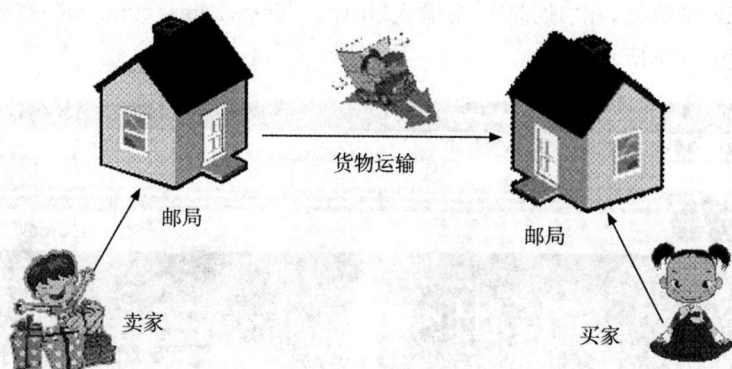

图 1-40　邮寄过程

1.4.2　参观快递平台

随着快递价格的下调,这种快捷、高效的运输方式被越来越多的人所使用,我国的快递业也如雨后春笋般地茁壮成长。选择快递方式,只需要投递人在网络上填单,或是打服务电话即可由快递公司派人拿取货物,直接送到收货人手中。如被大多数人所熟知的 EMS 快递,凭借着多样的速递方式和较高的服务信誉,在物流领域中占据着一席之地。

1. 浏览 EMS 快递平台

中国速递服务公司为中国邮政集团公司直属全资公司,主要经营国际、国内 EMS 特快专递业务,是中国速递服务的最早供应商。EMS 特快专递业务自 1980 年开办以来,业务种类不断丰富,除提供国内、国际特快专递服务外,还相继推出国内次晨达和次日递、国际承诺服务和限时递等高端服务,同时提供代收货款、收件人付费、鲜花礼仪速递等服务。

实战演练 1-9:熟悉网络交易之 EMS 快递程序

昨天表妹打来电话,说小明邮寄的书籍已经收到,并且希望小明再给她买几本英文方面的辅导用书。屈指算来,从小明邮寄到表妹接收一共用了五天的时间。小明很快将表妹所需书籍买好,便又去了邮局。这次,他想用快一些的途径将书籍邮到。他咨询了邮局的工作人员。原来,邮局邮递物品分为普通邮递和 EMS 快递两种。如果选择 EMS

快递方式,一般情况下三天时间就会寄到。上次小明选择的是普通邮递方式,这次他毫不犹豫地选择了EMS快递。因为他希望即将参加高考的表妹早一点儿使用他购买的书籍进行复习。同时,他还想更加深入地了解EMS快递的具体内容。工作人员介绍说网上有EMS的网站,欢迎他上网查看。回到家,他急忙打开了计算机,开始上网查询EMS快递的相关信息。

进入EMS快递平台,了解EMS快递服务的具体内容,并查看配送单、业务咨询、邮件查询、投诉受理等相关信息。

① 启动IE浏览器,在"地址"栏中输入"http://www.ems.com.cn",登录EMS快递网站,首页如图1-41所示。

图1-41 EMS快递网首页

② 正式注册会员后登录,在"产品介绍"中查看"国内特快专递",了解EMS国内快递方式,如图1-42所示。

③ 查看"国际特快专递",了解EMS国际快递方式,如图1-43所示。

④ 查看单据填写方法,如图1-44所示。

⑤ 了解EMS客户服务电话信息,也可以打电话进行配送单填写、业务咨询、邮件查询、投诉受理等工作,如图1-45所示。

除了较常使用的EMS快递之外,还有一些其他的快递服务商为我们提供货物运输的工作。

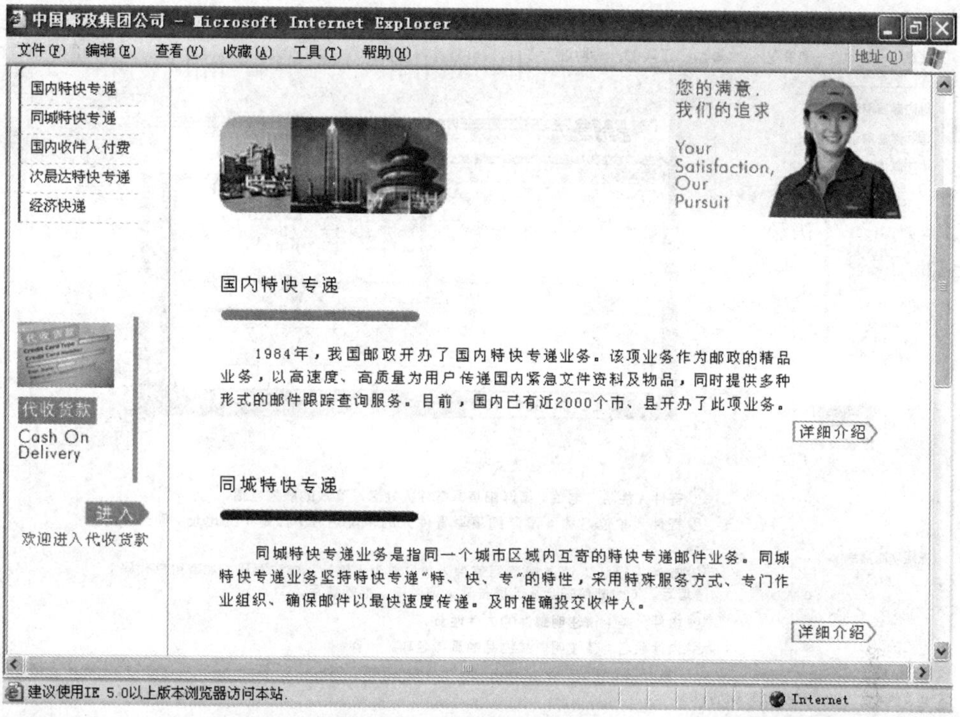

图 1-42　国内特快专递方式

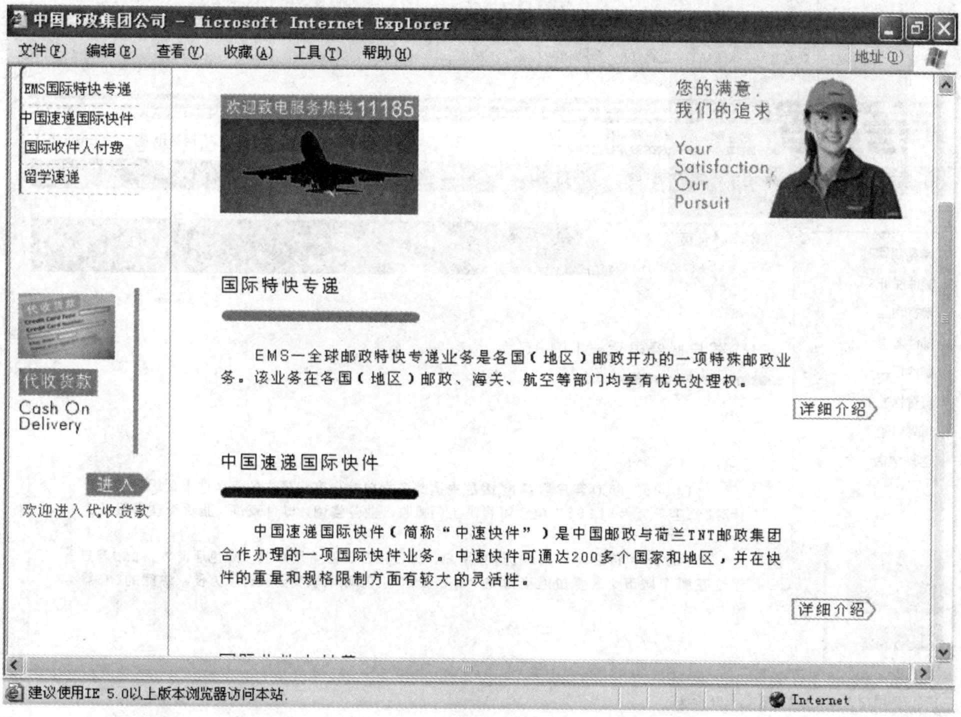

图 1-43　国际特快专递方式

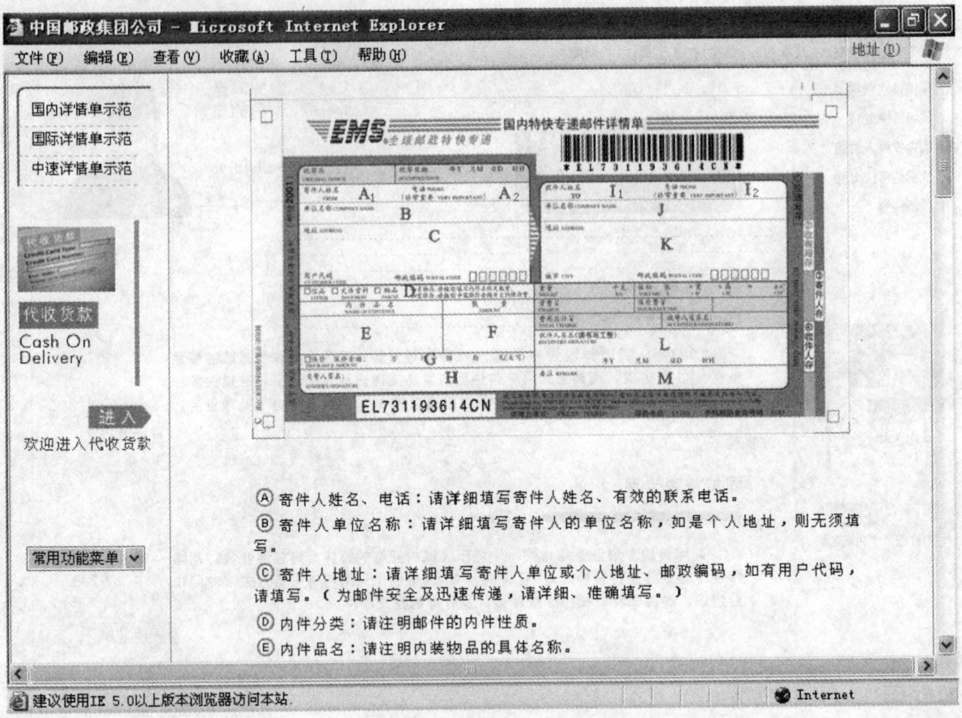

图 1-44　单据填写方法

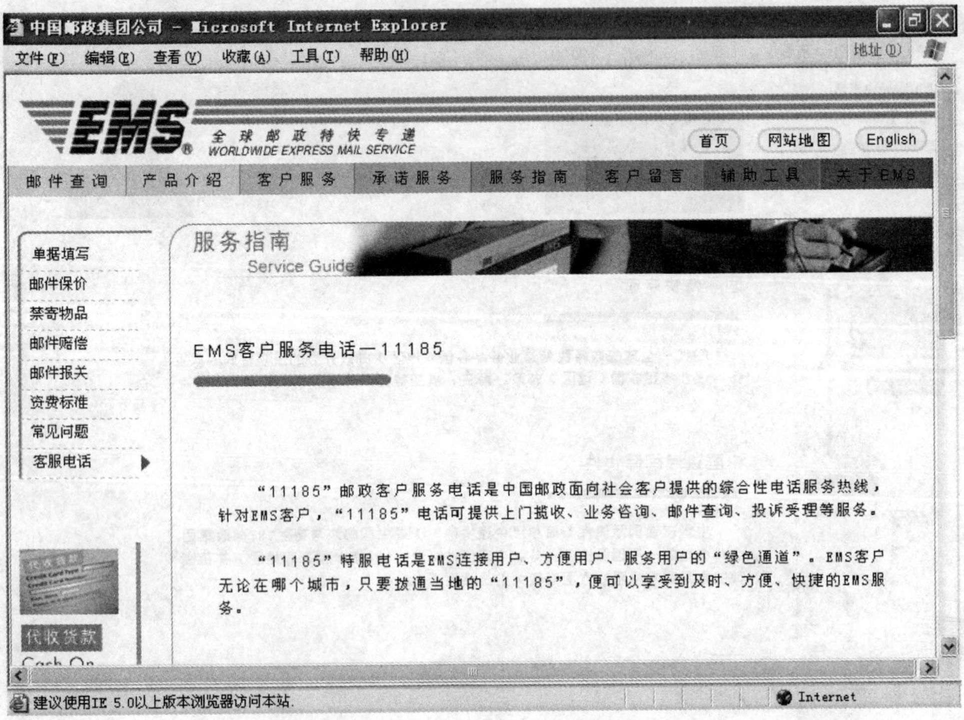

图 1-45　客户服务电话信息

2. 联邦快递

联邦快递隶属于美国联邦快递集团（FedEx Corp.），是全球最具规模的快递运输公司，为全球超过 220 个国家及地区提供快捷、可靠的快递服务。联邦快递是较早看准中国这个庞大市场的外资公司之一，它于 1984 年进入中国，是拥有直飞中国航班数目最多的国际快递公司。1999 年，联邦快递与天津大田集团在北京成立合资企业大田－联邦快递有限公司，双方合作顺利，配合密切，进一步推动了中国快递业务的发展。

实战演练 1-10：熟悉网络交易之联邦快递程序

今天是小明的生日，早上他收到了一份神秘的礼物。是谁送的呢？他小心翼翼地打开包裹，里面是他期望已久的瑞士军刀。而礼物正是他远在美国的姑妈寄来的。小明很开心，也很感谢这家快递公司快速而准确地将礼物送到他手里。虽然这是国际性的快递，但在交通已经如此发达的今天，跨国间寄送物品也不是什么困难的事情了。像联邦这样的快速公司，就是国际快递公司之一，专门负责邮寄国际物品。

进入联邦快递网站，查看联邦快递的服务项目。

启动 IE 浏览器，在"地址"栏中输入"http://www.fedex.com.cn"，登录联邦快递网站，首页如图 1-46 所示。

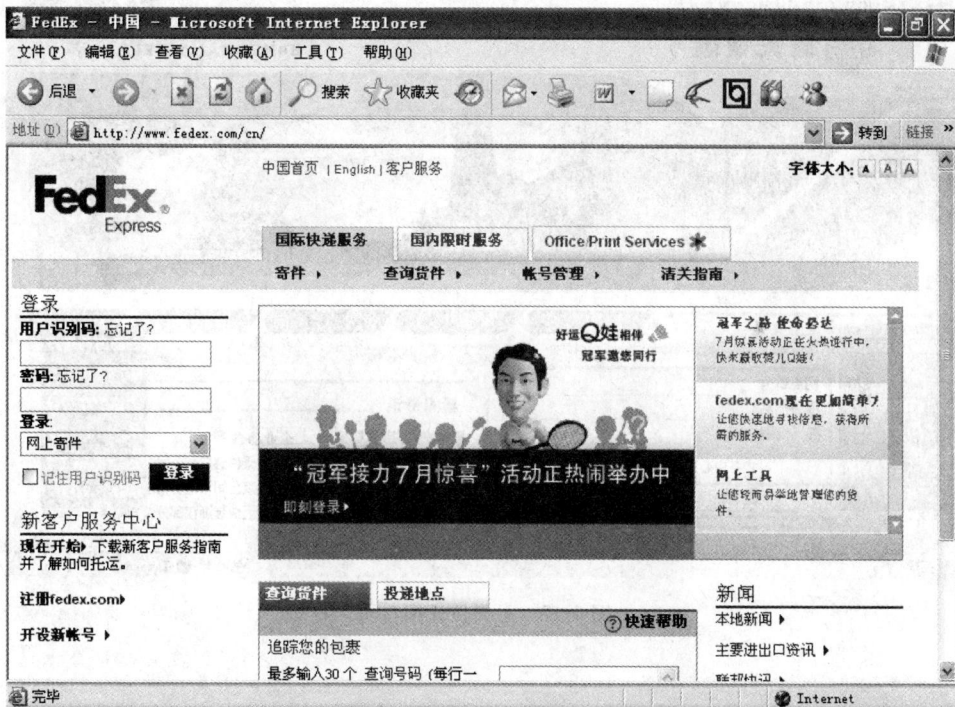

图 1-46　联邦快递网首页

3. 天天快递

天天快递品牌创建于 1994 年 10 月（杭州），目前总部设在中国香港，是中国国内四大知名快递品牌之一。其快递网络分布在国内 600 多个城市，设有 1500 多个网点，形成了以珠江三角洲、长江三角洲、环渤海湾地区为重点的快递网络布局,为客户提供全年的服务。天天快递为客户提供限时的、门到门的、安全可靠的服务,并为客户提供以"次日达"为主的服务产品。

实战演练 1-11:熟悉网络交易之天天快递程序

小明第一次通过普通邮寄的方式给表妹寄书,虽然便宜但是邮寄的时间较长。第二次邮寄他选择了 EMS 快递方式,虽然邮寄快速但是费用较贵。小明将这次的邮寄经历向表姐倾诉,表姐听后,诧异地对小明说:"现在的快递服务都点到点了,又何必亲自去邮局呢?"原来,表姐每次发货都是通过专门的快递公司。快递人员上门收取货物,再将货物送到取货人手中,全程都很方便、快捷。天天快递就是一家这样的快递公司。

进入天天快递网站,查看天天快递的服务项目。

启动 IE 浏览器,在"地址"栏中输入"http://www.ttkdex.com",登录天天快递网站,首页如图 1-47 所示。

图 1-47　天天快递网首页

1.4.3　参观航空、铁路、海运运输平台

选择航空、铁路、海运的运输方式一般适合于企业运输,运输的货物量较大。网络上也有专门从事这项运输服务的公司,它们负责货物运输过程的各个环节。企业也可以自己到航空部门、铁路部门或海运公司申请运输。

1. 中国铁路货运网

中国铁路货运网是北京中交运咨询有限公司下属的信息咨询平台之一,是一家在国际互联网上专门从事运输行业信息服务的综合类门户网站,以交通、运输、物流及相关行业为主要服务对象。中国铁路货运网是目前国内唯一的道路运输行业门户网站,依托丰富的资源渠道,凭借着丰富的行业信息、多元的资讯渠道、强大的合作联盟,为国内外运输行业合作伙伴提供高效、优质的服务。

实战演练 1-12:熟悉铁路运输

小明表姐的生意越做越大,而所进的货物也是越来越多。如果以计件的形式采用快递的方式,运输价格也会相对较贵。但这个问题难不住表姐。她立即采用了火车运送的方式,以千克来计价收费,当然会比快递的邮资便宜很多。例如像中铁货运公司,就是一家这样的货运公司。

进入中国铁路货运网,查看中铁货运的网站、货运程序等相关信息。

① 启动 IE 浏览器,在"地址"栏中输入"http://www.zgtlhy.com",登录中国铁路货运网,首页如图 1-48 所示。

图 1-48　中国铁路货运网首页

② 单击"中铁货运",查看中国铁路货运网站,如图 1-49 所示。

③ 在"基本业务"栏中选择查看"货物运输流程",了解中铁货运的程序,如图 1-50 所示。

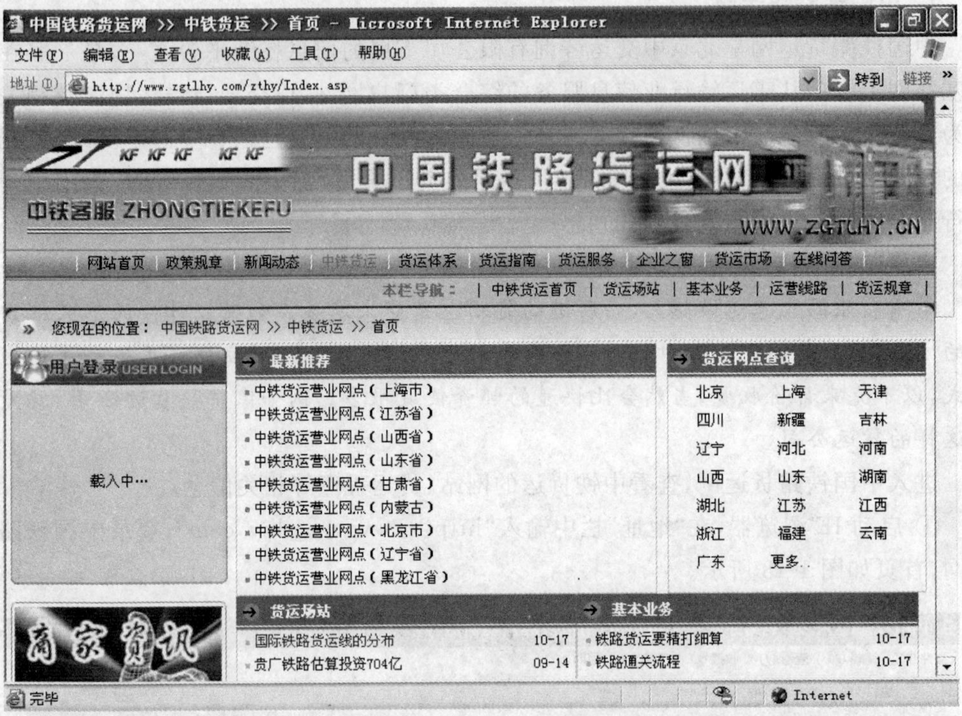
中国铁路货运网 >> 中铁货运 >> 首页 - Microsoft Internet Explorer
文件(F) 编辑(E) 查看(V) 收藏(A) 工具(T) 帮助(H)
地址(D) http://www.zgtlhy.com/zthy/Index.asp
转到 链接
KF KF KF KF KF
中铁客服 ZHONGTIEKEFU
中国铁路货运网
WWW.ZGTLHY.CN
网站首页 政策规章 新闻动态 中铁货运 货运体系 货运指南 货运服务 企业之窗 货运市场 在线问答
本栏导航： 中铁货运首页 货运场站 基本业务 运营线路 货运规章
您现在的位置： 中国铁路货运网 >> 中铁货运 >> 首页
用户登录 USER LOGIN
载入中…
最新推荐
中铁货运营业网点（上海市）
中铁货运营业网点（江苏省）
中铁货运营业网点（山西省）
中铁货运营业网点（山东省）
中铁货运营业网点（甘肃省）
中铁货运营业网点（内蒙古）
中铁货运营业网点（北京市）
中铁货运营业网点（辽宁省）
中铁货运营业网点（黑龙江省）
货运网点查询
北京 上海 天津
四川 新疆 吉林
辽宁 河北 河南
山西 山东 湖南
湖北 江苏 江西
浙江 福建 云南
广东 更多..
商家资讯
货运场站
国际铁路货运线的分布 10-17
贵广铁路估算投资704亿 09-14
基本业务
铁路货运要精打细算 10-17
铁路通关流程 10-17
完毕
Internet

图 1-49 中铁货运网页

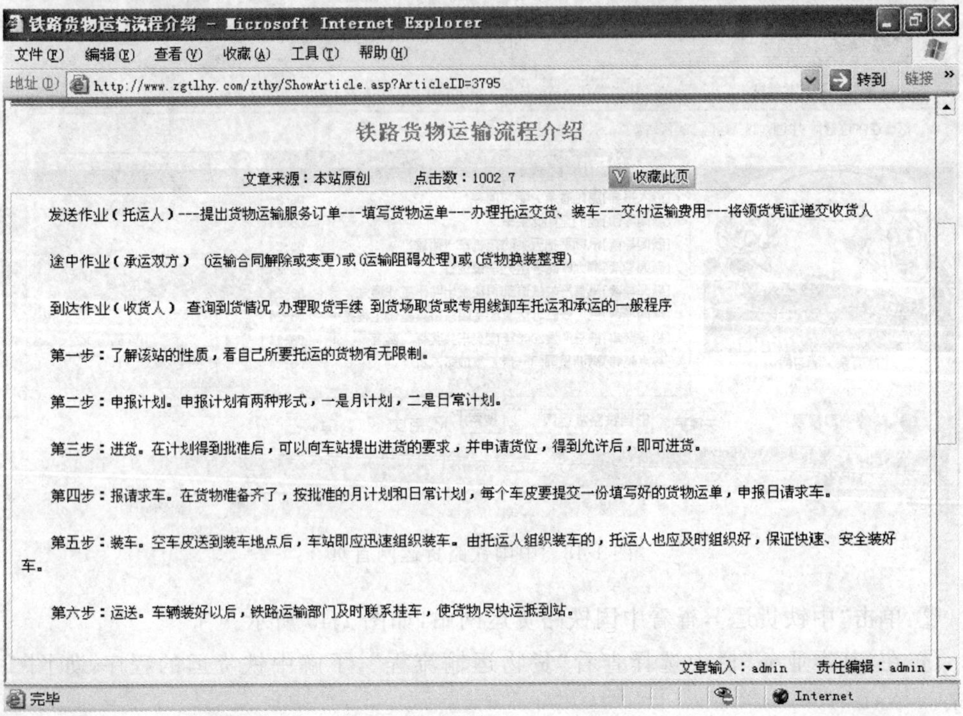
铁路货物运输流程介绍 - Microsoft Internet Explorer
文件(F) 编辑(E) 查看(V) 收藏(A) 工具(T) 帮助(H)
地址(D) http://www.zgtlhy.com/zthy/ShowArticle.asp?ArticleID=3795
转到 链接
铁路货物运输流程介绍
文章来源：本站原创 点击数：1002 7 收藏此页
发送作业（托运人）---提出货物运输服务订单---填写货物运单---办理托运交货、装车---交付运输费用---将领货凭证递交收货人
途中作业（承运双方） (运输合同解除或变更)或(运输阻碍处理)或(货物换装整理)
到达作业（收货人） 查询到货情况 办理取货手续 到货场取货或专用线卸车托运和承运的一般程序
第一步：了解该站的性质，看自己所要托运的货物有无限制。
第二步：申报计划。申报计划有两种形式，一是月计划，二是日常计划。
第三步：进货。在计划得到批准后，可以向车站提出进货的要求，并申请货位，得到允许后，即可进货。
第四步：报请求车。在货物准备齐了，按批准的月计划和日常计划，每个车皮要提交一份填写好的货物运单，申报日请求车。
第五步：装车。空车皮送到装车地点后，车站即应迅速组织装车。由托运人组织装车的，托运人也应及时组织好，保证快速、安全装好车。
第六步：运送。车辆装好以后，铁路运输部门及时联系挂车，使货物尽快运抵到站。
文章输入：admin 责任编辑：admin
完毕
Internet

图 1-50 中铁货运流程

2. UPS

UPS(United Parcel Service,联合邮包服务公司)于 1907 年作为一家信使公司成立于美国,通过明确地致力于支持全球商业的目标,UPS 公司如今已发展到拥有 426 亿美元资产的大公司。如今的 UPS 公司,或者称为联合包裹服务公司,是一家全球性的公司。UPS 公司的货运项目有三种:紧急货运、空运和海运。

实战演练 1-13:熟悉 UPS 货运服务

小明的表姐昨天通过网络收到了一张国外的订货单。一位远在印度的买家,想要买一整套美白祛斑的化妆品,这让表姐又惊喜又着急。喜的是生意影响力越来越大,连国外的买家都开始尝试自己的化妆品了;急的是如何才能快捷、安全地将物品送到买家的手里呢? 表姐开始在网上查询,终于在网上找到了 UPS 公司。这是一家全球性的公司,对于货物运输有多种选择途径。表姐决定通过 UPS 公司将买家的货物送到。

进入 UPS 网站,查看其货运的相关信息。

① 启动 IE 浏览器,在"地址"栏中输入"http://www.ups.com/content/cn/zh/index.jsx",登录 UPS 中国网站,首页如图 1-51 所示。

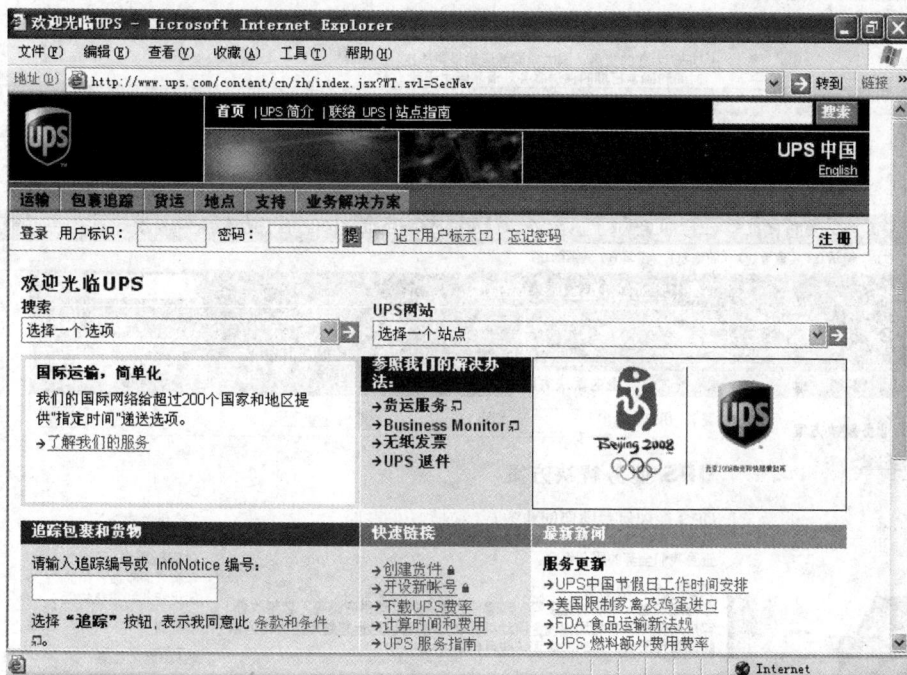

图 1-51　UPS 中国网首页

② 单击"货运",查看服务项目内容,如图 1-52 所示。

③ 单击"业务解决方案",选择适合的服务项目内容,如图 1-53 所示。

我们最熟悉的一句广告词就是:"使命必达",这是每一个物流商都希望达到的目标。物流业解决了电子交易中买与卖的货物运输问题。物流业既是电子商务不可缺少的一部分,又是推动电子商务发展的关键因素。

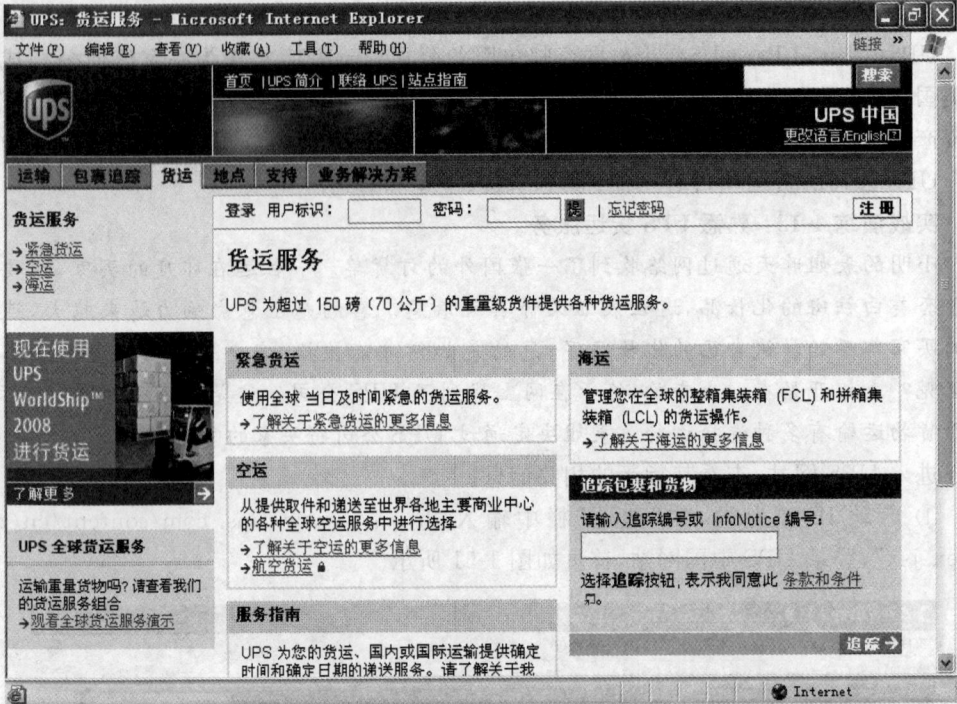

图 1-52　UPS 运输项目

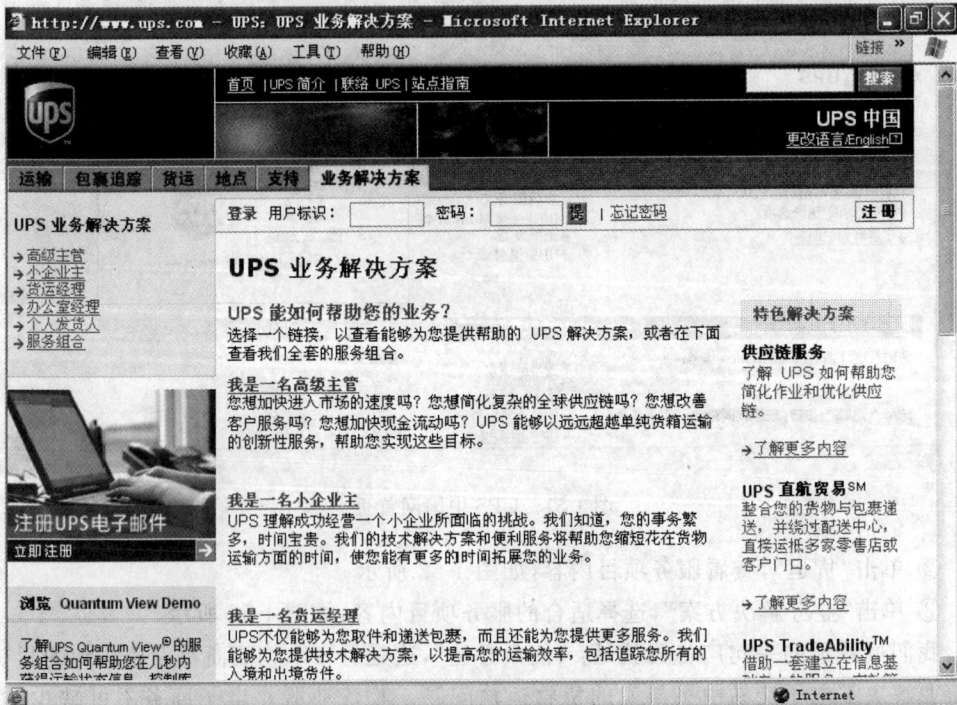

图 1-53　UPS 业务解决方案

第 **2** 章

购买心仪商品

学习要点

- 购物网站搜索引擎的使用技巧
- 网购付款的详细流程
- 通过搜索引擎搜索、浏览所需商品
- 通过商品列表对比商品查看卖家信息
- 注册淘宝会员并开通支付宝账户准备电子钱包
- 下载和使用阿里旺旺和卖家"讨价还价"
- 利用支付宝支付、确认收货以及给予卖家评价

虚构情景

　　话说刘姥姥听说大观园里的二奶奶已好长时间不出门了,也很少派人出去采购,可是各式各样的货物却总是源源不断地送往贾府。为了满足好奇心,今天刘姥姥带着外孙板儿第三次踏进了大观园。这一进门,刘姥姥就发现园子里真是发生了翻天覆地的变化,各园子里都装上了计算机,还连上了什么互联网。刘姥姥跟着周瑞家的穿过园门,走进家里,只见家里吃的用的应有尽有,便问起了周瑞家的:"这姑奶奶也没怎么出门购物,这东西怎么就一样都不缺呢?"周瑞家的得意地瞥了一眼刘姥姥,说:"网上买的呗,网上有专门卖物品的网站,足不出户也能买到东西,这就是网上购物。"听到二人的谈话,凤姐从屋里走了出来道:"今天我就让你见识一下,我是如何从网上购物的,咱们现在就去逛'商场'。"

2.1 寻找心仪商品

虚构情景

　　凤姐一边打开计算机,一边问道:"咱们先从哪一家逛起? 是淘宝、易趣、拍拍,还

是当当网?"一旁的板儿想了想道:"就逛淘宝吧,听说这家是全球最大的交易网站。"刘姥姥听了煞是高兴,说:"没想到我的乖外孙,也了解一点儿网上购物,板儿,好好和二奶奶学,回去姥姥也给你买台计算机,咱也连上互联网。"三人边聊边登录淘宝网。

2.1.1 浏览商品

知识链接

1. 网页

网页,是网站中的一页,通常是 HTML 格式(文件扩展名为.html、.htm、.asp、.aspx、.php、.jsp 等)。网页通常用图像档来提供图画。网页要使用网页浏览器来阅读。

网页是构成网站的基本元素,是承载各种网站应用的平台。通俗地说,网站就是由网页组成的。如果只有域名和虚拟主机而没有制作任何网页,客户仍然无法访问网站。

2. 超链接

超链接是指从一个网页指向一个目标的连接关系,这个目标可以是另一个网页,也可以是相同网页上的不同位置,还可以是一个图片、一个电子邮件地址、一个文件,甚至是一个应用程序。而在一个网页中用来超链接的对象,可以是一段文本或一幅图片。当浏览者单击已经链接的文字或图片后,链接目标将显示在浏览器上,并且根据目标的类型来打开或运行。

3. URL

统一资源定位符(Uniform Resource Locator,URL)也被称为网页地址,是互联网上标准的资源地址。www 是 World Wide Web (环球信息网)的缩写,也可以简称为 Web,中文名字为"万维网"。

4. 浏览器

浏览器是指可以显示网页服务器或者文件系统的 HTML 文件内容,并让用户与这些文件交互的一种软件。网页浏览器主要通过 HTTP 协议与网页服务器交互并获取网页,这些网页由 URL 指定,文件格式通常为 HTML,并由 MIME 在 HTTP 协议中指明。一个网页中可以包括多个文档,每个文档都是分别从服务器中获取的。大部分的浏览器本身支持除了 HTML 之外的广泛的格式,如 JPEG、PNG、GIF 等图像格式,并且能够扩展支持众多的插件(plug-ins)。另外,许多浏览器还支持其他的 URL 类型及其相应的协议,如 FTP、Gopher、HTTPS(HTTP 协议的加密版本)。HTTP 内容类型和 URL 协议规范允许网页设计者在网页中嵌入图像、动画、视频、声音、流媒体等。常见的网页浏览器包括微软的 Internet Explorer、Mozilla 的 Firefox、Apple 的 Safari、Opera、HotBrowser、Google 的 Chrome。

实战演练 2-1:通过打开各级分类网页搜索文具盒

"原来网上什么都有啊,难怪二奶奶足不出户,便能采购到里里外外吃的用的。"凤姐听了得意地一笑:"姥姥想看看什么商品啊?""板儿要开学了,咱就看看学习用品吧。"能从那么多商品中找到刘姥姥想看的文具吗? 通过打开各级分类网页可以找到文具类商品。

① 双击桌面上的 IE 浏览器图标,打开 IE 浏览器窗口,在"地址"栏中输入淘宝网的网址"http://www.taobao.com"并按回车键,进入淘宝网首页,单击"我要买"超链接,打开卖家展示的商品分类列表,如图 2-1 所示。

图 2-1　登录淘宝网

② 单击"文具"链接,选择商品分类,如图 2-2 所示。

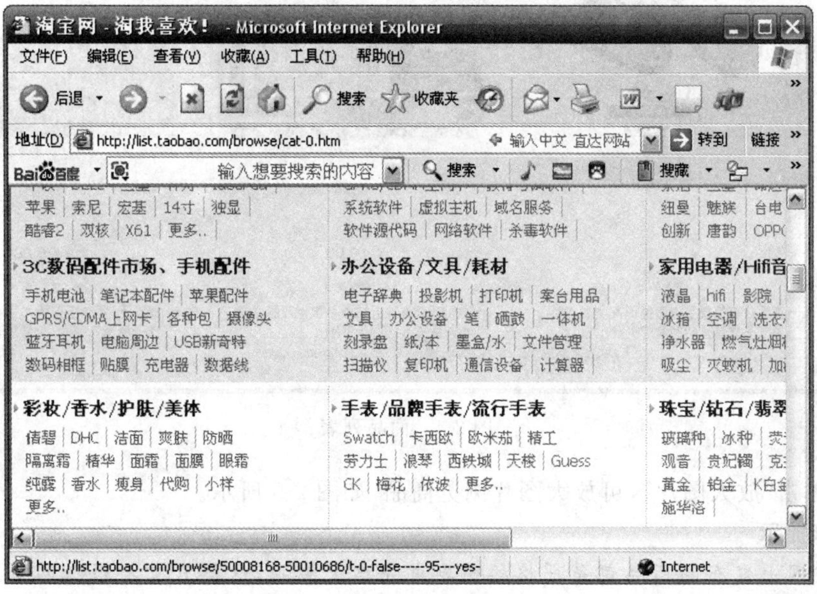

图 2-2　打开商品分类列表

③ 单击文具盒链接,打开商品列表,浏览商品,如图 2-3 所示。

图 2-3　打开商品分类

④ 单击喜欢的商品超链接,可查看详细信息,如图 2-4 所示。

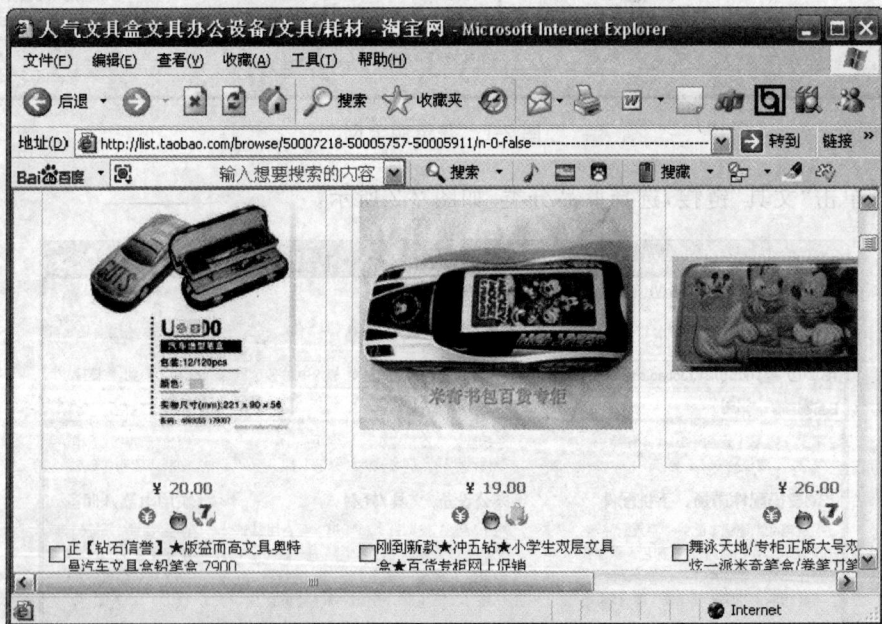

图 2-4　商品列表

⑤ 单击"放大图片",可放大图片浏览商品,如图 2-5 所示。

温馨提示

淘宝网上发布的商品都是严格按照要求分类上架的,这样只需要根据网页上的商品分类,逐步细分商品范围,便能找到需要的商品。

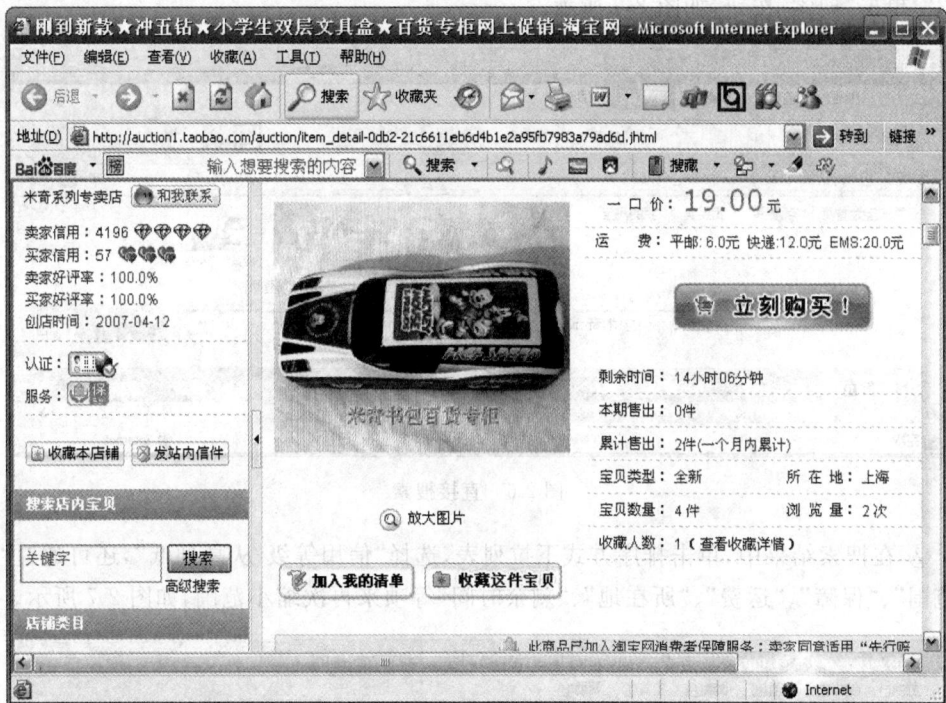

图 2-5 商品详细信息

2.1.2 直接搜索商品

📖 **知识链接**

互联网搜索引擎是万维网中的特殊网站,专门用来帮助人们查找存储在其他网站上的信息。通过索引进行搜索需要用户进行一次查询,并通过搜索引擎提交。查询可以相当简单,最少仅需一个词。建立比较复杂的查询则需要使用布尔运算符来细化和拓展搜索项。最常见的布尔运算符有以下几种。

AND(与)——以"AND"相连的若干搜索项必须全部出现在网页或文档中。有些搜索引擎使用运算符"+"来代替"AND"。

OR(或)——以"OR"相连的搜索项必须至少有一项出现在网页或文档中。

NOT(非)——"NOT"之后的搜索项不能出现在网页或文档中。有些搜索引擎使用运算符"-"来代替"NOT"。

实战演练 2-2:通过直接搜索方式搜索米奇 mp3

琳琅满目的商品引起了板儿极大的好奇心,"二奶奶,我还想看看米奇 mp3,有没有什么方法可以直接搜索到米奇 mp3 呢?""要通过直接搜索方式搜索到米奇 mp3。"

① 双击桌面上的 IE 浏览器图标,打开 IE 浏览器窗口,在"地址"栏中输入淘宝网的网址"http://www.taobao.com"并按回车键,进入淘宝网首页,在搜索栏中输入"米奇

mp3",单击"搜索"按钮,如图 2-6 所示。

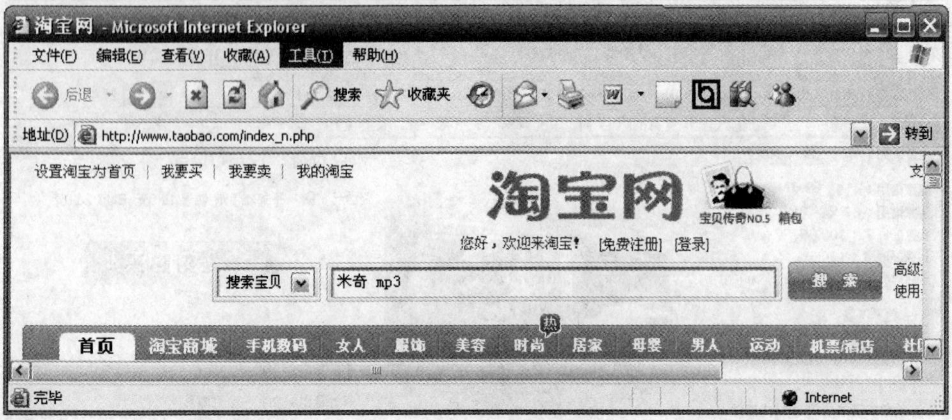

图 2-6　直接搜索

② 在搜索结果中,单击排序方式下拉列表,选择"信用等级 从高到低",还可通过"价格范围"、"保障"、"运费"、"所在地"、"剩余时间"等项来再次缩小范围,如图 2-7 所示。

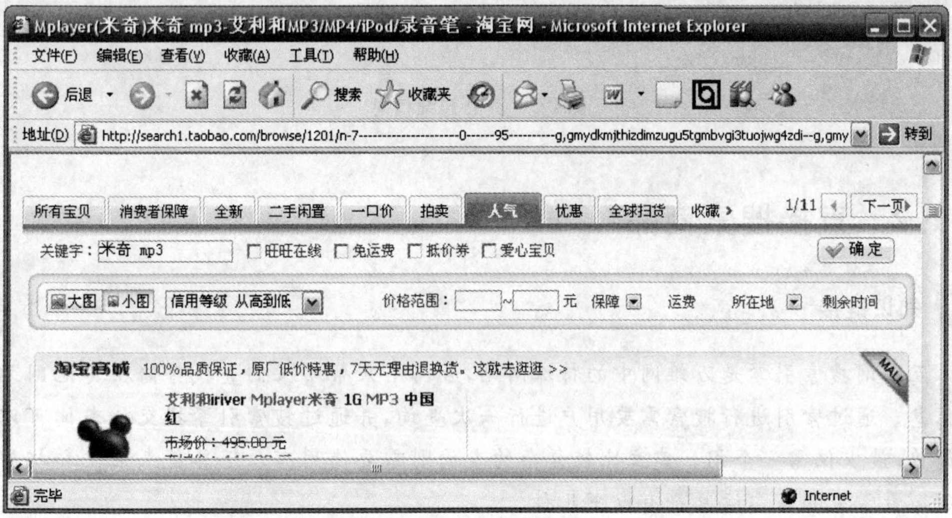

图 2-7　搜索结果

③ 在搜索结果中单击商品图片,浏览心仪商品。

如果对将要购买的商品比较明确,这时就可使用淘宝网站的直接搜索功能。通过它可以搜索宝贝、店铺、掌柜和网页。

2.1.3　高级搜索

实战演练 2-3:应用高级搜索,浏览阿迪达斯篮球鞋

要开运动会了,刘姥姥打算给外孙板儿买一双运动鞋,价格不超过 300 元,板儿吵着要阿迪达斯的篮球鞋,如何才能快速找到符合这么多条件的商品呢?

可以通过高级搜索方式快速查找符合多个条件的商品。

① 双击桌面上的 IE 浏览器图标，打开 IE 浏览器窗口，在"地址"栏中输入淘宝网的网址"http://www.taobao.com"并按回车键，进入淘宝网首页，单击"搜索"按钮旁边的"高级搜索"超链接，如图 2-8 所示。

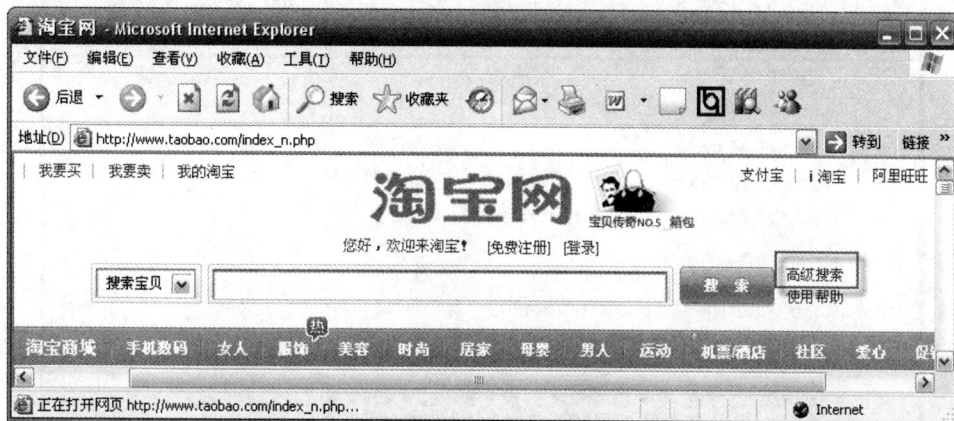

图 2-8　"高级搜索"超链接

② 在"关键字"处输入"Adidas 篮球鞋"，"类别"处选择"运动鞋"，单击"搜索"按钮右侧的"显示辅助选项"超链接，如图 2-9 所示。

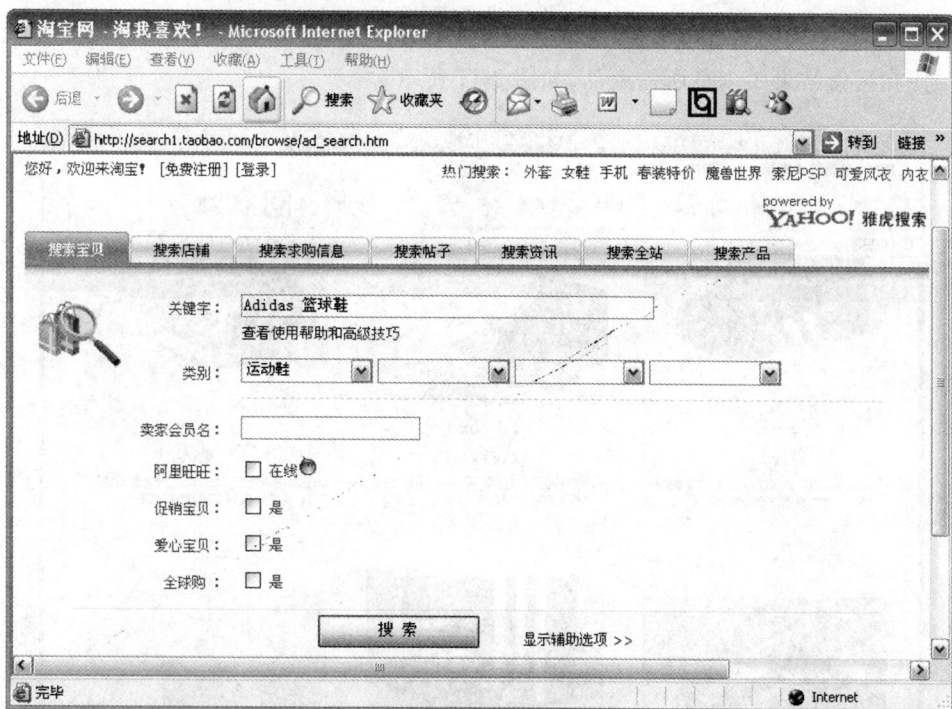

图 2-9　输入关键字

③ 在"价格范围"一项中输入"100"元至"300"元,勾选"卖家承担运费"和"支付宝支付",选中"新旧程度"项的"全新"单选按钮,单击"搜索"按钮,如图 2-10 所示。

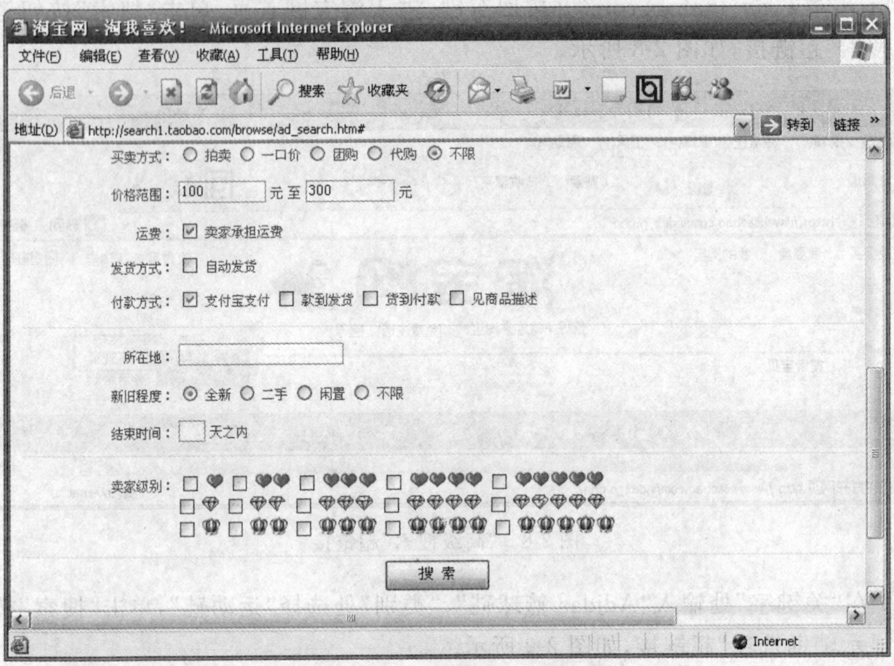

图 2-10　设置搜索条件

④ 在搜索结果中浏览所需商品,如图 2-11 所示。

图 2-11　浏览搜索结果

2.2 选择商品

虚构情景

板儿看到心爱的篮球鞋忍不住嚷嚷道:"姥姥,咱也体验体验网购,给我买双篮球鞋吧。""小孩子家,别闹!"刘姥姥一边制止板儿,一边好奇地询问凤姐,"平时我购物都要货比三家,还得砍砍价,这网上可以吗?"凤姐笑了笑:"当然了,下面咱们就货比三家,选购商品。"

知识链接

1. 网上购物的技巧

① 要选择信誉好的网上商店,以免被骗。

② 购买商品时,付款人与收款人的资料都要填写准确,以免收发货出现错误。

③ 用银行卡付款时,最好卡里不要有太多的金额,防止被不诚信的卖家划拨过多的款项。

④ 遇上欺诈或其他受侵犯的事情,可在网上找网络警察处理。

⑤ 看:仔细看商品图片,分辨是商业照片还是店主自己拍的实物,而且还要注意图片上的水印和店铺名,因为很多店家都在盗用其他人制作的图片。

⑥ 问:通过旺旺询问产品相关问题,一是了解卖家对产品的了解,二是看卖家的态度。

⑦ 查:查店主的信用记录,看其他买家对此款或相关产品的评价以及店主对该评价的解释。

⑧ 可以用旺旺来咨询已买过该商品的人,还可以要求店主视频看货。

2. 网上购物原则

① 不要迷信"钻石皇冠"。

② 对规模很大有很多客服的要分外小心。

③ 坚决使用支付宝交易。

④ 不要买态度恶劣的卖家的东西。

3. 严防购物陷阱

(1) 低价诱惑

在网站上,如果许多产品以市场价的半价甚至更低的价格出现,这时就要提高警惕,想想为什么会这么便宜,特别是名牌产品。因为知名品牌产品除了二手货或次品货,正规渠道进货的名牌产品是不可能和市场价相差很远的。

(2) 高额奖品

有些不法网站、网页,往往利用巨额奖金或奖品诱惑吸引消费者浏览网页,并购买其产品。

（3）虚假广告

有些网站提供的产品说明属于夸大甚至虚假宣传，消费者进入之后，购买到的实物与网上看到的样品不一致。在许多投诉案例中，消费者都反映货到后与样品不相符。有的网上商店把钱骗到手后便把服务器关掉，然后再开一个新的网站继续故技重演。

（4）设置格式条款

买货容易退货难，一些网站的购买合同采取格式化条款，对网上售出的商品不承担"三包"责任、没有退换货说明等。消费者购买了质量不好的产品，想换货或者维修时，就无计可施了。

2.2.1 浏览商品列表

"通过分类查找、直接搜索、高级搜索已经显示了商品列表网页，在商品列表中通过各选项卡，可以得到一些商品的信息。"凤姐耐心地开始讲解。

1. "所有宝贝"

选择"所有宝贝"选项卡，如图 2-12 所示，商品列表就会列出符合条件的所有商品，可以通过浏览挑选出满意的商品。

图 2-12 "所有宝贝"选项卡

2. "消费者保障"

"消费者保障"中所列商品的卖家均需通过淘宝网的资格审核，并与淘宝网签署诚信协议，缴纳诚信押金。淘宝网为这些店铺提供"先行赔付"担保，即买家使用支付宝购买这些卖家的"宝贝"，在淘宝网上确认收货，付款之后 14 天内出现产品质量等卖家导致的问题,淘宝网将帮助买家向卖家提出退货赔付申请。如果卖家对申请不予接受,淘宝网将会先行赔付给买家,优先保障消费者的权益。

3．"二手/闲置"

"二手/闲置"选项卡列出的商品均为卖家发布的二手或闲置的商品,其查看和交易方法与新商品一样,只是商品成色低一些,比较便宜。

4．"一口价"

"一口价"选项卡列出的商品按所标价格就可以直接买到。而"拍卖"的价格是最初的价格,在一定时间内参加拍卖的可以往上加价。一般要找一些信誉好的商家,信誉等级较高的一般有保证。

5．"人气"

"人气"选项卡所列商品一般为人气比较旺,在淘宝网上浏览量很高的商品。

2.2.2 对比商品

实战演练 2-4:通过商品对比列表比较商品

搜索到的篮球鞋已经令板儿眼花缭乱,看看哪双都爱不释手。但姥姥已发话,只能买一双,板儿想怎样才能同时列出喜欢的几双鞋的详细情况呢?

通过商品对比列表可以同时浏览和比较多件商品。

① 通过前面介绍的分类查找、直接搜索或高级搜索打开商品列表网页,如图 2-13 所示。

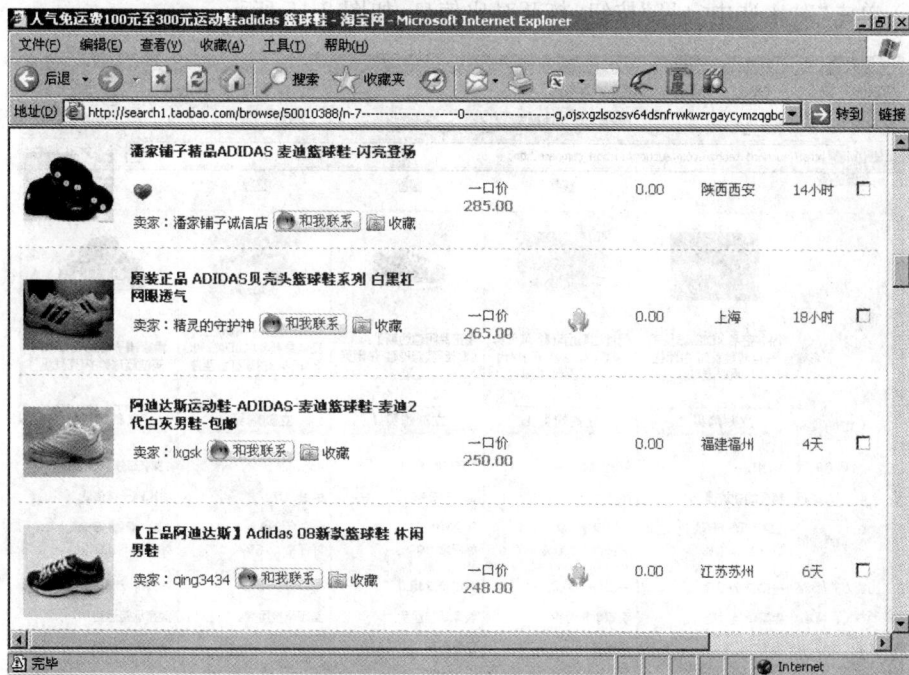

图 2-13 商品列表

② 在心仪的几件商品后面分别选中复选框,出现"对比选中宝贝"按钮,如图 2-14 所示。

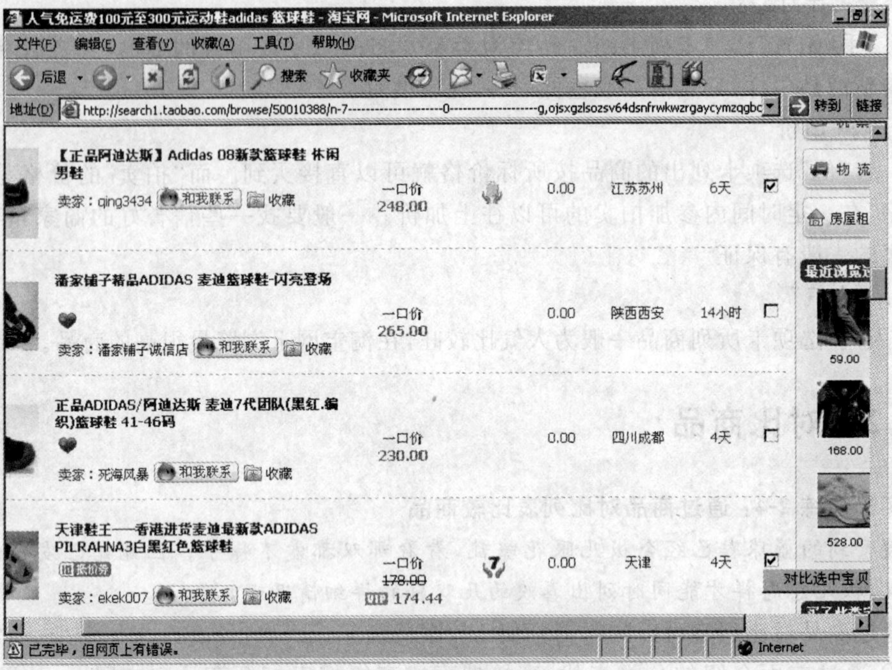

图 2-14 "对比选中宝贝"按钮

③ 单击"对比选中宝贝"按钮,打开对比信息,如图 2-15 所示。

图 2-15 商品对比列表

在打开的网页中,可对所选商品的对比信息进行横向比较,如图片、出价、信用指数、出售方式和商品所在地等方面。

温馨提示

淘汰对比列表中的某件商品,可单击商品对应的"移除"链接。可通过排除法确定选购的商品。

2.2.3 查看卖家信息

实战演练 2-5:在商品对比列表网页中查看卖家信息

看着商品的对比列表,刘姥姥满意地点点头:"如果再能了解一下老板的情况就好了,一般如果老板信誉好,商品才更有保障。"

能不能通过商品了解有关卖家的信息及店铺信息呢?通过查看"卖家信息"可了解有关商品卖家的信息。

① 打开商品对比列表,单击商品对应的"掌柜"选项,在此以查看"潘家铺子诚信店"为例。单击"潘家铺子诚信店",查看店铺介绍及掌柜档案,如图 2-16 所示。"掌柜档案"区域综合显示了掌柜的信用和好评数据。

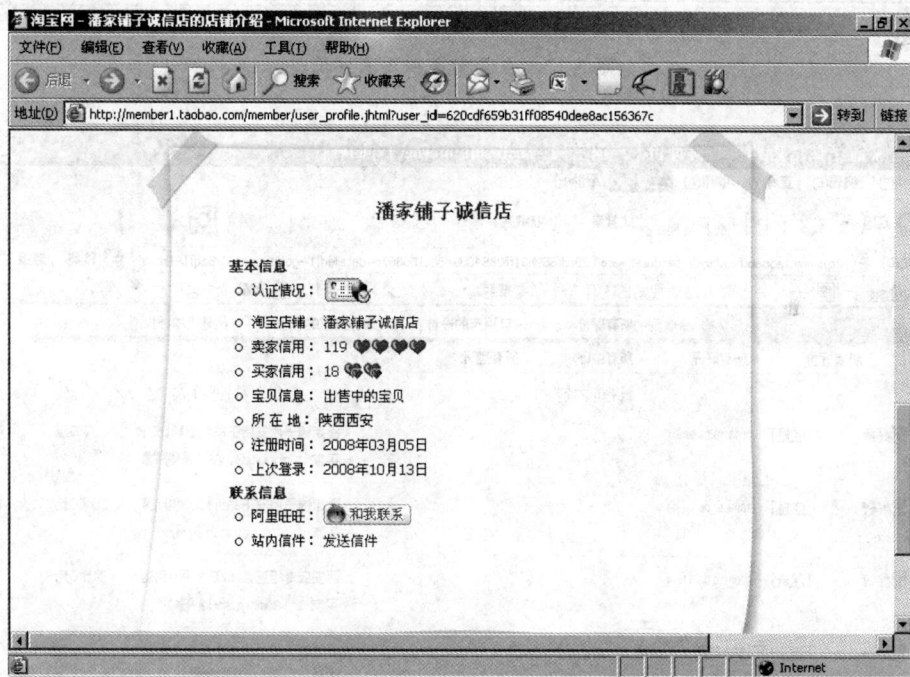

图 2-16 查看店铺信息

② 打开"信用评价"选项卡,查看卖家和买家评价,如图 2-17 所示。在信用度评价网页中,显示了卖家信用度和买家信用度电子表格,通过这些可了解到卖家的信用度。

③ 单击最近一个月的好评数"13",查看卖家最近一个月的好评信息,如图 2-18所示。

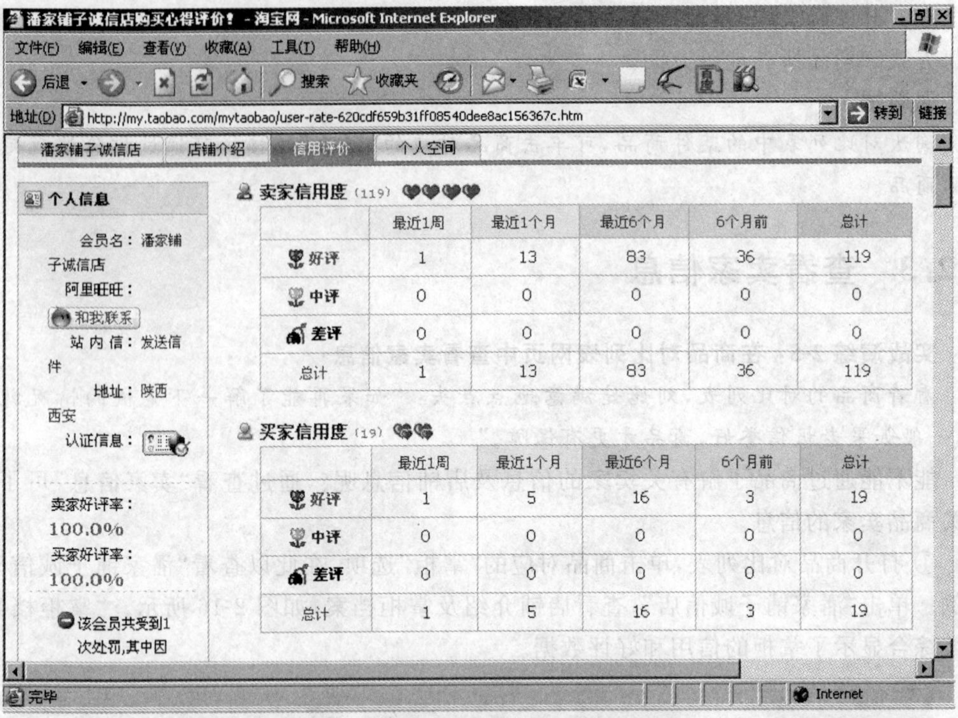

图 2-17 查看卖家和买家评价

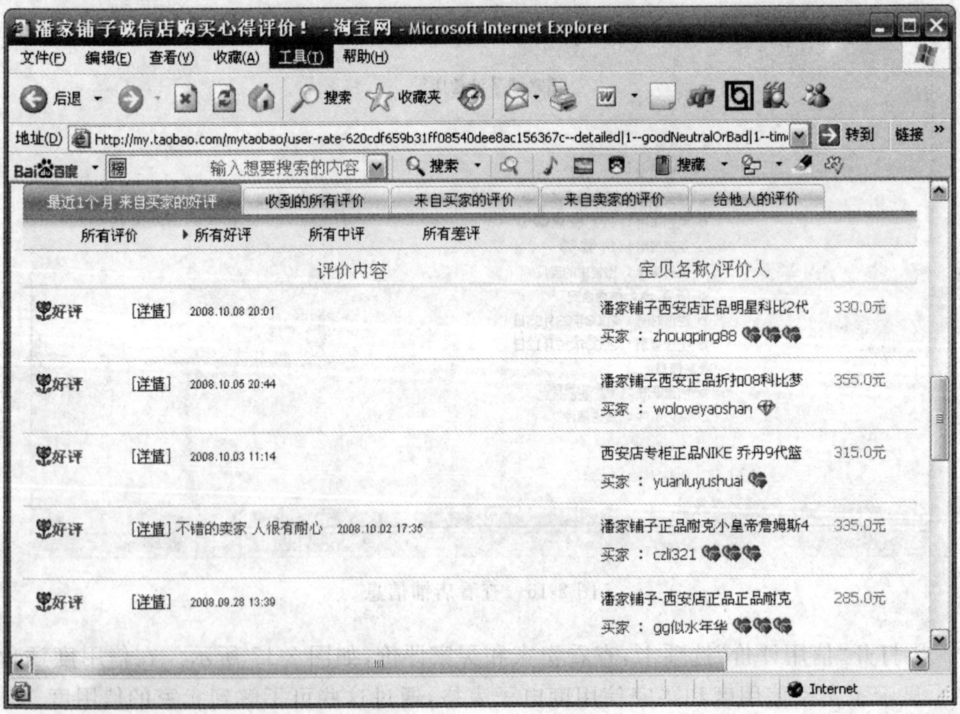

图 2-18 好评信息

在信用度网页中,含有收到的所有评价、来自卖家的评价、来自买家的评价和给他人的评价,通过这些可以了解卖家的信用度。

知识链接

卖家信用度网页包含卖家和买家的所有评价,一般可反映卖家的信誉。但是作为买家,也不要一味地信任这些好评,要认真判断卖家得到的第一个好评和时间,每一个好评的时间、频率,以及卖家得到的中评、差评。下面提供四种分析卖家信用度的方法,供参考。

1. 卖家得到第一个好评的时间

此项细节主要看卖家的两个方面,即卖家的店龄和经营水平。

2. 卖家得到的每一个好评的时间

找到评价时间,单击评价详情中的商品名称,打开商品详情网页,在网页最下方的出价记录中找到商品成交时间,如果时间间隔在三天内,那么交易就值得怀疑了。正常的交易一般需要三天以上的时间来完成付款、发货和确认收货这一过程,所以成交时间和评价时间之间肯定会有三天以上间隔。

3. 卖家得到好评的频率

如果同一买家一次性给了大量好评或卖家得到好评的时间极不规律,或者某个较短时间内,得到多个买家给予的好评,但是这个时间段之外,又很少有评价,这种交易是值得怀疑的。

4. 中评和差评

卖家会利用好评来做文章,却不会利用中评和差评,所以中评和差评的可信度是很高的,容易反映出一些真实情况。

2.3 准备购物

虚构情景

板儿看到心爱的篮球鞋心急地又开始嚷嚷道:"姥姥,快买吧。"刘姥姥听了,就急着拿出钱,一边往计算机里塞,一边问:"往哪个口塞呀?"凤姐笑道:"我说姥姥啊,哪有这种付款法啊。咱们得按步骤来,第一步要先注册淘宝会员。"

2.3.1 注册淘宝会员

实战演练 2-6:为刘姥姥注册淘宝会员

刘姥姥对网上的商品非常感兴趣,并且打算尝试网上购物,刘姥姥应该先做哪些准备呢?首先要注册成为淘宝会员。

① 打开 IE 浏览器,在"地址"栏中输入"http://www.taobao.com"并按回车键,进入

淘宝网首页,单击"免费注册",如图 2-19 所示。

图 2-19 "免费注册"超链接

② 输入用户名"刘姥姥网购",单击"检查会员名是否可用"按钮,如图 2-20 所示。

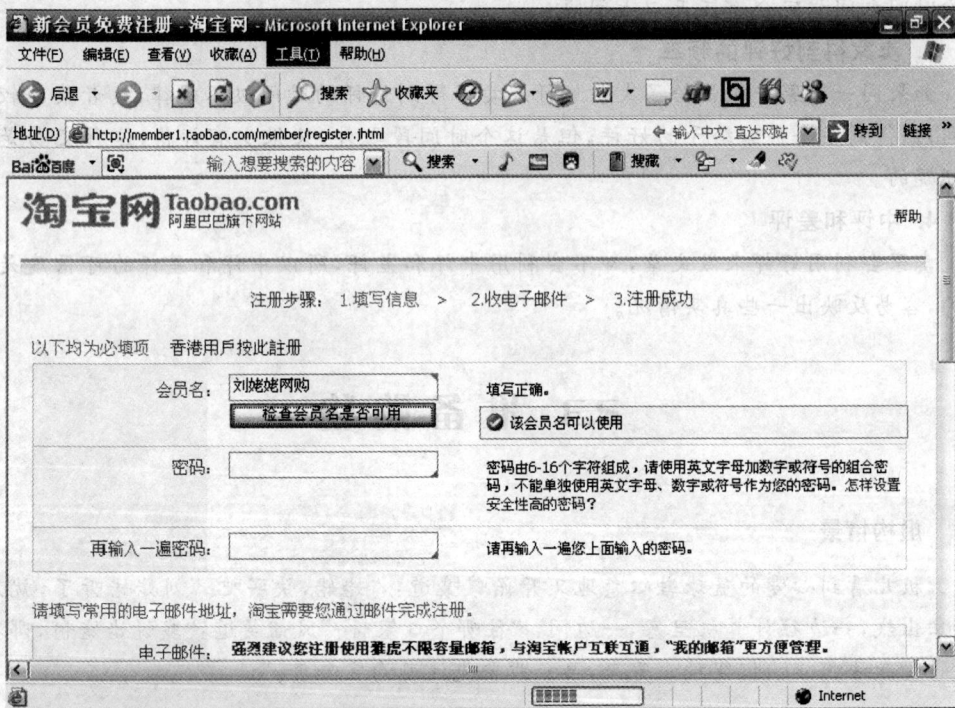

图 2-20 填写并检查会员名

③ 如用户名可以使用,可继续填写其他信息,输入完毕检查无误后,单击"同意以下服务条款,提交注册信息"按钮,如图 2-21 所示。

④ 在提示信息中,单击"ban_er_88@126.com"超链接,打开电子邮箱,接收邮件,如图 2-22 所示。

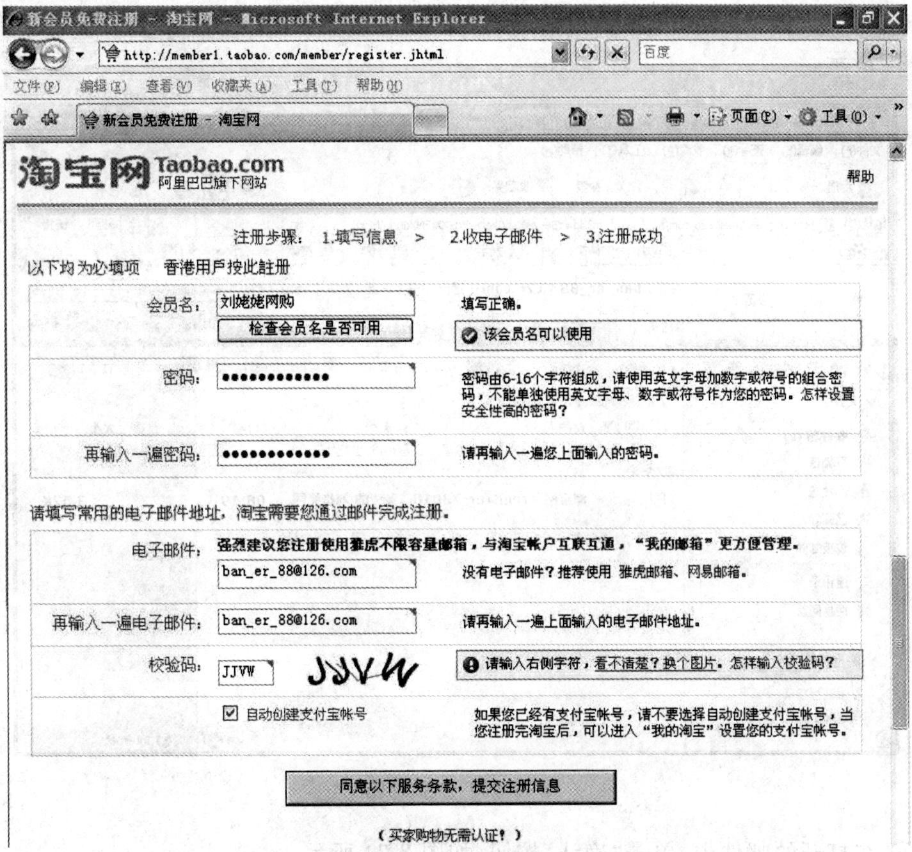

新会员免费注册 - 淘宝网 - Microsoft Internet Explorer

http://member1.taobao.com/member/register.jhtml　　百度

文件(F)　编辑(E)　查看(V)　收藏夹(A)　工具(T)　帮助(H)

新会员免费注册 - 淘宝网　　　　　　　　　　页面(P)　工具(O)

淘宝网 Taobao.com
阿里巴巴旗下网站　　　　　　　　　　　　　　　帮助

注册步骤：　1.填写信息　>　2.收电子邮件　>　3.注册成功

以下均为必填项　香港用户按此注册

| 会员名： | 刘姥姥网购 | 填写正确。 |
| | 检查会员名是否可用 | ✓ 该会员名可以使用 |

密码：　●●●●●●●●●●●●　　密码由6-16个字符组成，请使用英文字母加数字或符号的组合密码，不能单独使用英文字母、数字或符号作为您的密码。怎样设置安全性高的密码？

再输入一遍密码：　●●●●●●●●●●●●　　请再输入一遍您上面输入的密码。

请填写常用的电子邮件地址，淘宝需要您通过邮件完成注册。

电子邮件：　强烈建议您注册使用雅虎不限容量邮箱，与淘宝帐户互联互通，"我的邮箱"更方便管理。
ban_er_88@126.com　　没有电子邮件？推荐使用 雅虎邮箱、网易邮箱。

再输入一遍电子邮件：　ban_er_88@126.com　　请再输入一遍上面输入的电子邮件地址。

校验码：　JJVW　　*JJVW*　　❶ 请输入右侧字符，看不清楚？换个图片。怎样输入校验码？

☑ 自动创建支付宝帐号　　如果您已经有支付宝帐户，请不要选择自动创建支付宝帐号，当您注册完淘宝后，可以进入"我的淘宝"设置您的支付宝帐户。

同意以下服务条款，提交注册信息

（买家购物无需认证！）

图 2-21　填写注册信息

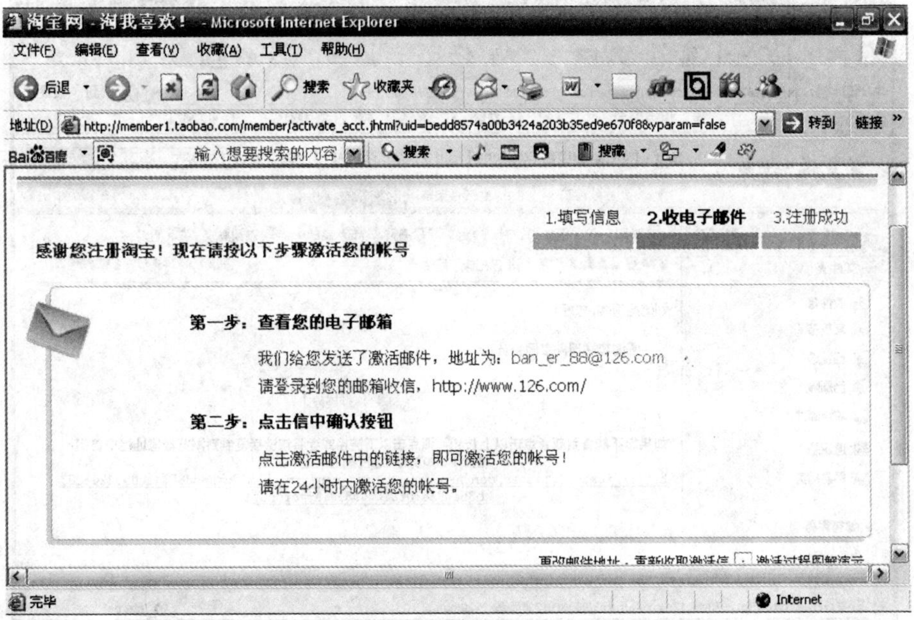

淘宝网 - 淘我喜欢！ - Microsoft Internet Explorer

文件(F)　编辑(E)　查看(V)　收藏(A)　工具(T)　帮助(H)

后退

地址(D)　http://member1.taobao.com/member/activate_acct.jhtml?uid=bedd8574a00b3424a203b35ed9e670f88yparam=false　　转到　链接

Bai百度　　输入想要搜索的内容　　搜索

1.填写信息　**2.收电子邮件**　3.注册成功

感谢您注册淘宝！现在请按以下步骤激活您的帐号

第一步：查看您的电子邮箱
我们给您发送了激活邮件，地址为：ban_er_88@126.com
请登录到您的邮箱收信，http://www.126.com/

第二步：点击信中确认按钮
点击激活邮件中的链接，即可激活您的帐号！
请在24小时内激活您的帐号。

更改邮件地址，重新收取激活信　激活过程图解演示

完毕　　　　　　　　　　　　　　　　　Internet

图 2-22　完成注册

⑤ 单击"淘宝网＜register-73018...亲爱的 刘姥姥网..."超链接，打开邮件，如图 2-23 所示。

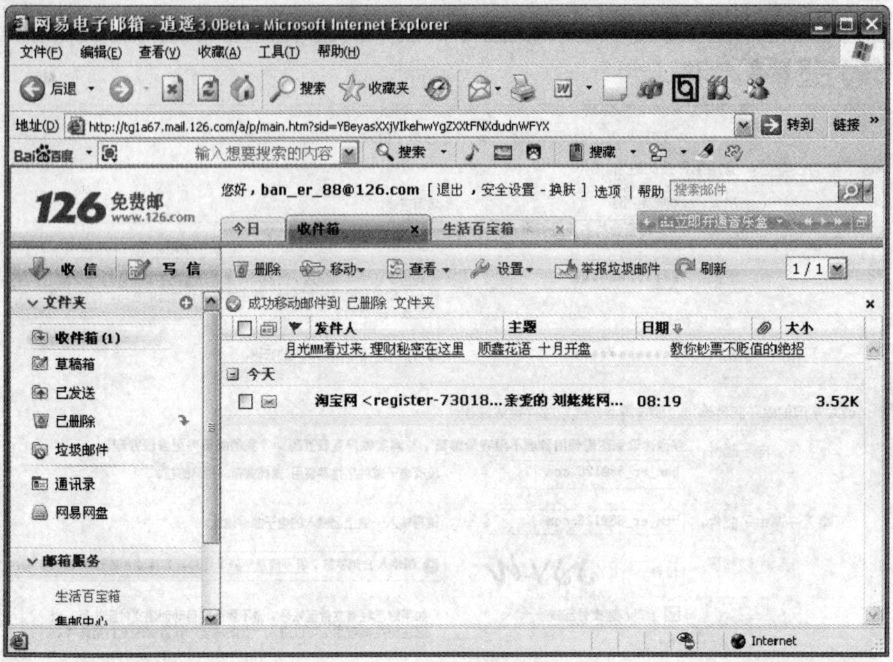

图 2-23　查看邮箱

⑥ 在打开的邮件中，单击"确认"按钮，如图 2-24 所示。

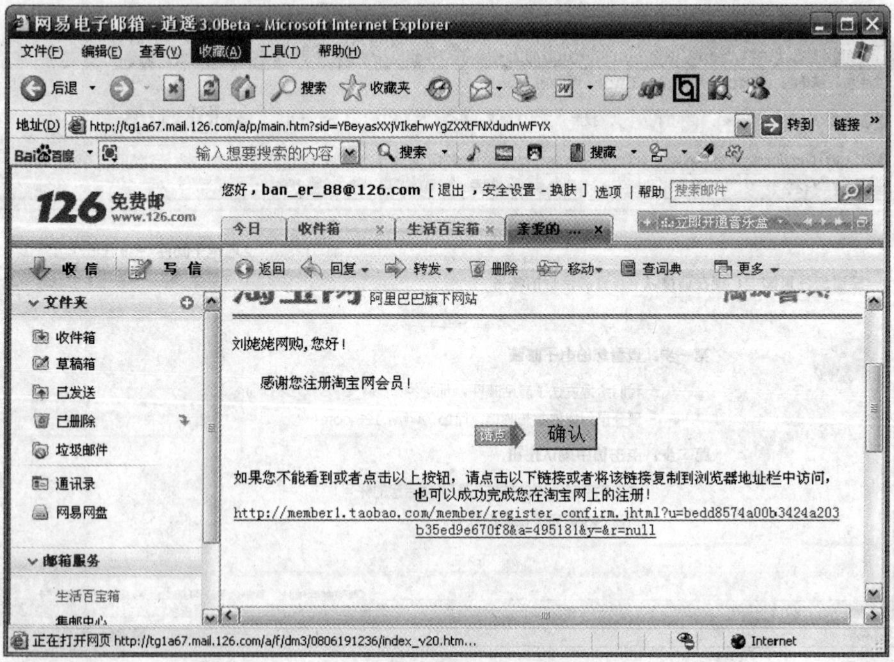

图 2-24　通过邮件激活淘宝网会员账户

⑦ 单击关闭按钮,关闭注册成功提示页面,如图 2-25 所示。

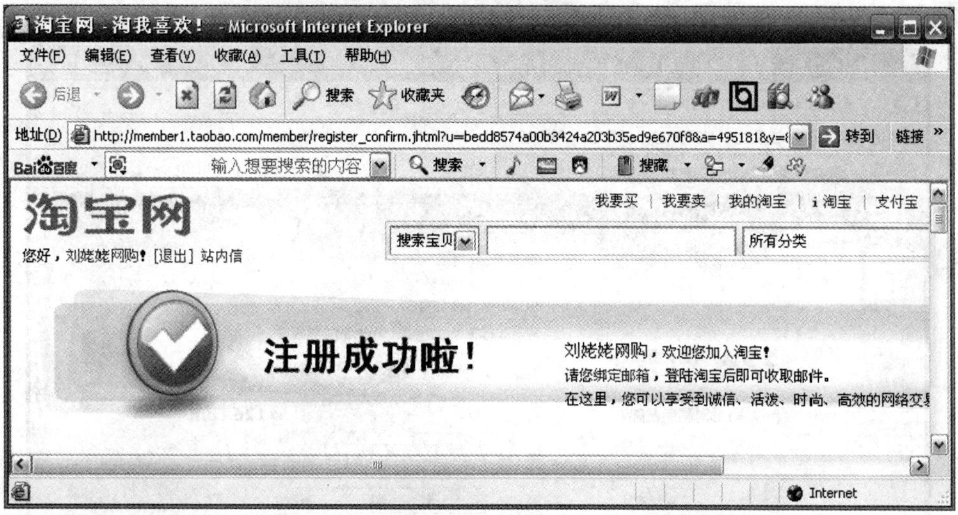

图 2-25　注册成功

密码位数要长一些,但不能超过 16 位,尽量采用字母、数字和符号混合的密码,以此来提高安全性。

知识链接

1. 账号的命名规则

账号的命名必须按一定的规则设计,不同的网站有不同的要求。一般账号的命名需满足以下条件。

① 避免使用无效的字符,如句号、括号、空格等。

② 账号必须唯一。

③ 避免使用中文名称。

2. 密码的设置规则

密码是保证账号安全的一项重要屏障,有弱密码和强密码之分。强密码的设置规则可注意以下几点。

① 密码的长度最好等于网站设定的最大长度,防止密码过短而被轻易破解。

② 尽可能避免使用易被猜出的密码,如包含生日、姓名、公司名等信息。

③ 密码最好是由无规则、无意义,由数字、字母和特殊符号混合而成。

2.3.2　开通支付宝账户

实战演练 2-7:开通支付宝账户

刘姥姥准备在网上购买商品,她已经注册成为淘宝会员了,下一步还需要做什么准备呢? 第二步要开通支付宝账户。

① 打开 IE 浏览器,在"地址"栏中输入"http://www.126.com",登录网易邮箱主页,在

"用户名"处输入"ban_er_88","密码"处输入密码,单击"登录"按钮,登录邮箱,如图 2-26 所示。

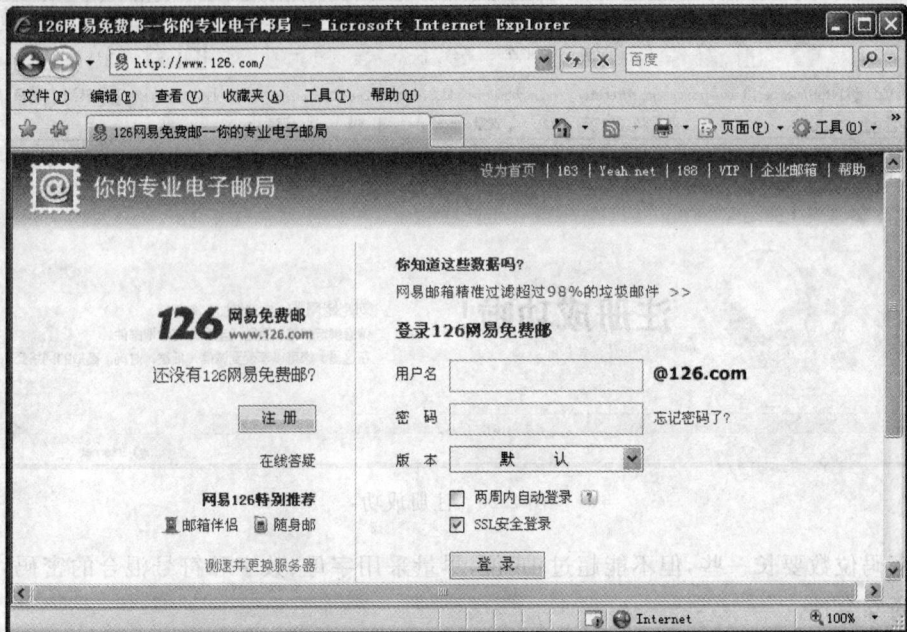

图 2-26 网易邮箱主页

② 在左侧文件夹列表中选择"收件箱",浏览收件箱中的邮件,如图 2-27 所示。

图 2-27 登录邮箱

③ 单击"支付宝＜alipay@mail. ali...淘宝已为您免费开..."超链接，打开支付宝邮件，如图 2-28 所示。

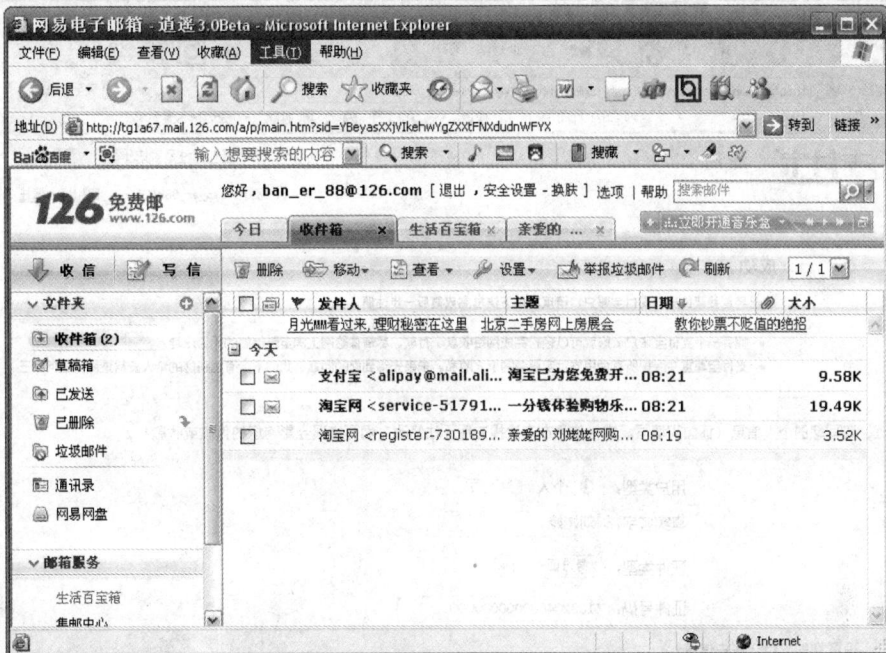

图 2-28　打开支付宝邮件

④ 单击"更改密码"，设置支付宝密码及其他信息，如图 2-29 所示。

图 2-29　单击"更改密码"

⑤ 输入完毕,单击"保存并立即启用支付宝账户",如图 2-30 所示。

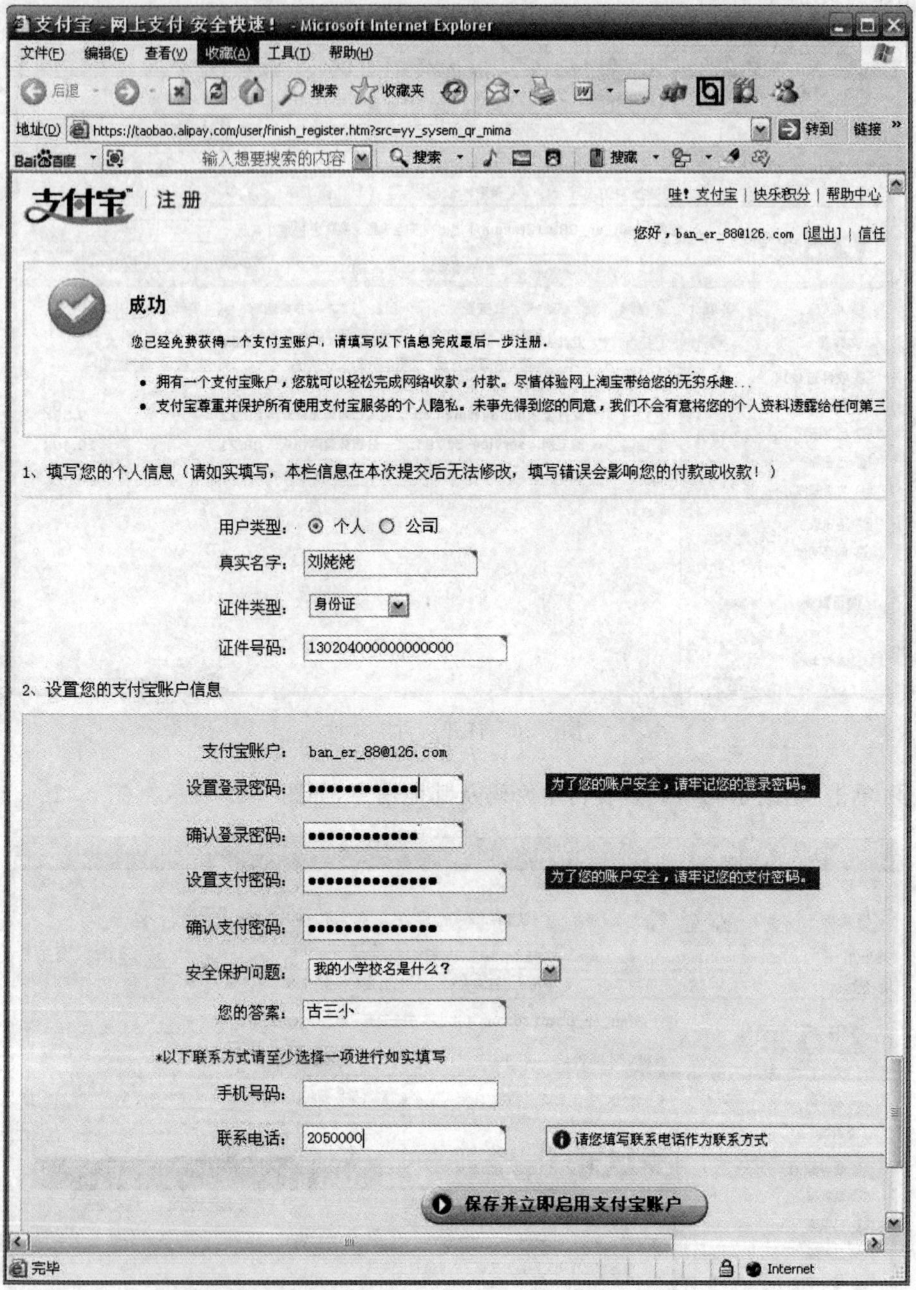

图 2-30 设置支付宝密码及其他信息

⑥ 账户激活,浏览完成信息,如图 2-31 所示。

实战演练 2-8：登录支付宝账户

刘姥姥已经注册淘宝会员,并且已经开通了支付宝账户,她想查看一下自己支付宝账户的情况,应如何去做?

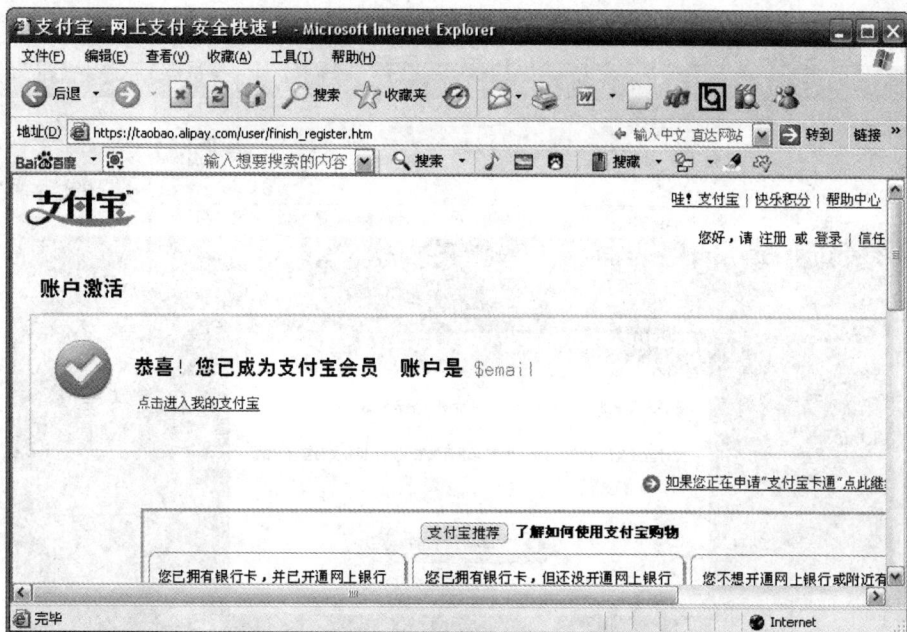

图 2-31　成功激活账户

登录支付宝账户,查看支付宝账户信息。

① 打开 IE 浏览器,在"地址"栏中输入"http://www.taobao.com"并按回车键,进入淘宝网首页。单击"支付宝"超链接,弹出支付宝登录网页,第一次登录单击"登录密码"时,需要下载安装"支付宝网络安全控件"。单击"请点此输入密码",下载控件,如图 2-32 所示。

图 2-32　登录支付宝首页

② 单击"立即安装控件"按钮,弹出文件下载对话框,如图 2-33 所示。

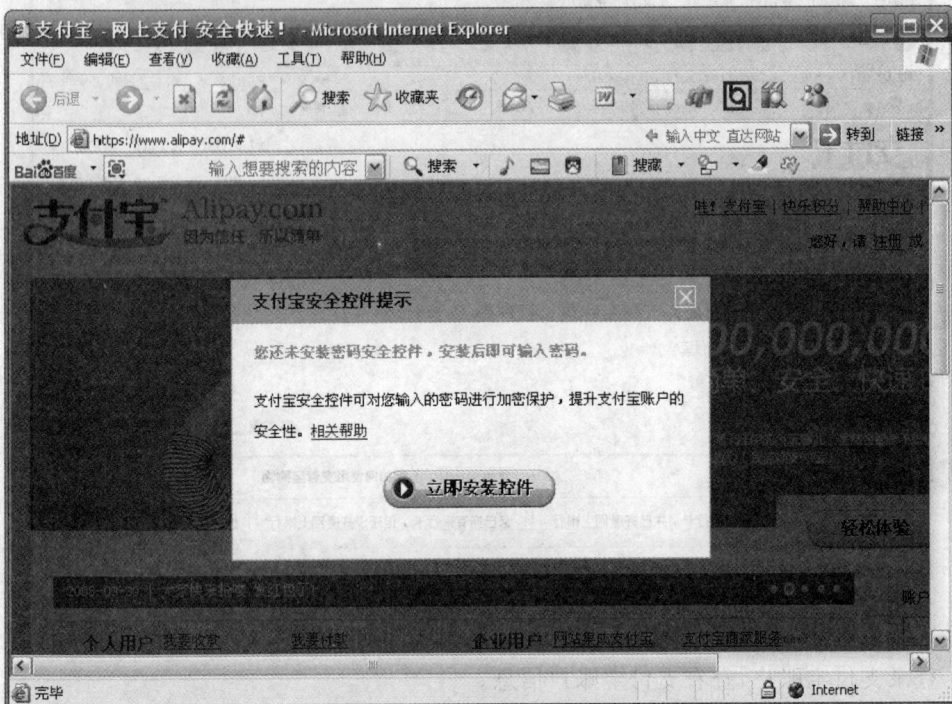

图 2-33　安装安全控件

③ 单击"保存"按钮,准备下载并保存文件,如图 2-34 所示。

图 2-34　准备下载并保存文件

④ 指定文件保存路径,单击"保存"按钮,开始下载并保存文件,如图 2-35 所示。

⑤ 下载完毕,单击"运行"按钮,准备安装支付宝网络安全控件,如图 2-36 所示。

⑥ 单击"运行"按钮,根据安装向导,开始安装控件,如图 2-37 所示。

⑦ 根据安装向导,关闭打开的其他应用程序,单击"下一步"按钮,如图 2-38 所示。

⑧ 出现信息提示,确认已关闭其他应用程序后,单击"下一步"按钮,如图 2-39 所示。

⑨ 根据安装向导提示,单击"安装"按钮,开始安装控件,如图 2-40 所示。

⑩ 阅读提示信息后,单击"下一步"按钮,如图 2-41 所示。

图 2-35 指定文件保存位置

图 2-36 下载完毕

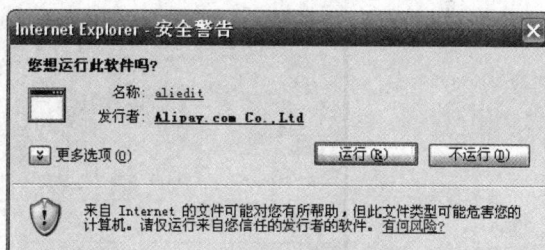

图 2-37 安装支付宝网络安全控件

图 2-38 支付宝安全控件安装向导

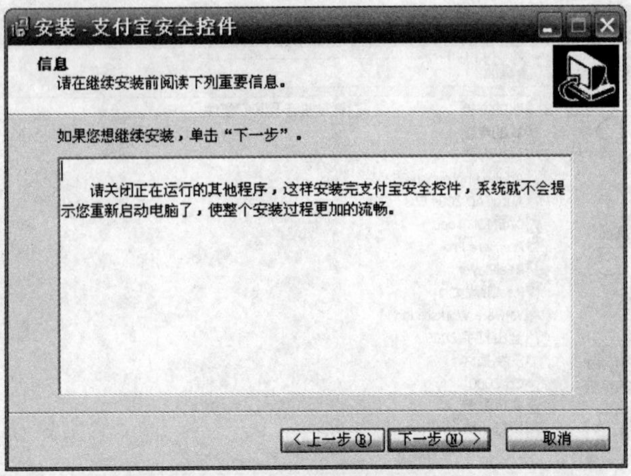

图 2-39　信息窗口

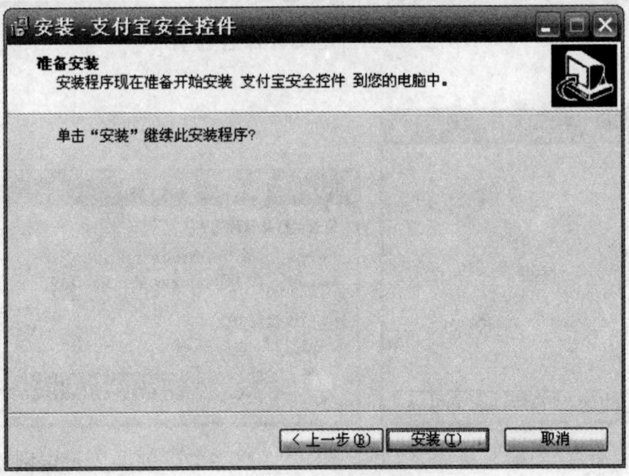

图 2-40　准备安装窗口

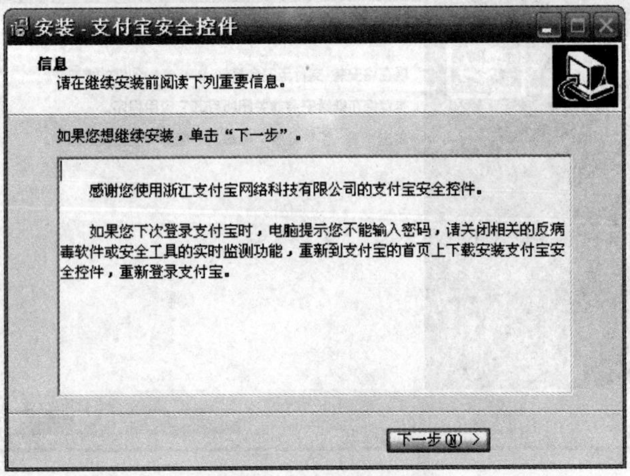

图 2-41　阅读提示信息

⑪ 安装完毕，单击"完成"按钮，完成安装，如图 2-42 所示。

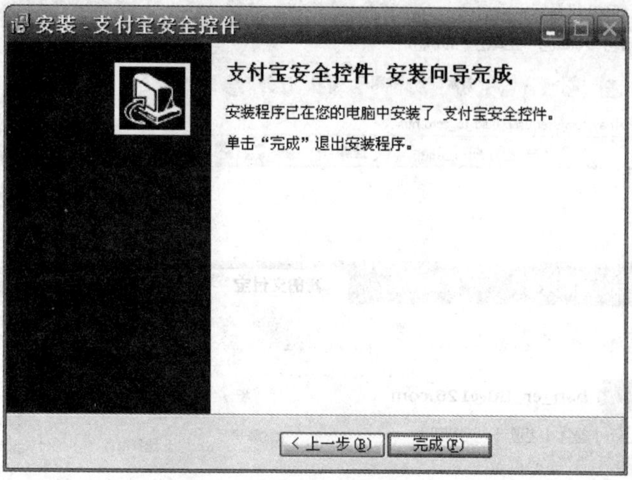

图 2-42　完成安装

⑫ 返回淘宝支付宝网页，单击工具栏"刷新"按钮，刷新网页，输入"账户名"、"登录密码"和验证码，单击"登录"按钮，如图 2-43 所示。

图 2-43　登录支付宝

⑬ 完成登录，浏览支付宝信息，如图 2-44 所示。

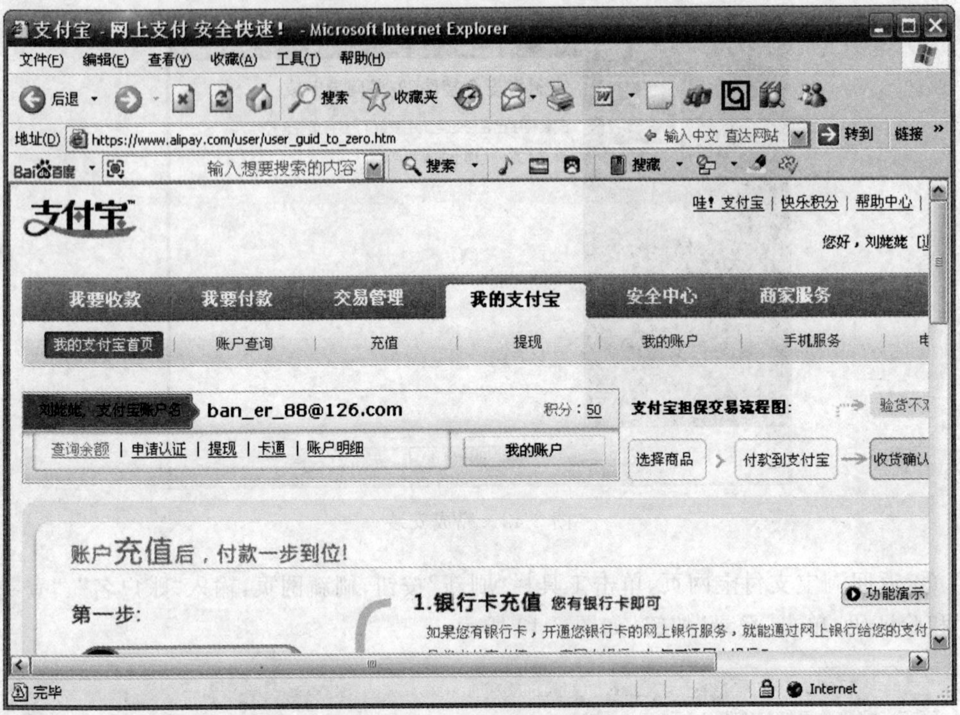

图 2-44　成功登录支付宝

2.3.3　准备电子钱包

"网络交易可以通过支付宝来完成。在申请了支付宝账户后,需要充值才能进行网上支付。如何往账户里充值呢? 这就需要开通网上银行。"凤姐耐心地给刘姥姥和板儿讲解着。"开通网上银行要去哪家银行啊?"刘姥姥问道。"其实我们拥有任何一家银行的存折、储蓄卡、借记卡,再带上有效身份证件,都可以去银行开通网上银行。""我有一张牡丹卡,我们就去工商银行吧。"三人便一同来到了工商银行。在银行工作人员的指导下,刘姥姥填写了申请表,开通了网上银行。

实战演练 2-9:申请支付宝实名认证

刘姥姥已经注册了淘宝会员,并且开通了支付宝账户,因为网络的虚拟性,她一直担心购物过程会出现问题。其实,支付宝为了保护买卖双方的共同利益设立了实名认证,以促进淘宝网上购物的诚信交易和公平买卖。

① 打开 IE 浏览器,在"地址"栏中输入"http://www.taobao.com"并按回车键,进入淘宝网首页,单击"支付宝"超链接,分别输入账户名和登录密码,单击"登录"按钮。

② 在弹出的窗口中单击"申请认证"链接,准备设置"支付宝实名认证",如图 2-45 所示。

③ 单击"立即申请"链接,提示阅读"支付宝实名认证服务协议",如图 2-46 所示。

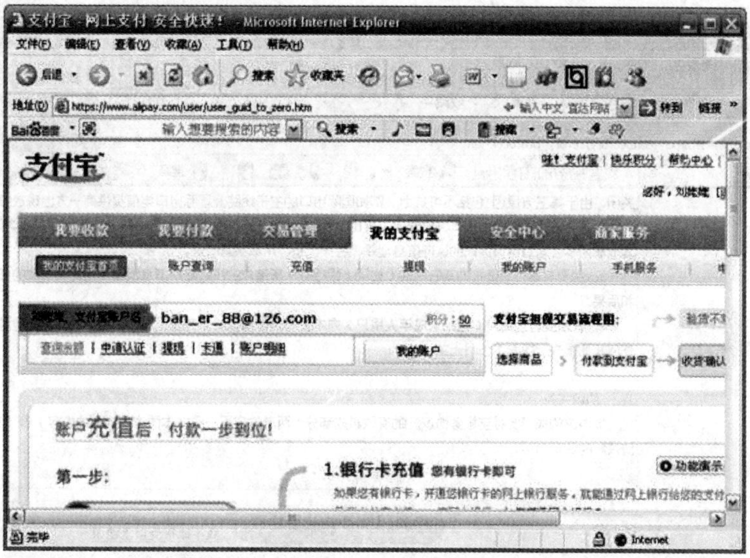

图 2-45 单击"申请认证"

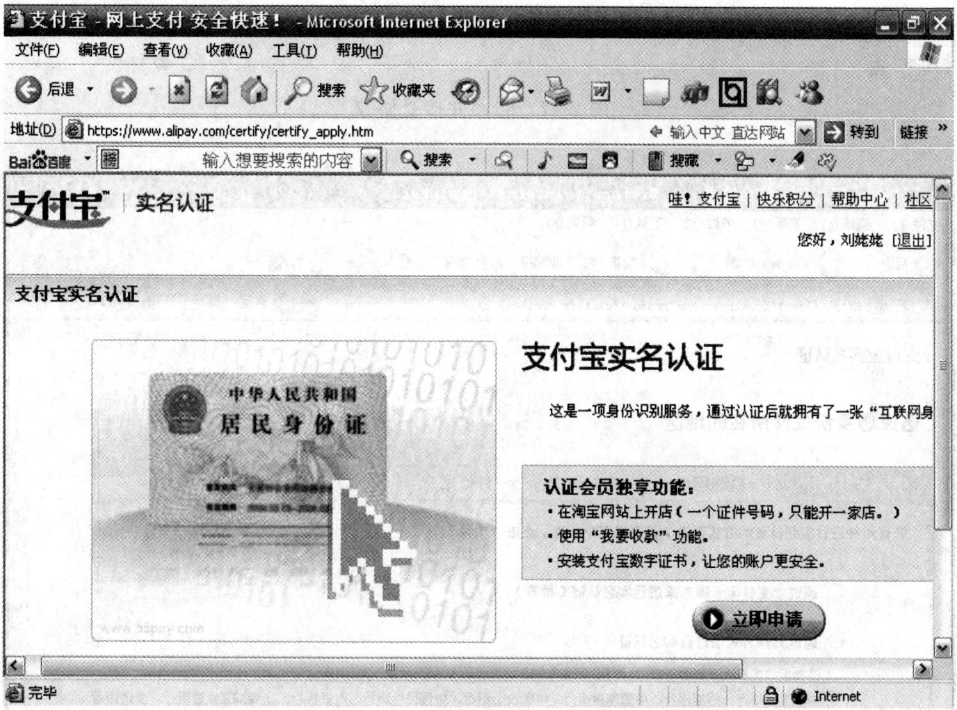

图 2-46 申请支付宝实名认证

④ 阅读"支付宝实名认证服务协议",单击"我已阅读并接受协议"按钮,如图 2-47 所示。

⑤ 打开"中国大陆用户"选项卡,选中"通过其他方式来进行实名认证",单击"立即申请"按钮,如图 2-48 所示。

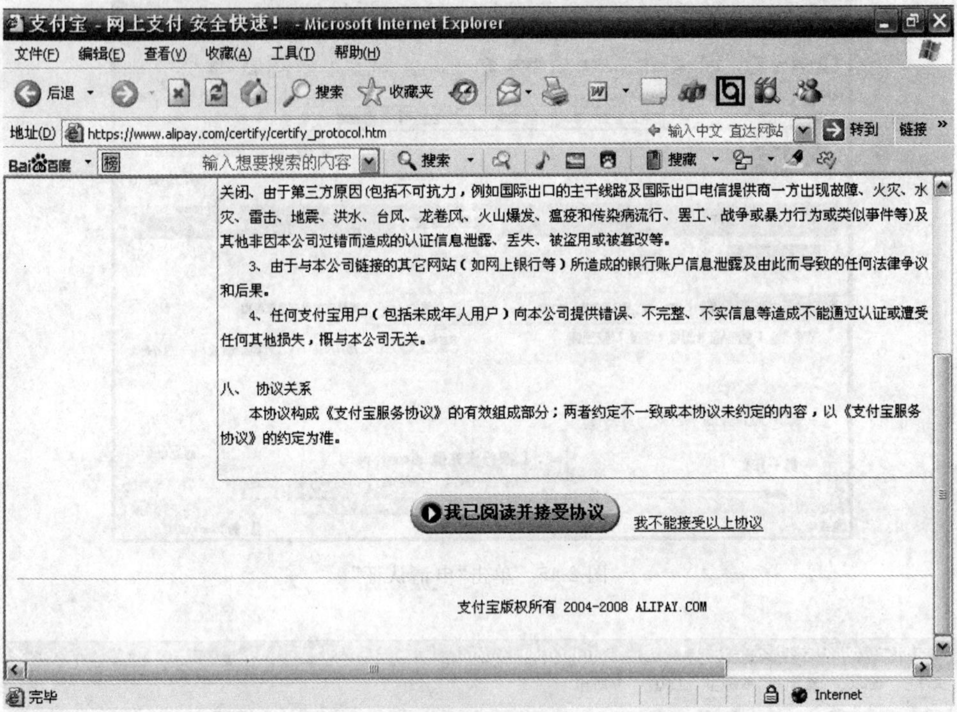

图 2-47　阅读并接受协议

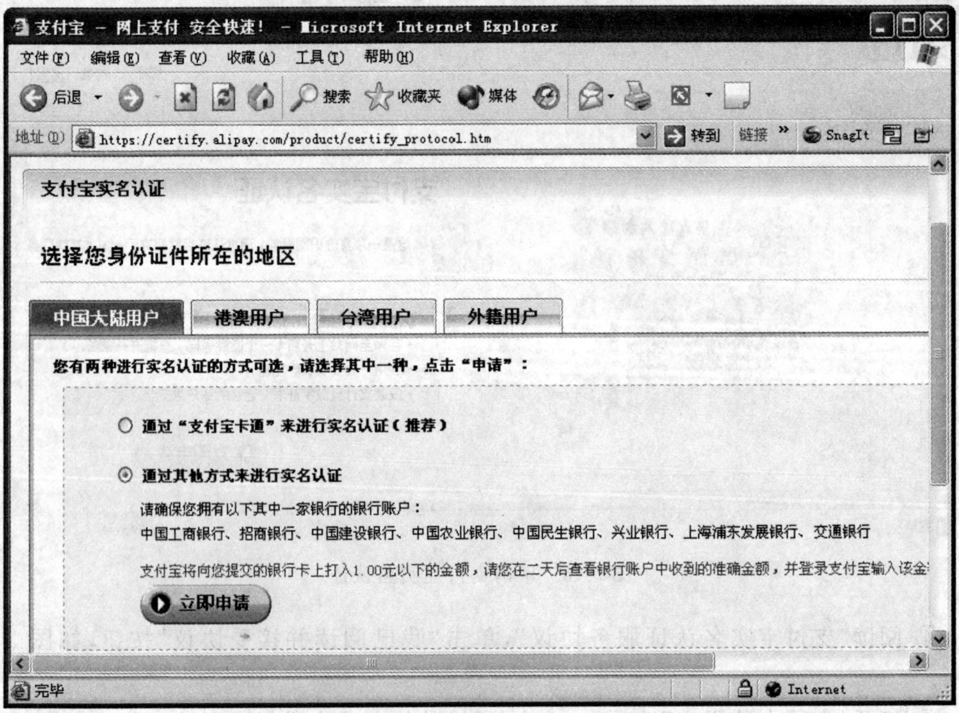

图 2-48　通过其他方式来进行实名认证

⑥ 正确填写"身份证号码"和"身份证真实姓名",单击"提交"按钮,如图 2-49 所示。

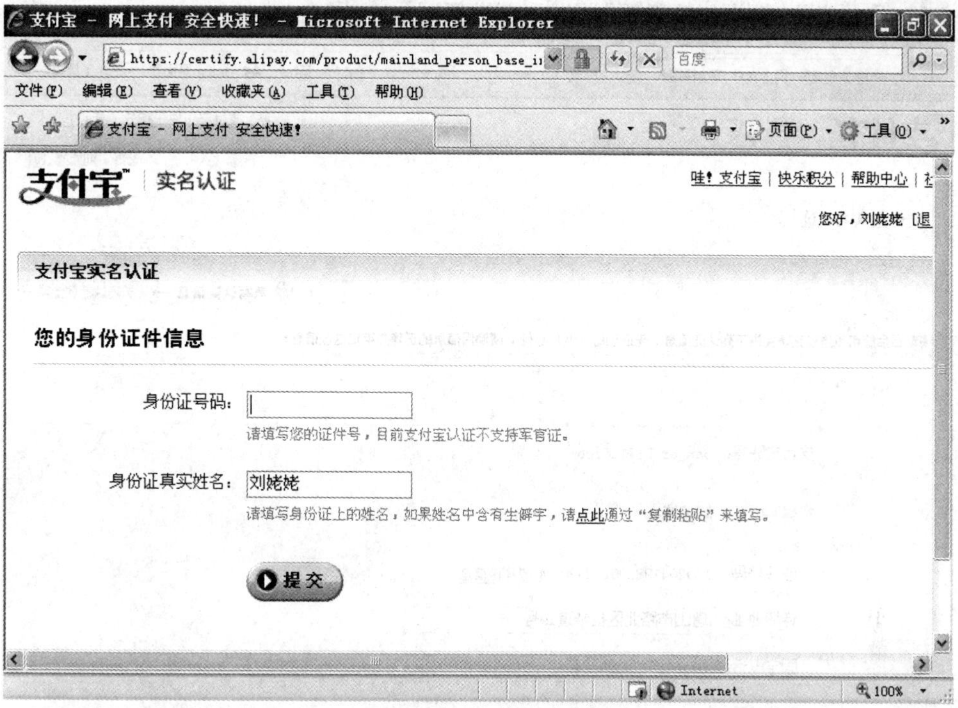

图 2-49　填写身份证件信息

⑦ 输入其他真实信息,单击"提交"按钮,如图 2-50 所示(注:要填真实信息)。

⑧ 再次确认所填认证信息,单击"确认提交"按钮,完成认证,如图 2-51 所示。

应正确填写"您的个人信息"和"您的银行账户信息"。填写银行账户信息时,如发现填写的个人信息与银行信息不相符,可单击"返回修改"按钮,在返回的网页中进行修改。切记填写信息要属实,否则将认证失败。

实战演练 2-10：下载 U 盾驱动和网上银行证书

将钱存入银行卡后,刘姥姥总是有些不放心,有没有什么办法可以使网上银行安全些呢?

开通了网上银行之后,为了网上交易的安全性,银行还推出了 U 盾和网上银行证书。只需要将网上银行证书下载到 U 盾上,以后每次交易时,需验证数字证书无误后才可交易。

① 打开 IE 浏览器,在"地址"栏中输入"http://www.icbc.com.cn",如图 2-52 所示。单击"个人网上银行登录"超链接,首次登录,提示安装"个人网上银行控件"。

② 单击"个人网上银行控件",准备下载控件,如图 2-53 所示。

③ 单击"运行"按钮,开始安装个人网上银行控件,如图 2-54 所示。

④ 运行完毕,弹出"IE 安全性提示"对话框,如图 2-55 所示。单击"是"按钮,自动修改 IE 设置,完成个人网上银行控件安装。

⑤ 返回中国工商银行网页,进行第三步,安装 U 盾驱动,根据在工商银行申领的证书类型,选择安装相应的证书驱动程序,单击"证书驱动",如图 2-56 所示。

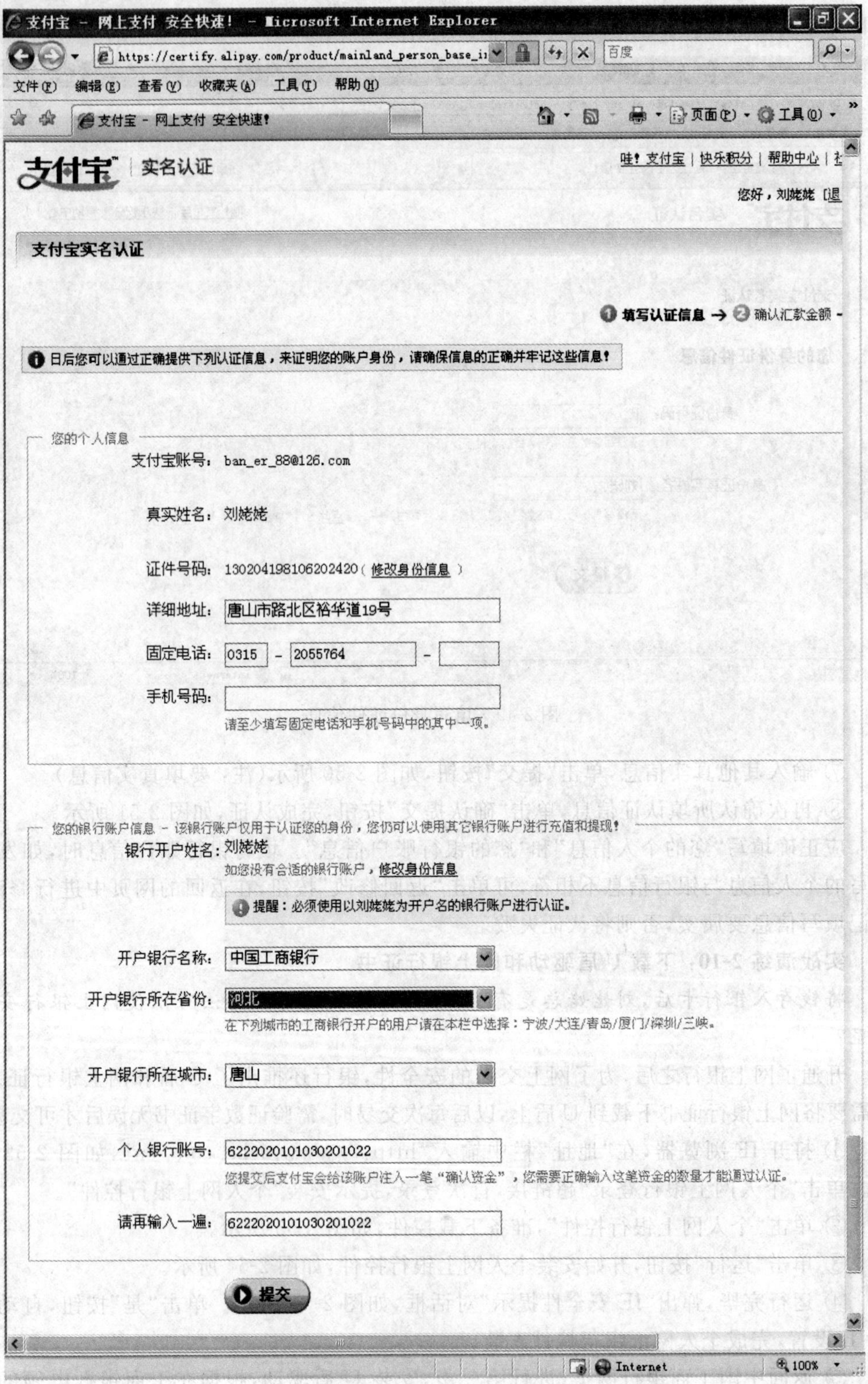

支付宝 - 网上支付 安全快速！ - Microsoft Internet Explorer
https://certify.alipay.com/product/mainland_person_base_i
文件(F) 编辑(E) 查看(V) 收藏夹(A) 工具(T) 帮助(H)
支付宝 - 网上支付 安全快速！
支付宝 实名认证
哇！支付宝 | 快乐积分 | 帮助中心
您好，刘姥姥
支付宝实名认证
❶ 填写认证信息 → ❷ 确认汇款金额
日后您可以通过正确提供下列认证信息，来证明您的账户身份，请确保信息的正确并牢记这些信息！
您的个人信息
支付宝账号：ban_er_88@126.com
真实姓名：刘姥姥
证件号码：130204198106202420（修改身份信息）
详细地址：唐山市路北区裕华道19号
固定电话：0315 - 2055764 -
手机号码：
请至少填写固定电话和手机号码中的其中一项。
您的银行账户信息 - 该银行账户仅用于认证您的身份，您仍可以使用其它银行账户进行充值和提现！
银行开户姓名：刘姥姥
如您没有合适的银行账户，修改身份信息
提醒：必须使用以刘姥姥为开户名的银行账户进行认证。
开户银行名称：中国工商银行
开户银行所在省份：河北
在下列城市的工商银行开户的用户请在本栏中选择：宁波/大连/青岛/厦门/深圳/三峡。
开户银行所在城市：唐山
个人银行账号：6222020101030201022
您提交后支付宝会给该账户注入一笔“确认资金”，您需要正确输入这笔资金的数量才能通过认证。
请再输入一遍：6222020101030201022
提交
Internet
100%

图 2-50　填写认证信息

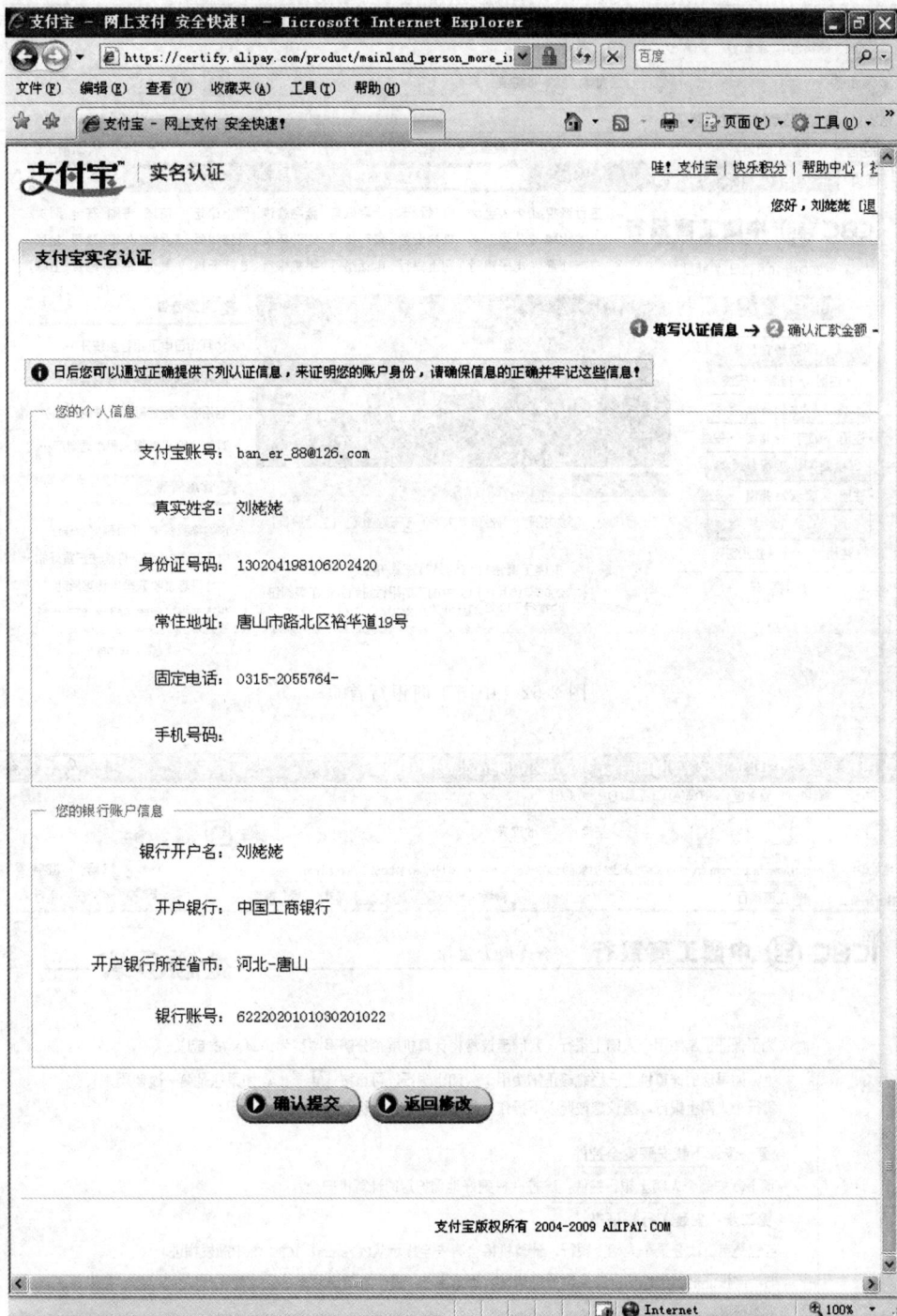

图 2-51　确认认证信息

⑥ 在如图 2-57 所示的提示窗口中，单击"运行"按钮，安装 U 盾驱动程序。

⑦ 选择安装过程中需要的语言——"简体中文"，单击"确定"按钮，如图 2-58 所示。

图 2-52　中国工商银行首页

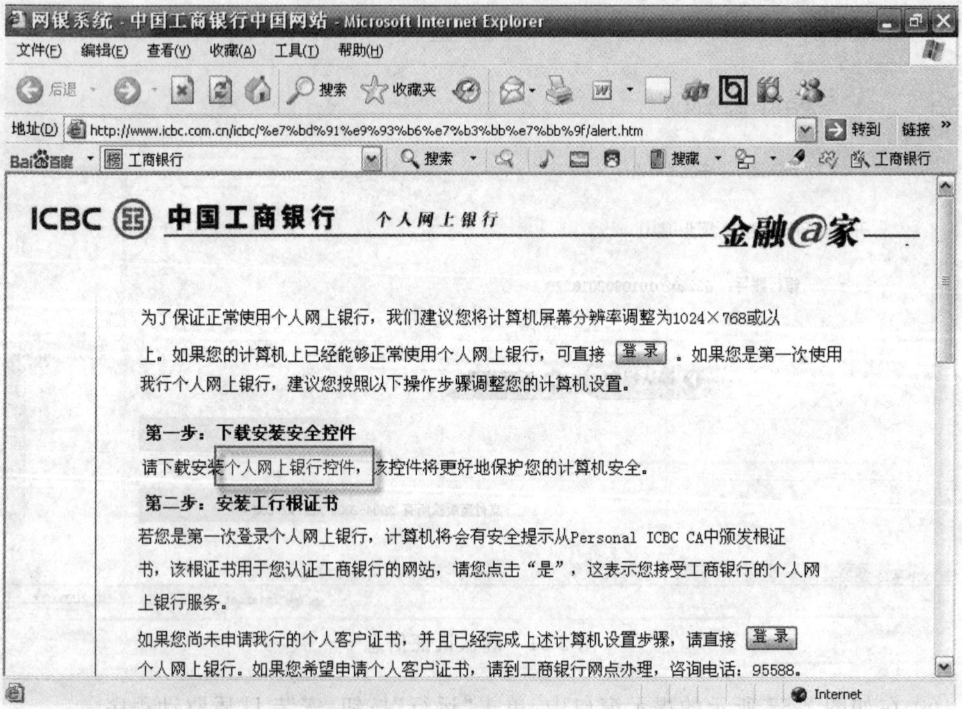

图 2-53　下载并安装个人网上银行控件

图 2-54　运行个人网上银行控件

图 2-55　IE 安全性提示

图 2-56　U 盾驱动程序

图 2-57　运行 U 盾驱动程序

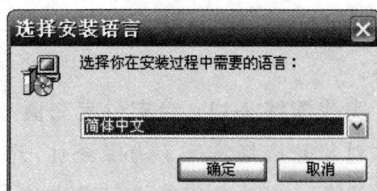

图 2-58　选择安装语言

⑧ 根据安装向导提示,关闭所有其他应用程序,单击"下一步"按钮,如图 2-59 所示。

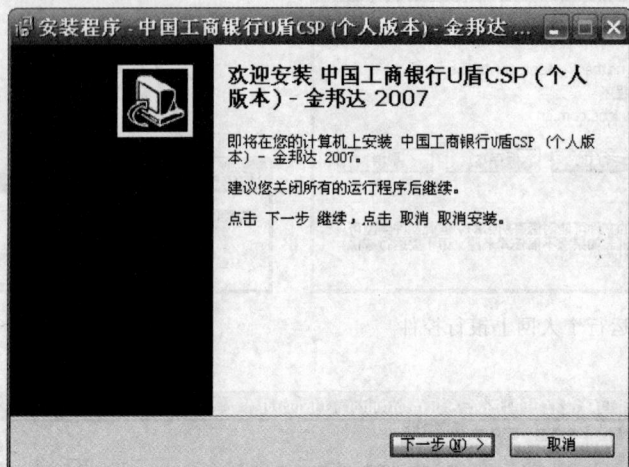

图 2-59 建议关闭所有的运行程序

⑨ 单击"安装"按钮,开始安装 U 盾驱动程序,如图 2-60 所示。

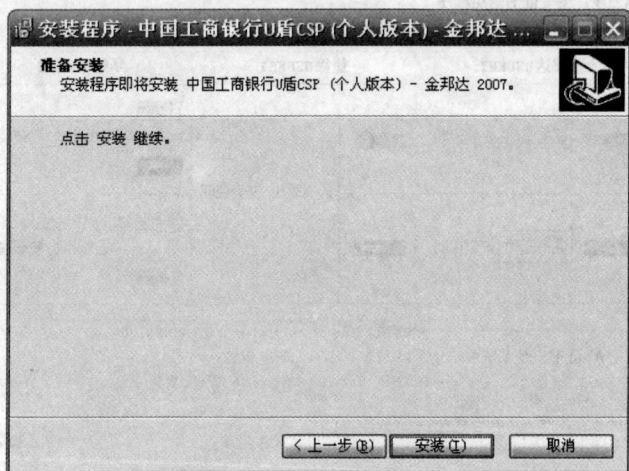

图 2-60 "准备安装"对话框

⑩ 再次打开工商银行首页,单击"个人网上银行登录",分别输入卡号、登录密码和验证码,单击"同意"按钮,如图 2-61 所示。

⑪ 单击"客户服务"超链接,如图 2-62 所示。

⑫ 单击左侧"U 盾管理"下的"U 盾自助下载",完成下载"数字证书",如图 2-63 所示。

实战演练 2-11:给支付宝充值

刘姥姥已经注册了淘宝会员,开通了支付宝账户,并已进行实名认证,也开通了网上银行业务。但是如何将银行卡中的资金转入支付宝呢?

登录淘宝网支付宝账户,给支付宝充值。

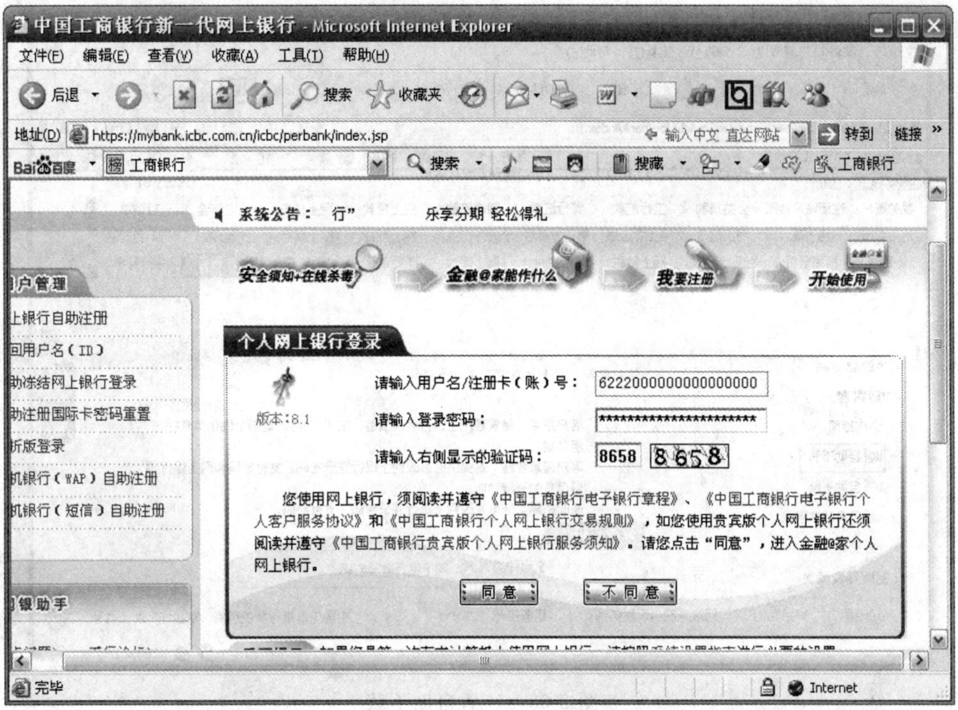

图 2-61　登录个人网上银行

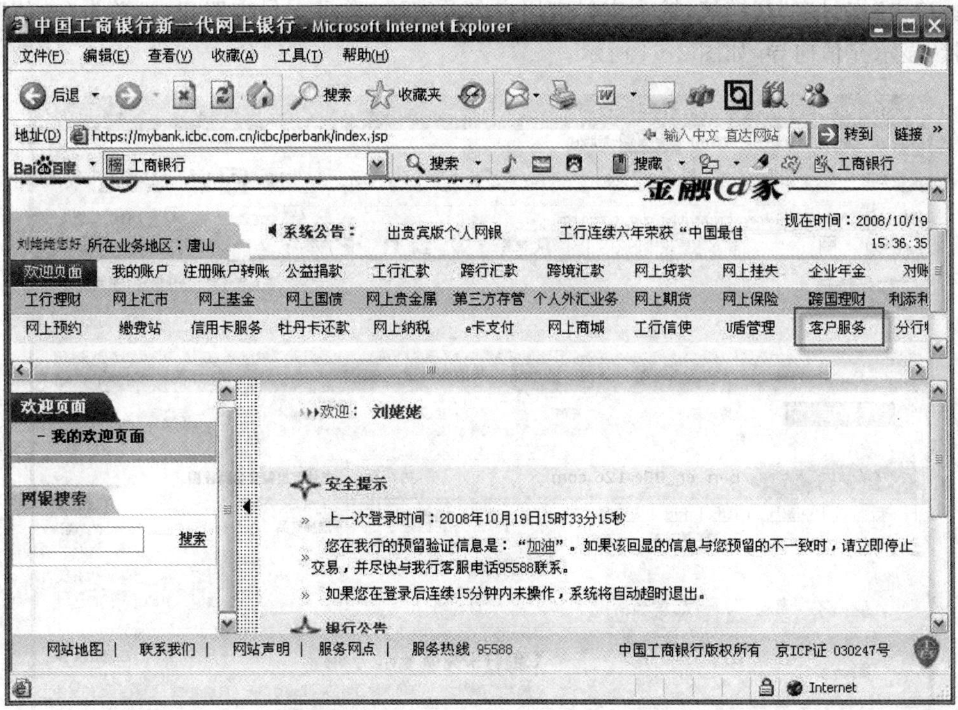

图 2-62　单击"客户服务"超链接

图 2-63　U 盾自助下载

① 打开 IE 浏览器,在"地址"栏中输入"http://www.taobao.com",登录淘宝网首页。单击"支付宝"超链接,输入支付宝用户名及密码,登录支付宝账户,再单击"充值"超链接,显示充值向导,如图 2-64 所示。

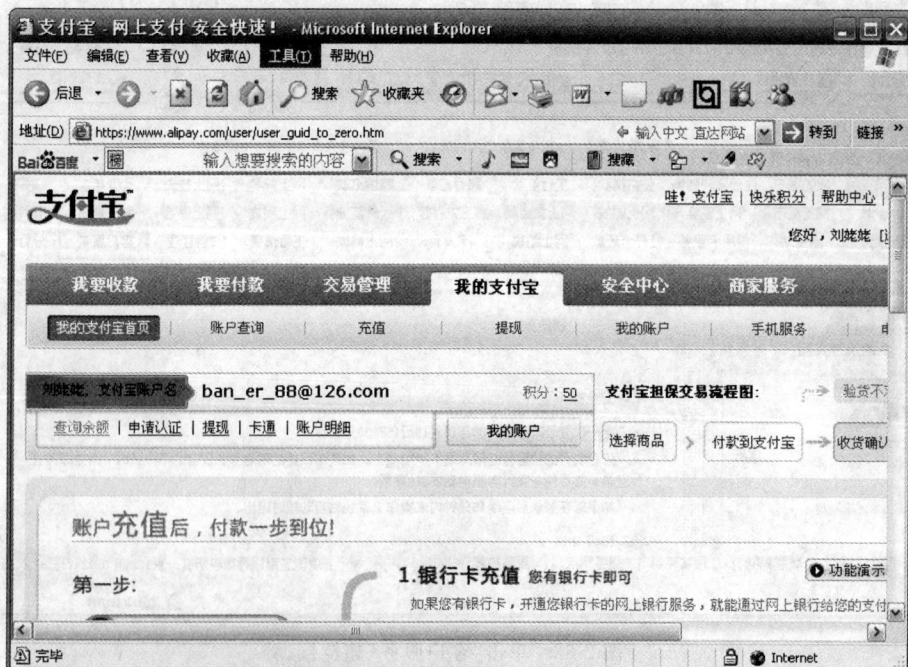

图 2-64　登录支付宝账户

② 选择"银行卡充值"，单击"下一步"按钮，如图 2-65 所示。

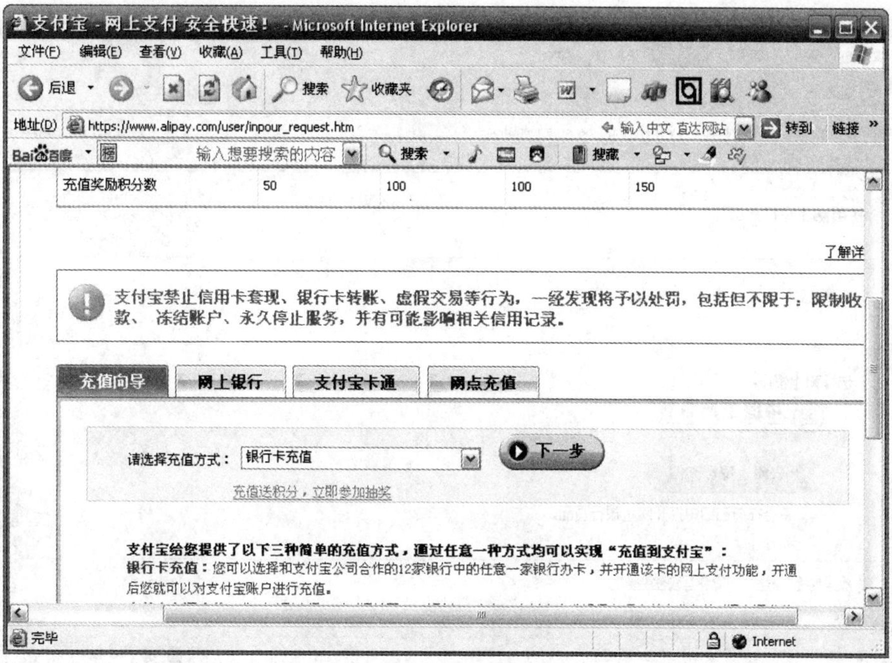

图 2-65　选择充值方式

③ 选择"中国工商银行"银行卡，输入充值金额"50"元，单击"下一步"按钮，如图 2-66 所示。

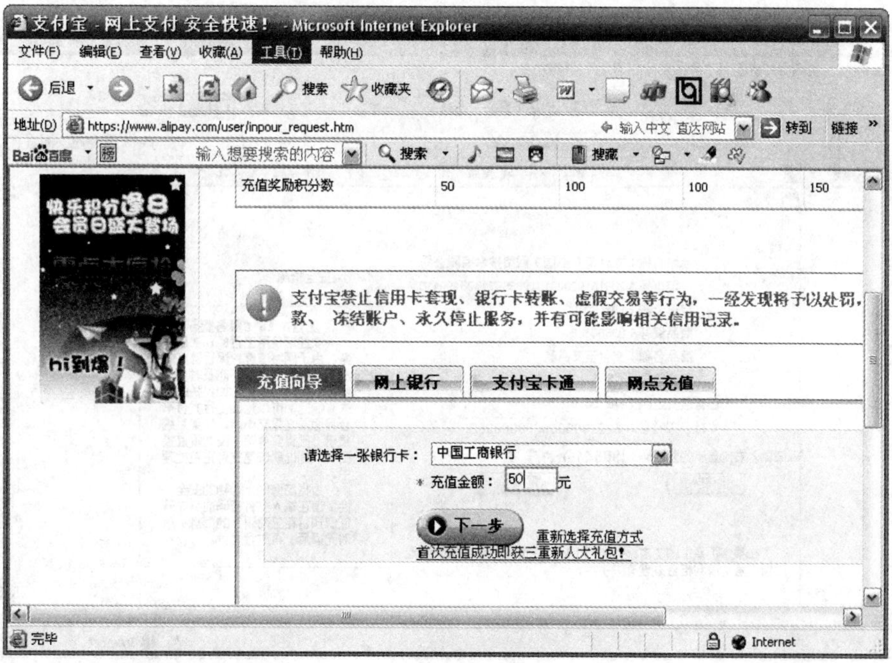

图 2-66　充值向导

④ 在如图 2-67 所示的提示窗口中单击"去网上银行充值"按钮,登录网上银行。

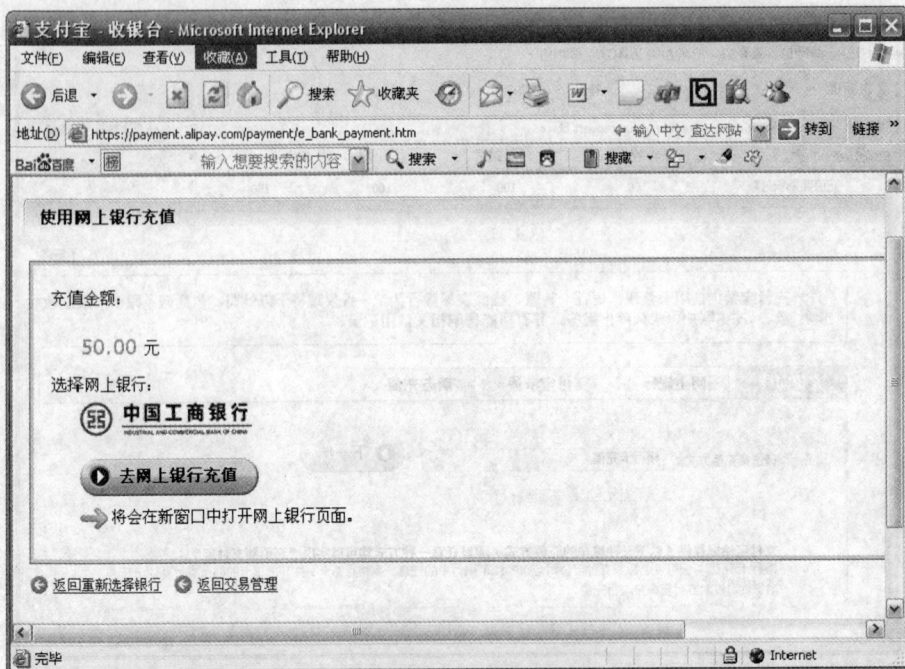

图 2-67　去网上银行充值

⑤ 根据提示,输入正确的"支付卡(账)号"和验证码,单击"提交"按钮,提示"预留信息",如图 2-68 所示。

图 2-68　输入支付卡(账)号

⑥ 确认预留信息，如正确，单击"确定"按钮，如图 2-69 所示。

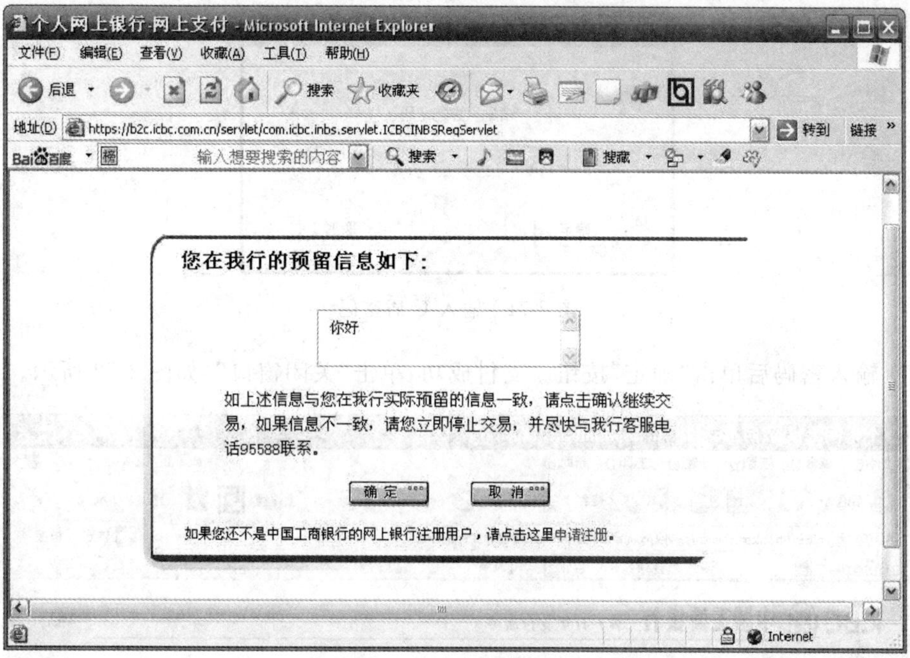

图 2-69　确认预留信息

⑦ 显示支付确认信息和插入 U 盾提示信息，插入 U 盾后，单击 U 盾提示窗口的"确定"按钮，确认支付信息，如图 2-70 所示。

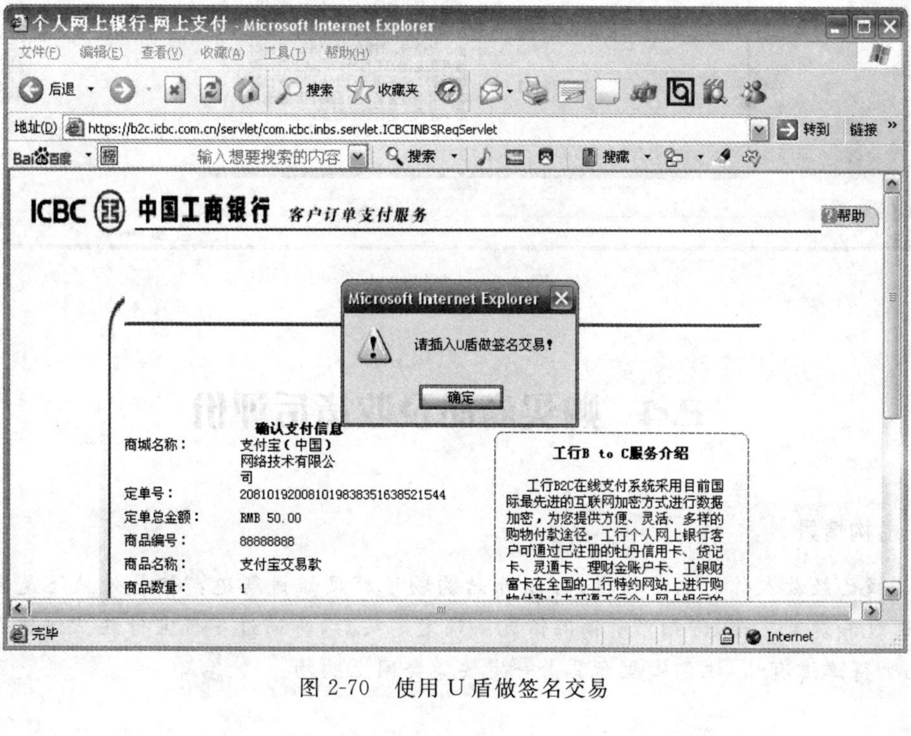

图 2-70　使用 U 盾做签名交易

⑧ 确认支付信息后单击"提交"按钮,提示输入 U 盾密码,如图 2-71 所示。

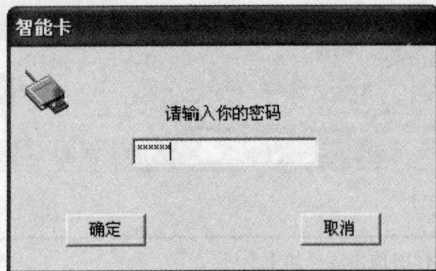

图 2-71　输入 U 盾密码

⑨ 输入密码后单击"确定"按钮。支付成功,单击"关闭窗口",如图 2-72 所示。

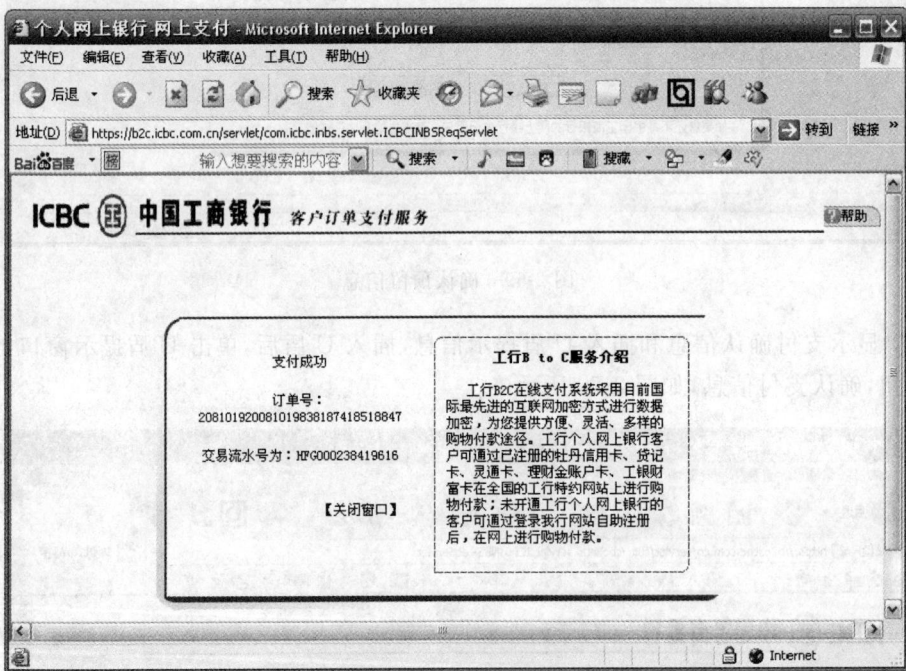

图 2-72　支付成功

2.4　购买商品及收货后评价

虚构情景

"钱已经放入你的电子钱包,可以开始购物了。"凤姐讲解道:"但是付款还是要慎重,通过和卖家交谈,仔细了解商品情况。确定购买后,再通过支付宝付款。"刘姥姥和板儿听得津津有味,他们心里盘算着一定要学会网上购物。

2.4.1 讨价还价

知识链接

自从互联网出现以后,任何一个连接到互联网的人都能够把自己的言论传播到网络上去。"反正都不认识现实的我,我想怎么说就怎么说。"许多人正是抱着这种想法,成为不文明事物和行为的传播者。青少年应严格要求自己,坚决抵制上网使用不文明用语,做到时时使用网络文明语言,为营造健康的网络道德环境做出自己的努力。

网上购物提供了一个自由购物交流的平台。人们常常喜欢把网络中不文明事物和行为的出现怪罪于网络,其实需要净化的不仅仅是网络,更应该是每一个人。要学习网络方面的法律、法规知识,在提高修养的同时,在文明的网络中体会网上购物的乐趣。

实战演练 2-12:下载阿里旺旺工具

板儿已经申请了淘宝用户和支付宝账户,他看中了一双篮球鞋,但是还有一些信息想和卖家直接咨询,板儿应该如何去做呢?应该先下载并安装阿里旺旺工具。

① 打开 IE 浏览器,在"地址"栏中输入"http://www.taobao.com",登录淘宝网主页,单击"阿里旺旺"超链接,进入下载页面,如图 2-73 所示。

图 2-73 单击"阿里旺旺"超链接

② 单击"立即免费下载"按钮,下载阿里旺旺安装程序,如图 2-74 所示。

图 2-74　进入阿里旺旺页面

③ 通过"存储到"选项设置存储路径,如图 2-75 所示。单击"确定"按钮,保存阿里旺旺安装文件,待下载完毕,双击开始安装。

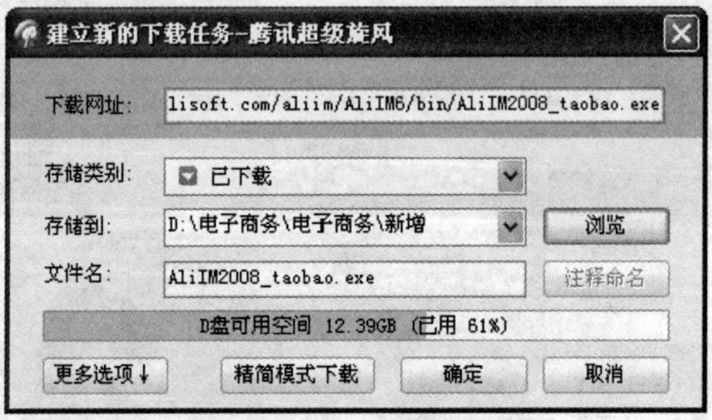

图 2-75　下载阿里旺旺安装程序

④ 根据提示,先关闭其他应用程序,单击"下一步"按钮,如图 2-76 所示。

⑤ 阅读使用许可协议后,单击"我接受"按钮,如图 2-77 所示。

⑥ 选择需要安装的组件,单击"下一步"按钮,如图 2-78 所示。

⑦ 单击"浏览"按钮,设置安装路径,单击"安装"按钮,如图 2-79 所示。

图 2-76 阿里旺旺安装向导

图 2-77 阿里旺旺使用许可协议

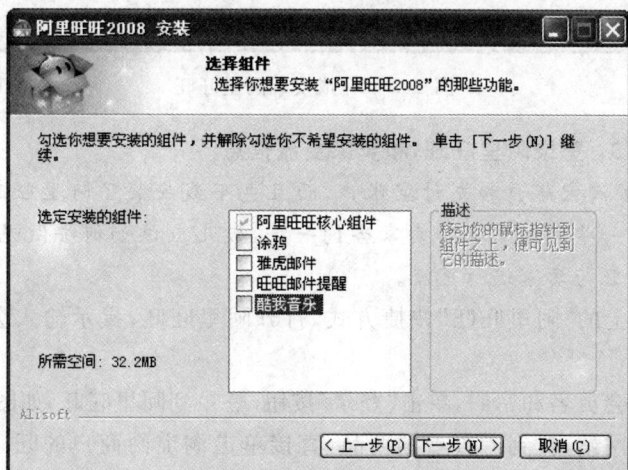

图 2-78 选择安装组件

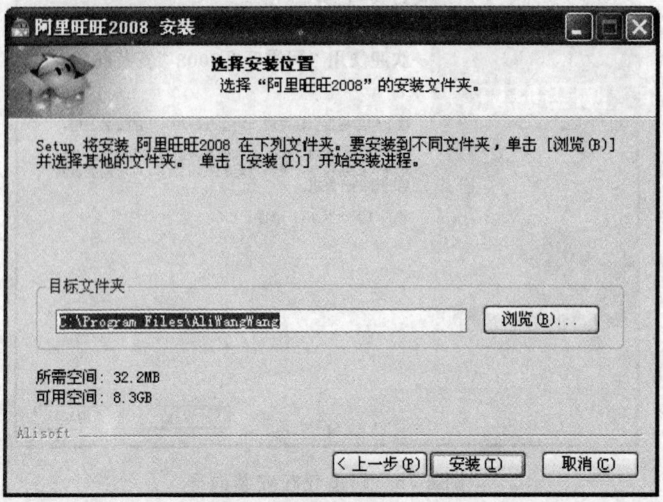

图 2-79　设置安装路径

⑧ 单击"完成"按钮，安装完成，如图 2-80 所示。

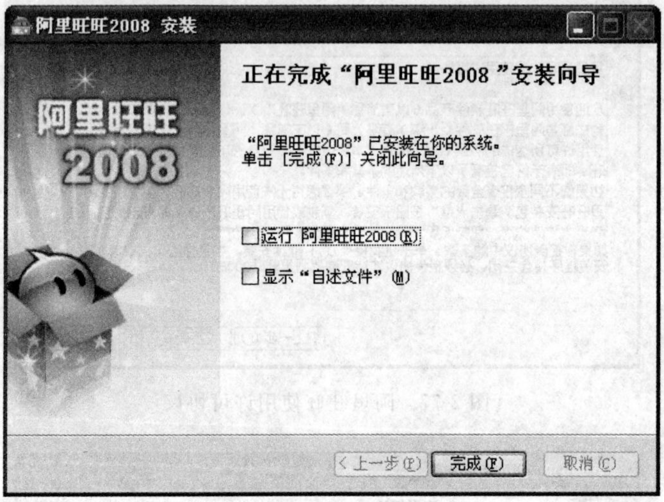

图 2-80　完成安装阿里旺旺

实战演练 2-13：登录阿里旺旺，和卖家交流信息

板儿已经有了淘宝账户和支付宝账户，而且也下载安装了阿里旺旺，他看中了一双篮球鞋，但是还有一些问题需要和卖家咨询一下，板儿应该如何去做呢？可以登录阿里旺旺，通过阿里旺旺与卖家进行交流。

① 双击桌面上的"阿里旺旺"快捷方式，打开阿里旺旺，提示输入会员名和密码，如图 2-81 所示。

② 分别输入会员名和密码，单击"登录"按钮，登录到阿里旺旺，如图 2-82 所示。

③ 登录淘宝网站，找到待查看的商品，直接单击淘宝网商户的旺旺图标，打开对话框，如图 2-83 所示。

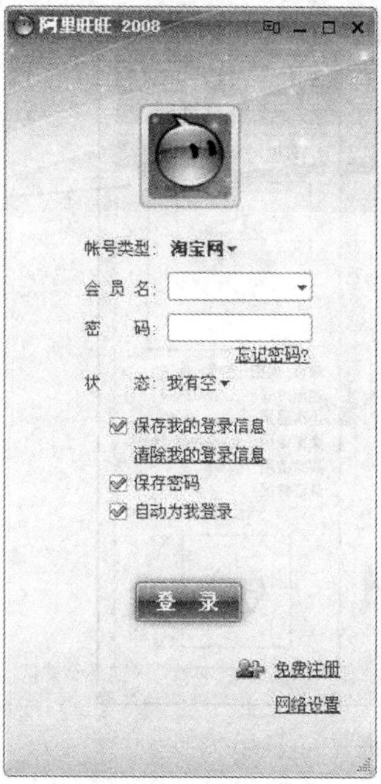

图 2-81　阿里旺旺登录界面

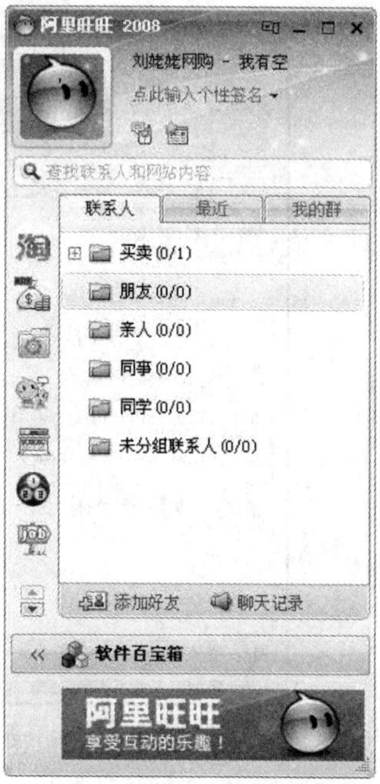

图 2-82　打开阿里旺旺

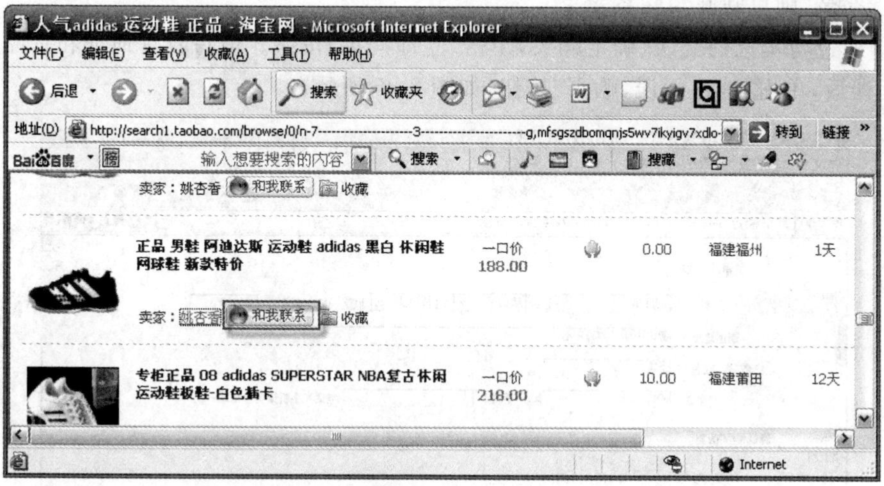

图 2-83　商品列表

④ 通过和卖家交谈,详细了解货品情况,如图 2-84 所示。

2.4.2　支付宝支付

实战演练 2-14:购买心仪的篮球鞋

"如果我们付了款,卖家收到钱不发货了,我们岂不是财货两空?"刘姥姥一直担心这个问题。凤姐解释道:"为了安全,我们只是先把货款付给第三方支付平台——支付宝,支付宝会通知卖家已付款。"

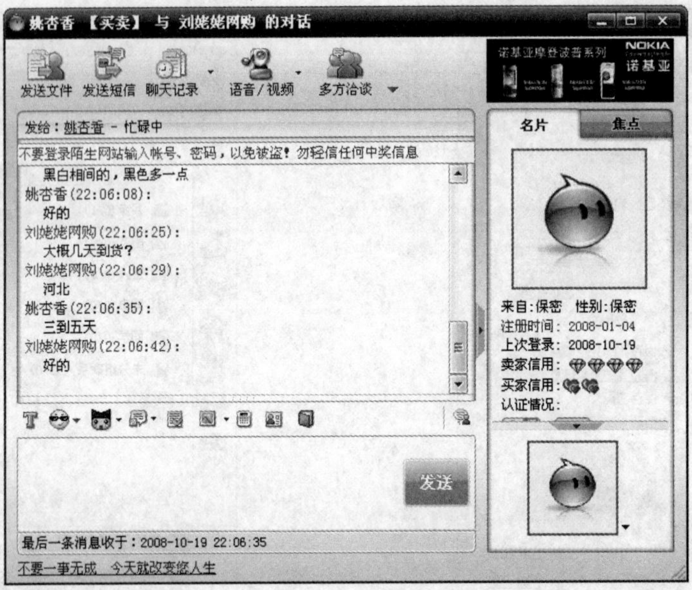

图 2-84　阿里旺旺对话框

① 通过"打开各级网页链接"、"直接搜索"、"高级搜索"等方法找到心仪的商品。

② 登录"阿里旺旺"，联系卖家。

③ 通过与卖家的交谈，确定购买，单击"立即购买"按钮。填写收货地址和货品信息，确认无误后，单击"确认无误，购买"按钮，如图 2-85 所示。

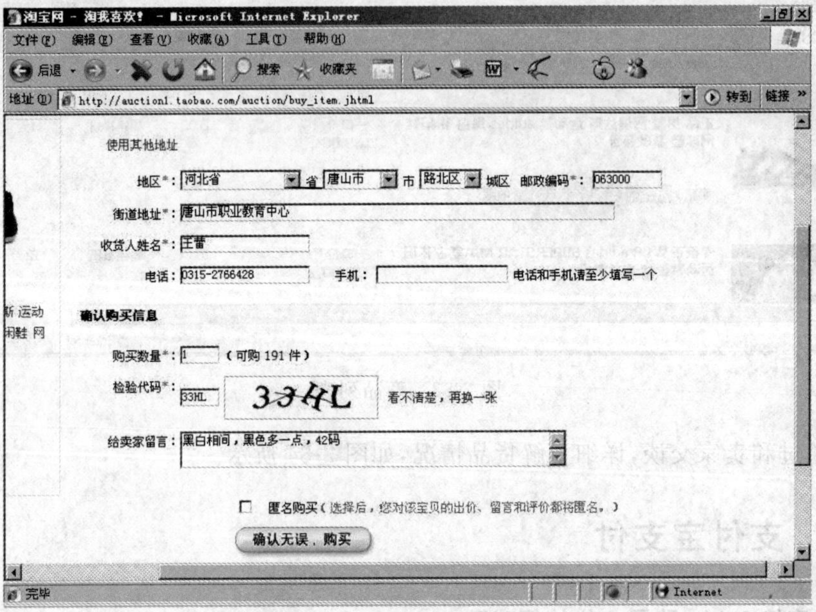

图 2-85　填写购物信息

④ 输入支付宝密码，单击"确认无误，付款"按钮，如图 2-86 所示。

⑤ 完成付款，查看"付款成功"提示信息，如图 2-87 所示。

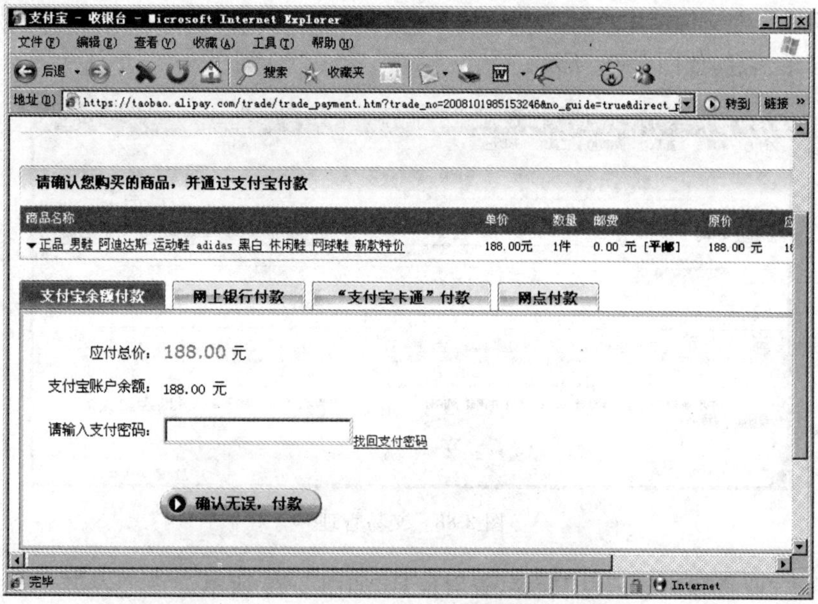

图 2-86　输入支付宝密码

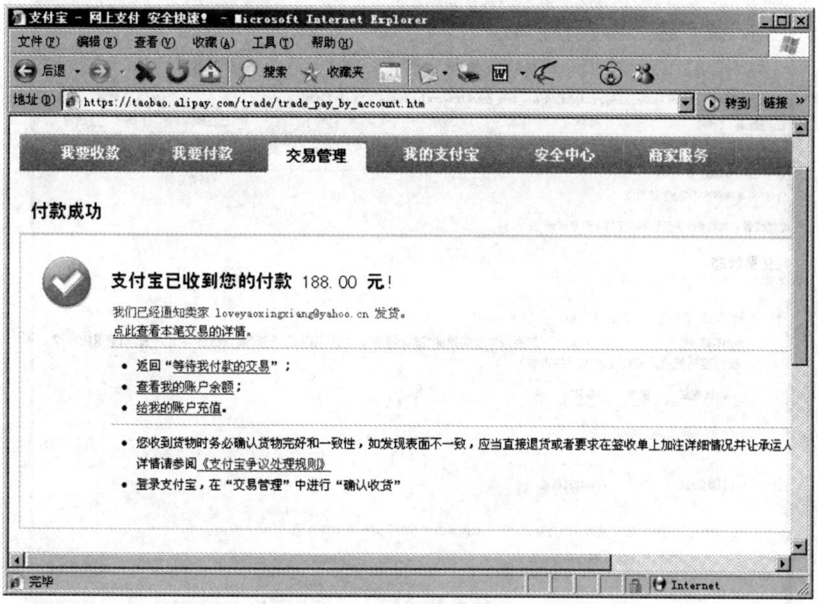

图 2-87　"付款成功"提示信息

2.4.3　确认收货

实战演练 2-15：查看订单、收货和物流信息

刘姥姥一直很担心卖家是否已发货，以及货物发送的进度。有什么办法可以帮助刘姥姥查看有关货物发送的信息吗？通过查看订单、收货和物流信息的方式查看货物发送情况。

① 登录淘宝支付宝账户，账户显示"交易管理"，单击"查看"链接，打开"交易状态"页面，查看订单信息，如图 2-88 所示。

图 2-88　交易管理

② 单击"收货和物流信息"标签，查看信息，如图 2-89 所示。
③ 单击"查看详情"超链接，打开货物订单信息，如图 2-90 所示。

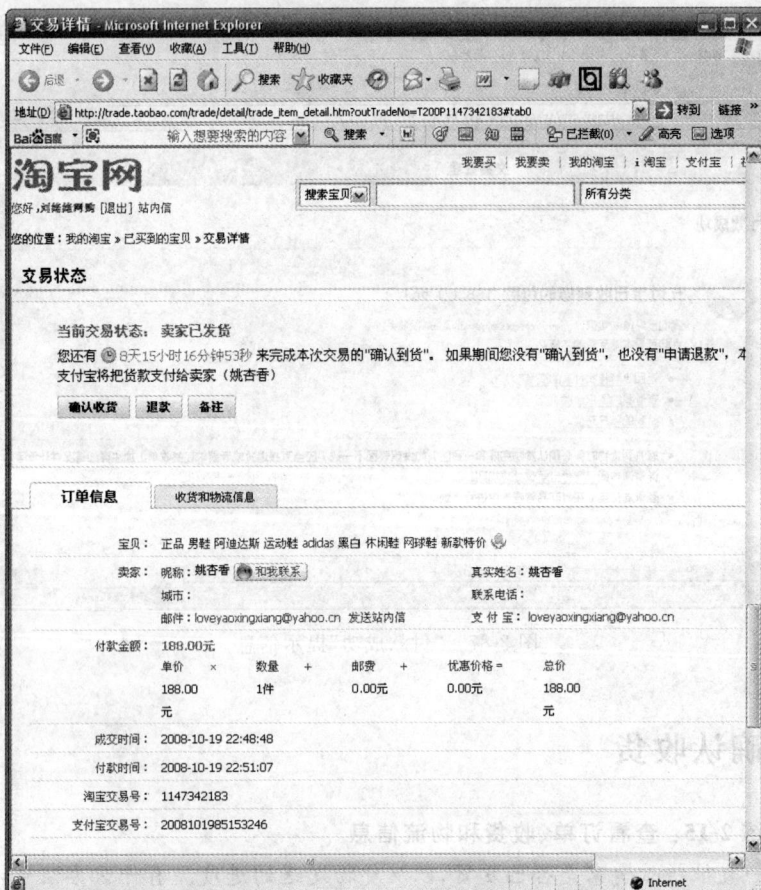

图 2-89　订单信息

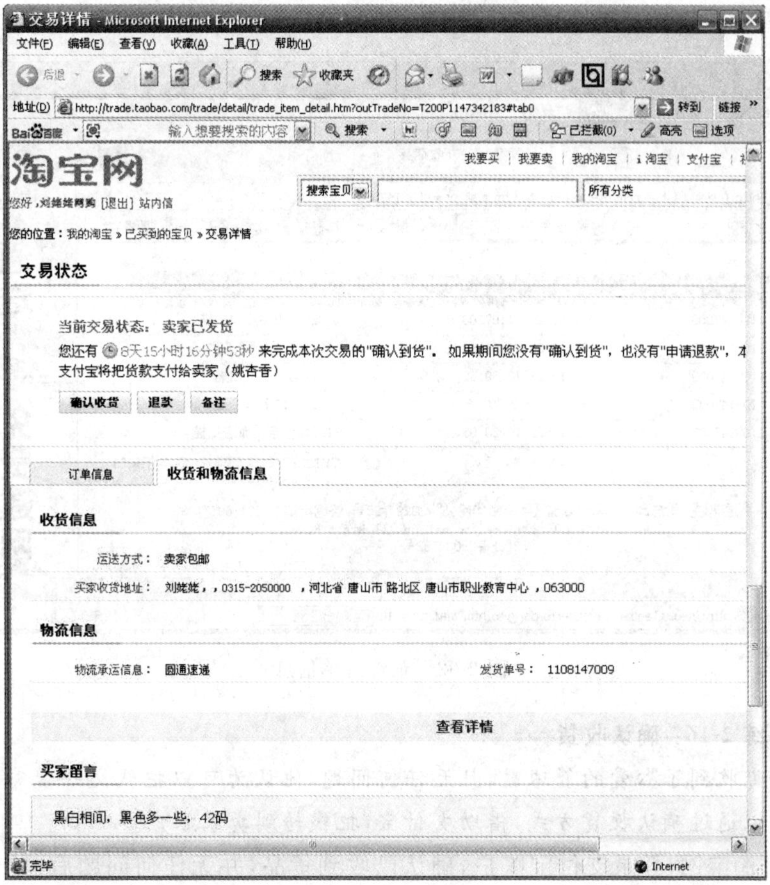

图 2-90　收货和物流信息

④ 单击"跟踪运单信息",跟踪查看货品邮寄进程,如图 2-91 所示。

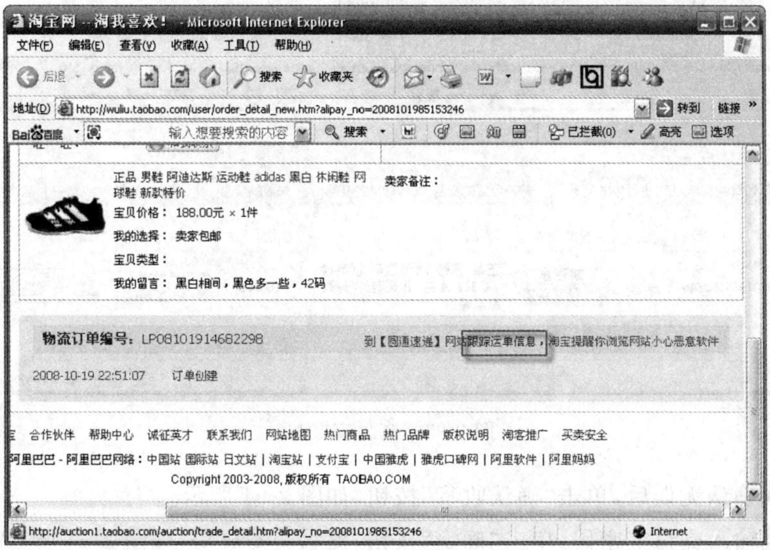

图 2-91　详细信息

⑤ 查看货品邮寄进程,如图 2-92 所示。

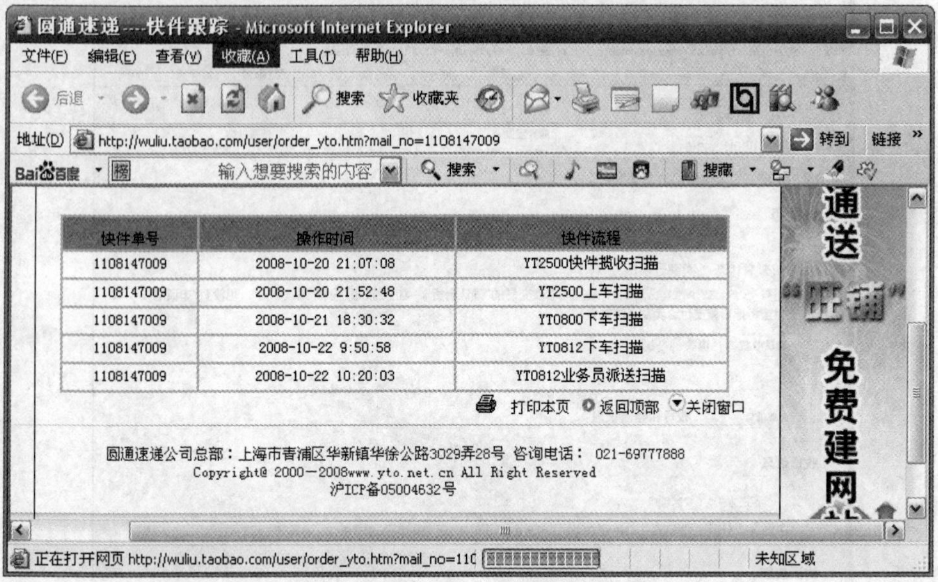

图 2-92　跟踪运单信息

实战演练 2-16:确认收货

板儿如期收到了心爱的篮球鞋,且无任何问题,他认为可以把钱交给卖家了,应如何去做呢? 可以通过确认收货方式,借助支付宝,把钱转到卖家账户。

① 打开淘宝网,登录支付宝账户,确认已收到货品,并无任何问题后,单击"确认收货"超链接,如图 2-93 所示。

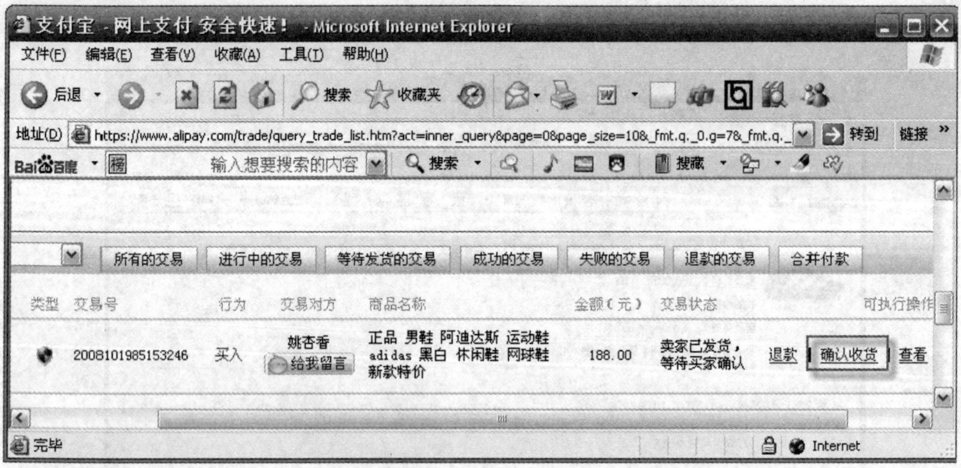

图 2-93　支付宝账户

② 再次确认无误后,单击"确认收货"按钮,如图 2-94 所示。

③ 正确输入支付宝密码,单击"确定"按钮,提示交易成功,如图 2-95 所示。

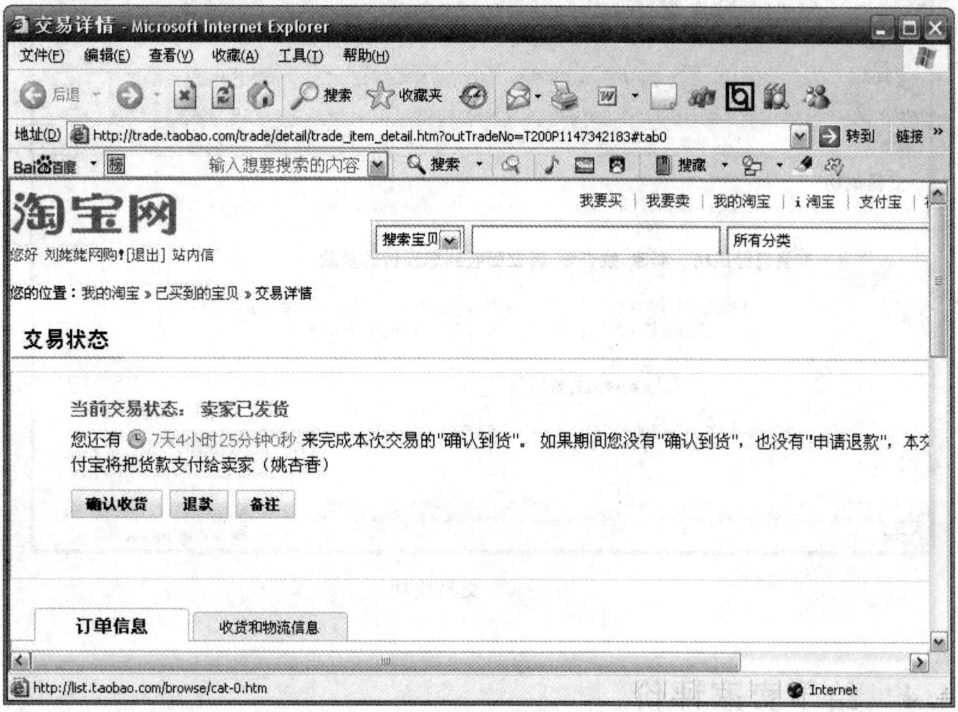

图 2-94 交易状态

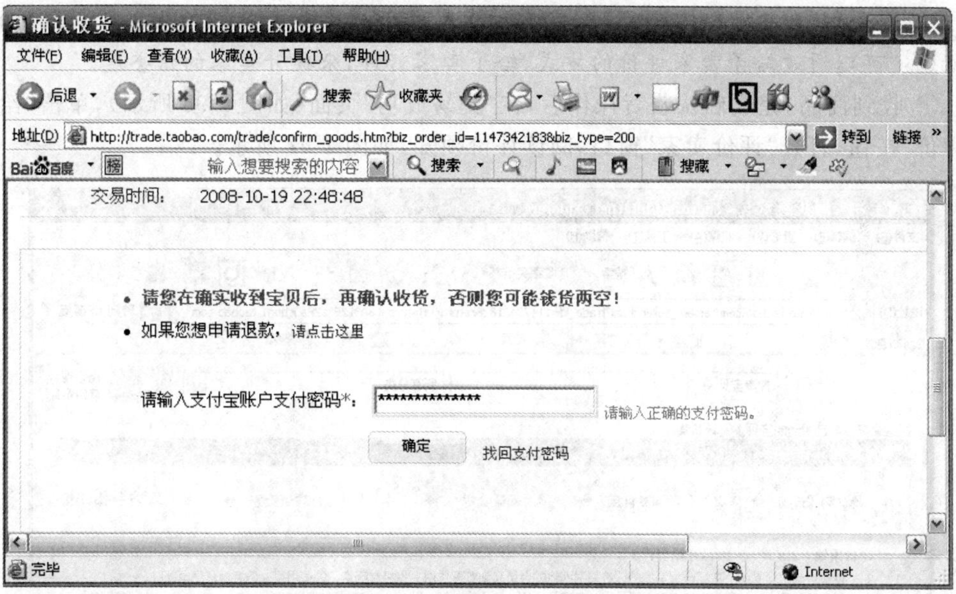

图 2-95 输入支付密码

④ 查看交易成功提示信息,如图 2-96 所示。

图 2-96 交易成功

2.4.4 给予卖家评价

实战演练 2-17：给予卖家评价

"二奶奶，我对鞋子非常满意，一定要对卖家表示感谢和支持。"板儿一本正经地说。凤姐道："可以通过给予卖家评价的方式，给予卖家好评，来提升卖家的信誉度。"

① 收到商品，完成确认收货操作后，在"交易成功"页面（如图 2-96 所示），单击"给对方评价"按钮，打开"评价卖家"窗口，阅读评价须知，如图 2-97 所示。

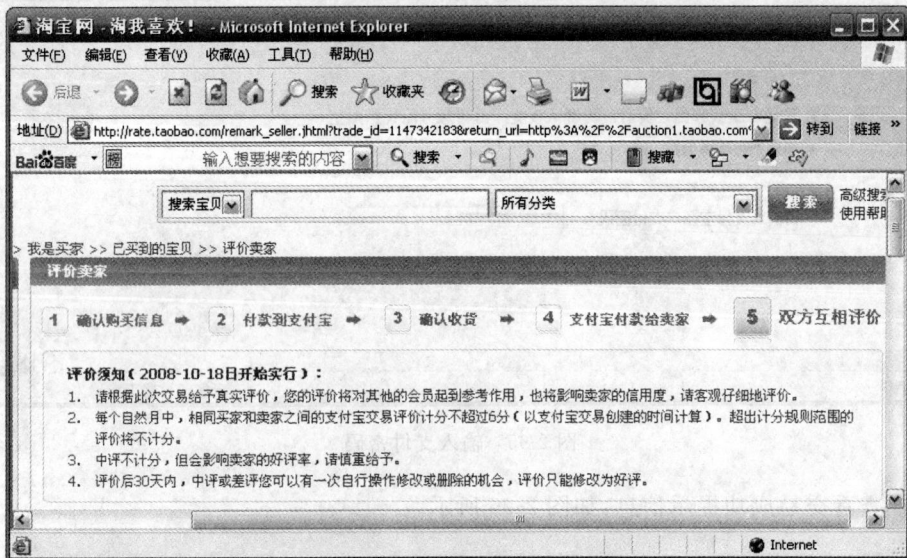

图 2-97 评价须知

② 认真给予卖家评价，单击"好评"按钮，如图 2-98 所示。

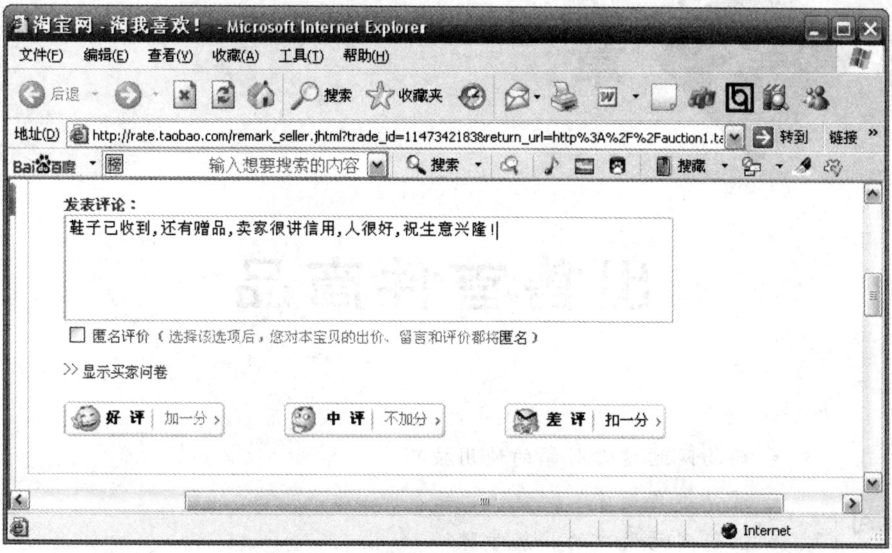

图 2-98　评价卖家

③ 查看评价成功提示信息，如图 2-99 所示。

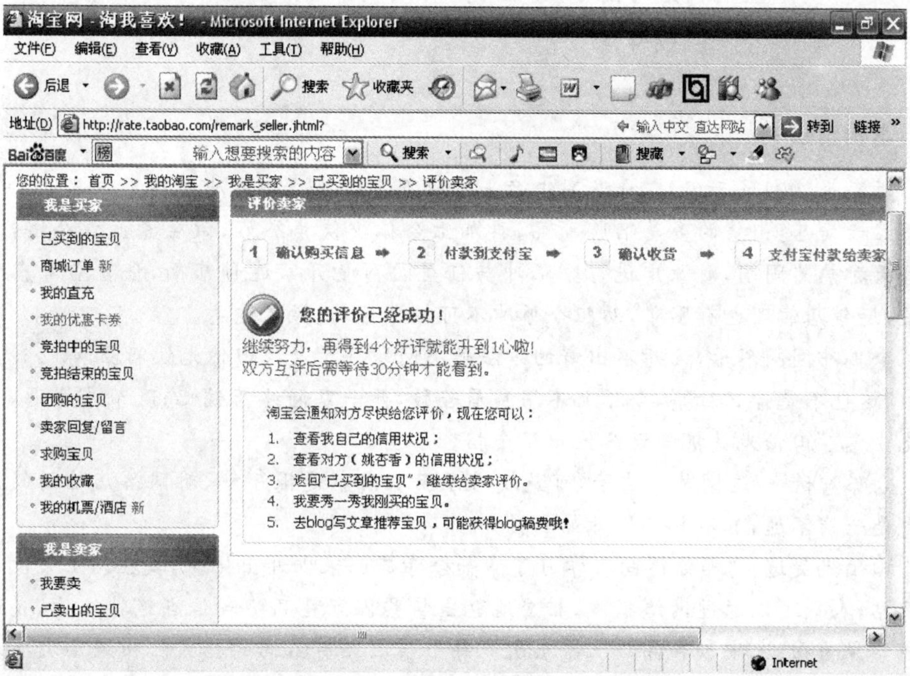

图 2-99　提示评价成功

认真评价可增加买卖双方的相互约束。为了得到好评，树立形象，买卖双方都会尽力按照规则办事，这样就维护了网络交易的正常进行。

第 **3** 章

出售首件商品

学习要点

- 购物网站搜索引擎的使用技巧
- 网站排名查询
- 注册网站用户的一般步骤
- 拍摄照片
- 出售商品的一般步骤
- 宣传网店的技巧
- 和客户沟通的技巧

虚构情景

近年来江湖风云变幻，众多高手名士纷纷下海经商。令狐冲也在黑木崖开了家体育用品专卖店，出售的多是名牌商品，再加上令狐少侠声誉好，做生意诚信公道，专卖店每天都热热闹闹，财源广进。令狐冲与任盈盈商量开家连锁店面，任盈盈考虑资金不足，连锁店管理也有困难，劝阻令狐冲不可轻举妄动、操之过急。

令狐冲闷闷不乐，又想不出好的方法解决问题。于是找田伯光饮酒驱闷。

"这也不是什么难事，令狐兄不用愁眉苦脸，开一家网络店铺吧；既节省资源，又可扩充生意。"田伯光灵机一动给他出了个招。

令狐冲道："这倒是个法子，可是我对于互联网不是很了解，对网络店铺的架设过程更是一窍不通，真不知从何开始啊？"

田伯光笑道："那你得向我学习了。如今寺庙已很少外出化缘，我在网上架设了一个网站，人们可以通过网络捐赠，相应地也出售些佛家礼品。我传点绝技给你，我这一套绝学分为初级、中级和高级三个层次。每个层次又有不同的招式。初级层次要求能成功出售首件商品，分为寻找交易平台、注册常驻卖家、介绍商品资料、上架首件商品。"

令狐冲一听大为激动，拍拍田伯光的肩膀说："田兄可不能藏私啊。"

田伯光道："这就讲给你听。"

3.1　寻找交易平台

虚构情景

"在讲述第一式之前,我有个关于商品营销的问题要考考你。"田伯光将杯中美酒一饮而尽,然后盯着令狐冲来了这么一句。

"你说!"令狐冲满脸自信。

"我问你,开店要考虑的问题有哪些?"

令狐冲听完田伯光的问题呆住了,倒不是问题有多难,而是问得太笼统了,没办法从一个方面来答,总不能长篇大论吧。

田伯光趁机取笑他:"算了,我也不难为你,就店铺地理位置这个方面来回答吧。"

令狐冲松了口气,意识到田伯光这小子是趁机戏弄自己,没办法,谁让现在是有求于人,毕竟江湖中各门派的武功都是私家珍藏,不轻易外漏。要不是自己和他有兄弟之情,怕是没有机会学习这电子商务的绝学。令狐冲整理完思路,沉声答道:"要成功的开设店铺,地理环境选择很重要,它受到三方面因素的影响——店铺的位置、店铺的交通环境、所处位置的客源。"

"打住!"田伯光打断了令狐冲,令狐冲满脸疑惑,"这家伙又怎么了?"田伯光说:"你说的没错,我之所以问你只不过想让你思考一下,可没时间听你长篇大论。实际上网络店铺的开设与现实生活中相似,同样需要这三方面的配合,还是听我一一给你讲解相同与不同之处吧。"

3.1.1　选择网络交易市场

举个例子来说明如何选择交易市场。联想计算机身为一个国际知名的计算机公司,它要针对散户实现订单任务,一般会自架平台进行销售。而一名普通的零售商人则会选择专业的电子商务交易平台来进行销售。选择哪种形式开设网络店铺?是自架平台还是选择专业的电子商务交易平台?专业的电子商务交易平台中哪个更适合自己?需要谨慎的思考决定,下面对各种形式做简单介绍。

1. 阿里巴巴

阿里巴巴是目前全球最大的网上贸易市场,主要针对企业提供交易平台。有阿里巴巴国际站(http://www.alibaba.com)和阿里巴巴国内站(http://china.alibaba.com)之分。也可以通过国际站上"国内贸易"按钮进入国内分网站,如图 3-1 所示。

知识链接

B2B 电子商务即企业与企业(Business-Business)之间通过 Internet 或专用网方式进行电子商务活动。代表网站有阿里巴巴、慧聪网、中国制造网、环球资源网、中国义乌小商品网等。

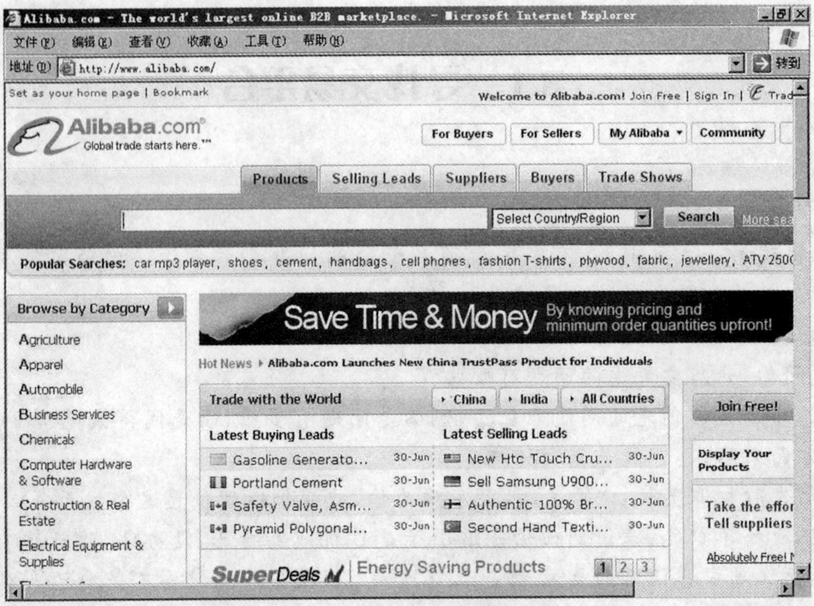

(a)

(b)

图 3-1　阿里巴巴网站

(a) 国际站；(b) 国内站

　　网上交易市场是企业间电子商务所需要的电子化和网络化的商务平台。通过网上交易市场,可以改变传统贸易中的一对一或一对多的模式,变成了多对多模式,并创造众多买卖商家聚集的在线交易空间。买卖双方不仅可以寻找到更多的贸易伙伴,增加更多的商业机会,还能够享受更多的方便和标准化的商务服务,获得一个良好的商务环境。

2. 亚马逊

亚马逊书店是全球销售量最大的书店。它可以提供 310 万册图书目录,比全球任何一家书店的存书要多 15 倍以上。所依仗的就是电子商务。如今的亚马逊不仅仅是图书的销售,同时也支持其他商品,如数码产品、生活用品等的销售,已经成为一个综合性的商业交易平台。它也有亚马逊国际站(http://www.amazon.com)和卓越亚马逊中国站(http://www.amazon.cn)之分。亚马逊书店为企业销售性质,不支持外来商户,如图 3-2 所示。

(a)

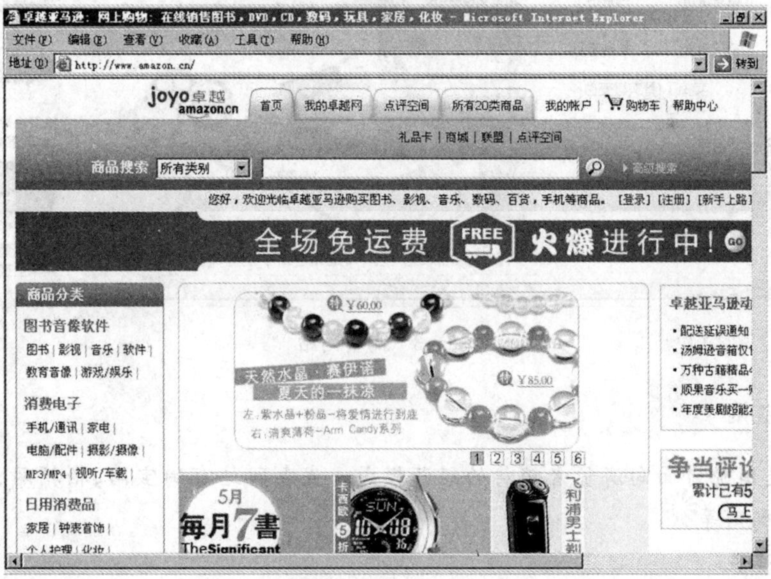

(b)

图 3-2 亚马逊网站

(a) 国际站;(b) 中国站

知识链接

B2C 是表示商业机构对消费者的电子商务。即企业通过 Internet 为消费者提供一个新型的购物环境——网上商店,消费者通过网络购物,在线支付。这种形式的电子商务一般以网络零售业为主,主要借助于互联网开展在线销售活动。代表网站有亚马逊、当当网、红孩子等。

3. 淘宝网

淘宝网(http://www.taobao.com)是国内首选购物网站,由阿里巴巴公司投资创办。淘宝网给零售小商户提供针对消费者购物,以及消费者之间的交易平台,如图 3-3 所示。

图 3-3　淘宝网站

知识链接

C2C 是消费者面向消费者销售的经营模式。代表网站有淘宝网、拍拍网、易趣网、新浪商城、有啊网等。

4. 红孩子

红孩子(http://www.redbaby.com.cn)是针对母婴专卖的特色网站,所售商品保证正品,为品牌厂商提供全国网络零售渠道,如图 3-4 所示。

图 3-4　红孩子网站

💠 **知识链接**

专卖网站可以是 B2B、B2C、C2C 中的任何一种，它的主要特点是针对某一个领域进行销售。代表网站如卓越亚马逊图书频道，红孩子母婴频道、联想网络销售等。

3.1.2　抵达网络店铺的方式

虚构情景

根据田伯光的讲解，令狐冲了解到自己应该选择 C2C 的销售模式，可是 C2C 中又有很多种网站，哪个网站更适合自己开设网络店铺，销售首件商品，还要看看剩余的两个条件。

抵达网络店铺的方式对应现实生活交易中的交通因素，也就是网民能够便利快速到达购物网站，找到自己心仪商品的方式。一般来讲，抵达网络店铺的方式有搜索引擎、导航网站、商业广告、浏览器收藏夹、记忆网址五个方面。

① 使用搜索引擎查找所需内容是常用的方式，例如利用百度搜索来实践一下看看哪个网站更方便。站在买家的角度来考虑问题，在百度搜索引擎中输入"我要买"，搜索结果如图 3-5 所示。

图 3-5 百度网站搜索结果

② 部分网民习惯使用导航网站做首页，利用导航网站能快速进入一些购物网站，如图 3-6 所示。

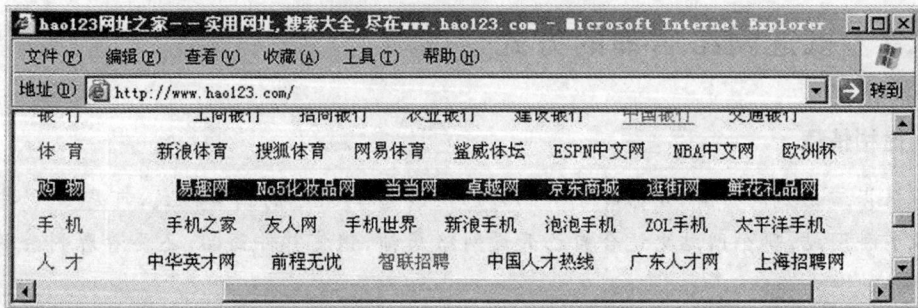

(a)

(b)

图 3-6 导航网站

(a) 百度导航；(b) hao123 网址之家导航

③ 在进行如浏览门户网站、欣赏电影、聆听音乐、上网聊天等一切和网络有关的活动时，都难免会遭遇广告的洗礼，这些铺天盖地的购物广告又将导向哪里？如图 3-7 所示。

图 3-7　购物广告

（a）腾讯广告；（b）新浪广告；（c）网址之家广告

④ 用户遇到好的网站，会将其添加到收藏夹，方便下次访问。对于本地收藏夹无法统计，来观察下网络收藏夹，网民都收藏了哪些与购物相关的网站。以 QQ 书签为例，搜索"购物"后出现的网站排序，如图 3-8 所示。

⑤ 对于经常访问的网站，网民基本上能记住网站地址，可以直接在浏览器中输入地址访问，这就要求网站名称易读易记，如阿里巴巴、淘宝网、拍拍网等。

知识链接

网络地址（网址）实际上指两个内涵，即 IP 地址和域名地址。在网络世界中，为了准确地找到目的计算机，每一台计算机都必须标有唯一的地址。这一地址用四个十进制数表示，中间用小数点隔开，称为 IP 地址，IP 是 Internet Protocol（网际协议）的缩写。然

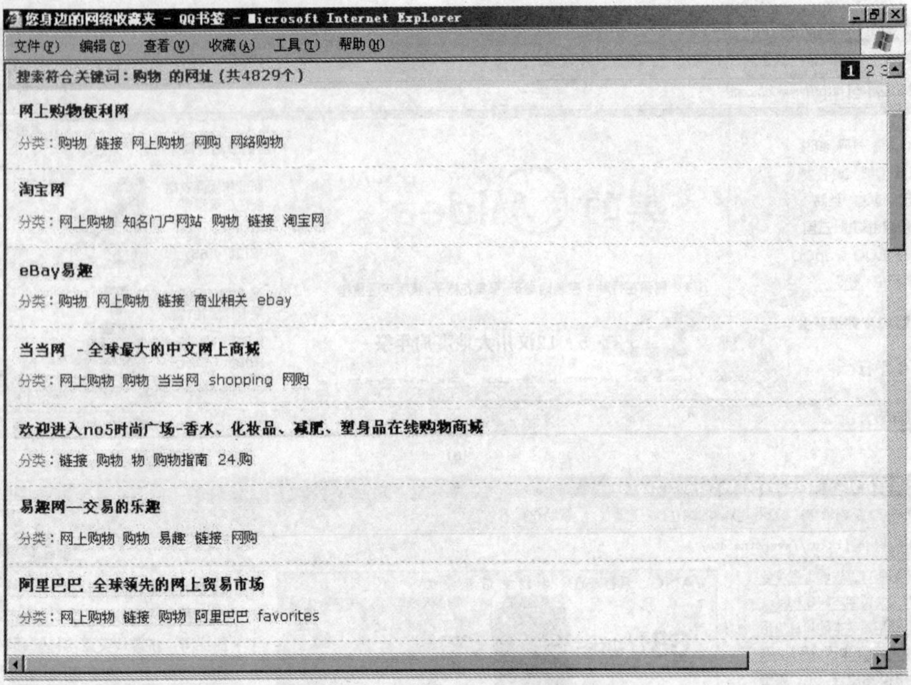

图 3-8　QQ 网络书签购物网站收藏

而,对人来说,用数字表示的计算机网址难以记忆,为了解决这一问题,便采用人善于识记的名字来表示计算机。互联网规定了一套命名机制,称为域名系统。采用域名系统命名的网址,即为域名地址。

3.1.3　激动人心的客流量

虚构情景

令狐冲浏览了一些 C2C 网站,又听了田伯光关于抵达网络店铺方式的说明,感觉淘宝网、拍拍网、有啊网、易趣网都是方便、容易抵达的好网站,可是选哪个,仍然拿不定主意。田伯光笑道:"听完本招式中最后一个精华内容再做决定吧。"

客流量是衡量一个店铺生命力的重要因素,对于网络店铺来讲,客流量可以约等价于网站访问量。接下来比较一下各大网站的客流量。

① 淘宝网 2008 年第一季度财务报告显示,淘宝网的用户数约为 6200 万,比 2007 年第一季度的 3500 万增长了 77%,随着电子商务的红火,早一步进入行业的淘宝几乎成了网上购物的代名词,特点是本土气息浓厚。通过 Alexa 查询来看看淘宝网日访问量,如图 3-9 所示。

② 易趣网是美国 E-BAY 与中国易趣联姻后的产物,据 E-BAY2008 年第一季度财务报告显示国际贸易增长了 32%,特点是主要侧重国际交易。易趣网的日访问量如图 3-10 所示。

图 3-9　淘宝网日访问量

图 3-10　易趣网日访问量

③ 拍拍网是腾讯公司下属产业，2006 年开始运行，是电子商务中的新手，据易观国际报告显示，2007 年第二季度曾占据网络交易额第二的位置，超越了易趣。优势在于腾讯广大的潜在客户群，它的日访问量如图 3-11 所示。

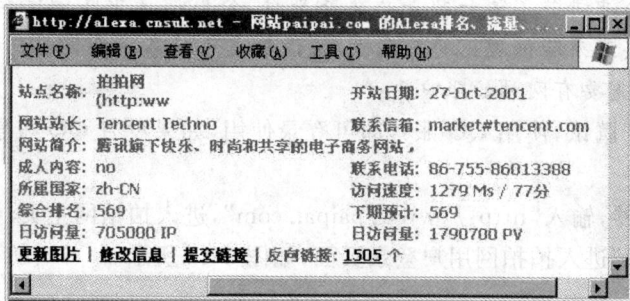

图 3-11　拍拍网日访问量

知识链接

Alexa(http://www.alexa.com)是一家专门发布网站世界排名的网站。1996 年 4 月，以搜索引擎起家的 Alexa 创建于美国，目的是让互联网网友在分享虚拟世界资源的同时，更多地参与互联网资源的组织。Alexa 每天在网上搜集超过 1000GB 的信息，不仅给出多达几十亿的网址链接，而且为其中的每一个网站进行了排名。可以说，Alexa 是当前拥有 URL(Uniform Resource Locator,网页地址)数量最庞大,排名信息发布最详尽的网站。

Alexa 的网站世界排名主要分两种:综合排名和分类排名。通过 Alexa 官方网站可以直接查询网站的排名。

3.2 注册常驻卖家

虚构情景

"怎么样?掌握了多少?"田伯光眯着眼睛问。

"略懂一二,尚需实践检验。"

两人换了个姿势坐着,田伯光抬头望望天,说,"再讲一招估计就要回寺庙了。接下来这招需要你实际操作演练,不知你选好网络店铺的地址没有?"

令狐冲皱着眉头,想了一会儿回答说:"其实还是没有完全决定,我贪恋淘宝网第一的名声,也不想舍弃拍拍网潜在的客户。"顿了一下,接着抬头望了望田伯光,"你说,我在两个网站上都开店面,可行不?"

"你这家伙倒是贪心,不是不行,需要同时宣传和管理,对精力要求比较大。我针对拍拍网站讲解一下如何注册常驻卖家。"

3.2.1 注册拍拍网常驻卖家

实战演练 3-1:注册拍拍网常驻卖家

田伯光为令狐冲讲解了第一招寻找交易平台,令狐冲选中了淘宝和拍拍两家网站,迫不及待想要用实践来验证理论的正确性,架设起自己的第一个网络店铺。想要在拍拍网上架设网店,首先要有网站的账户。

拍拍网隶属于腾讯,使用 QQ 账号即可登录使用,如果没有 QQ 账号,请先到官方网站申请。

① 打开浏览器,输入"http://www.paipai.com",进入拍拍网主页,如图 3-12 所示。

② 单击"登录"进入拍拍网用户登录页面,如图 3-13 所示。

知识链接

拍拍网有两种登录方式。

第一,利用网页登录。输入 QQ 号码、密码、验证码,单击"登录",登录成功后自动跳转到拍拍网首页,如图 3-14 所示。

第二,利用 QQ 登录。首先登录 QQ,然后单击 QQ 面板上"拍"图标,即可在 QQ 聊天软件上进入拍拍网,如图 3-15 所示。如果感觉用 QQ 面板观看不方便,还可以单击"拍拍首页"进入网页版拍拍。

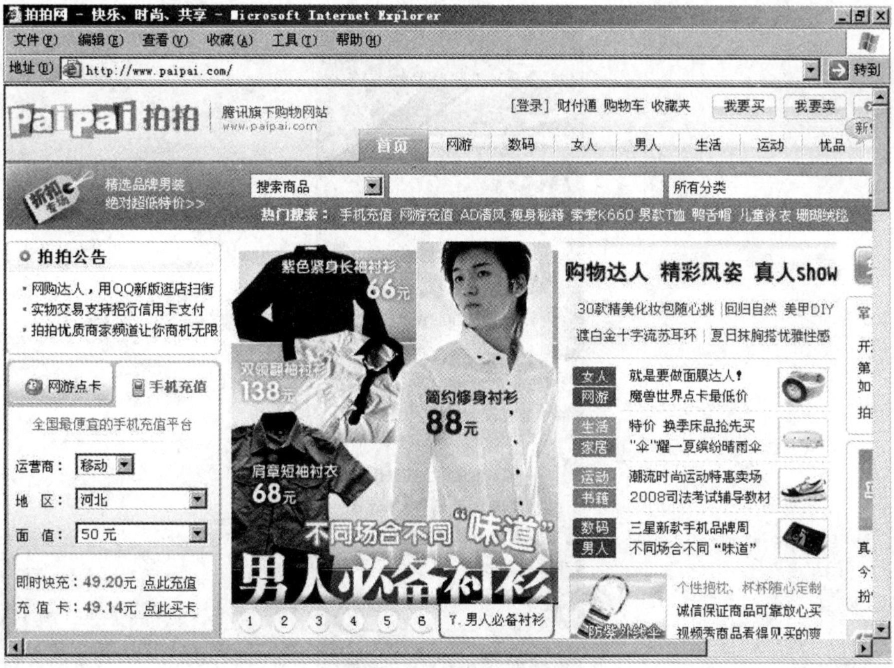

图 3-12　拍拍网首页

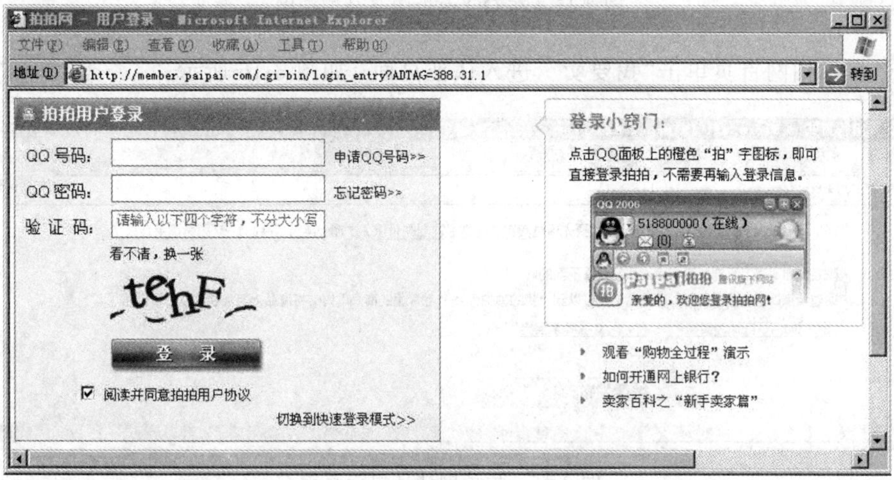

图 3-13　拍拍网用户登录页面

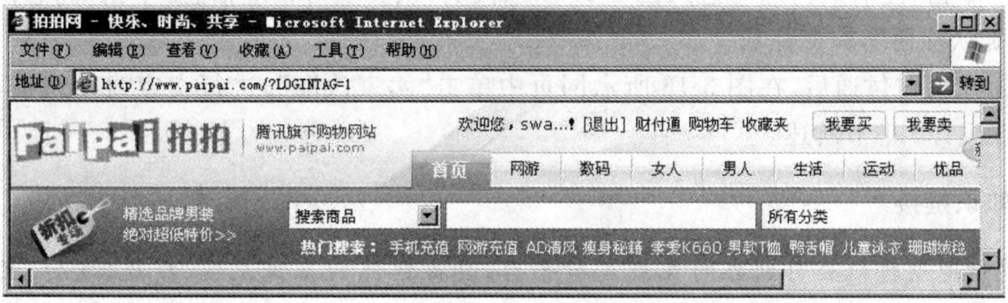

图 3-14　用户登录成功后跳转回首页

图 3-15　在 QQ 面板中登录拍拍网

③ 在拍拍网首页单击"我要卖",进入认证页面,如图 3-16 所示。

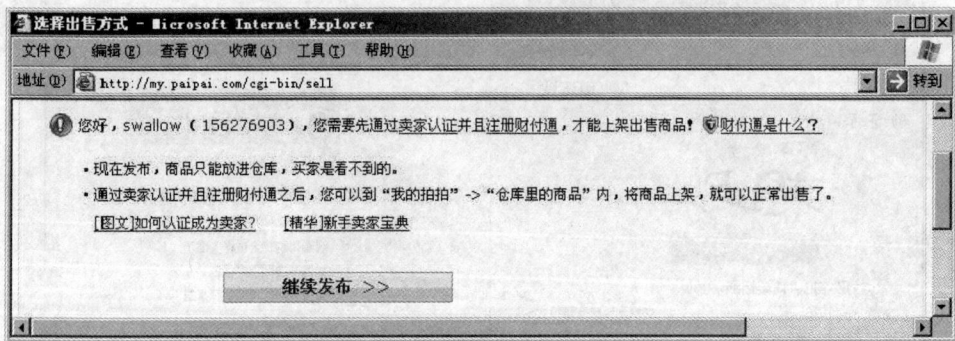

图 3-16　拍拍网认证提示页面

④ 单击"注册财付通",进入图 3-17 所示网页,认真填写相应信息,单击"同意以下条款,并确认注册",完成注册。

⑤ 注册财付通后,在图 3-16 所示网页中单击"卖家认证",进行卖家身份认证,具体做法见 4.1.4 小节所述。

知识链接

财付通是腾讯公司创办的在线支付平台,具备便捷的在线充值、提现、支付、交易管理等功能,为网上交易双方提供信用中介担保。

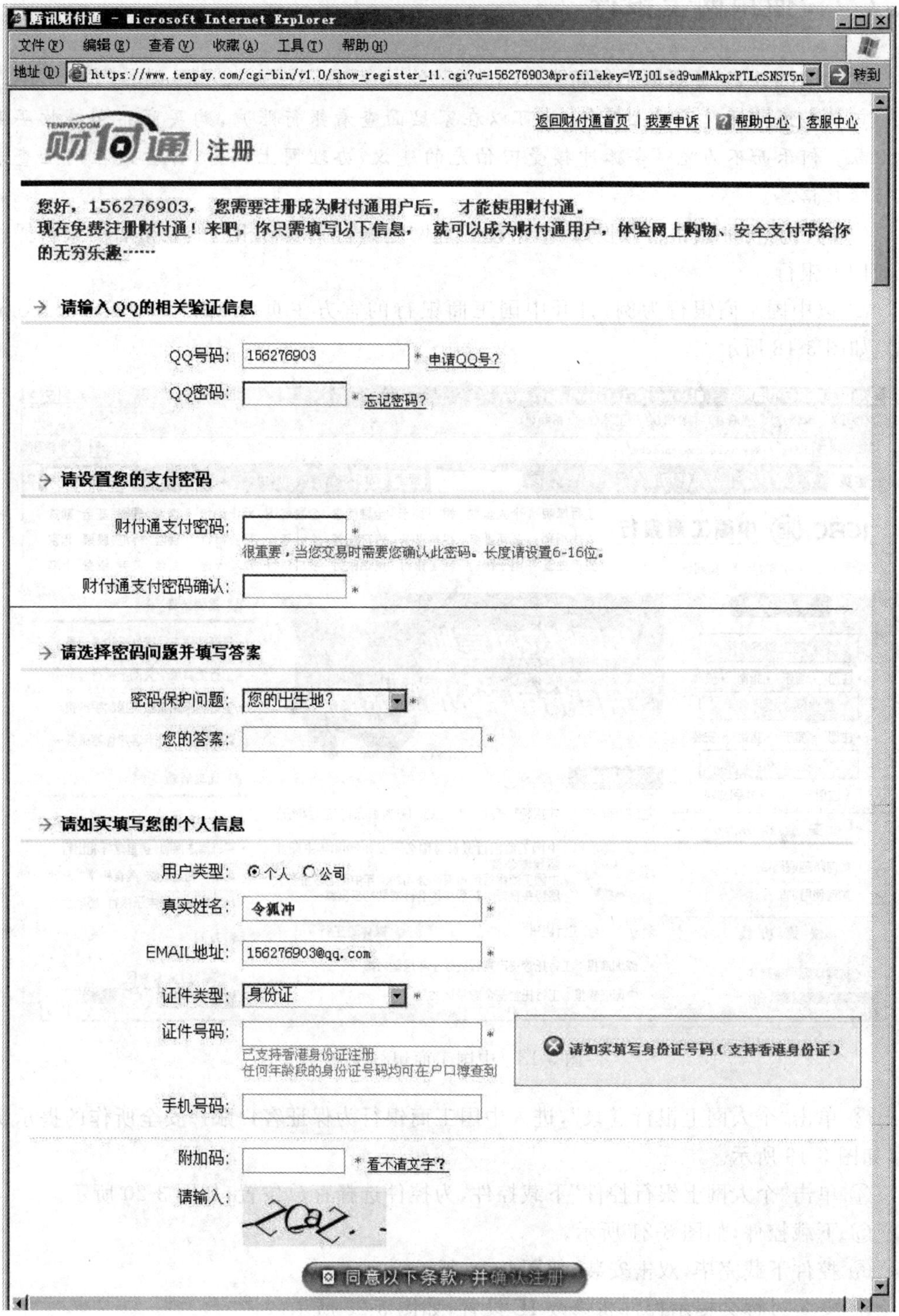

腾讯财付通 - Microsoft Internet Explorer

文件(F) 编辑(E) 查看(V) 收藏(A) 工具(T) 帮助(H)

地址(D) https://www.tenpay.com/cgi-bin/v1.0/show_register_11.cgi?u=156276903&profilekey=VEjOlsed9umMAkpxPTLcSNSY5n 转到

TENPAY.COM
财付通 | 注册

返回财付通首页 | 我要申诉 | ? 帮助中心 | 客服中心

您好，156276903， 您需要注册成为财付通用户后， 才能使用财付通。
现在免费注册财付通！来吧，你只需填写以下信息， 就可以成为财付通用户，体验网上购物、安全支付带给你
的无穷乐趣……

→ 请输入QQ的相关验证信息

QQ号码： 156276903 * 申请QQ号?

QQ密码： * 忘记密码?

→ 请设置您的支付密码

财付通支付密码： *
很重要，当您交易时需要您确认此密码。长度请设置6-16位。

财付通支付密码确认： *

→ 请选择密码问题并填写答案

密码保护问题： 您的出生地? ▼ *

您的答案： *

→ 请如实填写您的个人信息

用户类型： ⊙ 个人 ○ 公司

真实姓名： 令狐冲 *

EMAIL地址： 156276903@qq.com *

证件类型： 身份证 ▼ *

证件号码： *
已支持香港身份证注册
任何年龄段的身份证号码均可在户口博查到

⊗ 请如实填写身份证号码（支持香港身份证）

手机号码：

附加码： * 看不清文字?

请输入： 7082.

◎ 同意以下条款，并确认注册

图 3-17 填写财付通注册资料

3.2.2 使用网上银行

实战演练 3-2：登录网上银行

田伯光说："开通了网上银行，就可以在家里面查看银行账户，购买商品和接收买家的汇款。何乐而不为呢？"令狐冲接受田伯光的建议，办理网上银行，并尝试在网上查看银行账户信息。

① 准备身份证到银行开设账户，申请办理网上银行。填写相应的表格后由银行操作开通网上银行。

② 以中国工商银行为例，打开中国工商银行的官方主页（http://www.icbc.com.cn），如图 3-18 所示。

图 3-18　中国工商银行主页

③ 单击"个人网上银行登录"，进入中国工商银行为保证客户账户安全所作的提示页面，如图 3-19 所示。

④ 单击"个人网上银行控件"下载控件，为控件选择存放位置，如图 3-20 所示。

⑤ 下载控件，如图 3-21 所示。

⑥ 控件下载完毕，双击安装，如图 3-22 所示。

⑦ 安装过程会提示控件将修改 IE 设置，如图 3-23 所示。

⑧ 单击"是"同意修改 IE 设置，修改完成，如图 3-24 所示。

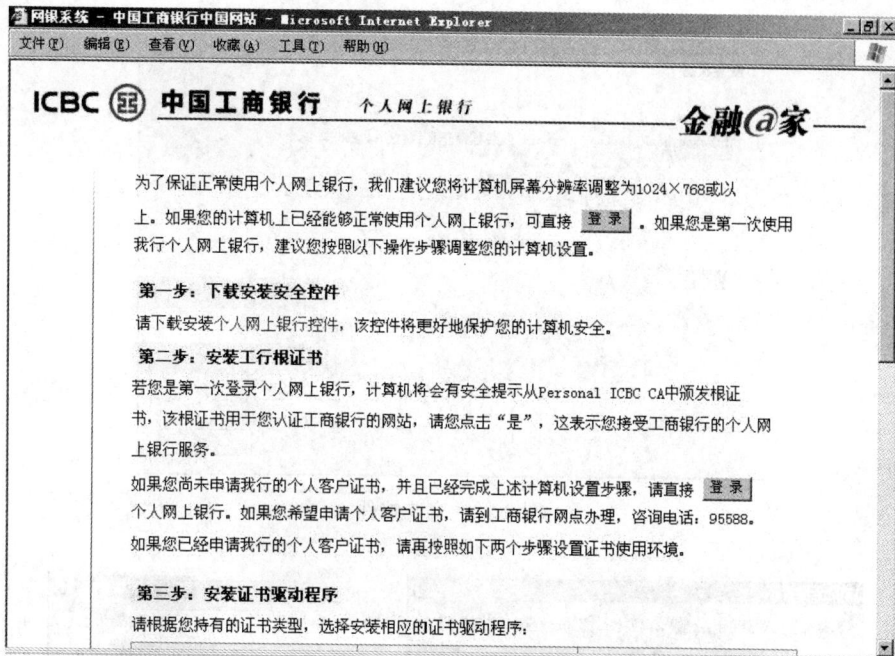

图 3-19　中国工商银行安全设置步骤

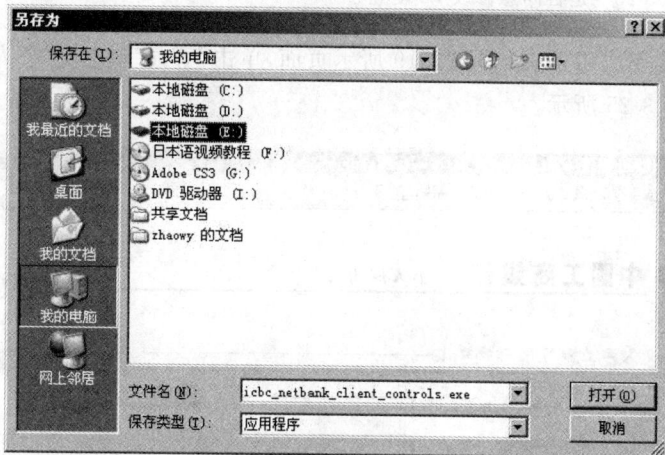

图 3-20　为控件选择保存位置

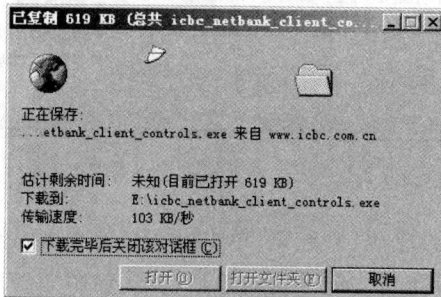

图 3-21　下载控件

图 3-22 安装控件

图 3-23 是否同意修改 IE 设置

图 3-24 修改完成

⑨ 控件安装完成后,返回到图 3-19 所示页面,单击"登录",进入"个人网上银行用户登录"页面,如图 3-25 所示。

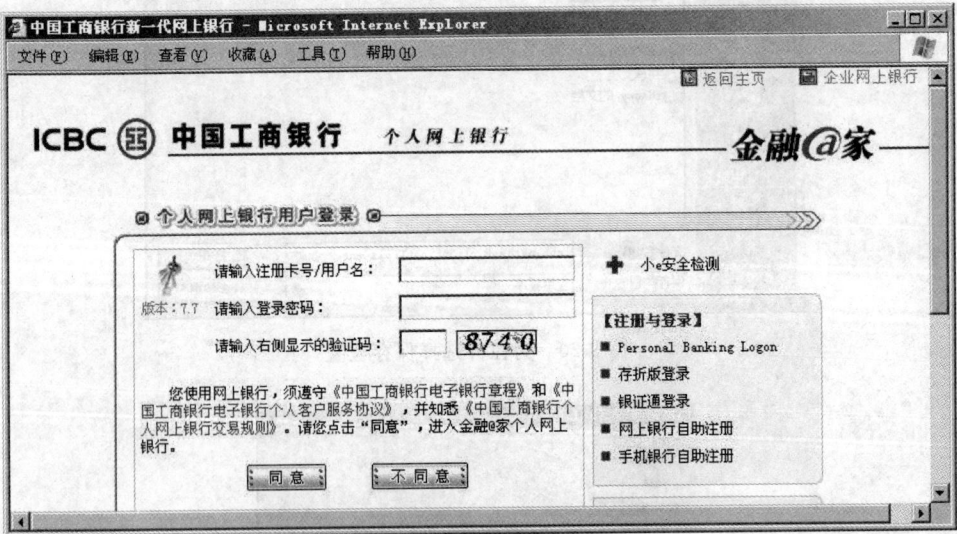

图 3-25 "个人网上银行用户登录"页面

⑩ 输入银行卡号、登录密码、验证码,单击"同意"进入下一个页面,如图 3-26 所示。

⑪ 使用历史明细查询查看当前月份的账户状况,如图 3-27 所示。

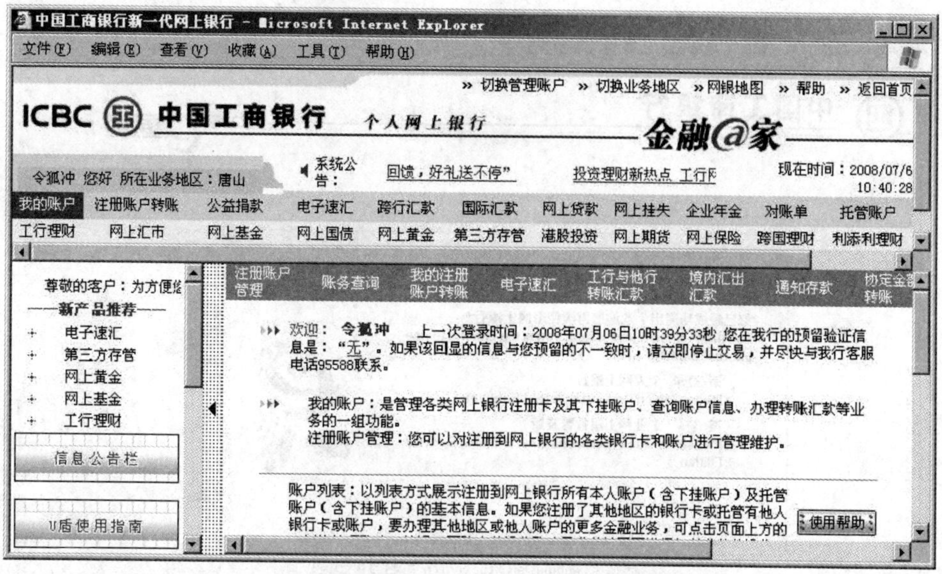

图 3-26 中国工商银行登录成功页面

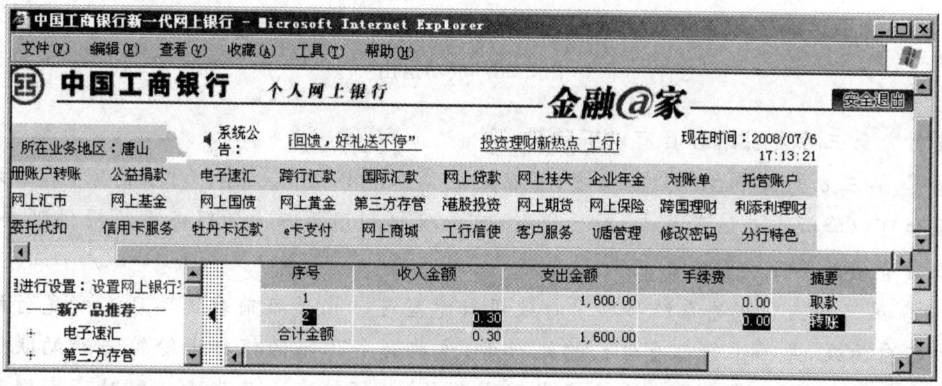

图 3-27 支付宝确认汇款

⑫ 单击右上方"安全退出"退出系统,如图 3-28 所示。

知识链接

1. 网上银行

网上银行又称网络银行、在线银行,是指银行利用 Internet 技术,通过 Internet 向客户提供开户、销户、查询、对账、行内转账、跨行转账、信贷、网上证券、投资理财等传统服务项目,使客户可以足不出户就能够安全便捷地管理活期和定期存款、支票、信用卡及个人投资等。

2. 第三方电子支付平台

第三方电子支付平台是属于第三方的服务中介机构,完成第三方担保支付的功能。它主要是面向开展电子商务业务的企业提供电子商务基础支撑与应用支撑服务,不直接从事具体的电子商务活动。第三方支付平台独立与银行、网站以及商家,来做职能清晰

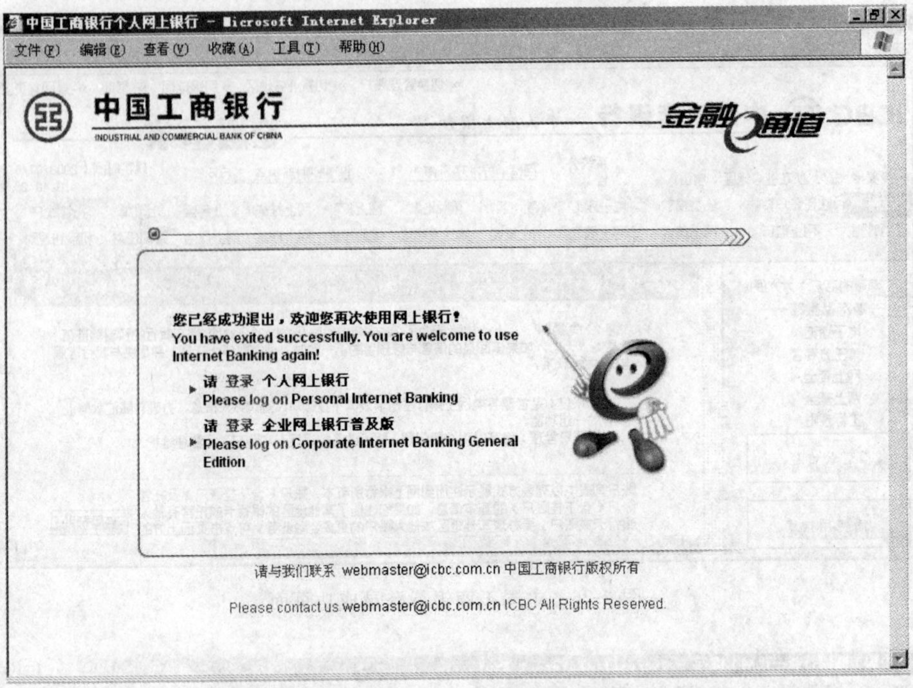

图 3-28　成功退出

的支付。第三方支付平台具有以下优势。

① 第三方支付平台作为中介方,可以促成商家和银行的合作。对于商家,第三方支付平台可以降低企业运营成本;对于银行,可以直接利用第三方的服务系统提供服务,帮助银行节省网关开发成本。

② 第三方支付服务系统有助于打破银行卡壁垒。由于目前我国实现在线支付的银行卡各自为政,每个银行都有自己的银行卡,这些自成体系的银行卡纷纷与网站联盟推出在线支付业务,消费者要自由地完成网上购物,必须持有十几张卡。同时商家网站也必须装有各个银行的认证软件,这样就会制约网上支付业务的发展。第三方支付服务系统可以很好地解决这个问题。

③ 第三方支付平台能够提供增值服务,帮助商家和网站解决实时交易查询和交易系统分析,提供方便及时的退款和支付服务。

3.3　介绍商品资料

虚构情景

时隔两天后,田伯光约令狐冲出来检查进度,顺便进行下个教学内容。自从令狐冲注册成为两家网站的用户,就开始研究两个网站。注意到有出售商品的选项,可又有一个新的问题。如果网上出售商品的话,商品应该怎么介绍给客户知晓呢? 田伯光笑道："这正是我们接下来要了解的内容,好好学吧。"

"你最近几年做生意发达了,新型的数码装备应该一件都不会少吧?"令狐冲撇了下嘴道:"相机还是有的,新型倒是算不上,基本的拍照需求还行。怎么?你要用?"田伯光笑道:"有就行,走吧,到你家去,要在网上介绍商品,相机可是必不可少的装备。"

3.3.1　拍摄商品的照片

实战演练 3-3:为商品拍摄照片

令狐冲把所有的拍照装备都准备齐全,田伯光开始了新的授课内容——拍摄商品的照片。

所谓工欲善其事,必先利其器。想给自己的商品照张靓图,首先要选择合适的相机,其次要注意商品的布局。拍照的目的是让客户多了解自己的商品,所以一定要将商品的外形拍摄清楚,颜色尽可能不失真,真实地反映商品本身,商品周围不应有杂物。要想详细地介绍自己的商品,最好多照几张照片,包括正面、侧面,反映商品细节的地方,商品与日常用品大小的对比等。总之卖家做的越细致,买家了解到的内容就越多,这样买家就会更放心。如图 3-29 至图 3-31 所示。

图 3-29　商品拍摄正面照片

图 3-30　商品细节照片

图 3-31　商品整体照片

给商品拍摄照片应注意拍摄的技巧。

其一,图片的清晰度要尽量的高。大家在拍摄产品图片的时候可能会出现模糊、闪光灯造成四周暗中间亮、拍出来的效果和实际产品不一致、出现偏色等情况。造成模糊的原因有好多种,如拍摄的时候手的抖动、焦距的设定。建议固定拍摄,可以使用支架。至于焦距问题,一般数码相机都有自动调整焦距,使用的方式是一半按拍摄按钮,自动调整完成后,拍摄照片。最好避免使用闪光灯,因为闪光灯可能会使照片曝光过度或出现偏色,尽量采用自然光照射,如果自然光线不好,最好多放置几个灯来加强光线。

其二,图片的色彩要清爽,不能太复杂。每一种背景的色调是不一样的,所以,对光有敏感性的商品拍照后影响很大,根据自己商品的特点,选择单色背景或有衬托性的背景。

其三,图片中,产品的角度要尽量选择产品最美的地方。如图 3-32 和图 3-33 所示。

图 3-32　商品图片(1)

图 3-33　商品图片(2)

知识链接

计算机图像分为两大类:位图图像和矢量图形。

1. 位图图像

位图是指以点阵方式保存的图像,主要用于保存各种照片图像。但是,位图的缺点是文件尺寸太大,且和分辨率有关。因此,当位图的尺寸放大到一定程度后,会出现锯齿现象,图像将变得模糊,如图 3-34 所示。

图 3-34　位图放大后出现锯齿现象

2. 矢量图形

矢量图是指利用图形的几何特性进行描述的各种图形,与分辨率无关,将图形放大到任意程度,都不会失真,如图 3-35 所示。

图 3-35　矢量图放大到任意程度都不会失真

3.3.2　照片处理

拍摄的照片难免会有差池,最好的方法是重新拍摄。但如果只是简单的小问题,则这种方法太过浪费时间。或者在照片上添加些文字进行商品的说明,或者把照片处理得更为漂亮,这就需要将上传到计算机的照片稍加处理,达到预期的效果。Photoshop 是一个常用的位图处理软件,学会使用会带来很大的便利。

实战演练 3-4:处理照片

令狐冲是一名剑客,剑客要求手稳,眼明。可是再高明的剑客也会受到环境的影响,令狐冲对其拍摄的几张照片并不满意,需要进一步去调整。

① 打开 Photoshop 软件,如图 3-36 所示。

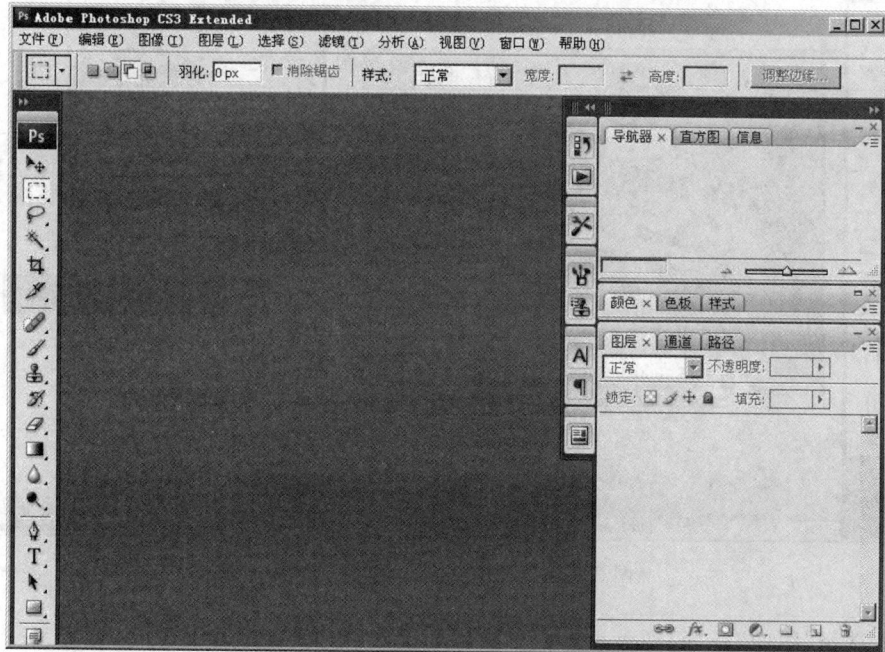

图 3-36　Photoshop CS3 软件界面

② 选择"文件"→"打开",选择预处理的照片,如图 3-37 所示。

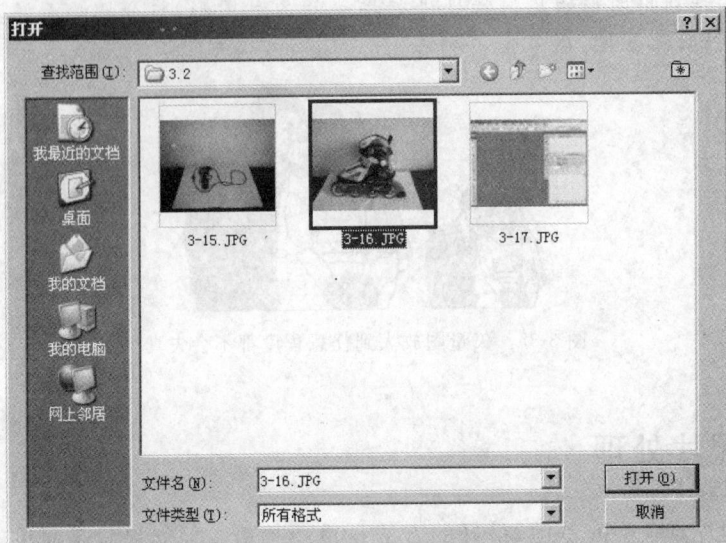

图 3-37　打开预处理照片

③ 使用 Photoshop 中的裁剪工具切掉多余的背景,如图 3-38 所示。

图 3-38　使用裁剪工具去掉多余部分

④ 选择"图像"→"图像大小",调整图像的尺寸,如图 3-39 所示。

⑤ 选择"图像"→"调整"下的子菜单处理图片的亮度、颜色等,如图 3-40 所示。

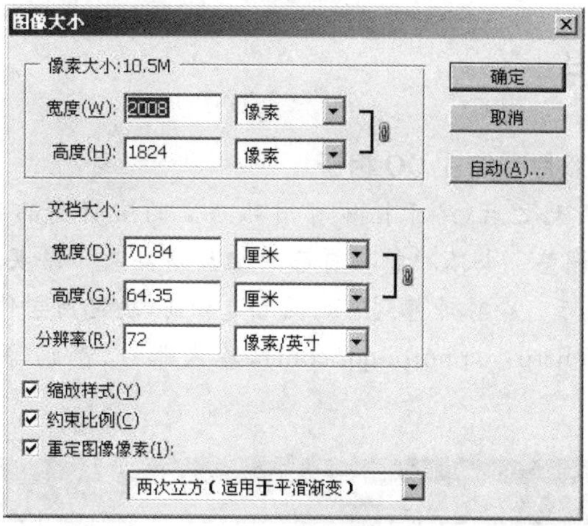

图 3-39　调整图像尺寸

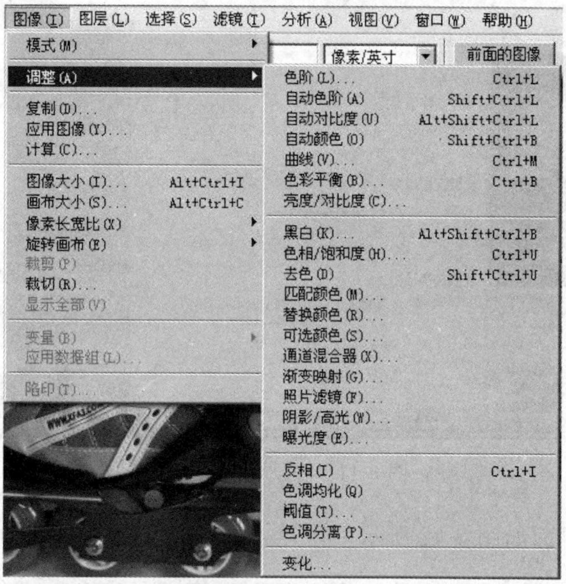

图 3-40　调整图像

⑥ 利用文字工具为照片添加说明。

知识链接

　　Photoshop 是由 Adobe 公司开发的图形处理系列软件之一,主要应用于图像处理、广告设计。

　　图像分辨率(Image Resolution)指图像中存储的信息量。这种分辨率有多种衡量方法,典型的是以每英寸的像素数(PPI)来衡量。图像分辨率和图像尺寸(高宽)的值一起决定文件的大小及输出的质量,该值越大图形文件所占用的磁盘空间也就越多。图像分辨率以比例关系影响着文件的大小,即文件大小与其图像分辨率的平方成正比。如果保持图像尺寸不变,将图像分辨率提高一倍,则其文件大小增大为原来的四倍。

3.3.3 存储照片

实战演练 3-5：将照片存储在 QQ 相册

令狐冲在忙碌了两天之后，终于把体育用品店里的宝贝商品都拍了一遍，同时还用 Photoshop 分别进行了调整。令狐冲想把自己的宝贝商品展示给买家看，但是存放在自己的计算机里面不方便展示。令狐冲想到常用的 QQ 相册，决定用它作为照片的存放处。

① 打开 QQ 相册（http://photo.qq.com），输入账号、密码等信息，单击"登录"，如图 3-41 所示。

图 3-41 登录"QQ 相册"

② 登录成功，界面如图 3-42 所示。

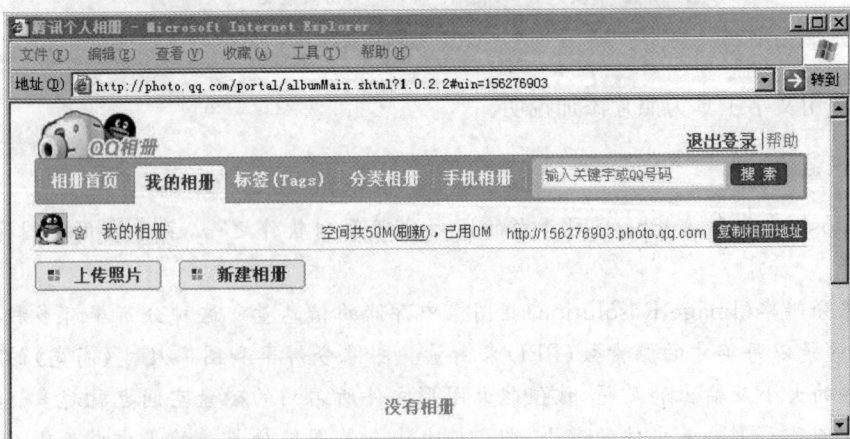

图 3-42 登录成功

③ 单击"新建相册"创建一个拍拍网站的专用相册,输入"相册名称"、"相册分类"等信息,注意"访问权限"设置为"公开",如图 3-43 所示。

④ 单击"确定"按钮,创建相册成功,如图 3-44 所示。

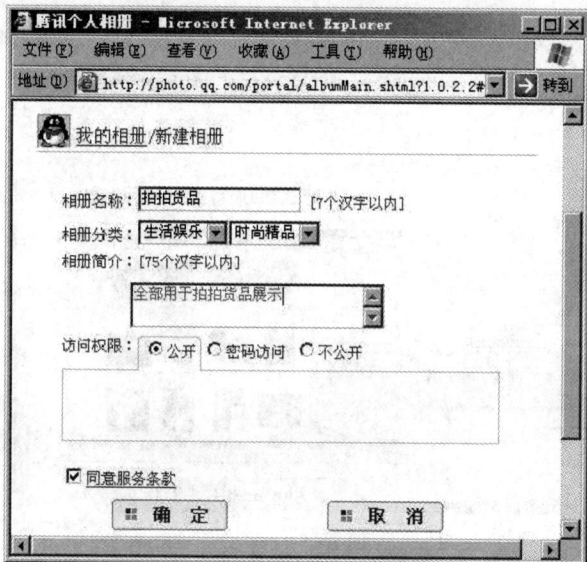

图 3-43　新建相册

图 3-44　创建相册成功

⑤ 回到我的相册页面,出现刚刚创建的"拍拍货品",如图 3-45 所示。

图 3-45　新创建的"拍拍货品"相册

⑥ 单击"拍拍货品",进入相册,单击"上传照片",到达上传照片页面,如图 3-46 所

示。单击"浏览",查找要上传的图片,选定后会在上方显示缩略图,在"为上传图片添加标签(Tags)"中添加关键字,能被更好的搜索。腾讯还提供了多张图片上传工具 Qzone,如有需要可以使用。

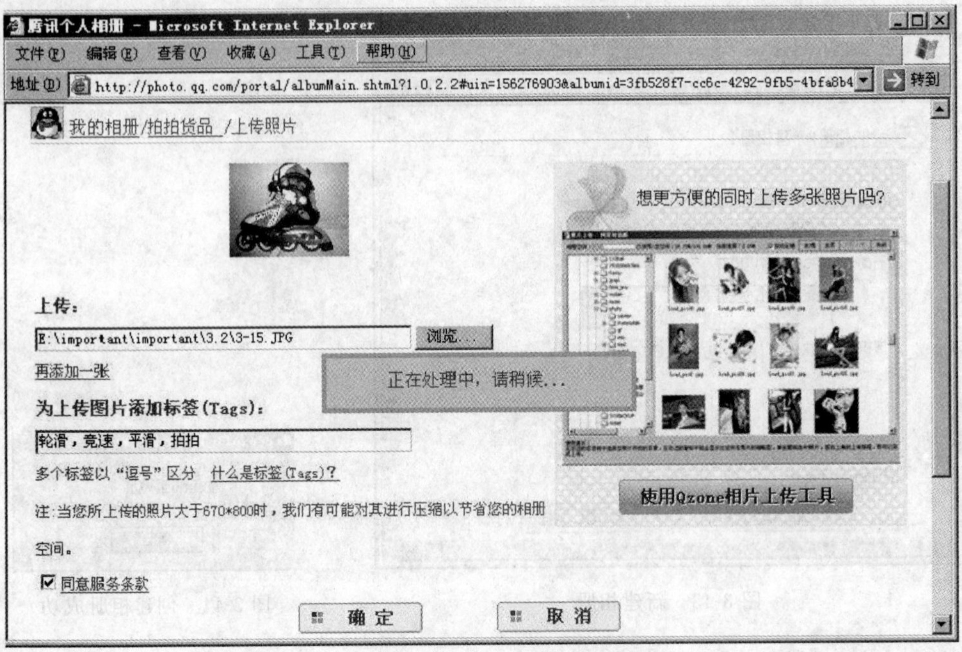

图 3-46 上传照片

⑦ 上传成功,单击"确定"按钮返回相册,如图 3-47 所示。

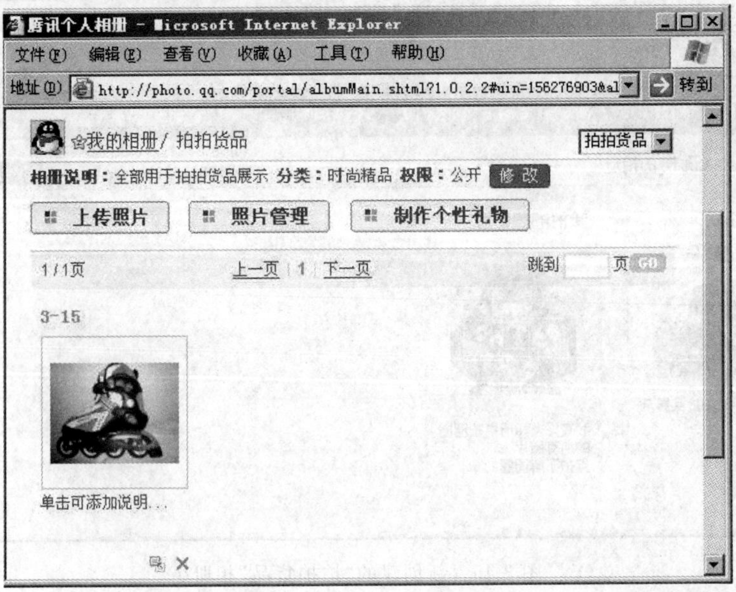

图 3-47 上传成功后的相册

⑧ 单击图片进入图片查看页面，注意"上传时间"下方的小图标分别为删除、查看原图、举报和复制图片地址，如图 3-48 所示。

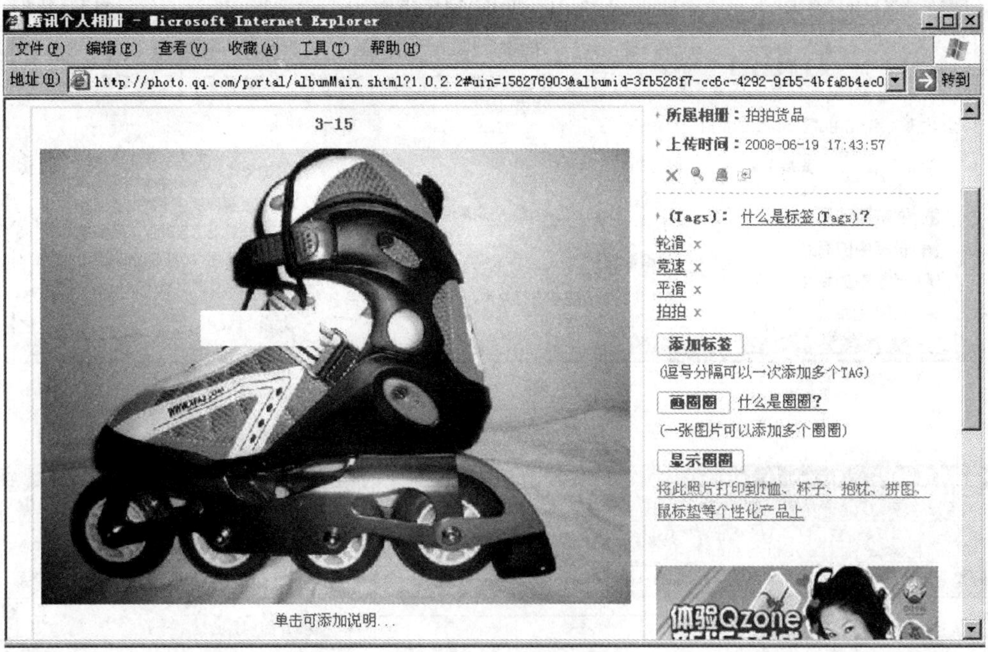

图 3-48　查看图片

3.4　上架商品

虚构情景

令狐冲把拍照的技术掌握得差不多了，才兴奋地准备上架自己准备好的商品。

3.4.1　上架首件商品

实战演练 3-6：上架首件商品

俗话说："学无止境。"令狐冲已经掌握了拍照的基本技巧。现在他要利用拍拍网站把商品上架，让买家都能看到自己的宝贝商品。

① 登录拍拍网站，进入"我的拍拍"，如图 3-49 所示。页面左侧分"我是买家"和"我是卖家"，要卖东西当然选"我是卖家"，单击"发布新商品"，进入商品分类窗口。

② 在商品分类窗口，选择正确的分类，利于买家查找商品。如果不清楚自己商品的分类，可在"快速查找类目"中输入关键字，系统会自动匹配最佳类目。轮滑鞋属于"运动"类别，选择类目后如图 3-50 所示。

图 3-49　我的拍拍

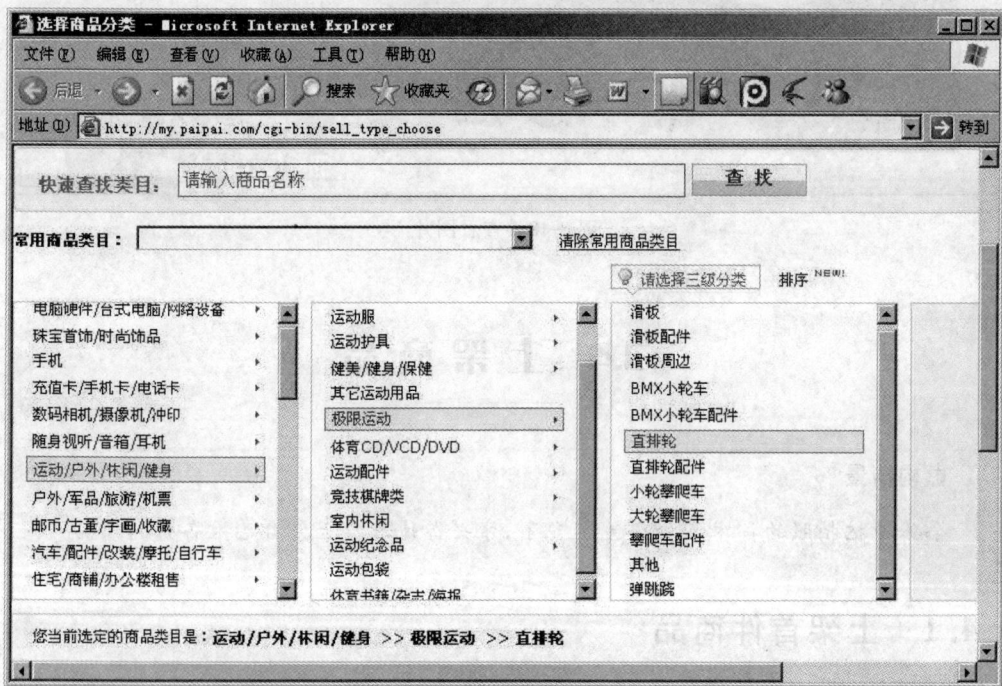

图 3-50　商品分类

　　③ 选好分类,单击下方的"下一步"进入填写商品详情栏目,需要详尽填写出售类型、商品属性、商品名称、商品图片等一系列内容,如图 3-51 至图 3-53 所示。

　　④ 单击"插入相册图片",插入准备好的图片,如图 3-54 所示。

　　⑤ 设置"其他信息",如图 3-55 所示。

　　⑥ 所有信息检查无误后,单击"确认无误,提交",发布成功,如图 3-56 所示。

　　⑦ 单击"查看商品详情"可以看到商品发布后的效果,如图 3-57 所示。

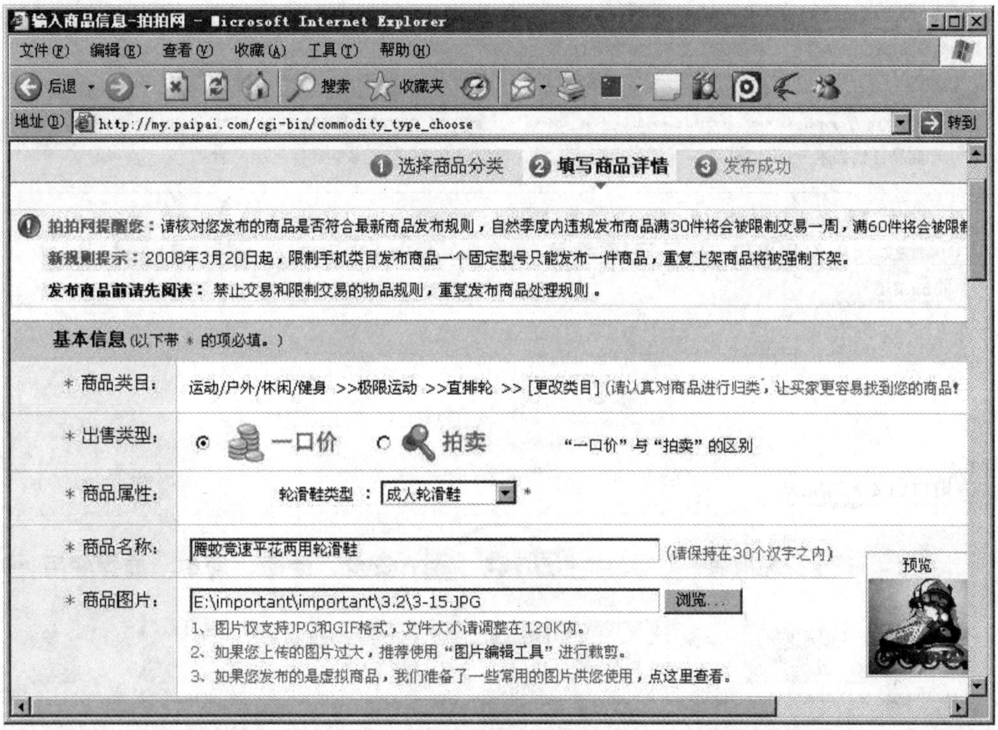

图 3-51　商品详情(1)

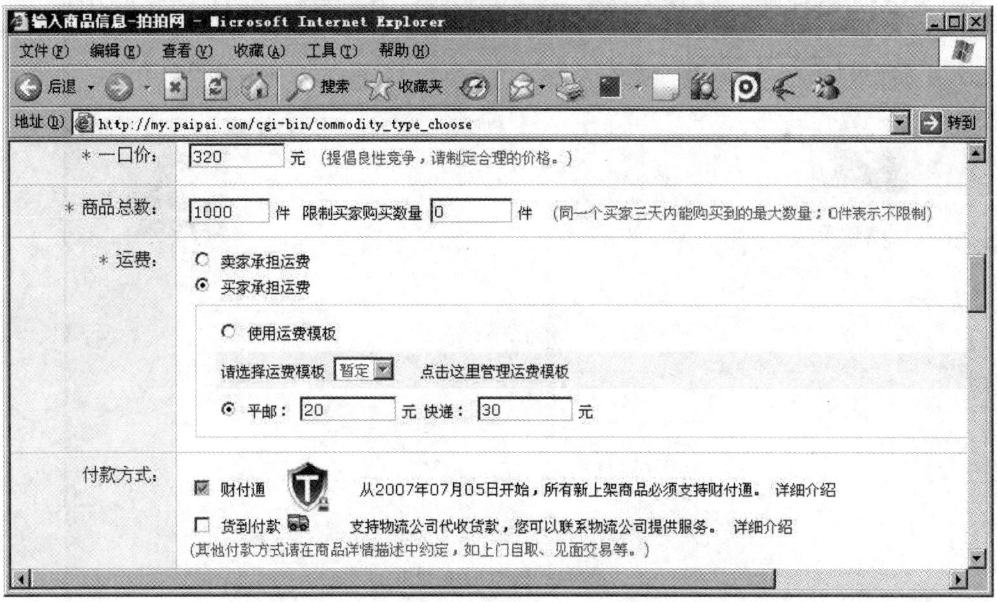

图 3-52　商品详情(2)

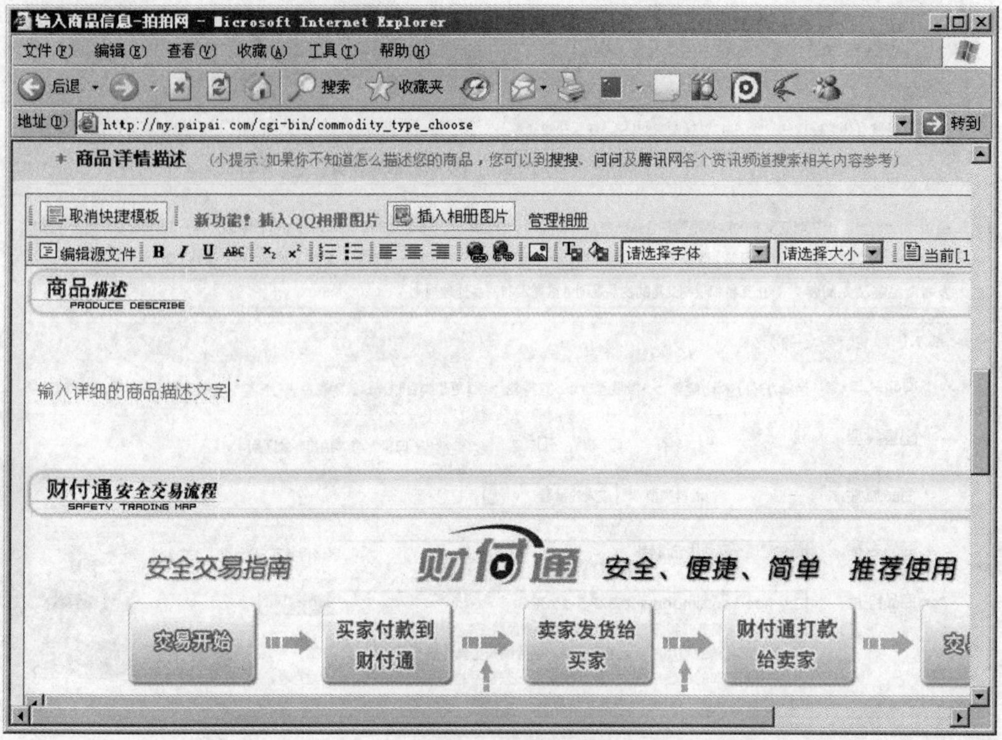

图 3-53　商品详情(3)

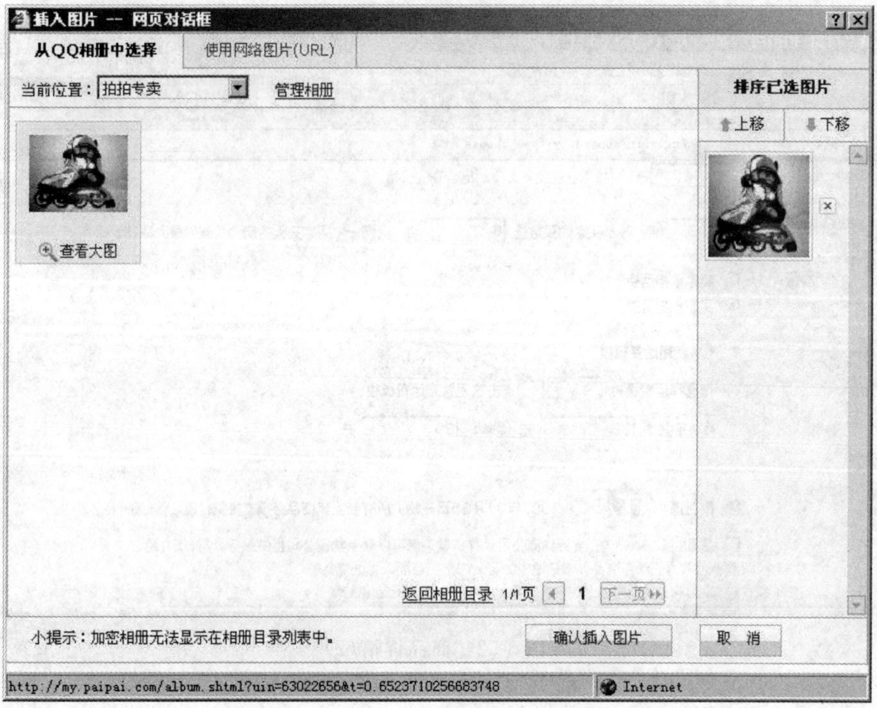

图 3-54　插入图片

图 3-55　其他信息

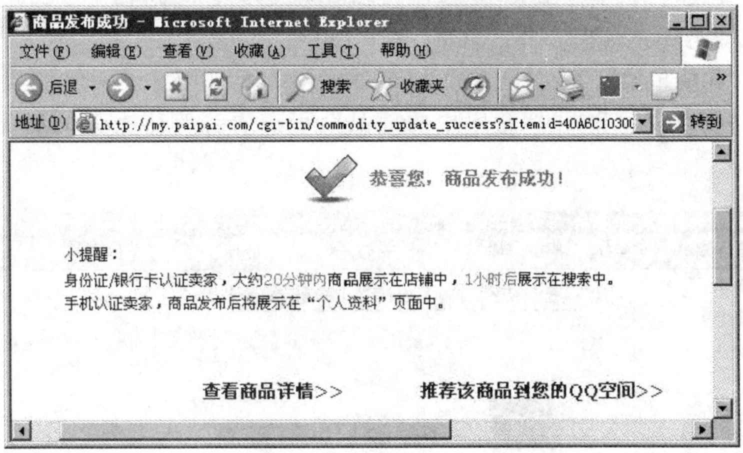

图 3-56　商品发布成功

3.4.2　商品自动上架

实战演练 3-7：商品自动上架

令狐冲体育用品店将在两天后新近一批轮滑护具，这批轮滑护具的资料已经准备好

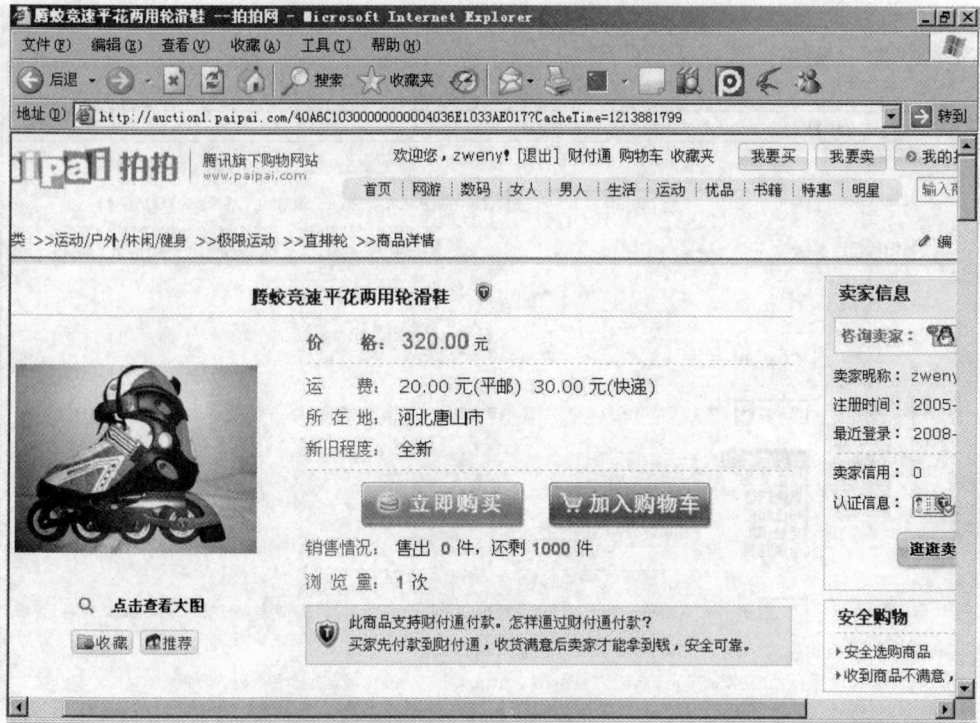

图 3-57　查看商品详情

了，可是货源还没有到，不能上架，令狐冲又担心两天后太忙，忘记将这批轮滑护具在网店里上架，他该怎么办呢？

① 登录"我的拍拍"。

② 单击"我是卖家"中的"仓库中的商品"，可以看到等待上架的商品，如图 3-58 所示。

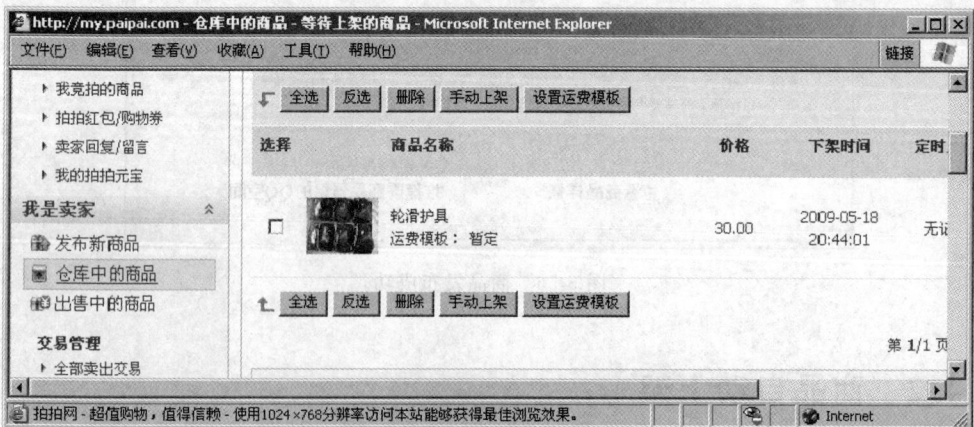

图 3-58　查看仓库中的商品

③ 单击"设置上架时间" 图标，设置自动上架的时间，如图 3-59 所示。

图 3-59 设置上架时间

④ 单击"保存"按钮，商品将会在设定的时间自动上架，如图 3-60 所示。

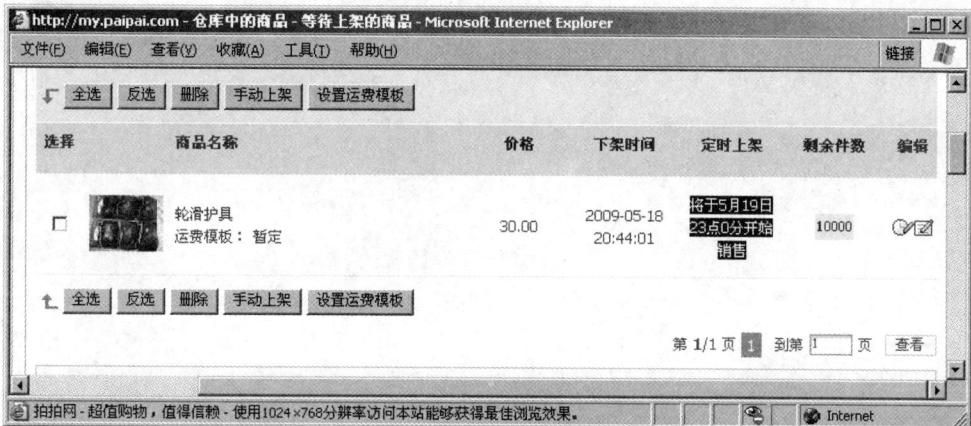

图 3-60 保存自动上架设置

3.4.3 修改上架商品

实战演练 3-8：修改上架商品

令狐冲在商品上架后开始浏览自己的网店，突然发现有一张轮滑鞋的图片没有添加到商品详情描述中，令狐冲想要修改商品的资料，他该怎么操作呢？

① 在仓库中找到需要修改资料的商品，单击"编辑商品" 图标，如图 3-61 所示。

② 打开修改商品页面，如图 3-51 所示。修改商品资料，确认无误后提交。

③ 再次回到"我的拍拍"主页面，单击"仓库中的商品"，打开如图 3-61 所示页面，勾选"腾蛟竞速平花两用轮滑鞋"，单击"手动上架"将商品再次上架。

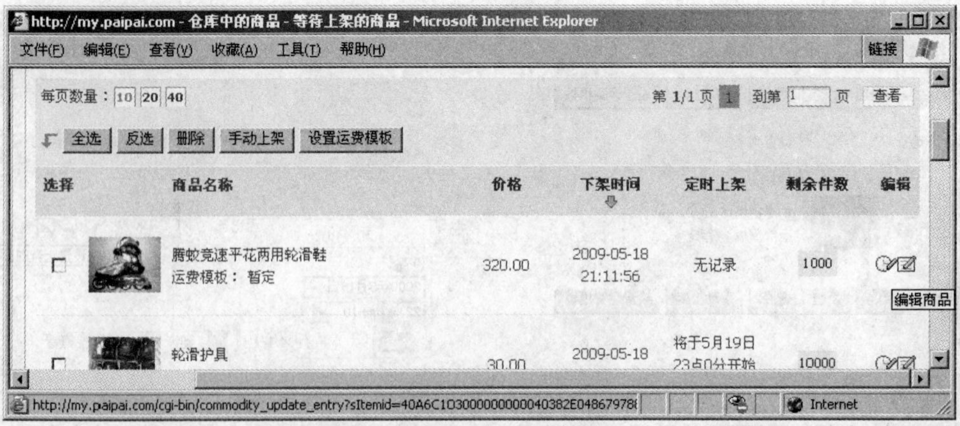

图 3-61 单击"编辑商品"图标

第 4 章

开网店当老板

虚构情景

三藏自从取得真经之后,整日里除了研习佛经便没有其他事做,实在是郁闷得很。一日悟空前来探望师傅,得知师傅心中郁闷,便说:"师傅,你若信俺老孙,就把八戒和沙僧都召回来,咱们再一起干桩大买卖!"

三藏很不以为然地说:"悟空,咱们好不容易才从西天活着回来,你怎么又让我们再去?"

"师傅,我说的大买卖不是取经,我说的大买卖是开家网店自己当老板。您看现在互联网普及了,电子商务也发展起来了,这个时候咱要是开个网店自己当老板,那可真是顺应时代潮流了。况且这买卖还可以兼职,又不耽误您研习经文,您何乐而不为呢?"

三藏点了点头,"这主意不错,可是念经我在行,开网店,咱没经验啊。"

话音未落,只见西方强光一道,刺得二人睁不开眼,待到此光消失殆尽,三藏、悟空朝西方寻去,见不远处有一黄色的包裹,二人赶紧上前,拾起包裹打开一看,里边原来是当年令狐大侠所著的《网店开业指南》。

有了《网店开业指南》,再加上悟空的游说,三藏终于决定自己开家网店了,于是召来了八戒和沙僧,师徒四人又开始并肩作战。

因为都没有经验,沙僧建议先不要贸然行动,悟空说:"咱有《网店开业指南》啊,你看上边每一步都写得清清楚楚,先是选择网店平台,然后注册财付通,后边还有认证身份、发布商品……咱照着这本指南上写得做应该不会有错。"

三藏认为有理,八戒、沙僧亦不反对,于是四人翻开《网店开业指南》,依葫芦画瓢开起了网店。

4.1 准备开店

虚构情景

牛魔王听说唐僧师徒要开网店,就盘算着自己也开个网店卖扇子。

铁扇公主听了,说:"主意倒是不错,可是你看又是淘宝网,又是易趣网,又是拍拍网的……这么多的电子商务网站,咱们又是新手,没经验,该怎么做呢?"

第3章中已经讲解了如何选择合适的网络平台,本章也以拍拍网为例,登录拍拍网见3.2.1小节。

4.1.1 注册财付通账户

和淘宝网的支付宝一样,拍拍网也有自己的在线支付平台——财付通。财付通是腾讯公司创办的中国领先的在线支付平台,提供了包括在线充值、收款、支付、交易管理等功能。

实战演练4-1:访问财付通网站

牛魔王把要在拍拍网开店的想法告诉了悟空,大圣笑笑说:"工欲善其事,必先利其器,先去研究财付通吧。"

① 如图4-1所示,可以通过在拍拍网首页单击"财付通"来直接进入财付通。

② 如图4-2所示,也可以通过在浏览器的地址栏中输入财付通网址(https://www.tenpay.com),来直接访问财付通网站。

实战演练4-2:登录财付通,填写账户信息

一眨眼的工夫,铁扇公主就随夫君来到了财付通。可是说是要先研究财付通,该怎么研究呢?

牛魔王安慰夫人说:"我那贤弟曾说过,这第一步啊,咱们要先登录财付通,填写注册信息。"

① 如图4-2所示,在财付通首页左侧的注册登录框中,有QQ号码和E-mail两种注册登录方式可供选择,选择用QQ号码直接登录财付通。

财付通是由腾讯公司创办的在线支付平台,因此,只要拥有腾讯公司的QQ账号和密码,即可无须注册,直接登录财付通。

② 按照提示,在相应位置填写QQ号码、密码和验证码,单击"登录"按钮,即可登录财付通了。

图 4-1　拍拍网首页

图 4-2　财付通首页

③ 如图 4-3 所示,登录后会提示:"您的账户信息还不完整,部分功能暂不能使用,请先完善账户信息。"此时,可以单击"立即填写账户信息"按钮来进行下一步设置。

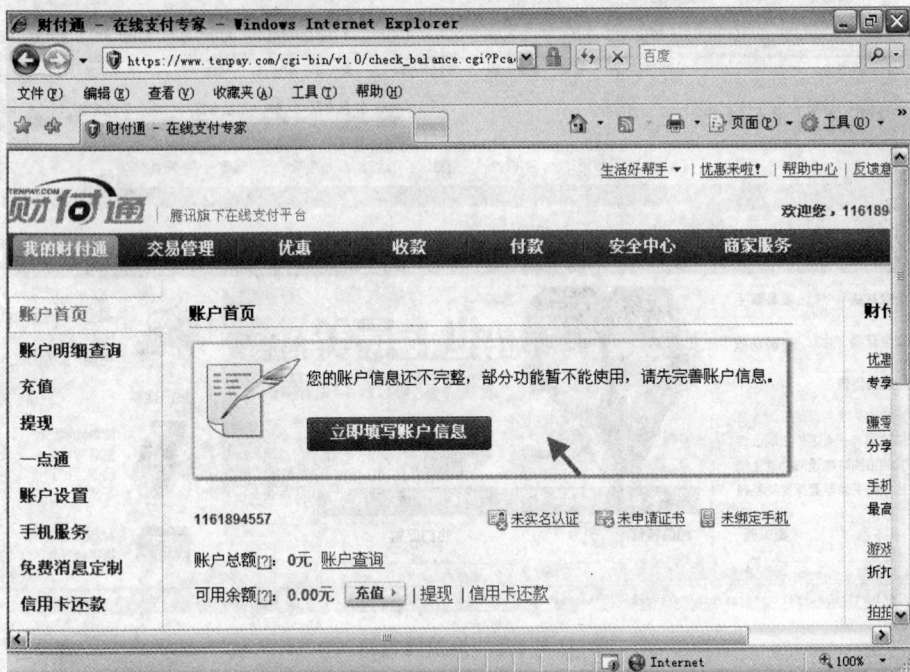

图 4-3　财付通账户首页

④ 如图 4-4 所示,设置支付密码,在"确认支付密码"内重复输入支付密码,以便确认。

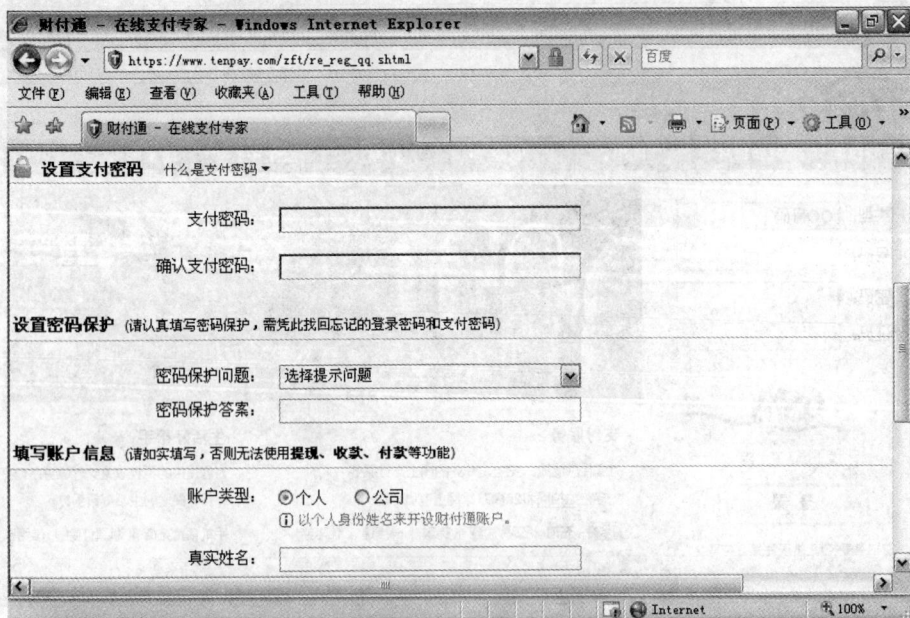

图 4-4　财付通账户信息注册页

　　财付通支付密码是在双方交易时使用的,用于确认财付通账户中金额的变动。换言之,此密码关系到实际的经济利益,所以除在设置时适当增加难度外,设置后还应妥善保管,谨防密码丢失或泄露而造成损失。

　　⑤ 选择"密码保护问题"并填写"密码保护答案"。这是一种密码保护措施,当忘记密码时,需正确回答密码保护问题方可找回密码。

　　⑥ 填写注册用户信息。有"个人"和"公司"两种身份可供选择,可以根据自己的实际情况选择合适的身份来注册。

4.1.2　设置用于收款的银行账户

实战演练 4-3：设置用于收款的银行账户

　　老牛想把扇子卖给女儿国的丞相,可这千山万水的,如何收款呢?

　　悟空说:"兄长怎么不记得了,这财付通就是只见钱不见人嘛!"

　　老牛一脸茫然地说:"贤弟有所不知,我也知道应该用财付通,可关键是该怎么用呢?"

　　悟空嘿嘿一笑:"原来兄长在愁这个,也罢,让俺老孙给你点经验。你已经注册了财付通,接下来需要做的就是为你的财付通设置一个用于收款的银行账户。"

　　① 在"我的财付通"中单击左侧导航栏的"提现",如图 4-3 所示。

　　② 如图 4-5 所示,财付通提醒需要设置银行账户后才可以提现。单击"设置"为财付通设置一个用来提现的银行账号。

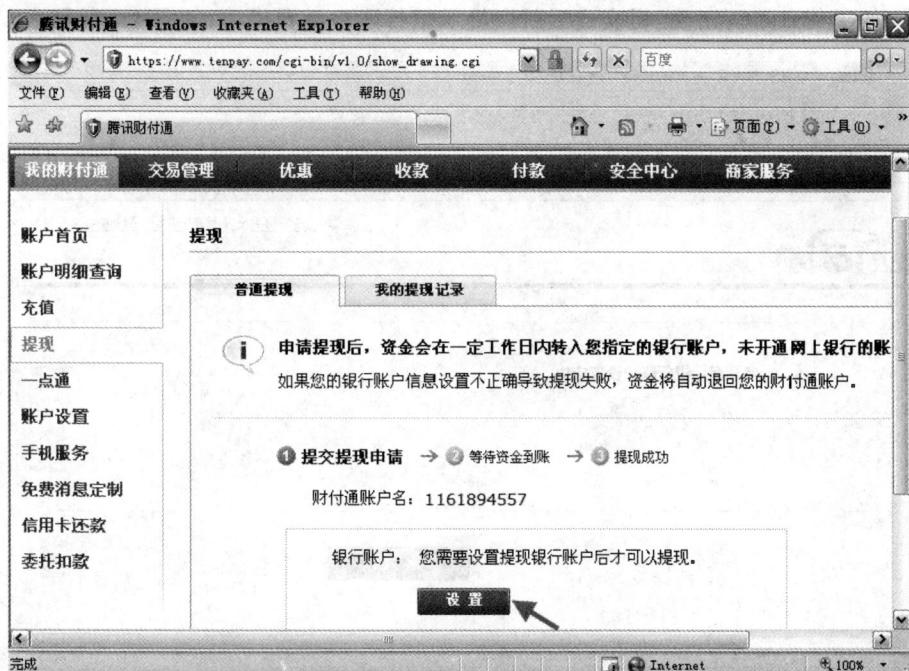

图 4-5　提现

③ 在"账户设置"中按要求填写相关信息并提交,如图 4-6 所示。要确保银行开户人姓名与之前在图 4-4 中填写的用户姓名相一致,否则不能提现。

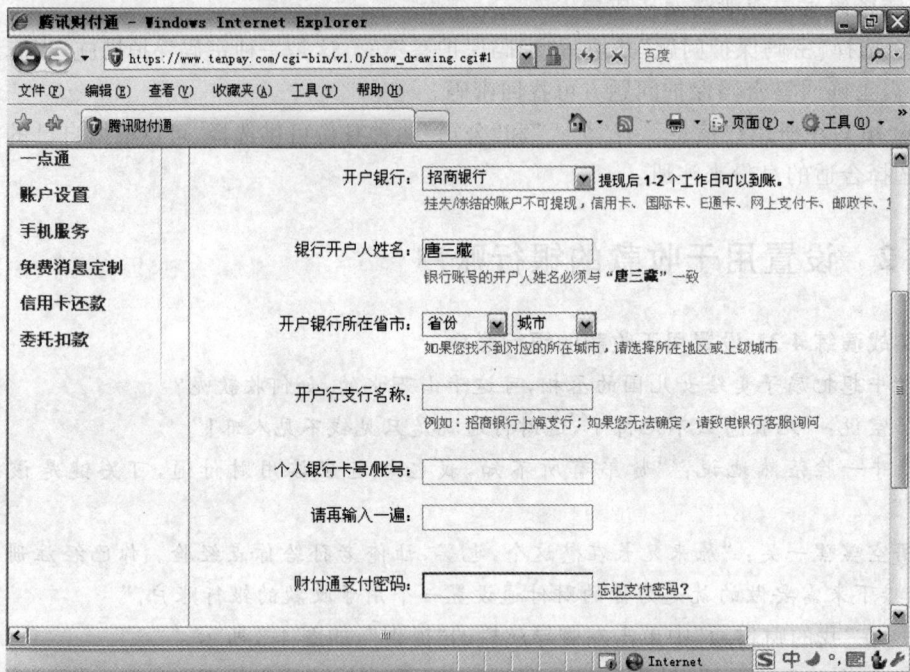

图 4-6　设置提现银行账户

④ 如果信息填写正确,提交之后就会提示银行账户设置成功,如图 4-7 所示。

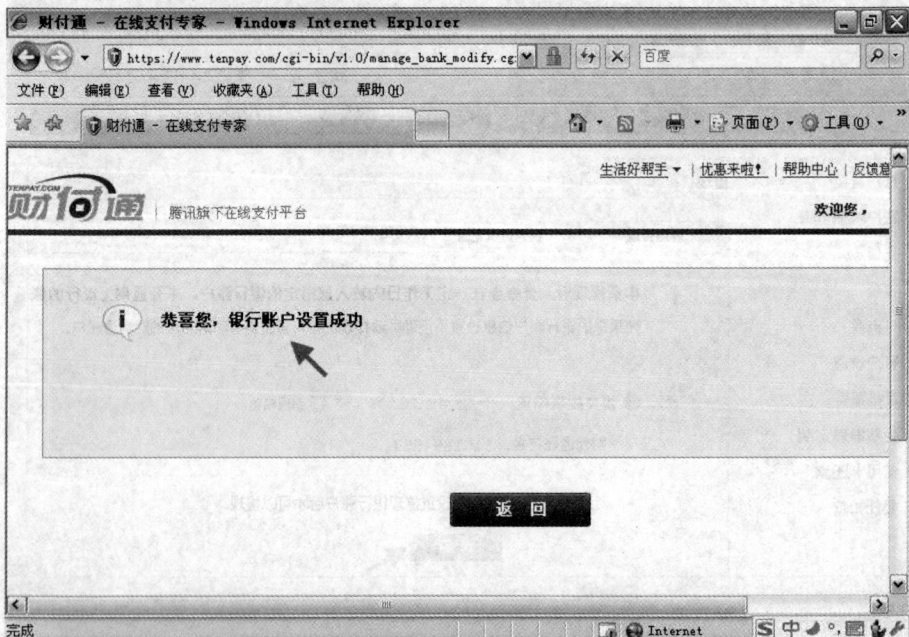

图 4-7　银行账户设置成功

4.1.3　给财付通充值

实战演练4-4：给财付通充值

铁扇公主在拍拍网上看好了一条丝巾，决定把它买下来。虽然老牛已经把用于收款的银行账户设置妥当了，可财付通里还没有钱，该怎么买呢？

看到铁扇公主愁眉不展，白骨精就献媚的说："那就给财付通充值吧。"

① 在财付通管理页面，单击左侧导航栏的"充值"，如图4-3所示。

② 如图4-8所示，在"充值金额"文本框中填写要充值的具体数额，因为在拍拍网卖家身份验证部分，需要支付20元的保证金，所以在这里填写"20.00"。

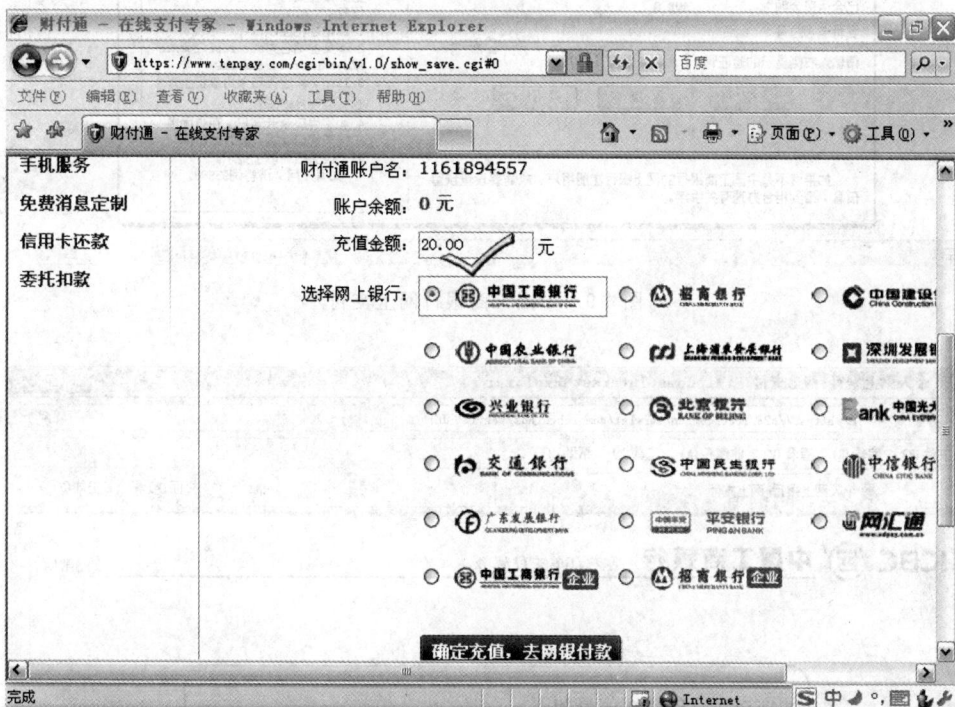

图4-8　财付通在线充值

③ 选择用来充值的网上银行，这里选择中国工商银行来演示，单击"确定充值，去网银付款"，进入下一步。

④ 如图4-9所示，进入中国工商银行的在线支付网页，在相应地方输入银行卡号和验证码，单击"提交"按钮。

⑤ 如图4-10所示，提交后会提示验证客户的预留信息。如果预留信息和之前申办网上银行时填写的预留信息不一致，则很有可能是在上一步输入银行卡号时有错误，此时应立即停止操作，检查信息的输入是否正确；如果所显示的预留信息和之前填写的预留信息是一致的，则可以继续付款。

图 4-9　中国工商银行网上支付

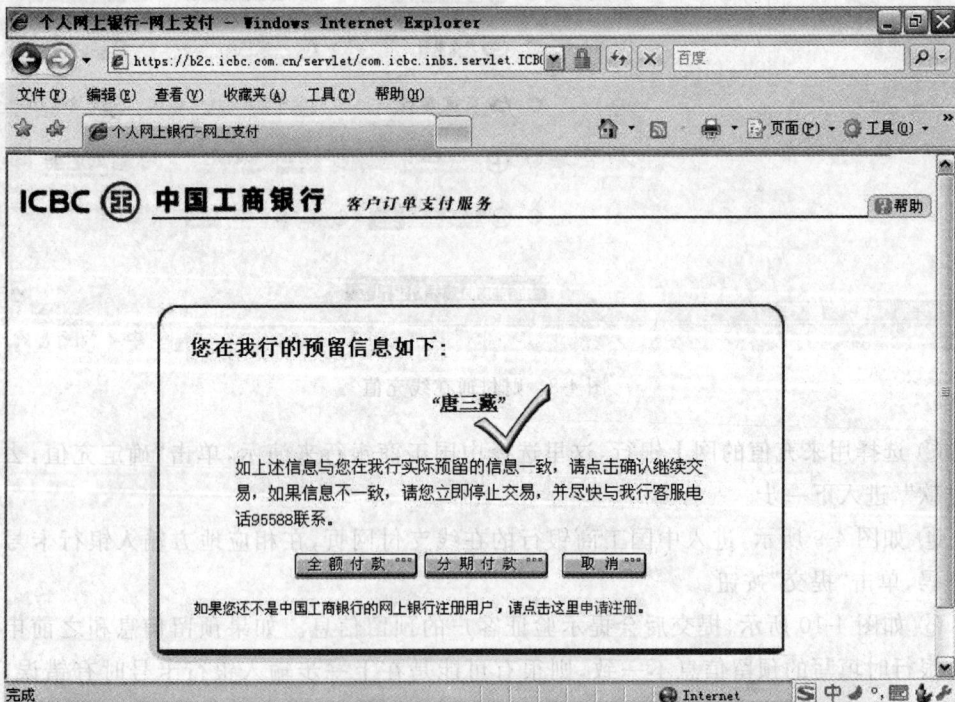

图 4-10　验证预留信息

⑥ 如图 4-11 所示,再次确认支付信息,并依指示,在相应位置输入电子银行"口令卡密码"和"网银登录密码",填写验证码,单击"提交"按钮。

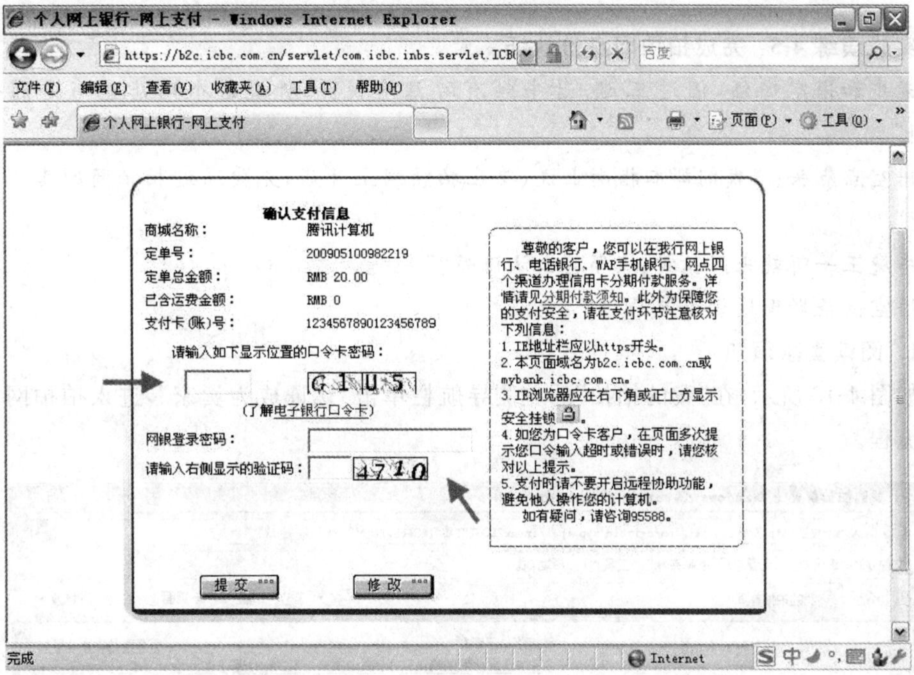

图 4-11 确认支付信息

⑦ 如图 4-12 所示,操作正确,支付成功,单击"关闭窗口"即可。

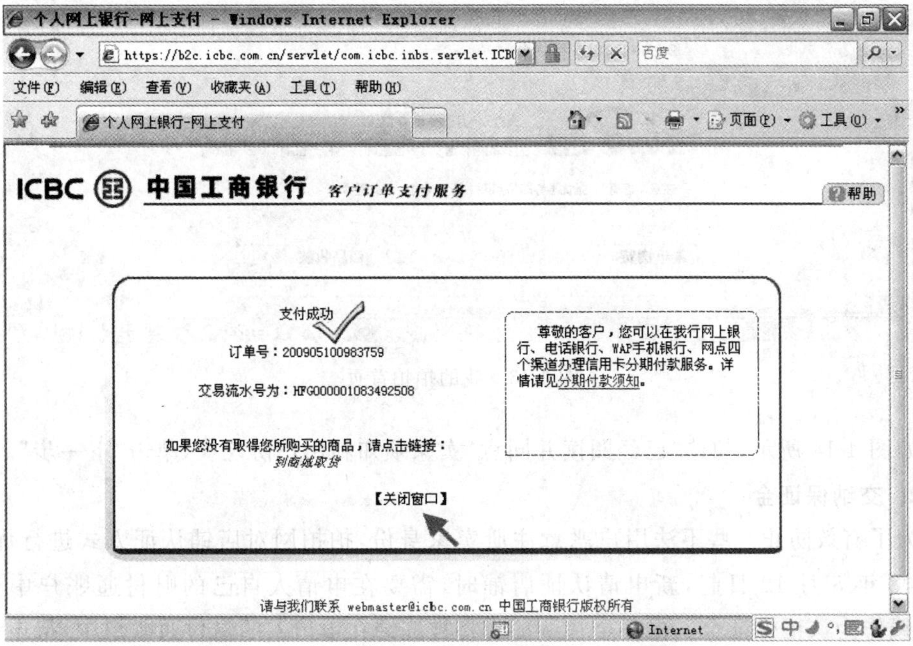

图 4-12 支付成功

4.1.4 认证身份

实战演练 4-5：完成拍拍网身份认证

老牛和悟空喝酒，酒过三巡，老牛颇有醉意地说："听说这个网店也不是随便开的啊！"

悟空点点头："我们那本指南上说，要在拍拍网上开店，先要通过拍拍网的卖家身份认证！"

牛魔王一听就来了精神："那怎么认证呢？"

悟空慢条斯理地讲了起来。

1. 阅读卖家须知

如图 4-13 所示，在"我的拍拍"的左侧导航栏单击"认证成为卖家"，进入拍拍网卖家认证流程。

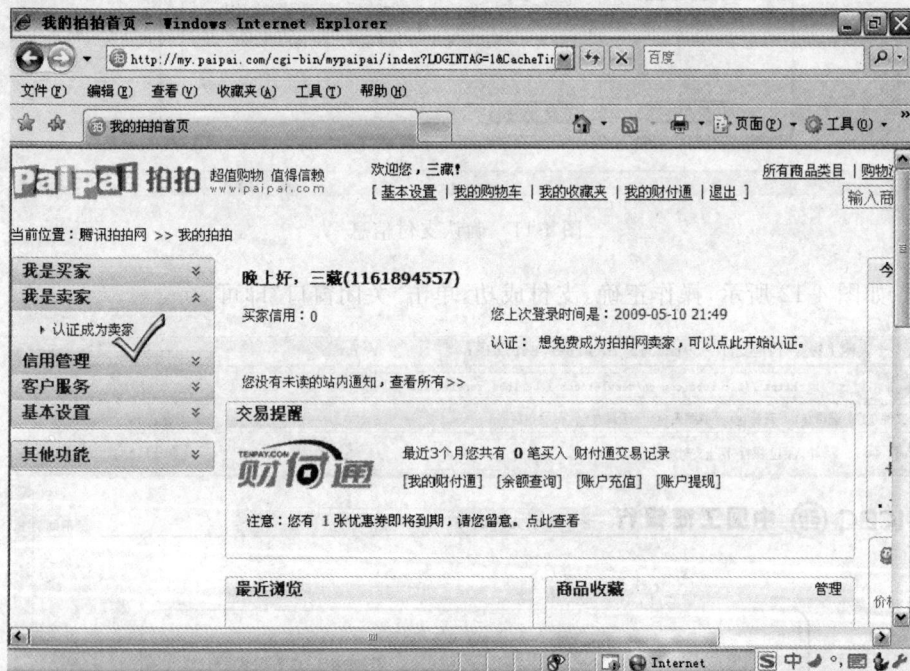

图 4-13 我的拍拍首页

如图 4-14 所示，勾选"已经阅读并同意'卖家须知和用户协议'"，单击"下一步"。

2. 交纳保证金

为了有效防止一些不法用户恶意注册卖家身份，拍拍网对店铺认证方式进行优化，从 2008 年 8 月 12 日起，新申请认证店铺时，需要在申请人自己的财付通账户中充入 20 元钱作为认证保证金。保证金在认证时将被冻结在申请人的财付通账户中，待申请人的店铺达到条件后保证金会自动解除冻结并可自由使用。

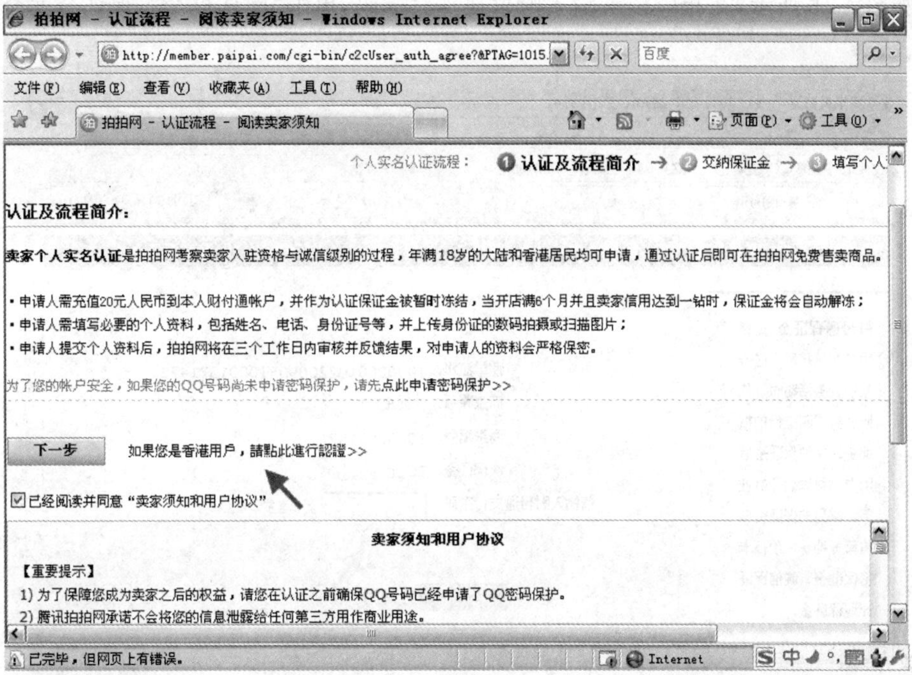

图 4-14 拍拍网卖家身份认证

如图 4-15 所示,单击"去财付通交纳保证金"即可进入"交纳保证金"页面。

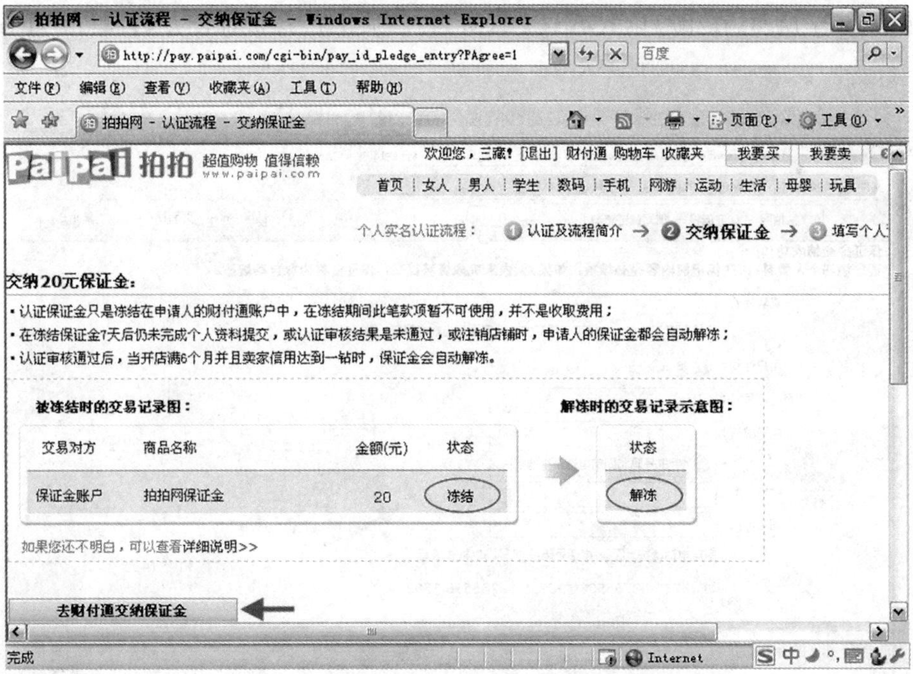

图 4-15 去财付通交纳保证金

如图 4-16 所示,在相应位置输入财付通支付密码,单击"确认提交",保证金就交纳成功了。

图 4-16　输入财付通支付密码

3. 填写认证资料

如图 4-17 所示,在相应位置填写个人资料,然后上传身份证图片,再单击"下一步"提交。

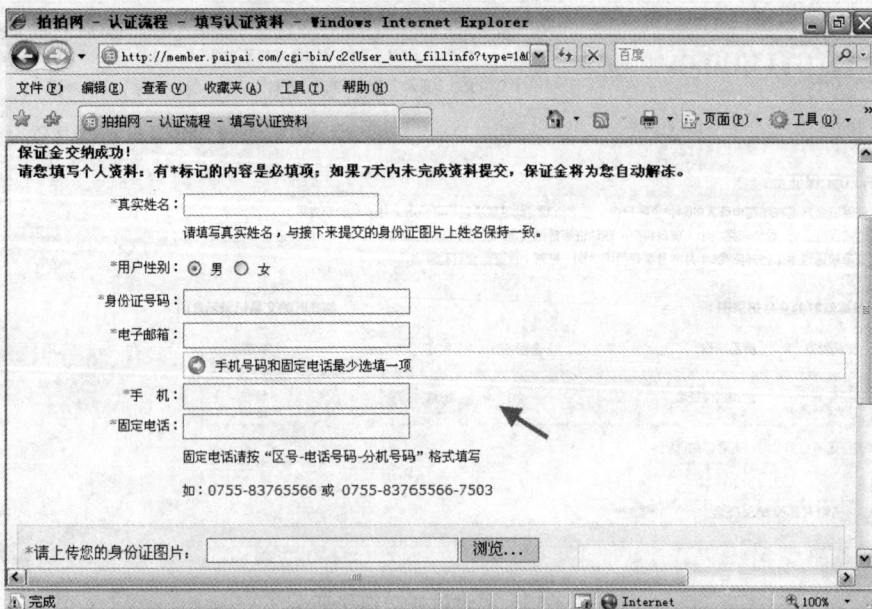

图 4-17　填写认证资料

4. 完成认证

拍拍网一般会在三个工作日内审核上述信息,可以在"我的拍拍"中查询认证情况。成功认证之后,用户名旁边就会出现一个证件小图标,表示通过了身份认证,如图 4-18 所示。

图 4-18 通过身份认证

4.2 发布商品

虚构情景

师徒四人经过一番努力终于把开店的准备工作都做得妥妥当当了,接下来就要上传商品,开张营业啦!

有了店铺,卖什么商品呢? 师徒四人一合计,决定卖手机。于是悟空负责准备商品图片,八戒负责商品的上传和资料填写,沙僧负责设置推荐位,师傅三藏负责监督抽查,师徒四人像模像样的开始以流水线作业的形式发布商品。

给商品准备图片、上传商品的资料和图片、商品发布上架等内容已经在第 3 章讲述过,这里不再重复,接下来要为店铺设置推荐位。

实战演练 4-6:在店铺推荐位中推荐商品

师徒四人通过努力把他们的商品——手机发布在了店铺中。一天,沙僧说:"我记得那本秘籍上好像提到过什么推荐位,我们也把咱的商品推荐一下吧。"

① 在"我的拍拍",单击左侧导航栏的"营销管理"里的"店铺和社区推荐位",如图 4-19 所示。

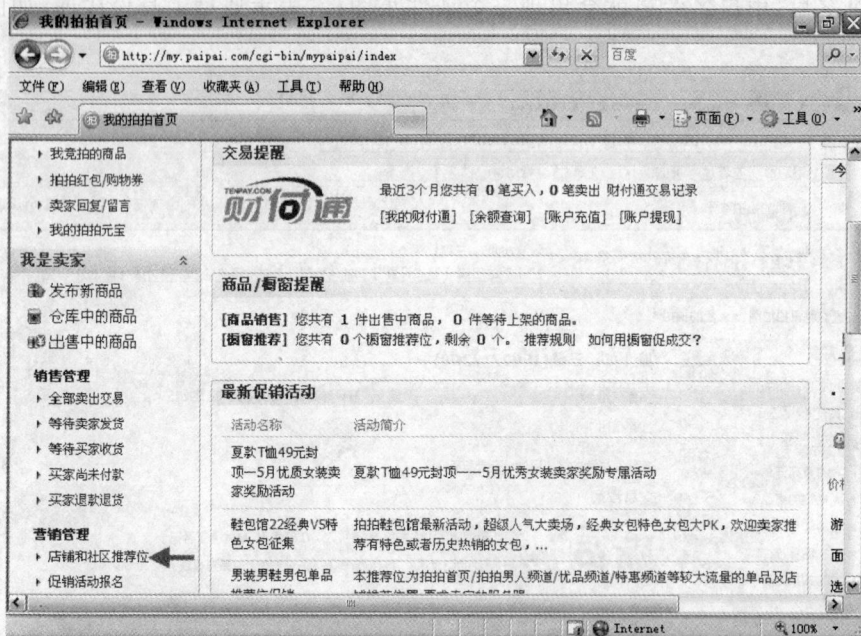

图 4-19　店铺和社区推荐位

② 在"推荐商品管理"中选中它发布的商品,单击"推荐"按钮,即可把该件商品设置为推荐商品,如图 4-20 所示。

图 4-20　推荐商品管理

如图 4-20 所示,共有 12 个店铺推荐位,成功将商品推荐到店铺推荐位后,还剩余11 个,在"推荐商品管理"中可以看到被推荐的商品旁会有绿色字体标注"已推荐",如图 4-21 所示。

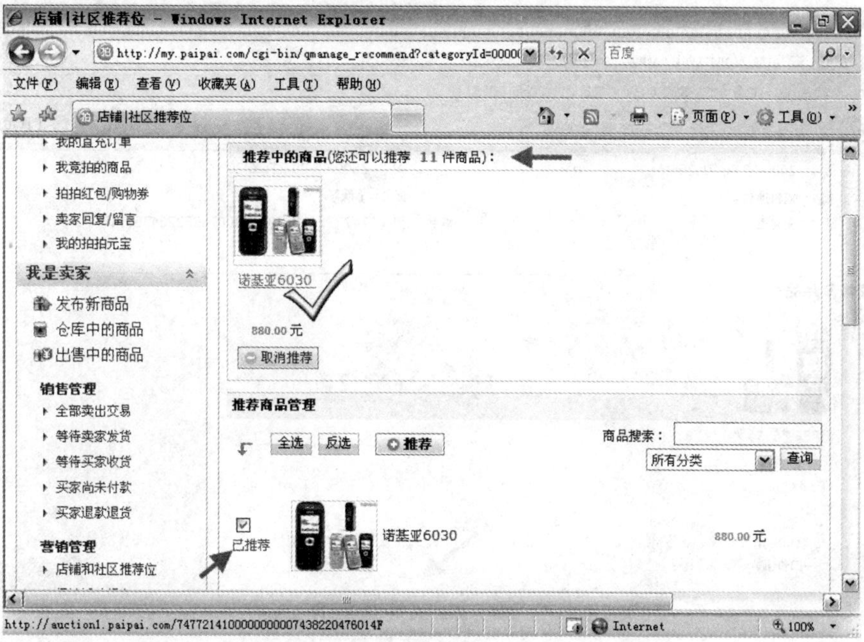

图 4-21 推荐中的商品

如图 4-22 所示,在店铺中,所推荐的商品会在显要位置显示,卖家可以以此来增加该商品的曝光机会。

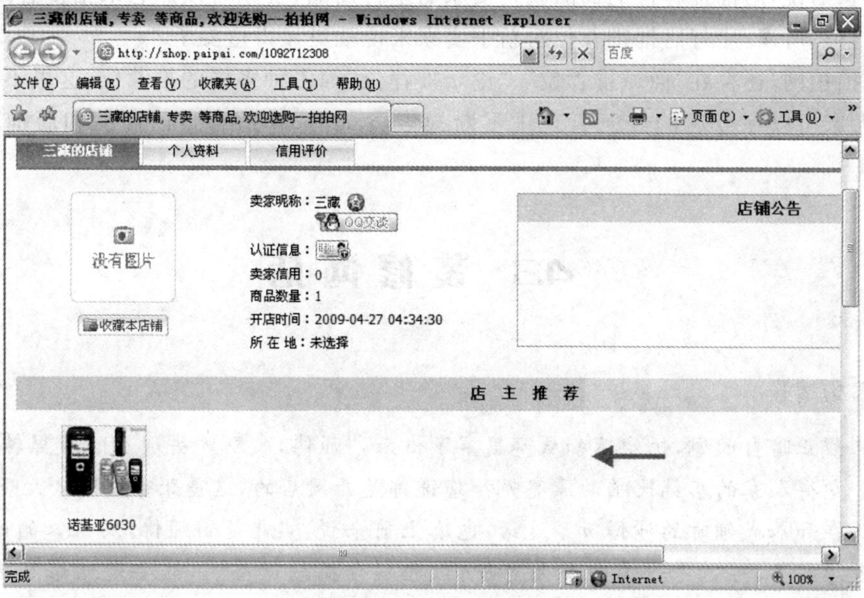

图 4-22 三藏的店铺

不仅如此,在每件商品的展示页中都会在商品信息下边出现"卖家推荐商品"一栏,如图 4-23 所示。这里也是店铺推荐商品的展示栏,如果推荐的商品足够吸引人,感兴趣的买家很可能会单击浏览,或者直接单击"逛逛卖家店铺"按钮进入店铺浏览。

144

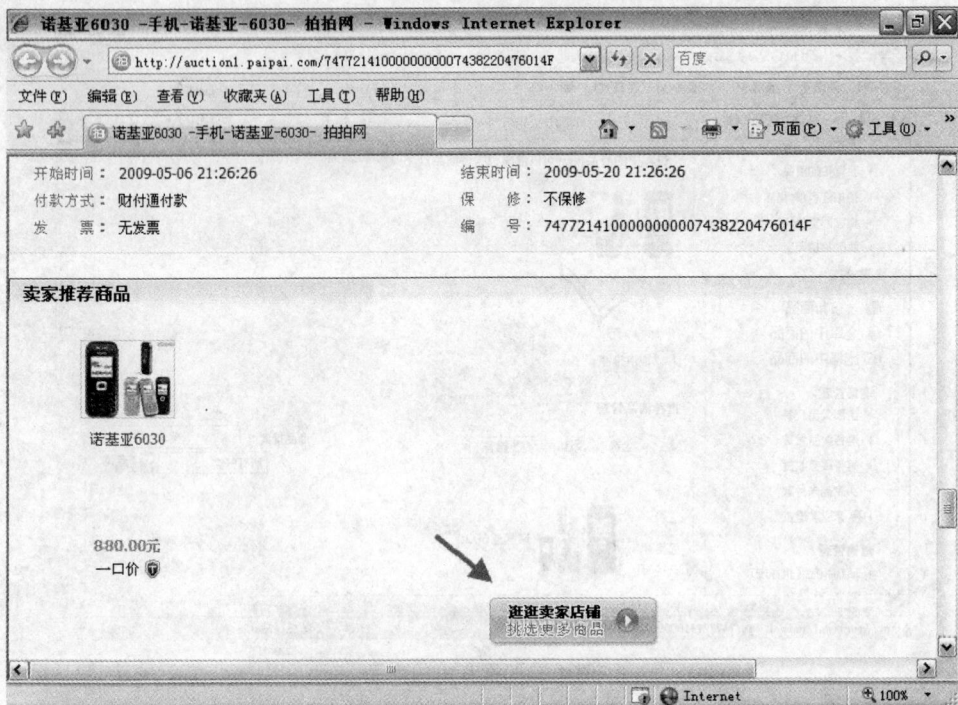

图 4-23　商品信息展示页

换句话说,店铺推荐位的商品就是卖家的主打商品,卖家可以靠它来招揽客户,增加交易机会。所以,用好店铺推荐位对新手卖家来说就更显得重要了。

在拍拍网,还存在"商城推荐位"、"论坛推荐位"等多种多样的推荐位,这里不再一一详述,大家可以在今后的经营管理中不断摸索尝试,选择适合自己商品和店铺的营销方式。

4.3　装修网店

虚构情景

三藏正暗自欣慰,悟空不知从哪里窜了出来,"师傅,我刚才去别人的店里转了转,我怎么觉得人家的店铺比咱的漂亮呢? 您说都是开网店的,这差距咋就这么大呢?"

正在和八戒铺货的沙僧听了这话,也凑上前来说:"就是啊师傅,别人家的网店装修的可漂亮了,可是您说咱四个大老爷们,也不会捣鼓这些啊,这要是姑娘家肯定比咱强!"

八戒终于按捺不住了，马上过来附和："师傅，这还不好办吗，嫦娥仙子最擅长这些了，咱把她请来帮忙，这一切不就解决了吗？"

大家自然都清楚八戒的如意小算盘，但是似乎除此之外也没什么太好的选择，于是就由师傅唐三藏出面请来了嫦娥仙子，大家群策群力开始装修起网店来。

4.3.1　网店定位

沙僧对悟空说："大师兄，您看人家牛魔王，卖扇子就光卖扇子，连店里的各种装饰图案都是扇形的，人家那叫一个专业。可是您再看看咱们，咱是不是应该给咱们网店规划规划呢？"

悟空点头："嗯，有道理，咱们应该给自己的网站做个定位。"

定位网店顾名思义就是给自己的网店做定位，主要包括网店的经营范围、商品的主要受众、商品的价位档次等。比如三藏的手机专卖店，就可以这样定位：经营范围是手机，而且以诺基亚品牌的手机为主打，商品的受众是成千上万的手机使用者和需求者，商品的价位在300元至2000元之间……

做这样的定位是为接下来的工作制定一个大政方针，简单地说，如果主要经营各种茶叶，则顾客可能大部分是对茶文化比较青睐的人士，那在装修上就可以采取鲜嫩的茶绿色，如图4-24所示。在店铺公告栏和商品介绍中还可以适当插入各种与茶叶有关的小故事，这样就会收到很好的效果了。

图4-24　茶叶专卖店

4.3.2 完善店铺的基本设置

实战演练 4-7：设置店铺的名称、店标、类别等

给网店做好了定位，接下来就要着手开始装修了。网店装修，工程浩大，从哪方面入手呢？

只见嫦娥仙子不紧不慢地说道："这个要按步骤来，一步一步，不能心急。首先要有店名、店标、店铺介绍等基本内容。你开了个网店，总要让人家知道你是卖什么的吧，这是最主要的，也是最先要考虑的问题。"

① 进入"我的拍拍"，在左侧导航栏中单击"店铺管理"，如图 4-25 所示。

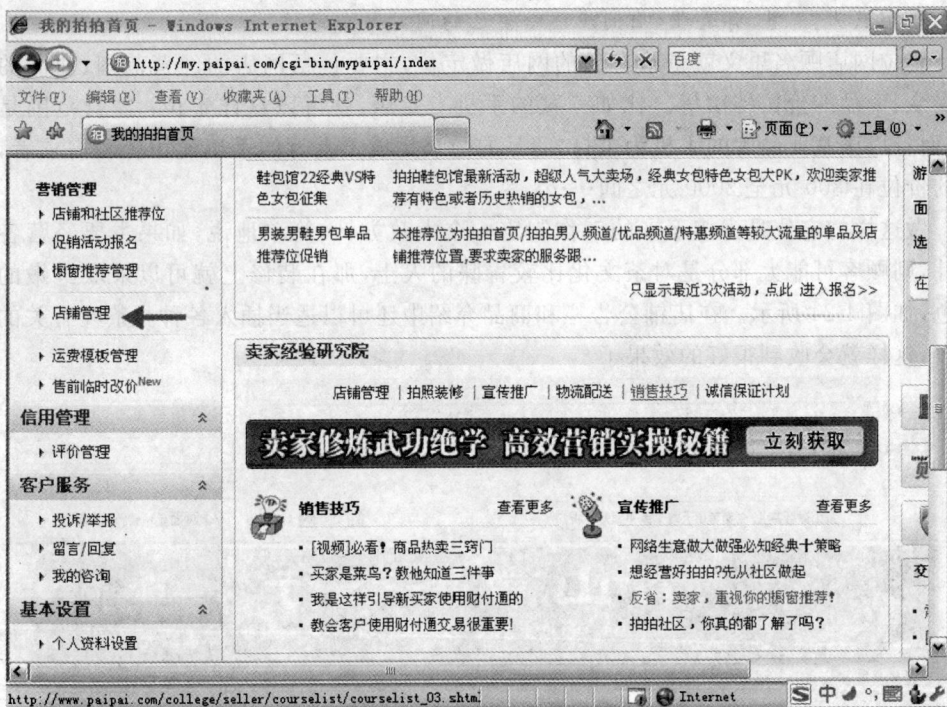

图 4-25　我的拍拍首页

② 如图 4-26 所示，从第一项开始，单击"基本设置"。

③ 在"基本设置"中填写"店铺名称"，上传"店标"，选择"店铺类别"，填写"主营项目"，撰写"店铺介绍"，如图 4-27 所示。

店标就类似网站的 LOGO，是整个网店的标志，可以用搜集到的图片，也可以重新设计。店标的设计没有一定之规，但最好能体现网店的特色或者经营范围。网店的店标支持 gif 格式，所以也可以放置一些 gif 的小动画来吸引人。

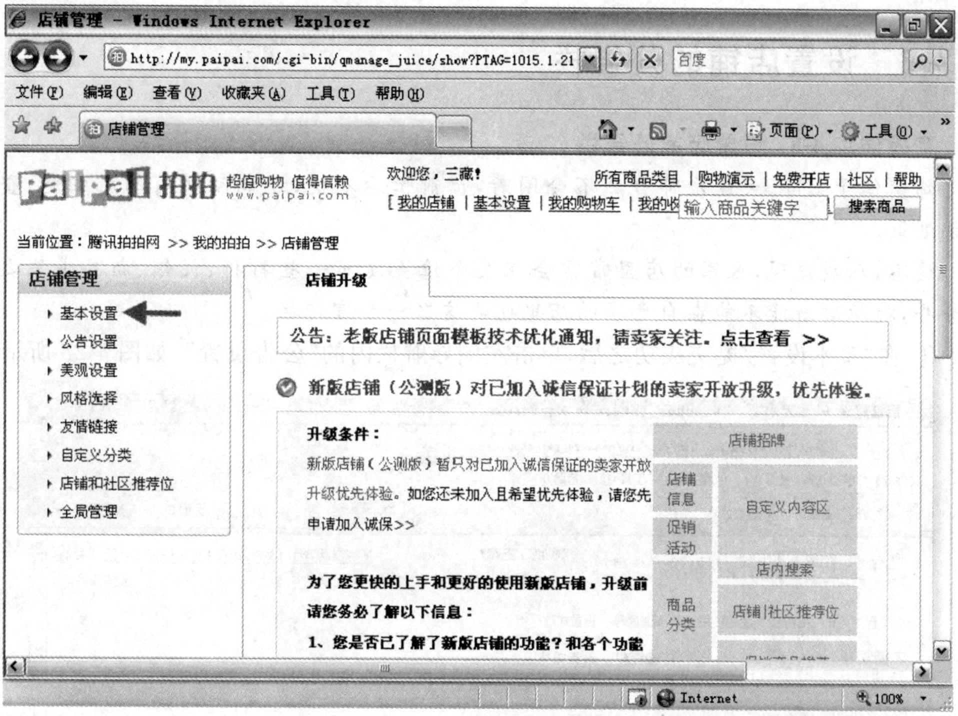

图 4-26 店铺管理

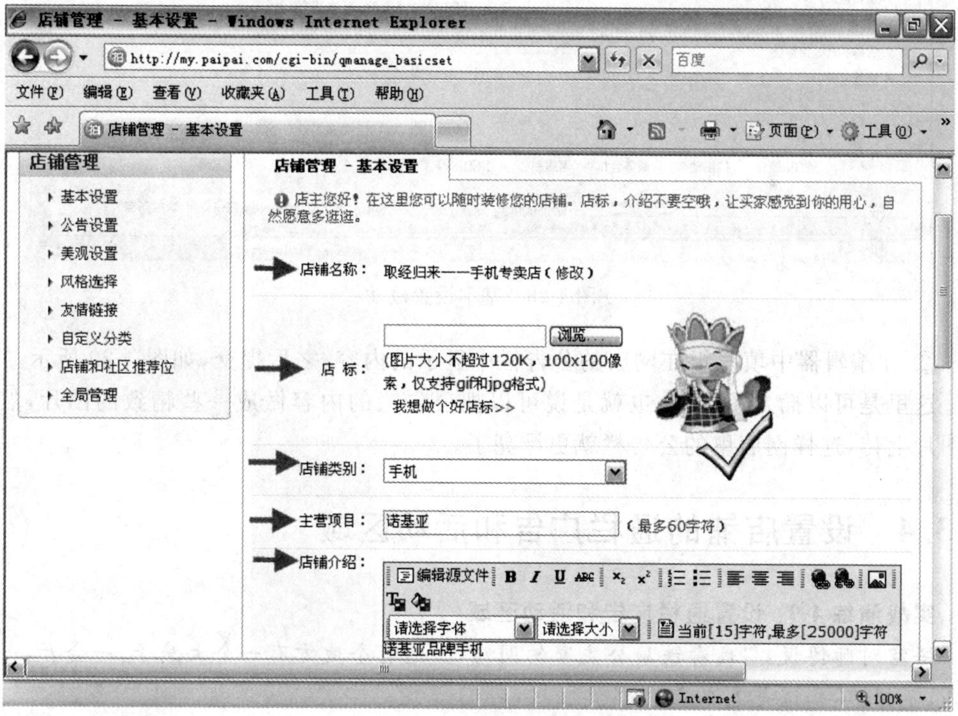

图 4-27 基本设置

4.3.3 设置店铺的公告栏

实战演练 4-8：设置店铺公告栏

嫦娥仙子上阵，天蓬元帅自然不会闲着，忙前忙后不说，还调动所有的脑细胞，整天出谋划策。

这不，八戒发现，人家的店里常常会在某个位置发布一些打折、促销、新品上架之类的公告，就琢磨着能不能在自己家的店里也弄这么一个宣传栏。

① 在"基本设置"提交成功之后，单击左侧导航栏内的"公告设置"，如图 4-28 所示。

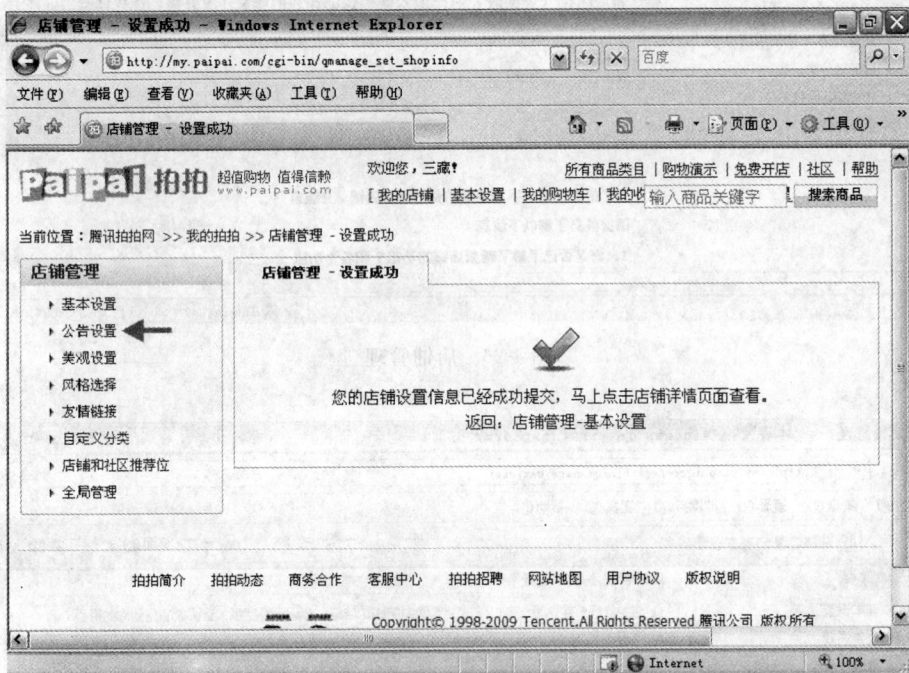

图 4-28　基本设置成功

② 在编辑器中填写想在网店的公告栏中显示的内容，之后提交，如图 4-29 所示。

这里是可以插入图片的，也就是说可以把公告栏的内容做成一些精致的图片，然后把图片上传，这样网店里的公告栏就更漂亮了。

4.3.4 设置店铺的通栏广告和活动区域

实战演练 4-9：设置通栏广告和活动区域

悟空对师傅说："我看铁扇公主家的网店，上边有个地方有一个大扇子，一会开，一会合，很不错，不知道是怎么弄的？"

沙僧翻出《网店开业指南》来看了看说："大师兄，这上边说，可以在通栏广告和活动区域里进行设置。"

悟空连连摆手："算了吧,沙师弟,这不是咱们师徒能应付得了的,还是让嫦娥仙子帮忙吧。"

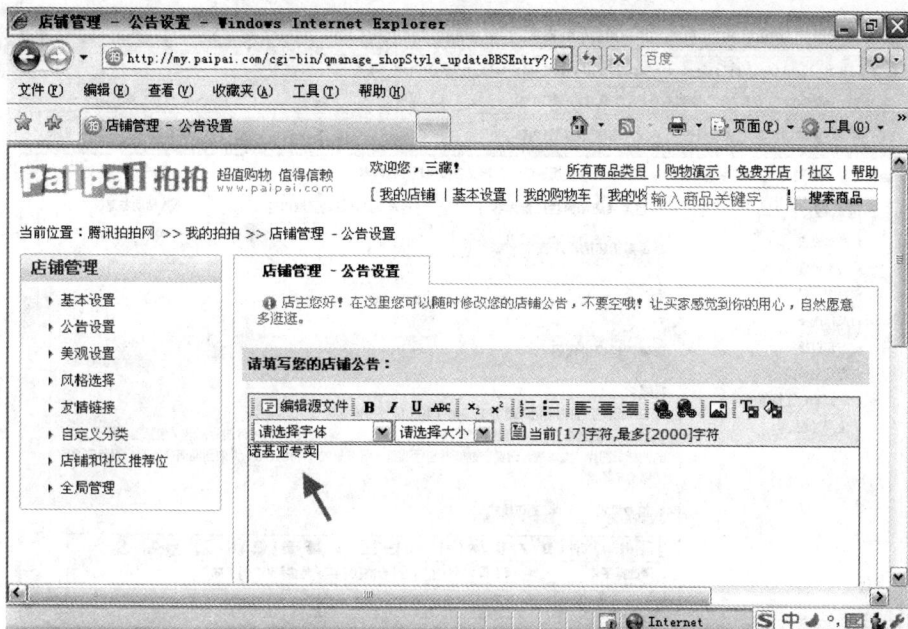

图 4-29 公告设置

① 公告设置成功后,如图 4-30 所示,在"店铺管理"中单击左侧导航栏内的"美观设置"进入设置页。

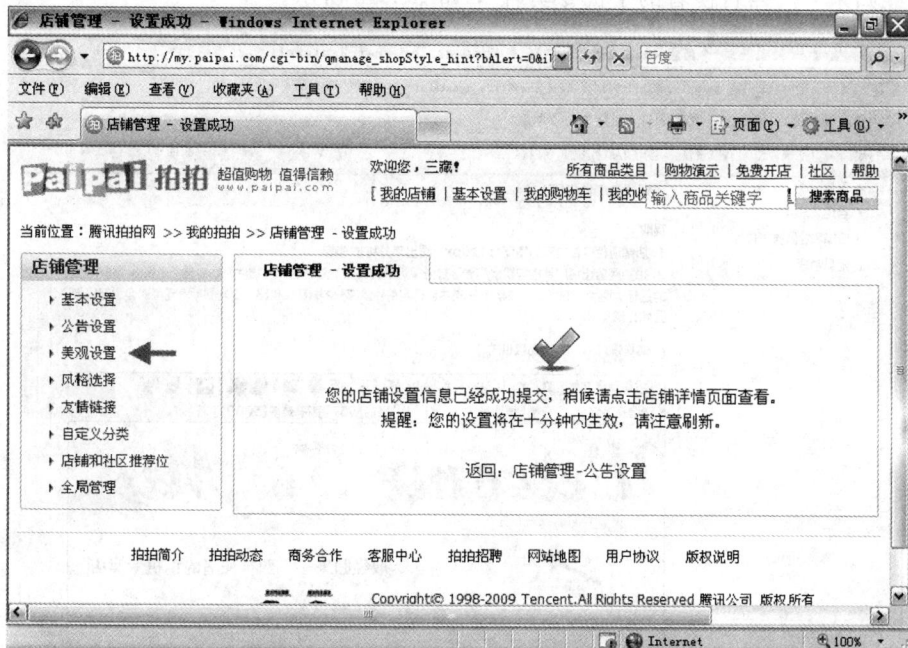

图 4-30 公告设置成功

② 在"是否显示店铺栏广告"处点选"是"（选择"否"的话公告栏就不会显示了），如图 4-31 所示。

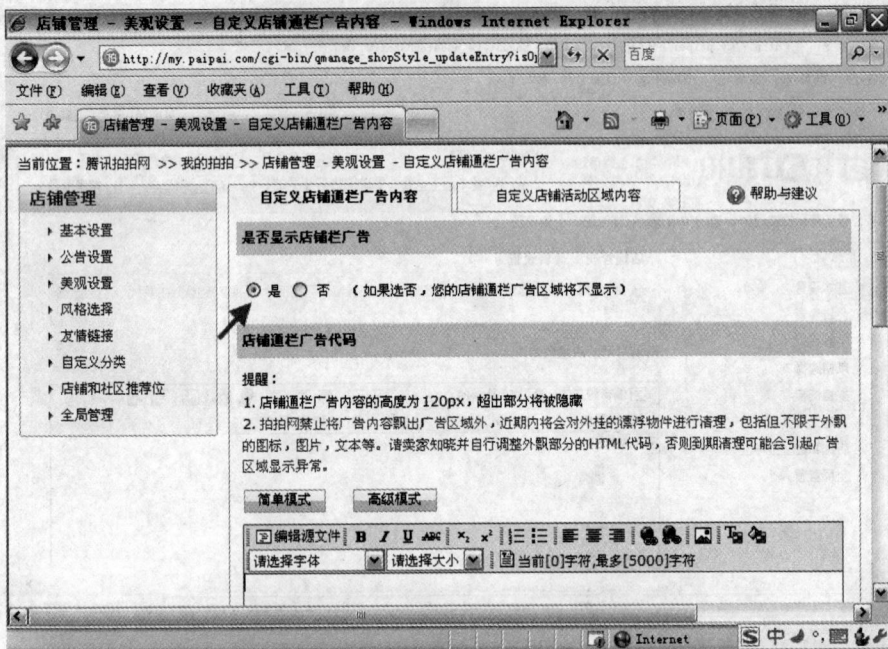

图 4-31　美观设置

③ 在编辑器内插入 gif 格式的图片"Welcome To My Site"，在其右下角书写文字"～取经归来——西行使者的手机专卖店"，如图 4-32 所示。

图 4-32　通栏广告设置

④ 单击"预览",查看通栏广告,如图4-33所示。

图4-33 通栏广告预览

⑤ 单击"自定义店铺活动区域内容"切换编辑页面,在"是否显示店铺活动区域"中点选"是",单击编辑器选项的"编辑源文件",如图4-34所示。

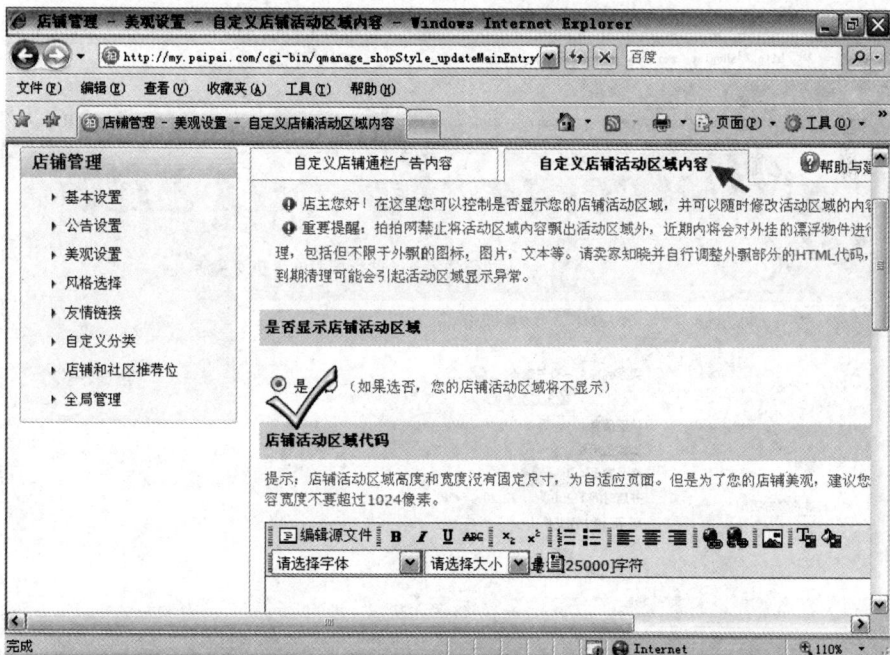

图4-34 自定义店铺活动区域内容

⑥ 在编辑栏内输入代码"<a style＝"left：20px；position：absolute；top：150px" ><img src＝"图片地址" border＝0></a>"。输入代码后,在"图片地址"处输入欲插入的图片地址,如图 4-35 所示。

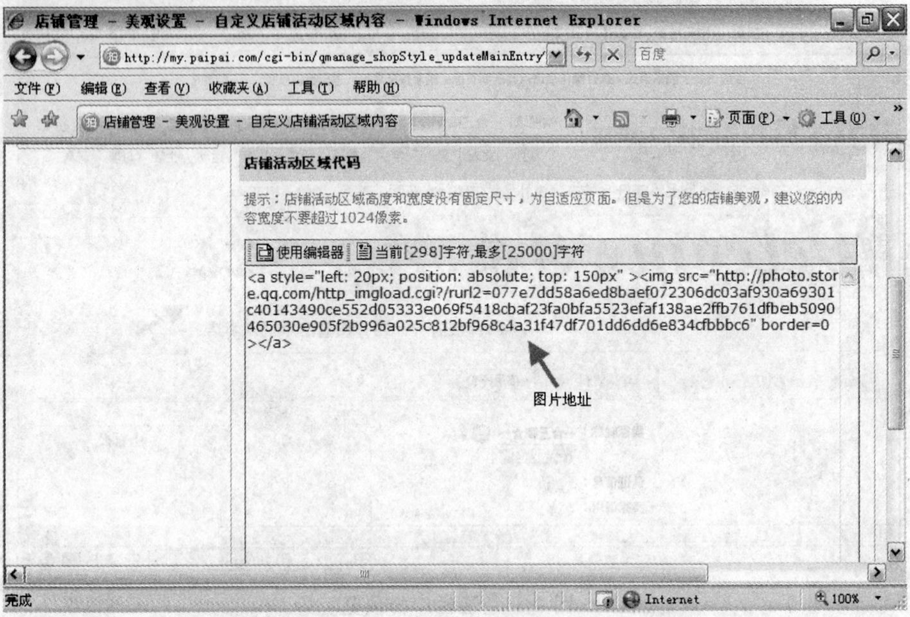

图 4-35　输入代码和图片地址

⑦ 单击"预览",即可查看活动区域的设置效果了,如图 4-36 所示。

图 4-36　活动区域设置预览

如图 4-36 所示,翩翩飞舞的两只蝴蝶就是刚才在"自定义店铺活动区域内容"里输入的代码所显示的。

其中,"left:20px"表示目标距离左侧(left)20 像素(px),px 前的数值越大,表示目标距离左侧越远;同理,"top:150px"表示目标距离顶端(top)20 像素(px)。"position:absolute"意为绝对位置。"border＝0"意为所插入图片的边框(border)大小为 0,即无边框。

理解了上述内容,卖家在装修自己的店铺时只要在套用上述代码的同时做适当的调整就可以了,例如可以用同样的方式使猫咪和美女在自己的网店跳舞,如图 4-36 所示。

4.3.5 选择店铺风格

三藏一直琢磨,装修网店应该从整体着眼,东一榔头西一棒槌的做法肯定行不通,但是具体该如何从整体把握呢?

得知了唐僧的想法,嫦娥笑着说:"这个不用愁,拍拍网本身就有这功能。拍拍网为不同的店铺设计了 7 种不同的店铺风格,我们只需根据自己的实际情况进行选择就可以了。"

如图 4-37 所示,单击左侧导航栏内的"风格选择",在"风格设置"中共有 7 种风格模板可供选择,分别为:默认风格、自然印象、粉色回忆、金属狂想、阳光地带、紫色心情和青青世界。单击任何一款风格,在下边都会出现相应的注解,在右边也能看到预览图,可以根据自己的喜好和店铺、商品的性质来选择合适的风格。

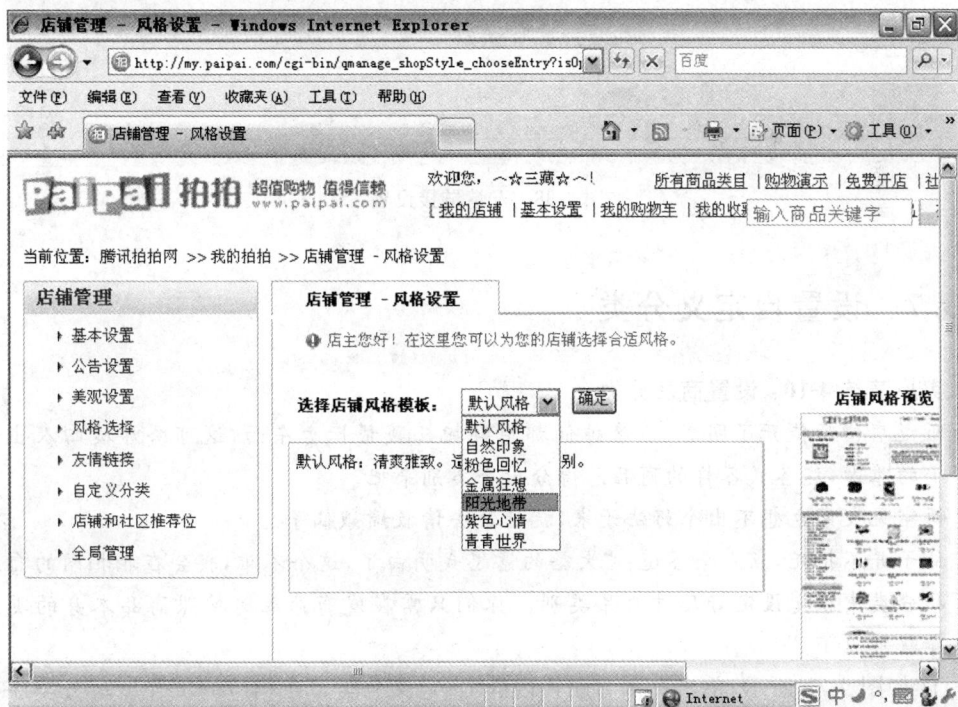

图 4-37 风格设置

4.3.6 设置店铺的友情链接

对于新手卖家来说,友情链接是一个很好的宣传途径,所以应该积极主动的和其他卖家交换友情链接。在自己的店铺中为其他网店添加友情链接很简单。如图 4-38 所示,单击左侧导航栏内的"友情链接",输入对方的 QQ 号码,然后单击"添加"按钮就可以了。而已有的友情链接会在下边显示,可以在这里删除已有的友情链接。

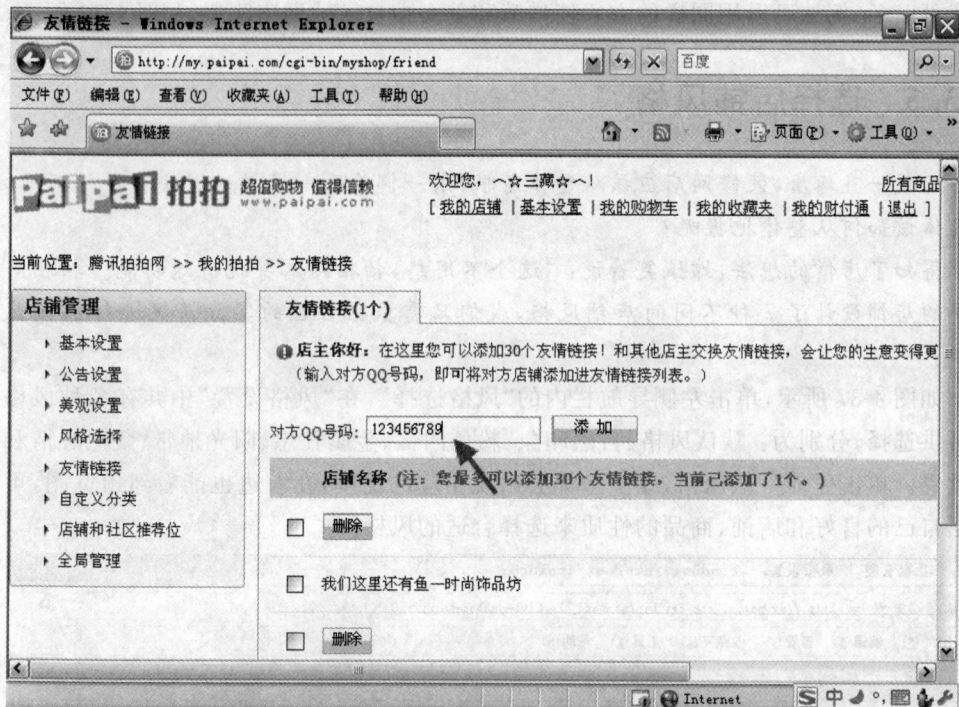

图 4-38　友情链接设置

4.3.7 设置自定义分类

实战演练 4-10:设置商品分类

听说唐僧师徒开了网店,各路神仙都想拜托三藏帮忙卖东西,这可给师徒四人出了个不小的难题,这各式各样的商品总得分出个类别来吧。

悟空见大家也想不出个好法子来,就赶紧去请教嫦娥仙子。

仙子并不推托,点点头答道:"大圣的意思我明白了,这个不难,我会在拍拍网的自定义商品分类中预先设定好几种商品类别。你们只需在发布商品时按照商品本身的类别去选择就可以了。"

① 如图 4-39 所示,单击左侧导航栏内的"自定义分类,"在相应的位置填写分类序号和分类名称,再单击"确定提交"。

图 4-39　自定义分类设置

② 还可以为每个分类添加自定义分类图片，这样可以使分类更直观，如图 4-40 所示。

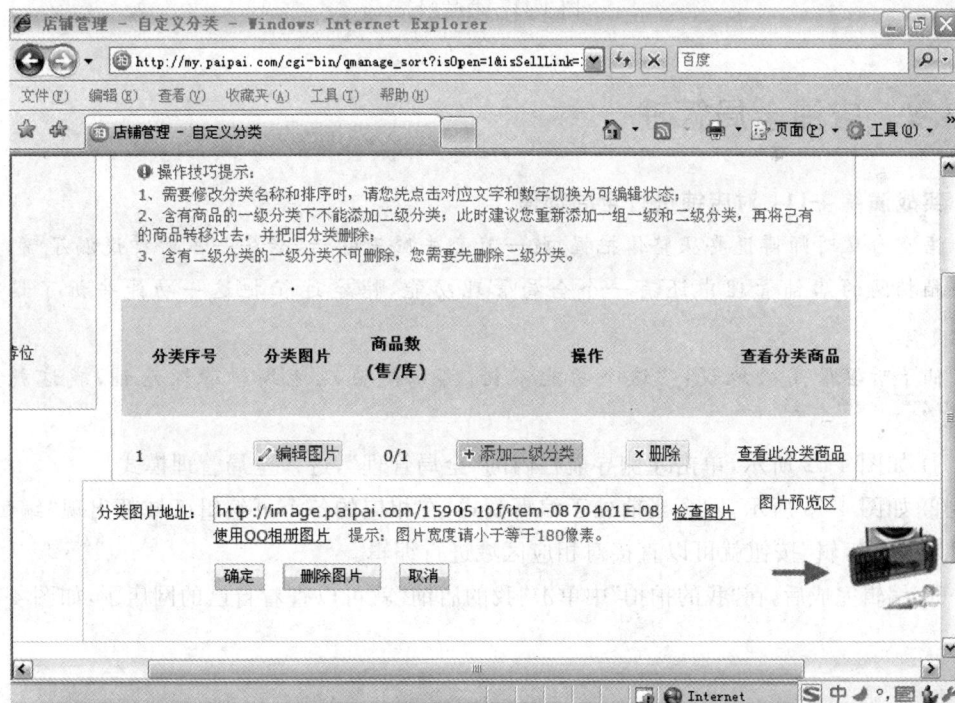

图 4-40　添加自定义分类图片

③ 单击"商品归类",根据商品本身的属性对店铺里的商品进行归类,如图 4-41 所示。

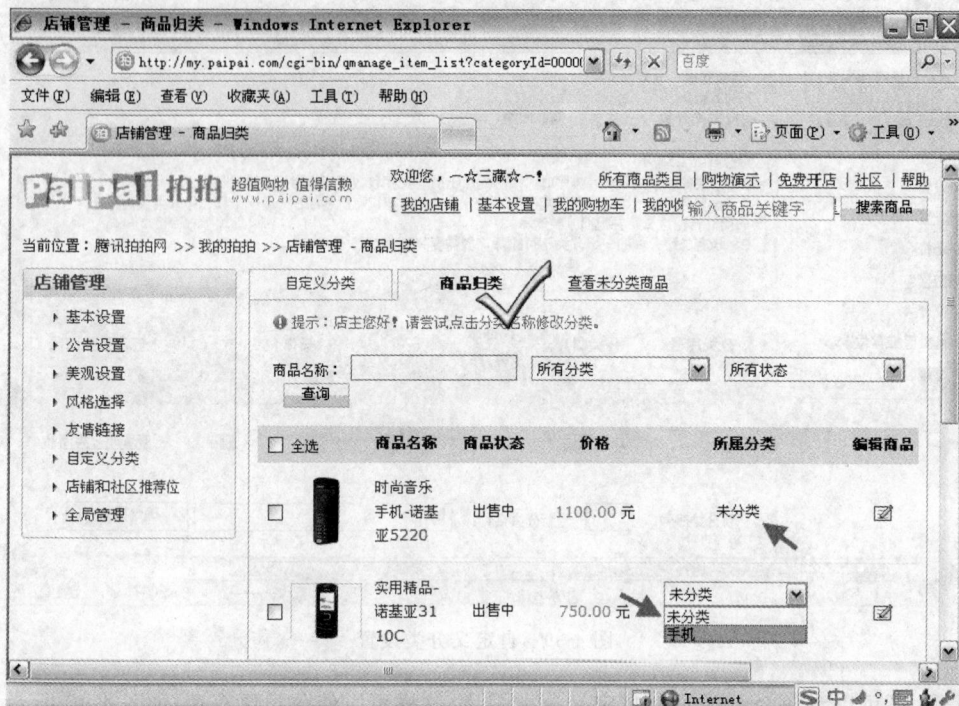

图 4-41　商品归类

4.3.8　店铺全局管理

实战演练 4-11：对店铺进行全局管理

悟空自从听师傅说要从整体把握,就一直套牛魔王的话,老牛一不留神说漏了嘴,原来在拍拍网的店铺管理中还有一个全局管理功能,悟空连忙把这一功能告诉了嫦娥仙子。

仙子听罢很高兴地说:"这个功能不错,可以更直观地编辑管理店铺,我这就去试试。"

① 如图 4-42 所示,单击左侧导航栏内的"全局管理",进入全局管理模式。

② 如图 4-43 所示,网页当前处于编辑模式,在相应的各个可编辑区域都出现"编辑"按钮,单击"编辑"按钮就可以直接对相应区域进行编辑。

③ 编辑完成后,在"我的拍拍"中单击"我的店铺"就可以查看自己的网店了,如图 4-44 所示。

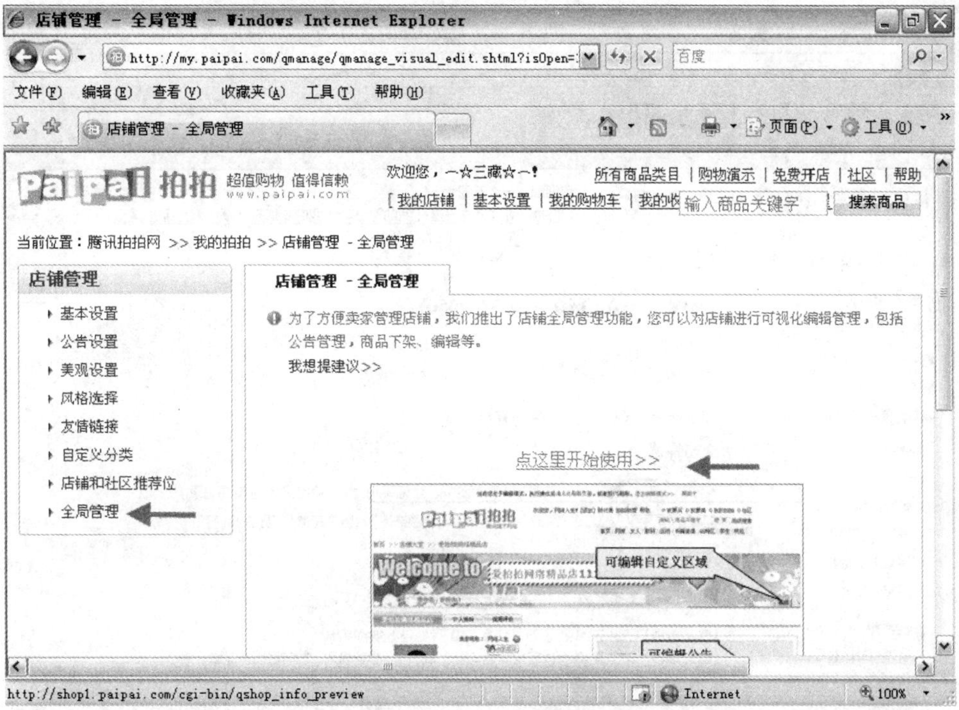

图 4-42　全局管理

图 4-43　全局管理编辑模式

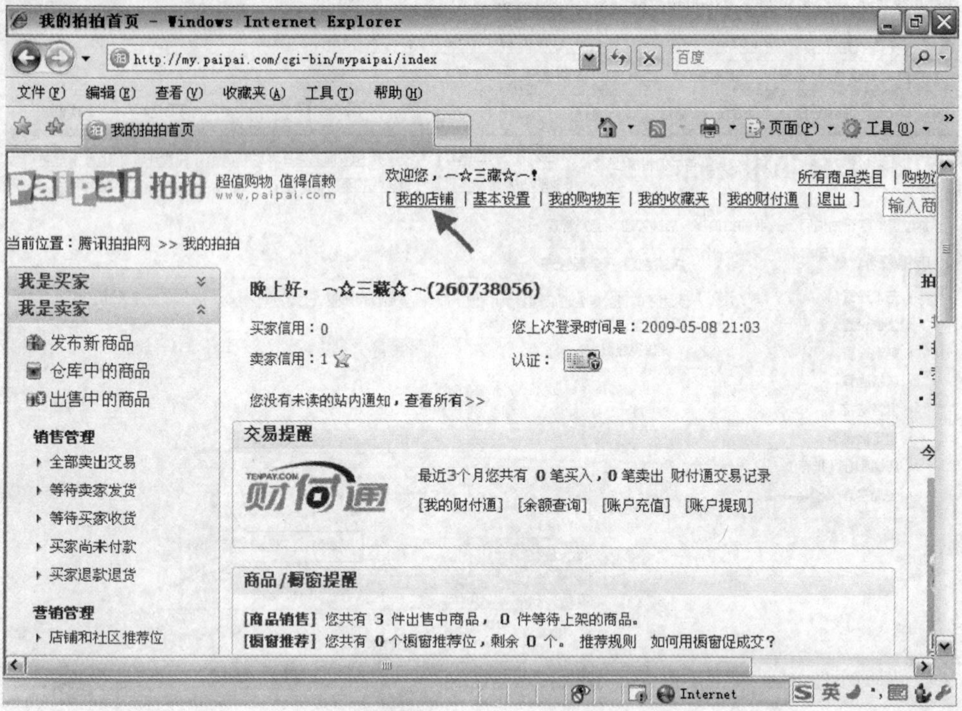

图 4-44　我的店铺

4.4　经营网店

虚构情景

话说嫦娥仙子玉手一摇,这网店马上旧貌换新颜,没过几日,店里开始热闹起来了。于是师徒四人分工,师傅三藏负责接待客人,大师兄悟空负责迎来送往,沙僧主管财务,八戒负责物流。师徒四人同心同德,网店开始有声有色地营业起来。

4.4.1　与买家交流

在与买家交流时要亲切热心,要尊重买家,语气要委婉、有礼貌。遇到买家对商品或者其他方面有疑问时要耐心细致地解答,切忌不理不睬或者言语不逊。尽可能在交流时多配合 QQ 表情,因为 QQ 交谈不同于面谈,在交流时如果多使用微笑的表情,会使谈话气氛很和谐。

拍拍网上买卖双方的交流主要是通过 QQ 实现的,因此作为卖家应尽可能保持 QQ 的长期在线。此外也可以在店铺公告等位置标注其他联系方式,比如联系电话等。为了给买家更直观更全面的感觉,应该尽可能把商品的每个角度都通过图片展示出来。

4.4.2 修改价格

实战演练 4-12：修改价格

八戒最喜欢与买主讨价还价。一天,他经过与买主的一番"唇枪舌剑",终于确定了双方都能接受的价格。可是问题又来了,怎么修改交易信息呢?

八戒把这个苦恼告诉了悟空,悟空笑道:"这有什么难的,看我的……"

① 在"我的拍拍"中单击左侧导航栏的"买家尚未付款"来查看,如图 4-45 所示。

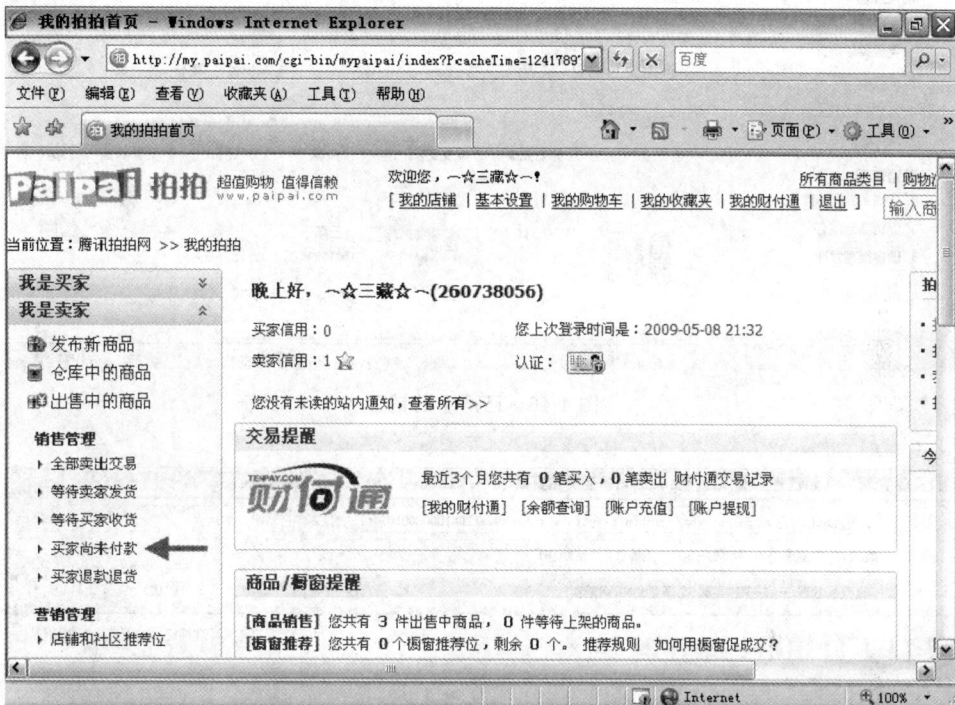

图 4-45 买家尚未付款

在引导买家下订单和付款时要细心、耐心,在买家下订单后,卖家要及时与买家核对其所提交的相关信息,包括商品的型号、数量、颜色、邮寄地址、联系电话等。

② 双方就交易价格达成一致之后,在"已产生的销售"网页单击"交易状态"下端的文字来对商品进行价格设置,如图 4-46 所示。

③ 如图 4-47 所示,在"交易管理"网页的"其他操作"里单击"改价"来修改交易价格。

④ 在"修改交易价格"网页,可以根据实际需要来修改商品的售价和邮费,如图 4-48 所示。

⑤ 完成对商品价格和运费的修改之后,单击"确认无误,提交修改",提交之后会提示"调整商品价格成功!",如图 4-49 所示。

⑥ 在提交修改后的价格时会弹出如图 4-50 所示的对话框,提醒买家关闭原有的支付页面,重新支付,否则修改不生效,单击"确定"按钮。

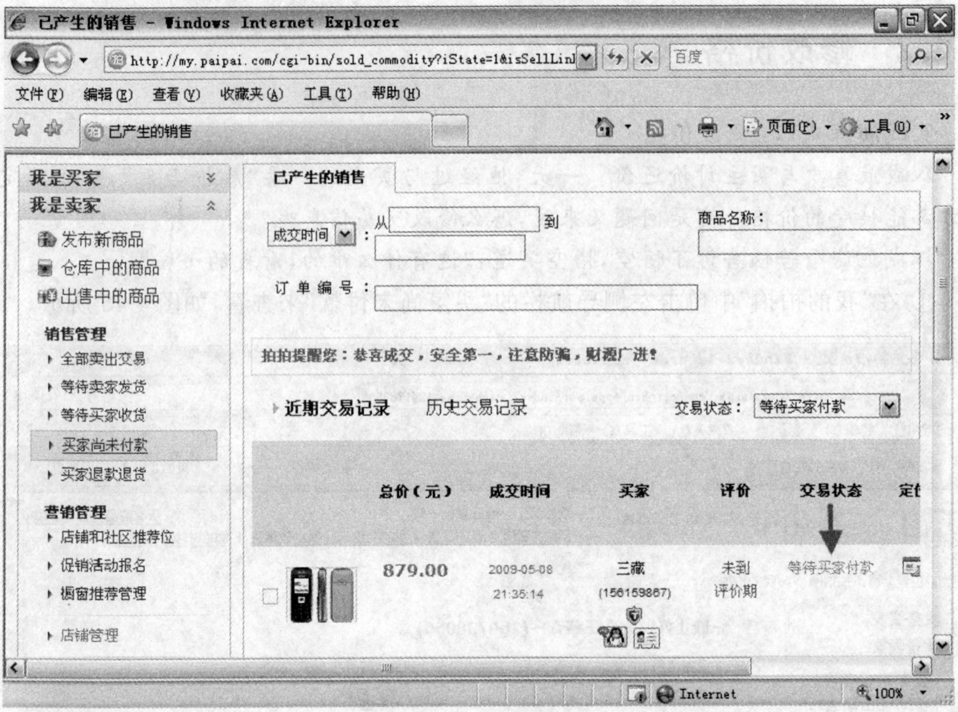

图 4-46　已产生的销售

图 4-47　交易管理

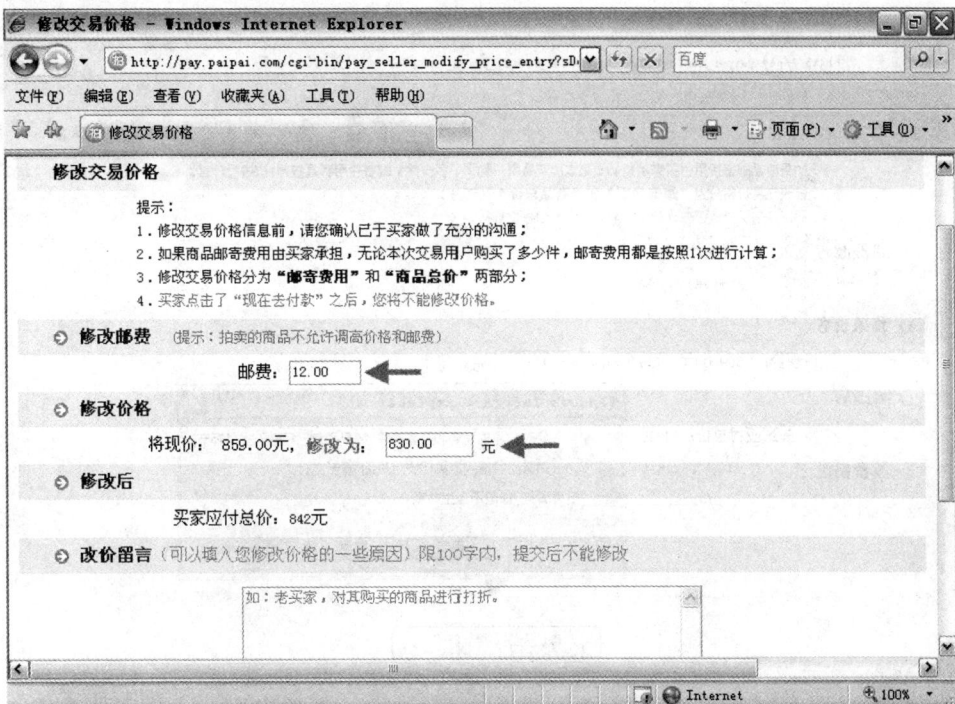

图 4-48 修改交易价格

图 4-49 调整商品价格成功

图 4-50　改价提示

4.4.3　在交易管理中标记发货

实战演练 4-13：在交易管理中标记发货

买家付款了，悟空很是兴奋，马上安排八戒联系物流。

货发出去了，可是交易状态却一直显示"等待卖家发货"，该怎么办呢？悟空赶紧请师傅想办法。

唐僧听了徒弟的汇报，想了想说："我记得《网店开业指南》中提到过，实际发货之后，我们还需要在交易管理中单击"标记发货"按钮，来对交易状态进行修改。"

悟空一听，顿时笑逐颜开，"那太好了，我现在就去修改交易状态。"

① 买家成功下单并付款后，QQ 面板会弹出如图 4-51 所示的消息提示对话框，单击"查看"进入"交易管理"。

② 在"交易管理"中，交易状态为"等待卖家发货"，这表明买家已经成功将购货款足额支付到财付通了。单击"操作提醒"里的"标记发货"按钮，如图 4-52 所示。

③ 在"标注已发货"网页选择"邮寄方式"和"物流公司"，填写"货单号码"和"发货时间"，卖家留言可以选填。相关信息填写完毕之后，单击"提交"按钮就可以标记发货了，此时交易状态就从"等待卖家发货"更改成"等待买

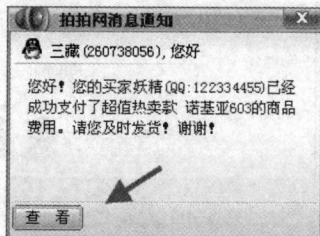

图 4-51　拍拍网消息通知

图 4-52　交易管理

家确认收货"了。如图 4-53 所示。

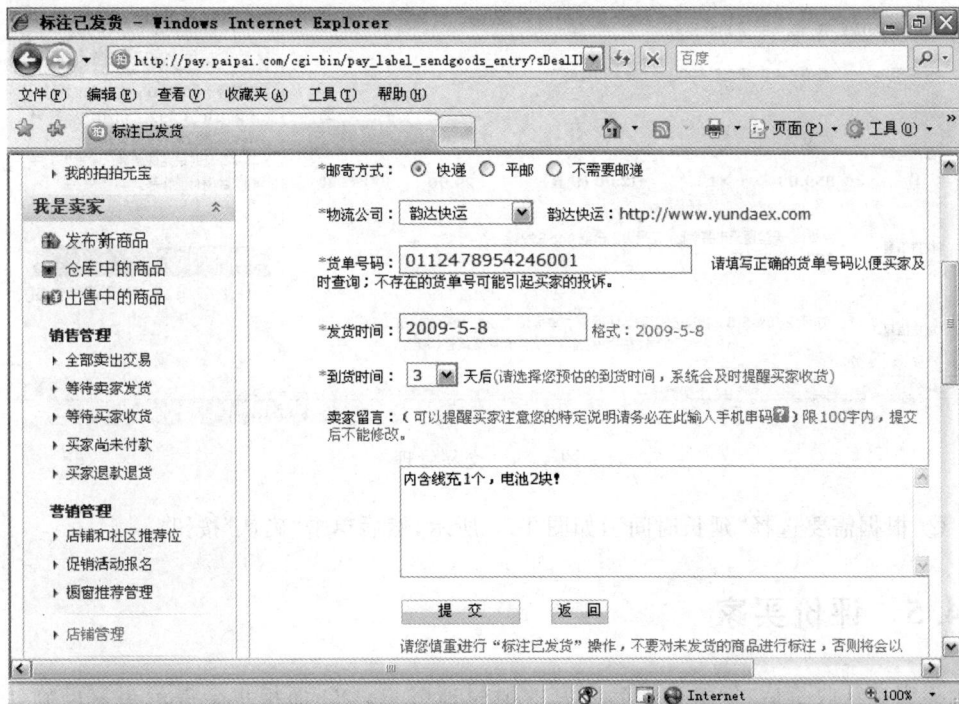

图 4-53　标记发货

4.4.4　延长收货时间

　　卖家标记发货后,如果是快递发货,则买家一般有 15 天的时间来确认收货。如果 15 天期满,买家既不确认收货也不投诉的话,货款会直接转到卖家的财付通账户上。但是现实生活中往往由于天气、物流等原因使买家在 15 天内并没有收到货,不能确认收货,但是也没有投诉的理由。所以这时买家一般会跟卖家协商,适当延长收货时间来解决这一实际问题。

　　实战演练 4-14：延长收货时间

　　商品寄出去了,可是赶上连续几天下雨,货车无法上路,这样一来,预定的收货时间内买家肯定是收不到货的,这可急坏了沙僧。

　　悟空知道了反而一点不急,对沙僧摆摆手说:"不怕不怕,我们可以把收货时间延长,这样就可以解决问题了。"

　　① 在"交易管理"网页中单击"其他操作"里的"延长收货时间",如图 4-54 所示。

图 4-54　交易管理

　　② 根据需要选择"延长时间",如图 4-55 所示,然后单击"确认"按钮。

4.4.5　评价买家

　　买家确认收货后,货款会转到卖家的财付通账户,QQ 面板也会提示买家已确认收货。作为卖家,在确认款已入账后,应该及时做好对买家的评价。

图 4-55　延长买家收货时间

实战演练 4-15：评价买家

师徒四人齐心协力，第一笔生意进行得相当顺利，现在货到了，款也到了，可是似乎还有什么事情没做完啊？

翻开《网店开业指南》一看，原来交易完成之后还需要及时对买家做出评价，该怎么对买家做出评价呢？

① 如图 4-56 所示，"拍拍网消息通知"显示，买家已确认收货，卖家可单击"查看"按钮进入"交易管理"网页。

② 在"交易管理"网页，交易状态为"交易成功"，说明买家已确认收货，并且货款已划入卖家的财付通账户。单击"操作提醒"中的"评价对方"按钮，如图 4-57 所示。

③ 按照提示对买家作出评价，如图 4-58 所示，有"好评"、"中评"、"差评"三种选择，并可在"评价内容"中填写评价的理由和其他情况。填写完成之后单击"提交评价"，完成评价。

图 4-56　拍拍网消息通知

④ 在"我的拍拍"中单击"信用管理"下的"评价管理"，可以查看买家对卖家做出的评价，如图 4-59 所示。

如果对买家的评价要做出解释，可以在"评价管理"中单击"我要回复"来回复买家的评价，如图 4-60 所示。

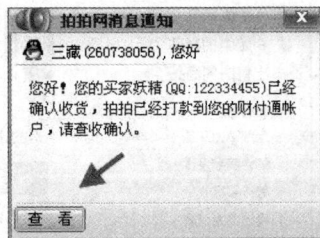

图 4-57　交易管理

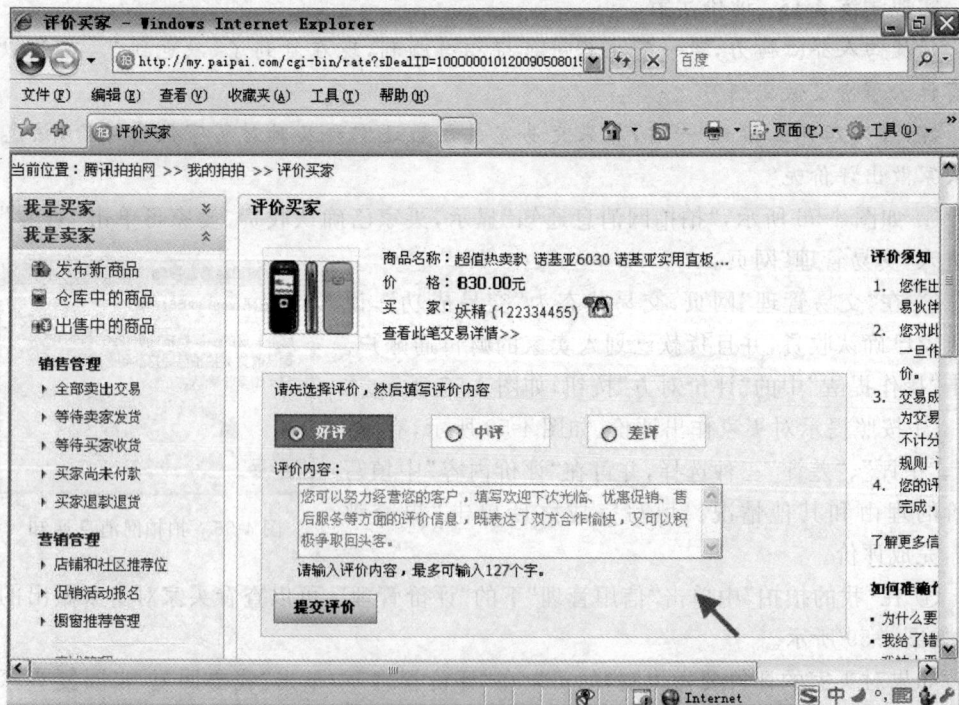

图 4-58　评价买家

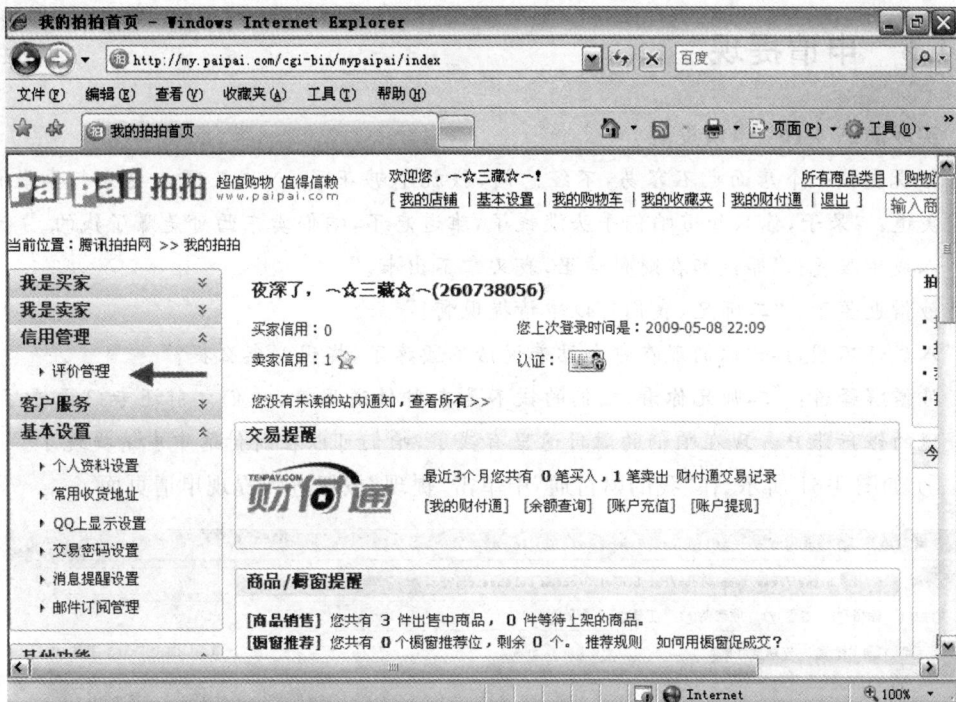

图 4-59 我的拍拍首页

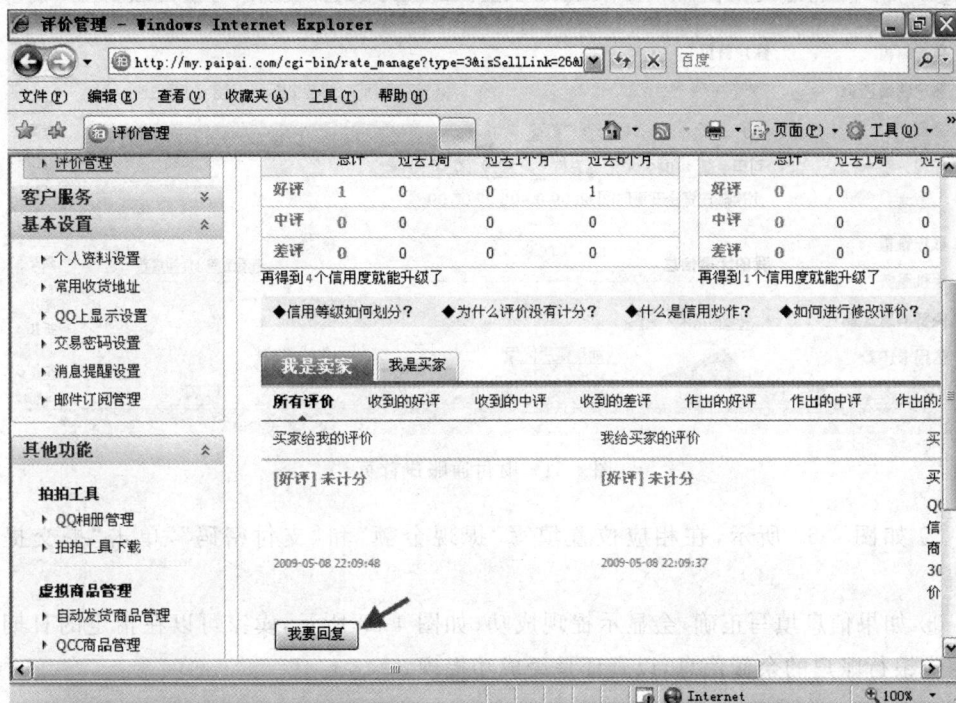

图 4-60 评价管理

4.4.6　申请提现

实战演练 4-16：申请提现

话说支撑一个店面也不容易,不经意间,钱就不够花了,八戒又闹着要分行李散伙,悟空笑道:"呆子,你只知道咱们手头没钱了,难道忘了,咱们卖东西可是赚了钱的。"

八戒不服气:"那钱都在财付通里,我又拿不出来。"

沙僧也笑了:"二师兄,我们可以申请提现啊!"

八戒还不明白:"你们现在都会站着说话不腰疼了,提现? 怎么提?"

沙僧解释道:"二师兄你看,咱们的钱不是在财付通里嘛,咱们之前还专门设置了用于提现的银行账户。现在咱们的财付通里有钱了,咱们可以在财付通中申请提现了。"

① 如图 4-61 所示,在"我的财付通"中单击"提现"按钮进入提现申请页面。

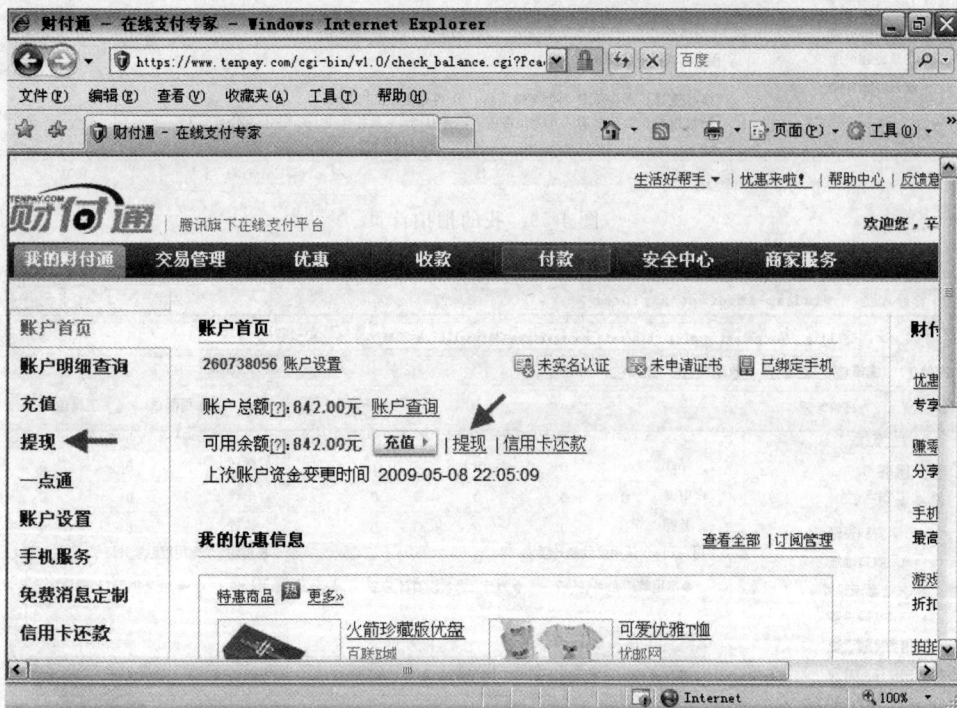

图 4-61　财付通账户首页

② 如图 4-62 所示,在相应位置填写"提现金额"和"支付密码",单击"提交提现申请"。

③ 如果信息填写正确,会显示提现成功,如图 4-63 所示,卖家可以在指定的日期查询相应银行账户的余额信息,以查证是否成功提现。

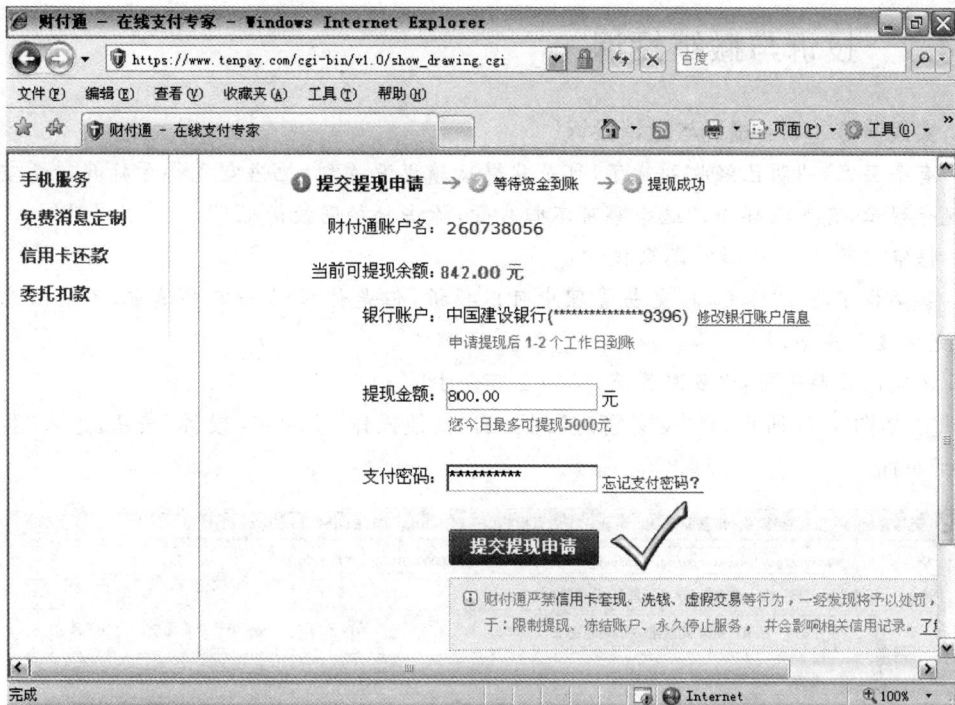

图 4-62 提交提现申请

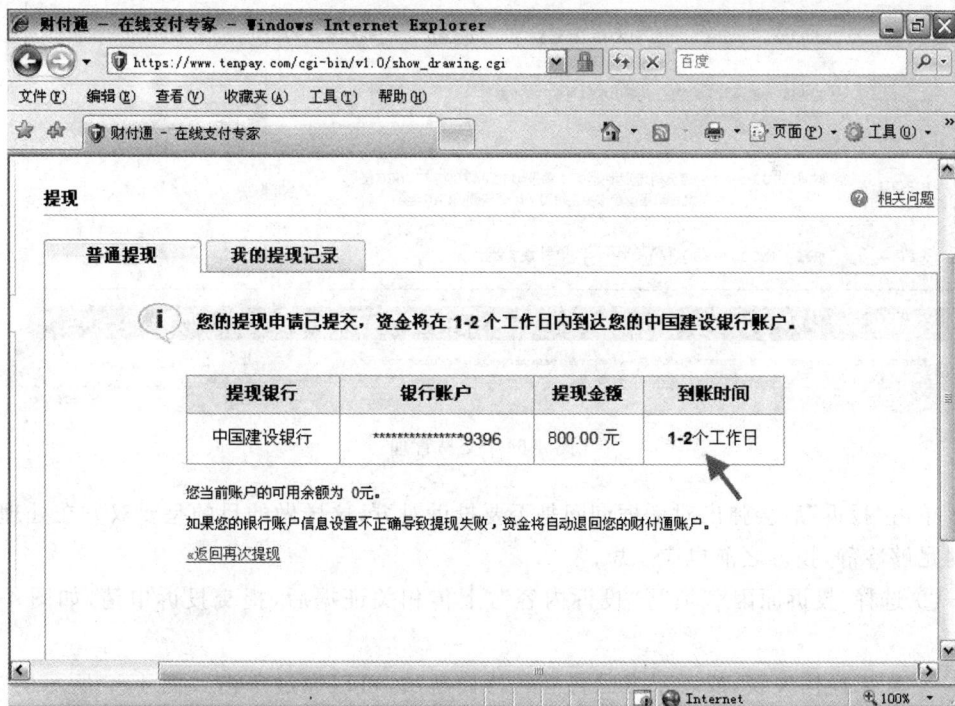

图 4-63 提现申请提交成功

4.4.7 投诉与撤销投诉

实战演练 4-17：投诉与撤销投诉

有个买家，明明已经收到货了，可是非得抵赖说没收到，把悟空气得牙痒痒。悟空去请观音帮忙，菩萨摆摆手，"这个事可不归我管，你去拍拍网投诉吧！"

悟空问菩萨："投诉？怎么投诉？"

菩萨指了指："你看，在交易管理中可以投诉，但是你投诉一定要慎重，不要随意操作，免得毁人声誉。"

悟空向菩萨一拜："多谢菩萨，老孙自有分寸！"

① 如图 4-64 所示，在"交易管理"网页的"其他操作"里单击"投诉"按钮，进入"我要投诉"页面。

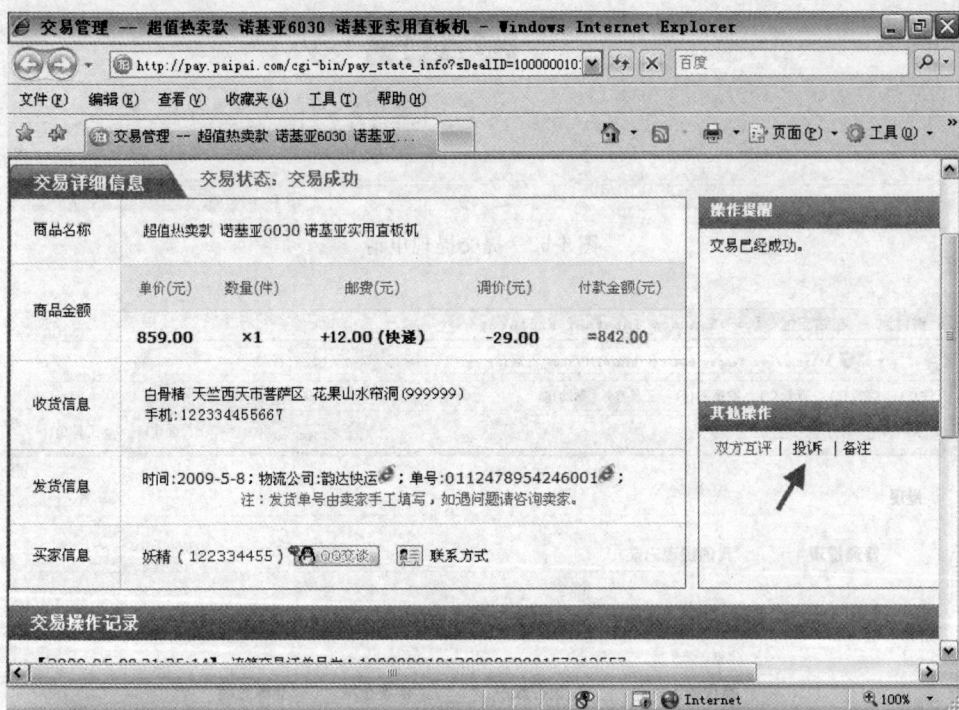

图 4-64 交易管理

单击"投诉"后会弹出对话框询问是否要投诉对方，这样做的目的是要双方在处理纠纷时足够冷静，投诉之前也应三思。

② 选择"投诉原因"，填写"投诉内容"，上传相关证据后，提交投诉申请，如图 4-65 所示。

③ 如果操作失误，或者双方已将问题协商解决，可以通过单击如图 4-66 所示的"撤销投诉"按钮来撤销之前做出的投诉。

在交易中双方发生争议在所难免，遇到争议时双方应理智协商、互相体谅，但是如果

图 4-65　我要投诉

图 4-66　投诉详情

再无解决方法,仍可以选择"投诉"来维护自己的利益。如果因操作失误而投诉了别人,应立即撤销投诉,并向被投诉者解释。

第 **5** 章

寻找稳定货源

学习要点

- 行业分析的一般思路和方法
- 寻找货源的一般思路和方法
- 与厂家、代理商或经销商谈判的技巧和方法

虚构情景

　　张彤就读于某职业技术学院电子商务专业,希望毕业后拥有一份属于自己的事业。于是在淘宝网开了一家网店,并选择自己比较熟悉的数码产品作为经营方向。最初张彤为货源发愁,经过一段时间的摸索,终于有了一些进货渠道,但都不稳定。不稳定的货源,使张彤只能经营少量自己有库存的商品。对于自己没有库存的商品,经常出现提不到货,或提货价格已经涨了很多等现象。张彤对此感到很是郁闷。没有稳定的货源带来了进货成本高、退货换货难等一系列问题。

　　因为没有稳定的货源,张彤的网店收益基本上维持在每月一两百元的低水平。为了改变现状,张彤决定先了解产品(数码产品)及行业经营情况,利用互联网摸清竞争对手的经营方式和策略。通过阿里巴巴、淘宝、百度、中关村在线等 B2B 或 B2C 商务平台、搜索引擎、数码产品权威媒体寻找稳定货源,检索本地厂商或经销商,与商品供应者进行商务谈判,最终形成稳定的供货关系。

5.1　了解行业

　　确定自己准备从事的行业后,需要对该行业进行全面深入的了解,学习行业分析的一般思路和方法,力争有所创新。

5.1.1　了解行业子类

　　了解行业子类的途径很多,如报纸、杂志、专业书籍和网站等。目前,网店卖家最常用的途径是通过阿里巴巴、淘宝、百度、中关村在线等 B2B 或 B2C 商务平台、搜索引擎等来了解行业子类。

　　例如，在中关村在线(http://www.zol.com.cn)上了解 U 盘的子类情况，可以搜索出目前市场上的主要品牌，如图 5-1 所示。

图 5-1　主要 U 盘品牌

　　另外，在该网站上还可以查看 U 盘的各种排行，以及某型号 U 盘的综述介绍、报价、参数、图片、促销信息、论坛等，如图 5-2 和图 5-3 所示。

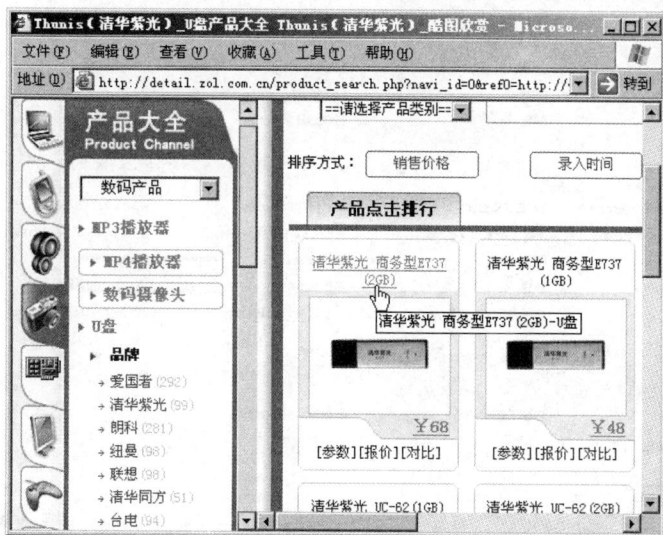

图 5-2　清华紫光商务型 E737(2GB)

图 5-3　查看 U 盘排行

5.1.2　了解行业经营情况

了解行业经营情况是卖家进行市场决策的基础,也是选择进货渠道的重要依据。以 U 盘为例,在淘宝网上可以了解其行业经营情况。

在淘宝首页单击"按类型选择"中"U 盘",进入"U 盘"页面,后面括号内的数字表示相应产品的出售数量,如图 5-4 所示。

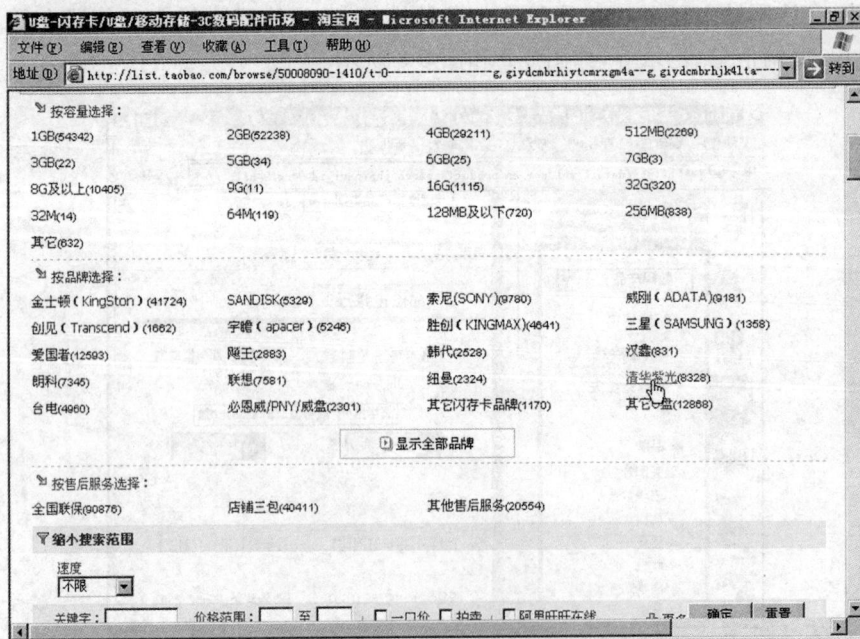

图 5-4　按不同方式分类的 U 盘

无论对于卖家还是买家,"按卖家信用等级从高到低排序"都是非常重要的,由此可以了解卖家的经营诚信情况,如图 5-5 和图 5-6 所示。

图 5-5　按卖家信用等级从高到低排列商品

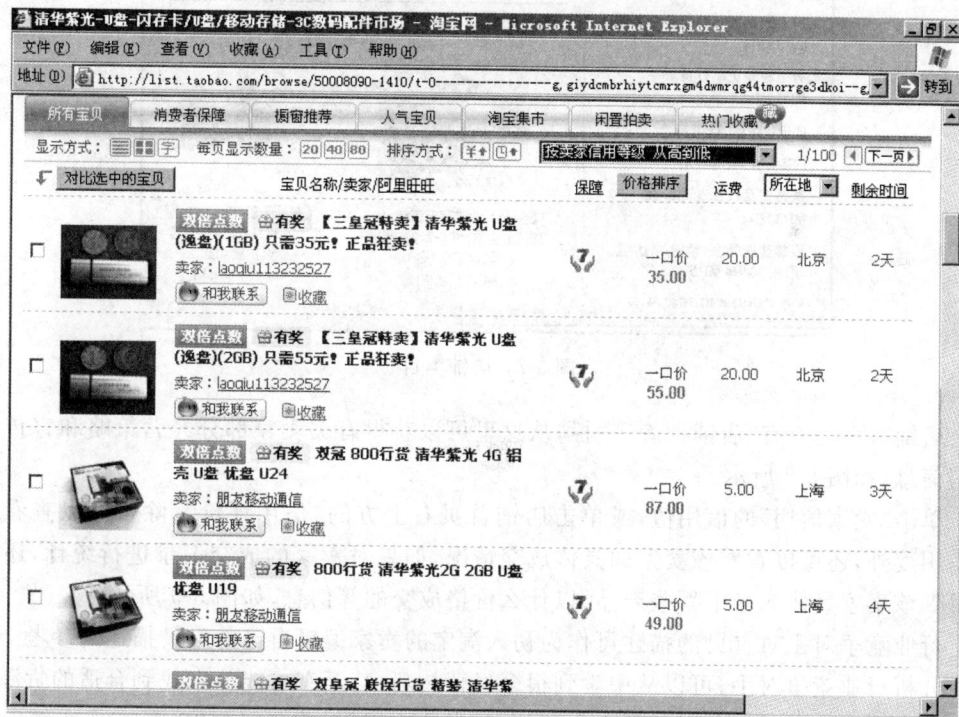

图 5-6　排序结果

作为初入淘宝的卖家,认真向同行业领先的卖家学习是非常必要的,当然,一般情况下没有人会手把手教,要靠自己去悟、去思考、去研究、去体验。

5.1.3 了解行业竞争对手

做生意除了需要研究供货商和客户外,还要认真研究行业竞争对手,尤其是进货渠道和客户群与自己很相似、并在同行业领先的竞争对手。研究他们和自己相比有哪些优势和劣势,他们的哪些经营策略、宣传手段可供自己借鉴,哪些失败教训可供自己吸取。以 U 盘为例,在淘宝网可以了解这一产品的行业竞争对手。

就淘宝卖家而言,竞争对手主要是在淘宝经营与自己相同或相似的产品并且卖家信用度和成交金额排名靠前的卖家。

打开某一店铺首页,左侧有“店铺类目”一栏,从这里可以查看卖家自己对其所售产品的分类,如图 5-7 所示。

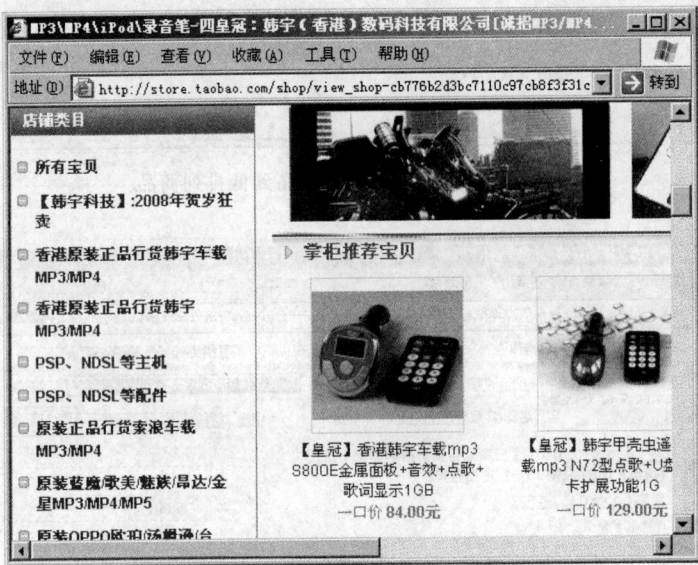

图 5-7 店铺类目

店铺首页上方有“店铺招牌”一栏,从这里可以获得有关卖家部分经营策略和宣传手段的信息,如图 5-8 所示。

单击“卖家信用”的信用值,或单击店铺首页右上方的“信用评价”,除了可以查看卖家信用度外,还可以查看该卖家的具体成交情况,如果对卖家的成交记录进行统计,还可以得到该卖家具体成交了哪些产品、以什么价格成交的等信息,如图 5-9 所示。

行业竞争对手对宝贝的描述可作为初入淘宝的卖家编辑自己的宝贝描述的参考。

分析行业竞争对手,可以从中学到很多经营技巧,甚至有可能从中找到合适的货源。

有的人可能会被竞争对手的实力吓倒,其实冰冻三尺,非一日之寒,所有现在领先的行业竞争对手都是从零做起的,而且再过一年现在的座次肯定会发生重大变化。经营网店需要持久的功力,要投入大量的时间、智慧和精力,谁更有智慧、谁更有毅力、谁更善于

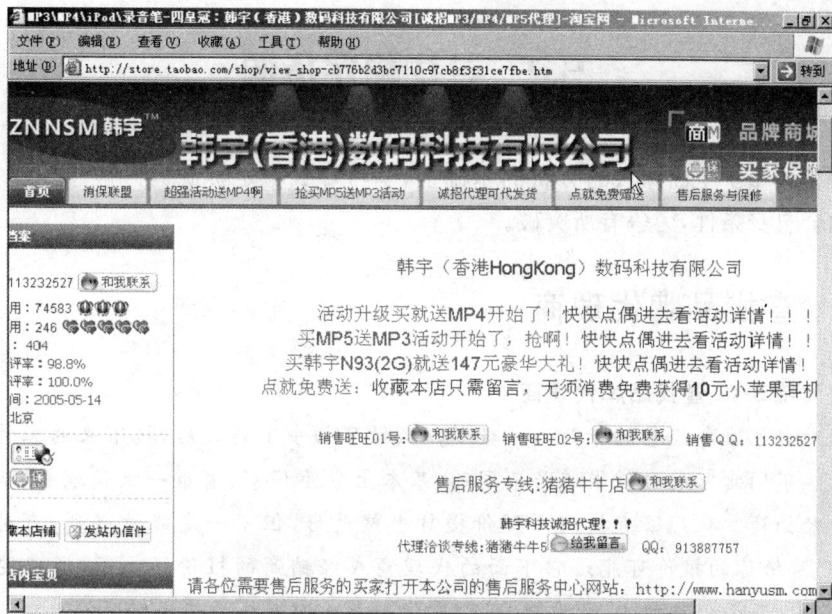

图 5-8　店铺招牌

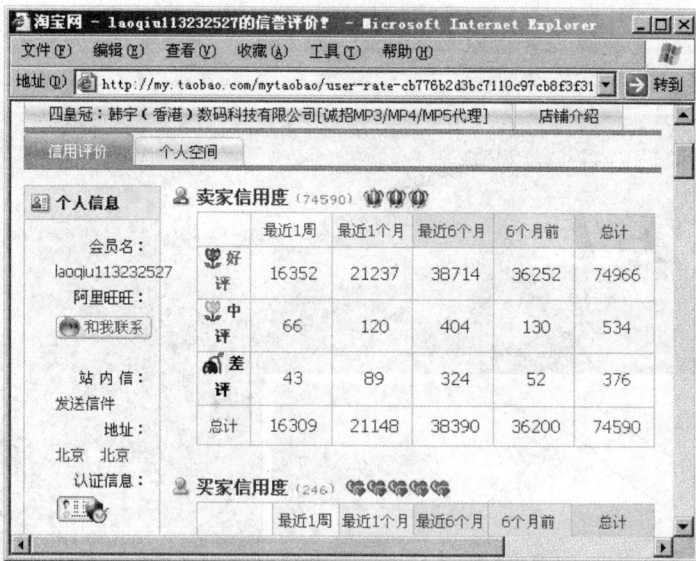

图 5-9　信用评价

凝聚和领导一个优秀团队,谁将是未来的赢家。

经营说到底就是通过为消费者提供过硬的产品和优质的服务,获得消费者的认可,从而实现自身价值。一个店铺本身就是一个品牌,经营好这个品牌,提高这个品牌的知名度和美誉度,可以获得附加的品牌效益,这将是网店经营者追求的终极目标。

5.2 寻找稳定货源

在对行业做了全面深入的分析的基础上,学习寻找稳定货源的一般思路和方法,在实践中结合自身条件,力争有所突破。

5.2.1 查找品牌代理商

实战演练 5-1:查找品牌代理商

张彤对自己准备经营的行业——数码产品做了初步了解之后,接下来的工作就是寻找货源了。不同卖家的进货渠道是不同的,基本上分为厂家、省市一级代理商、二级代理商和一般经销商。从厂家直接以出厂价提货当然最好,但不一定能做得到,有时由于提货量小,厂家给你的报价可能比它下面的代理商或经销商的报价还要高,所以要具体问题具体分析。下面以纽曼 U 盘为例,我们看张彤是如何查找品牌代理商的。

① 启动 IE 浏览器,在地址栏输入"http://www.usb-mp3.com",进入纽曼官方网站。单击"数码产品",进入纽曼数码产品中文版页面,如图 5-10 所示。

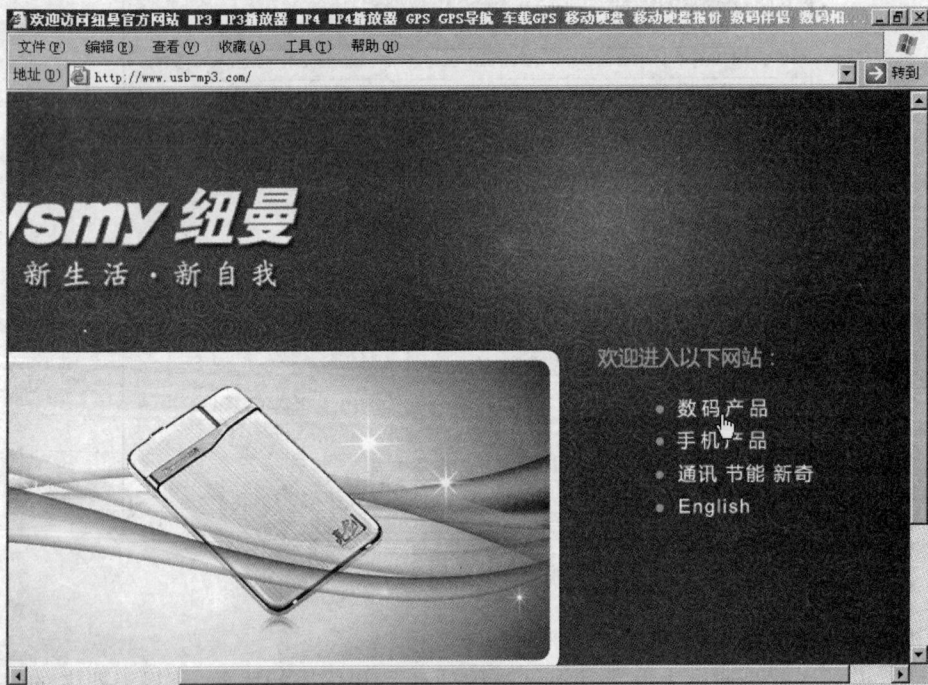

图 5-10　查看数码产品

② 单击"营销网络",进入纽曼数码产品在中国的营销网络网页,如图 5-11 所示。

图 5-11 查看营销网络

③ 单击地图中的"河北",进入纽曼数码产品在河北的营销网络页面,如图 5-12 所示。

图 5-12 在营销网络中找到河北地区

④ 浏览河北地区的经销点,通过单击"下一页",找到纽曼数码产品在唐山的经销点, 如图 5-13 所示。

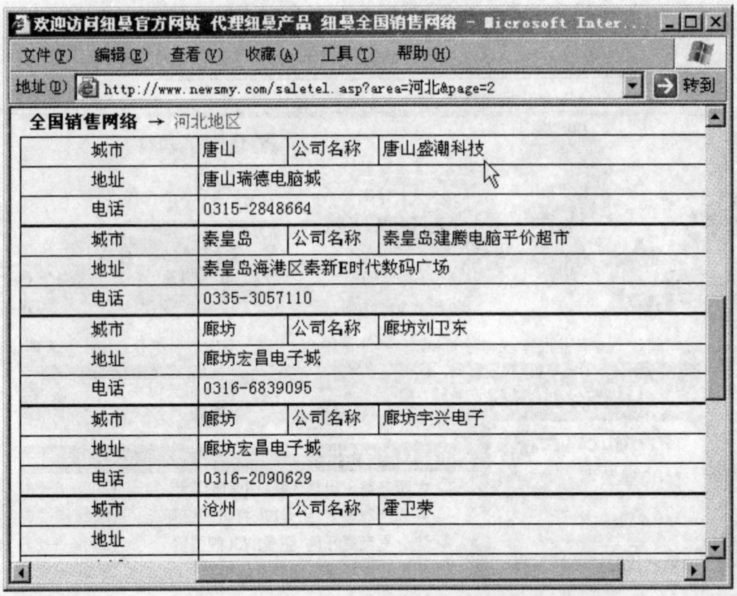

图 5-13　纽曼数码产品在唐山的经销点

　　⑤ 单击纽曼首页(见图 5-11)上的"招商合作",可以进入纽曼数码产品在中国的各营销大区和各省代理商页面,如图 5-14 所示。

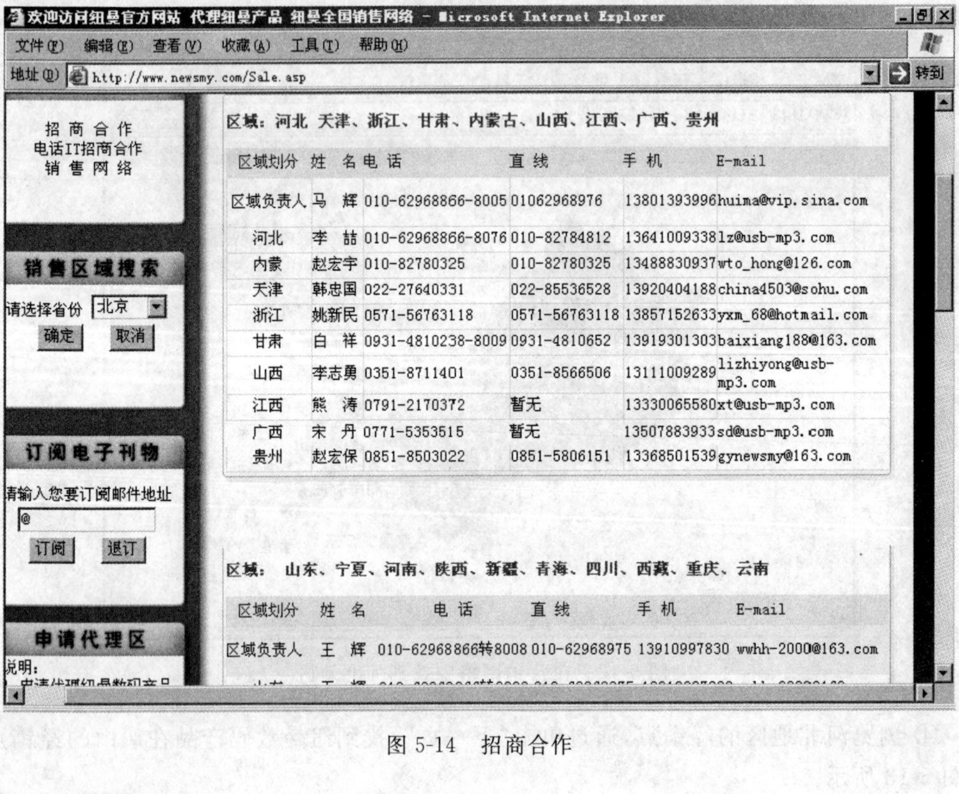

图 5-14　招商合作

⑥ 单击图 5-11 所示纽曼首页上的“产品合作”，可以进入纽曼数码产品的“产品经理”页面，有详细联系方式，从这里可以向纽曼公司申请产品代理，如图 5-15 所示。

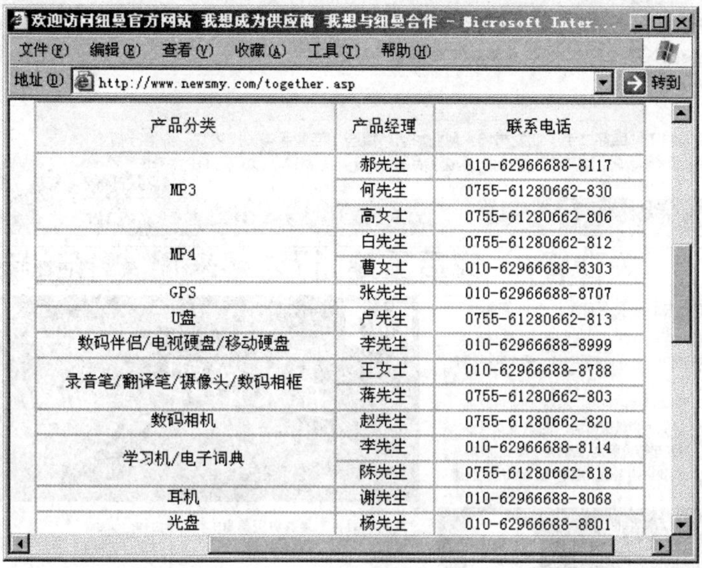

产品分类	产品经理	联系电话
MP3	郝先生	010-62966688-8117
	何先生	0755-61280662-830
	高女士	0755-61280662-806
MP4	白先生	0755-61280662-812
	曹女士	010-62966688-8303
GPS	张先生	010-62966688-8707
U盘	卢先生	0755-61280662-813
数码伴侣/电视硬盘/移动硬盘	李先生	010-62966688-8999
录音笔/翻译笔/摄像头/数码相框	王女士	010-62966688-8788
	蒋先生	0755-61280662-803
数码相机	赵先生	0755-61280662-820
学习机/电子词典	李先生	010-62966688-8114
	陈先生	0755-61280662-818
耳机	谢先生	010-62966688-8068
光盘	杨先生	010-62966688-8801

图 5-15 产品合作

向某一品牌申请代理能不能获得批准一般来说和申请者的实力、品牌所有者的经营策略、品牌代理现状和申请者的商务谈判能力有关，争取优秀品牌的代理权是卖家追求的目标之一。

并不是所有品牌都可以通过这种方式找到自己所在省市的经销商，因为有些品牌或厂家根本就没有成熟的网站，或网站正在维护中。如果不能通过网络的方式查找，最简单的办法就是找到相应品牌的一款产品，产品外壳或说明书上就有厂家的联系方式，致电厂家咨询即可。

5.2.2 检索阿里巴巴经销商

实战演练 5-2：检索阿里巴巴经销商

通过前面的学习，张彤已经掌握了如何寻找某一品牌的代理商或经销商，如何在更广泛的范围内寻找货源呢？张彤很早就听说过阿里巴巴的大名，阿里巴巴（Alibaba.com）是全球企业间（B2B）电子商务最好的品牌之一，是目前全球最大网上交易市场和商务交流社区之一。下面我们随张彤一起以 U 盘为例探讨如何在阿里巴巴寻找货源。

① 进入“阿里巴巴”网站（http://china.alibaba.com），如图 5-16 所示。

② 单击首页上方的“找公司”，进入公司查找页面，如图 5-17 所示。

③ 在文本框中输入关键字“U 盘”，单击“找公司”，查找结果如图 5-18 所示。

④ 单击“诚信通指数”，可以将找到的“U 盘”公司信息按诚信通指数由高到低排序，结果如图 5-19 所示。

182

图 5-16　阿里巴巴首页

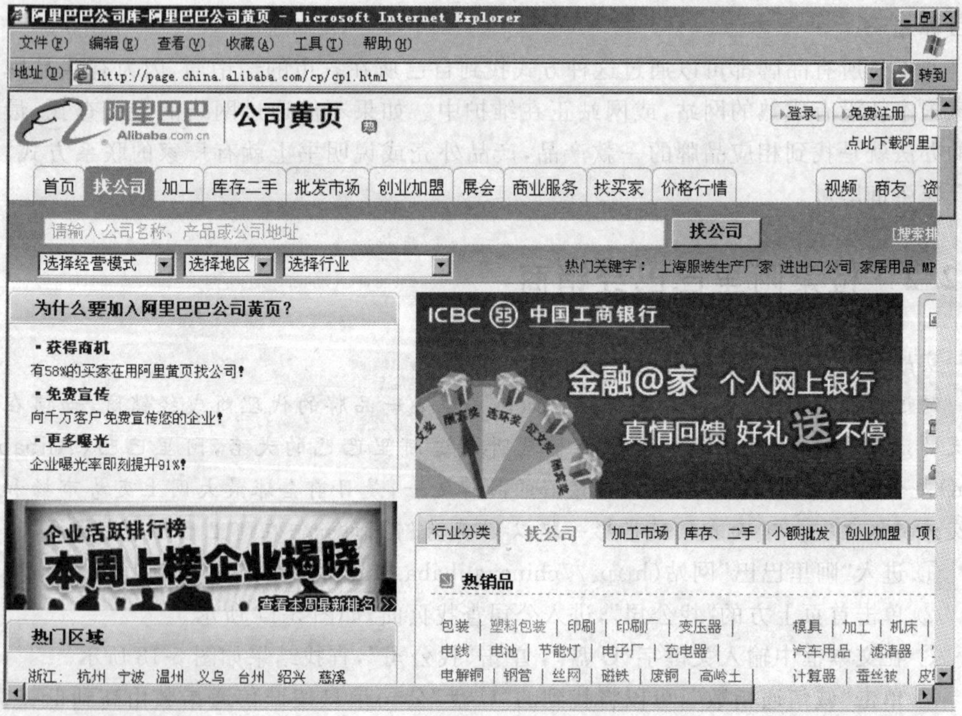

图 5-17　找公司

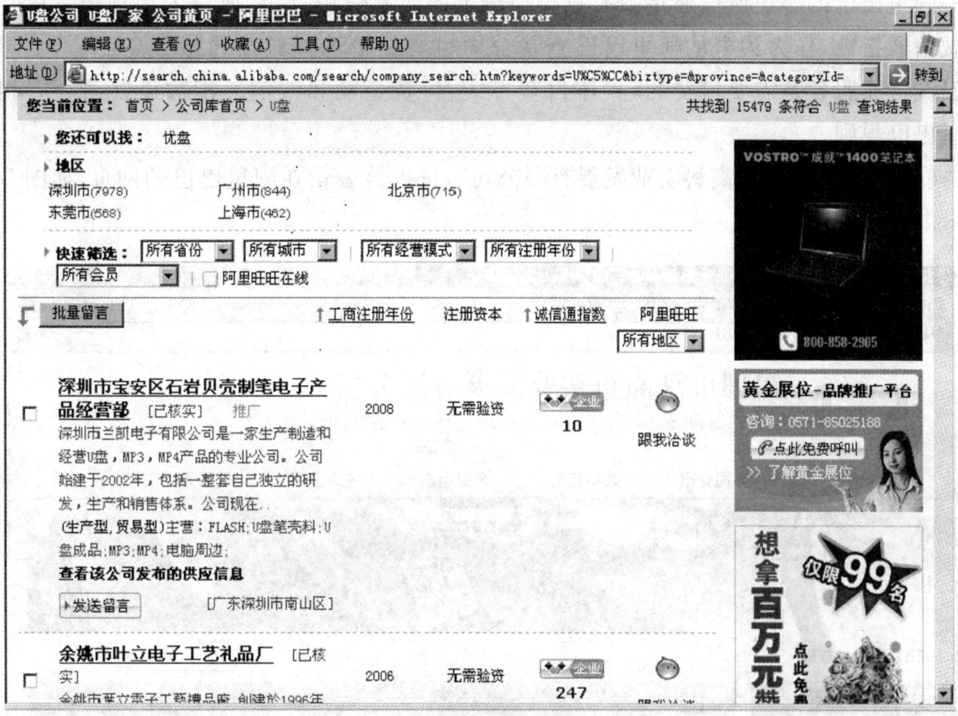

图 5-18　查找结果

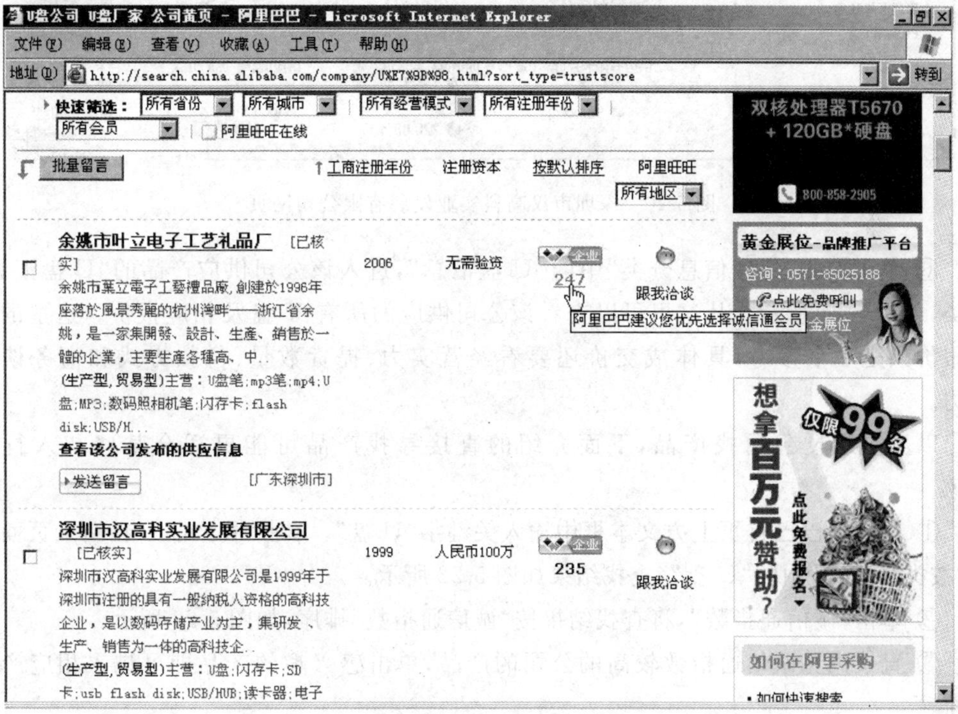

图 5-19　按诚信通指数排序结果

阿里巴巴的公司诚信通指数有点类似淘宝的卖家信用等级,所有公司都很重视自己的诚信通指数,作为买家从阿里巴巴查找公司也要尽量选择诚信通指数高的公司,阿里巴巴诚信通服务是需要付费的,具体付费方式、付费金额和诚信通指数设置请查看相关阿里巴巴规则。

⑤ 单击"深圳市汉高科实业发展有限公司",进入该公司在阿里巴巴的网页,如图 5-20 所示。

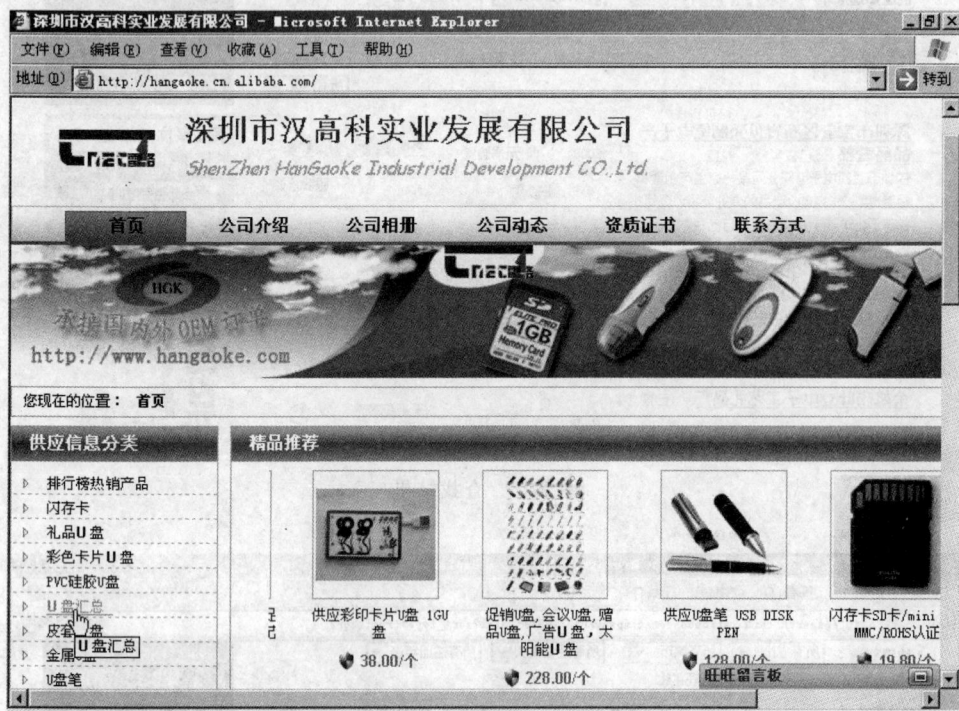

图 5-20　深圳市汉高科实业发展有限公司网页

⑥ 单击左侧"供应信息分类"中的"U 盘汇总",进入该公司供应产品的"U 盘汇总"子类,如图 5-21 所示。从这里可以查看该公司供应的所有 U 盘及相应报价。这里的公司报价只是一个参考,具体成交价还要看经营实力、提货数量、付款方式和商务谈判能力。

以上是通过公司找产品,下面介绍的直接寻找产品可能更适合某些初入行的卖家。

① 在阿里巴巴首页上方文本框中输入关键字"U 盘",单击"找产品",在结果页面单击"按类目选择"中的"U 盘",查找结果如图 5-22 所示。

② 单击"诚信通指数",将查找结果按"诚信通指数"排序,如图 5-23 所示。

③ 直接浏览诚信通指数较高的公司的产品,单击感兴趣的产品即可进入相应产品页面。

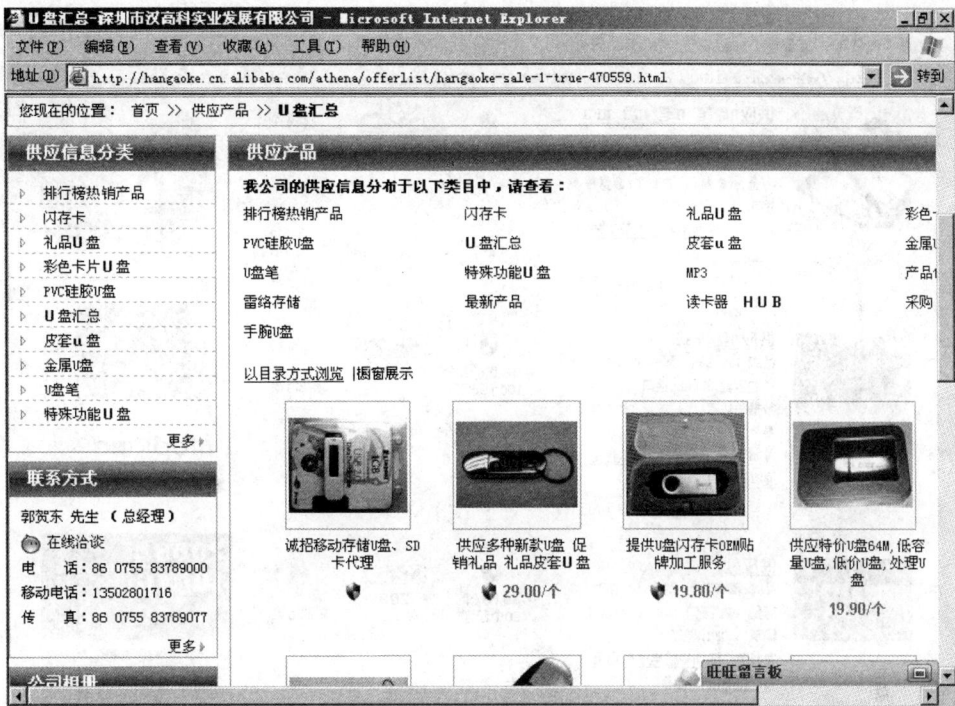

图 5-21 U 盘汇总

图 5-22 产品查找结果

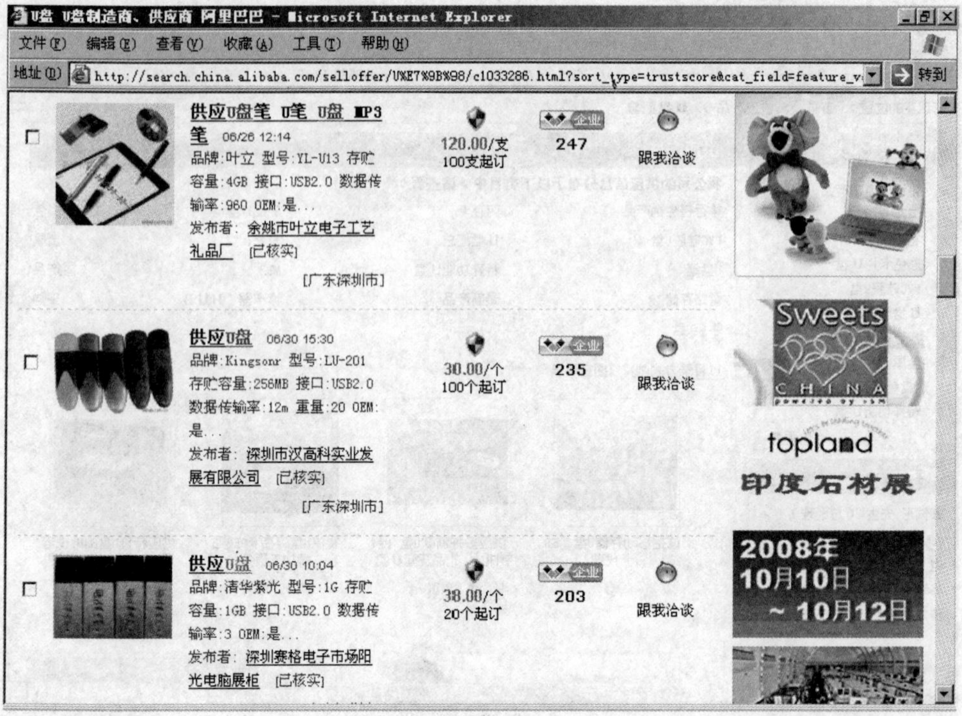

186

图 5-23　按诚信通指数排序结果

5.2.3　检索本地经销商

实战演练 5-3：检索本地经销商

经营网店的卖家都知道,如果能从本地厂家、代理商或经销商处以合理的价格直接进货,将是最佳选择。价格不是决定货源(进货渠道)优劣的唯一因素,好的货源(进货渠道)除了能以合理的价格提供优质的产品外,还应该有持久供货的能力和完善的售后服务。怎样才能找出本地优秀的货源呢?

一般来说一个城市为公众所知的 U 盘销售点有大型商场或连锁店的专柜、有独立门面的数码产品经销商和专业数码城的个体经营者,让前者以合理价格供货的可能性不大,主要考虑后两者,可以向有可能合作的经销商提出合作意向。

要从本地众多的经销商中寻找适合自己的供货商,就要通过媒体,通过经销商的广告尽量多地找到他们。对 U 盘而言,涉及的广告媒体主要是本地报纸,尤其是专业类信息报或信息周刊,再有就是网络。下面我们随张彤一起探讨如何利用"百度"寻找本地货源。

① 进入"百度"的"高级搜索"页面,在"包含以下全部的关键词"文本框中输入"U 盘唐山",在"包含以下的完整关键词"文本框中输入"清华紫光",在"包含以下任意一个关键词"文本框中输入"招商 代理 加盟 经销",单击"百度一下",如图 5-24 所示。

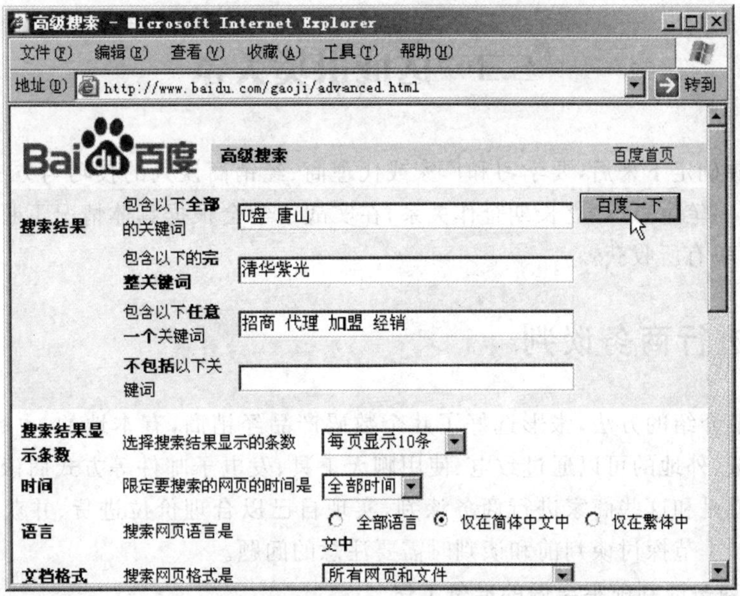

图 5-24 百度高级搜索

② 搜索结果页面如图 5-25 所示。

图 5-25 搜索结果

由于合理地设置了关键词,因此图 5-25 所示页面提供了很多有价值的货源信息,读者可以根据自己的实际情况,设置尽量合理的关键词,以获得更有价值的信息。

5.3 达成供货关系

重点货源确定下来后,要学习和厂家或代理商、经销商谈判的技巧与方法,确定合作意向,谈好第一笔生意,建立长期合作关系,在实战中学会根据具体情况不断调整和改善经营策略,力争有所收获。

5.3.1 进行商务谈判

利用上节介绍的方法,张彤选好了几个数码产品经销商,有本地的,也有外地的,本地的可以面谈,外地的可以通过致电、使用聊天工具、发电子邮件等方式商谈。接下来张彤需要做的就是和这些商家进行商务谈判,实现自己以合理价位进货、并获得必要售后服务的目的。本节探讨谈判前和谈判时需要注意的问题。

1. 进行商务谈判前需要做的准备工作

① 通过多种渠道确定某一品牌各系列产品具体到某一型号的可能底价。

② 通过确定自己的预计售价和利润,确定能够容忍的最高进货价。

③ 尽量想办法了解自己准备与之谈判的经销商的进货渠道及其可能的进货价。

④ 采用先周边后核心的战略,从相对不重要的经销商谈起,在谈的过程中就可以学到很多行业知识,一定要做一个有心人,使自己逐渐从门外汉变为行家里手。等到和最重要的经销商谈判时,自己对行情也已经比较了解了。

2. 进行商务谈判时需要注意的问题

① 尽量不要让对方一眼看出自己是门外汉,要适当运用已经掌握的行业知识,尽量说"行话"。

② 尽量不要让对方一眼看出自己没有经营实力,即便目前真的没有,也要用自己的谈吐和智慧赢得对方的信心。

③ 不要指望谈一次就能成功,向对方提出合作意向后,还要看对方的反应,对方可能婉言谢绝,甚至一口回绝,这时应立刻终止谈判,或转谈其他话题,或暂时告退。一次不成功,还有第二次。

④ 对于价格问题一定要谨慎,千万不要让对方摸清自己能承受的底价,第一笔交易的价格将直接影响后续提货的价格,如果第一笔交易的价格谈高了,以后很难再把价格降下来,因为很多经销商是针对不同的客户采用不同的价格的,而且会参考历史交易价格。

5.3.2 形成供货关系

现在张彤已经与几个数码产品经销商初步达成了供货意向,下面需要做的就是和供货商建立长期良好的供货关系。在此过程中有以下几点提示。

① 对于初入行的卖家,可以把供货商的库存当成自己的库存,也就是说买家和卖家成交并付款到支付宝后,卖家再去供货商处提货不迟。

② 把供货商的库存当成自己的库存的前提是供货商有长期稳定的库存。随着卖家业务量的提升,有时店内的产品卖出了,去供货商处提货时却发现该产品已经断货,这时就要考虑建立自己的库存了。

③ 建立自己的库存要注意不要面面俱到,要将有限的资金用在非常畅销且容易断货的产品上。

④ 由于大量竞争对手的存在,做生意如逆水行舟,不进则退,因此任何时候都不要满足于正在经营的产品和现有的供货商,只有不断引入新品、建立新的供货关系才能使自己的网店逐步领先于同行。

⑤ 当自己的业务量达到一定规模后,就有实力争取更直接的货源,比如向厂家申请区域代理或直接从厂家进货。即便仍然从原供货商处进货,也可以争取一个更合理的价格。

⑥ 网店经营到一定规模会发展成两种模式:单纯仓库型;实体店＋网店型,这里的实体店兼具仓库功能。

第 6 章

推销网店商品

学习要点

- 搜索引擎推销的方法
- 使用联系方式做推销的方法
- 广告发布的方式和方法

虚构情景

悟空保唐僧西天取经回来后,为了发展花果山的经济,决定大力发展地方特色产品。所以一家以"大圣"为品牌、仙桃罐头为主导产品的水果加工厂"横空出世"。为了推广自己的产品,找蜘蛛精帮忙建立了一家企业网站,又在阿里巴巴、淘宝等交易平台开了网店。但网店建立以来很少有人光顾。悟空咨询了一些行家,了解到问题的原因是自己的网站、网店人气太差,需要找些专业的人员负责推广业务。悟空招聘了托塔天王、千里眼和月老三仙组成产品营销小组,开始推销工作。

6.1 巧用搜索引擎

虚构情景

千里眼建议悟空使用搜索引擎推销产品,向悟空介绍了搜索引擎的使用方法和关键字的含义,为悟空的产品制定和发布了关键字信息,帮助他把产品销售网站登录到各大搜索引擎。

知识链接

推行搜索引擎销售最根本的原因是搜索者会购买产品,约 33% 的搜索者在进行购物,约 44% 的网民利用搜索引擎来为购物做调研。中国互联网络信息中心(China Internet Network Information Center, CNNIC)的统计表明,截至 2008 年 12 月 31 日,中国的网民总人数已经达到 2.98 亿人。也就是说有将近 1.3 亿人会通过搜索引擎来选购产品。如果产品能够在搜索引擎上"名列前茅",那产品的知名度和被购买率都会有很大的提高。

1. 搜索引擎的概念

搜索引擎(Search Engine)是指根据一定的策略、运用特定的计算机程序收集互联网上的信息,在对信息进行组织和处理后,将处理后的信息显示给用户,是为用户提供检索服务的系统。

2. 搜索引擎的分类

(1) 全文索引

全文搜索引擎是名副其实的搜索引擎,国外代表有 Google,国内则有百度。它们从互联网提取各个网站的信息(以网页文字为主),建立起数据库,并能检索与用户查询条件相匹配的记录,按一定的排列顺序返回结果。

根据搜索结果来源的不同,全文搜索引擎可分为两类。一类拥有自己的检索程序(Indexer),俗称"蜘蛛"(Spider)程序或"机器人"(Robot)程序,能自建网页数据库,搜索结果直接从自身的数据库中调用,上面提到的 Google 和百度就属于此类;另一类则是租用其他搜索引擎的数据库,并按自定的格式排列搜索结果,如 Lycos 搜索引擎。

(2) 目录索引

目录索引虽然有搜索功能,但严格意义上不能称为真正的搜索引擎,只是按目录分类的网站链接列表而已。用户完全可以按照分类目录找到所需要的信息,不依靠关键字(Keyword)进行查询。目录索引中最具代表性的莫过于 Yahoo 和新浪分类目录搜索。

(3) 元搜索引擎

元搜索引擎(META Search Engine)接受用户查询请求后,同时在多个搜索引擎上搜索,并将结果返回给用户。著名的元搜索引擎有 InfoSpace、Dogpile、Vivisimo 等,中文元搜索引擎中具有代表性的是搜星搜索引擎。在搜索结果排列方面,有的直接按来源排列搜索结果,如 Dogpile;有的则按自定的规则将结果重新排列组合,如 Vivisimo。

3. 其他非主流搜索引擎形式

(1) 集合式搜索引擎

集合式搜索引擎类似元搜索引擎,区别在于它并非同时调用多个搜索引擎进行搜索,而是由用户从提供的若干搜索引擎中选择,如 HotBot 在 2002 年底推出的搜索引擎。

(2) 门户搜索引擎

AOL Search、MSN Search 等都是门户搜索引擎,虽然提供搜索服务,但自身既没有分类目录也没有网页数据库,其搜索结果完全来自其他搜索引擎。

(3) 免费链接列表(Free For All Links, FFA)

免费链接列表一般只简单地滚动链接条目,少部分有简单的分类目录,规模要比 Yahoo 等目录索引小很多。

6.1.1　体会交易平台中的"关键字"搜索功能

在使用搜索引擎的时候,必须通过关键字来告知搜索引擎要查找何种资源。在搜索过程中能否合理地将要搜索的资源概括为关键字,对搜索结果的精确度起着至关重要的作用。

知识链接

关键字,英文是 Keyword,就是希望访问者了解的产品、服务或者公司等内容名称的用语。譬如,有一个客户想在网上买鲜花,他将会在搜索文本框中输入关键字"鲜花",寻找相关信息。简而言之,关键字就是用户在使用搜索引擎时输入的、能够最大限度概括用户所要查找的信息内容的字或者词,是信息的概括化和集中化。

关键字较短时效果最好。利用"经济型酒店"作为关键字比"旅途中落脚的便宜住处"具有更好的效果。如果关键字中包含的字数太多,搜索引擎就可能很难判断出最重要的字词,因而难以给出合适的搜索结果。

实战演练 6-1：体会关键字在搜索引擎中的作用

千里眼向悟空提出使用搜索引擎来推销网店商品,悟空并不了解什么是搜索引擎,更不知道关键字的含义,千里眼决定先让他体会一下搜索引擎的使用方法。

① 在 IE 浏览器中输入"http://china.alibaba.com",进入阿里巴巴网站首页,在搜索引擎中输入"鲜艳"两个关键字,如图 6-1 所示。

图 6-1　输入"鲜艳"两个关键字

② 经过搜索引擎的搜索,看一下其中一条结果,如图 6-2 所示。

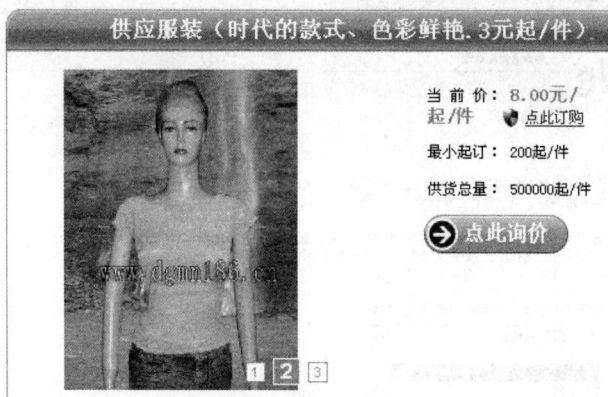

图 6-2　搜索结果之一

在搜索引擎提供的结果中,能找到这条服装供应信息,原因就是有关键字"鲜艳"。

6.1.2　设置合理的"关键字"

想要让买家找到自己发布的产品,产品信息的发布至关重要。当产品仅仅是具有简单的产品名称和描述时,会大大增加买家的查询难度。而且,即使有买家需要的产品,没有写相关词汇,也不可能被买家搜索到。

实战演练 6-2：设置合理的"关键字"

悟空了解了搜索引擎后,感觉搜索引擎推销非常必要,但到底怎样合理地设置关键字呢? 悟空非常烦恼,只能求助于千里眼为自己的产品选择关键字。

① 站在客户的角度考虑搜索产品时使用什么关键字,悟空通过自己的思考,并结合一些客户和销售人员的建议,决定核心关键字为"罐头"、"大圣"、"水果"。

② 将关键字扩展成一系列词组/短语,如：罐头→桃子罐头→美味桃子罐头。

③ 在 IE 浏览器地址栏中输入"https://adwords.google.com/select/KeywordTool External",进入 Google 网站关键字工具页面,如图 6-3 所示。

④ 在网页的下拉列表框中选择语言以及国家和地区,如图 6-4 所示。

⑤ 点选"您希望如何生成关键字建议?",如图 6-5 所示。

⑥ 在文本框中输入关键字"水果"、"大圣"、"罐头",如图 6-6 所示。

⑦ 单击"获取关键字建议"按钮,观看搜索结果,如图 6-7 所示。

⑧ 单击下三角按钮,打开"选择要显示的列"下拉列表框,选择要显示的列,如图 6-8 所示。

⑨ 选择"显示全部",如图 6-9 所示。

⑩ 通过对平均搜索量、搜索量趋势、最高搜索量出现时间列中提供的数据,选择关键字为"美味水果罐头"、"绿色食品"、"大圣品牌"。

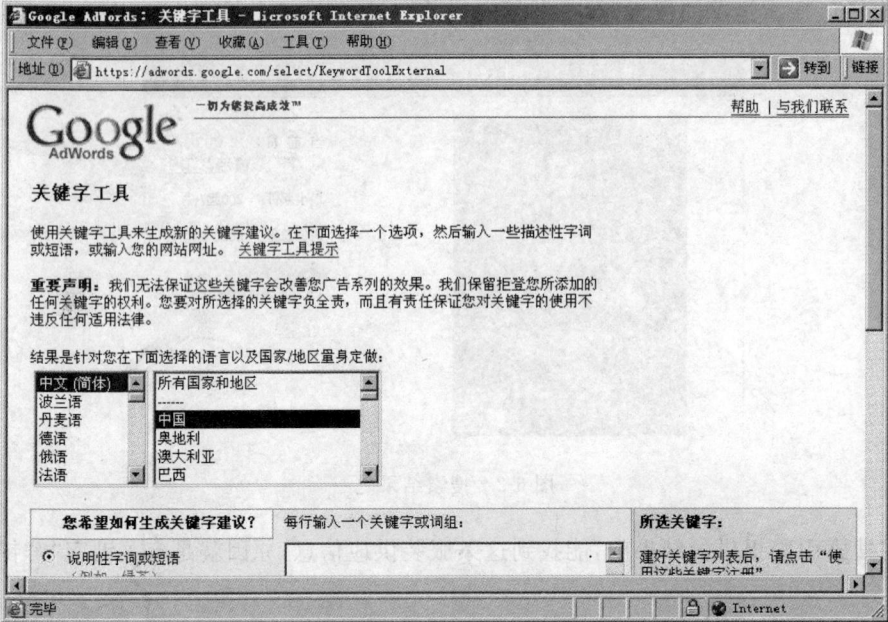

图 6-3　关键字工具页面

图 6-4　语言、国家和地区选择

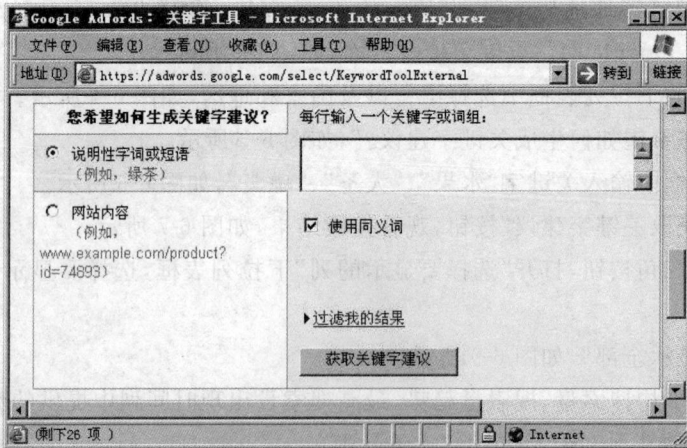

图 6-5　生成关键字

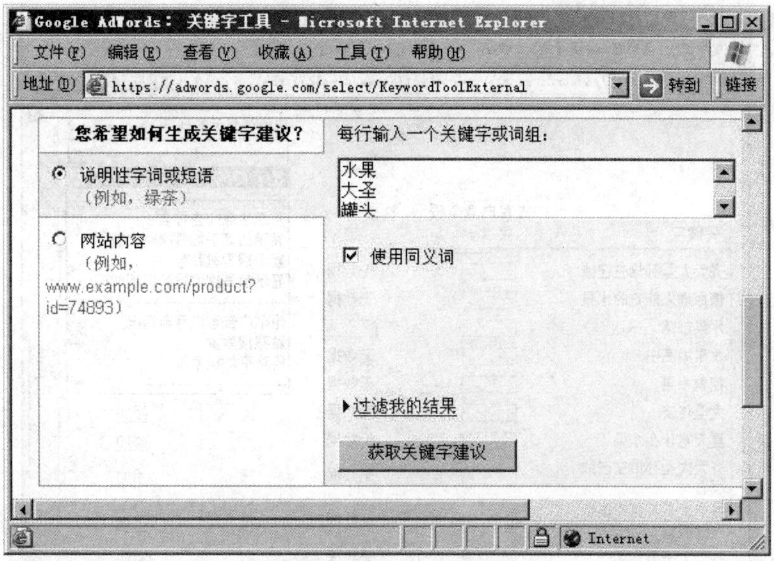

图 6-6　输入关键字

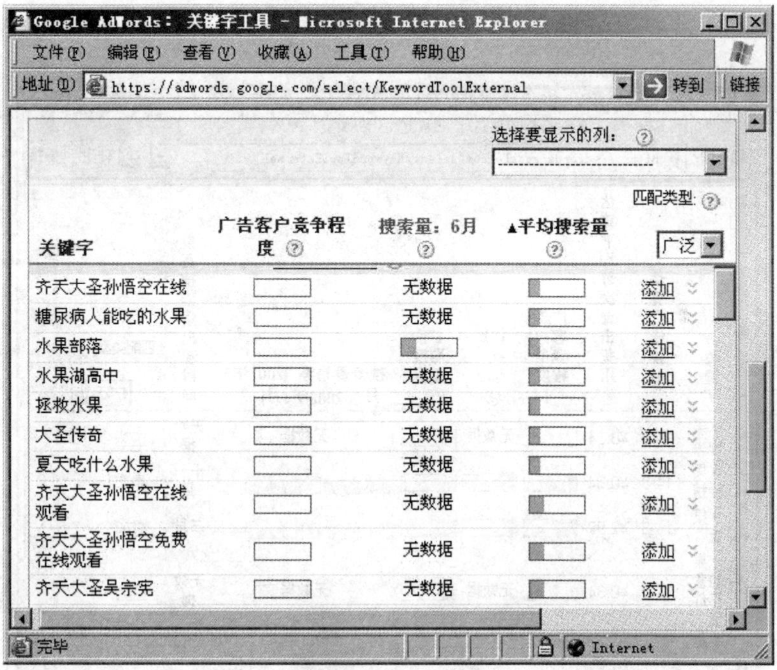

图 6-7　关键字工具搜索结果

知识链接

1. 各个列所代表的含义

估算广告排名：广告针对各关键字展示时的估算排名,该排名取决于输入的最高每次单击费用及广告系列的位置和语言定位。

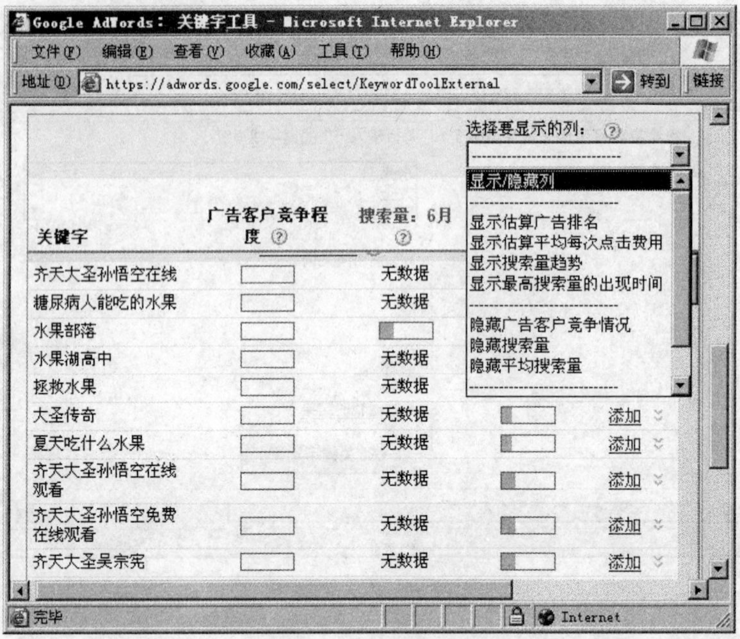

图 6-8　选择要显示的列

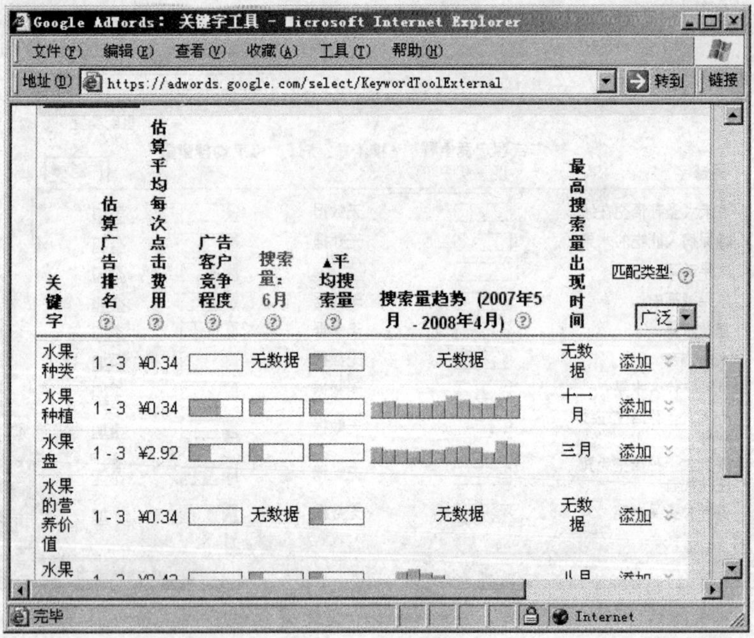

图 6-9　显示全部列

估算平均每次单击费用：估算的平均每次单击费用取决于输入的最高每次单击费用及广告系列的位置和语言定位。

广告客户竞争程度：整个 Adwords 中针对各关键字出价的广告客户数量。

上月搜索量：前一个月在 Google 上的单击量，此信息取决于广告系列的位置和语言定位。

平均搜索量：各关键字在过去 12 个月中每月平均获得的全球单击量。

搜索量趋势：最近 12 个月中全球单击量的波动情况，图表中的各条对应于相应关键字在这 12 个月中的整体效果。

最高搜索量出现时间：各关键字在过去 12 个月中获得的全球单击量最高的月份。

状态：估算的关键字状态，该状态取决于输入的最高每次单击费用及广告系列的位置和语言定位，只有从广告组中访问关键字工具时，该列才会显示。

2. 选择关键字的技巧

不要用意义太广泛的关键字，如果只卖桃子罐头，选择"罐头"作为核心关键字就无益于吸引目标客户。为了准确找到需要的信息，搜索用户倾向于使用具体词汇及组合寻找信息，而不是使用那些大而泛的概念。使用意义太广的关键字，意味着自己的网站要跟更多的网站竞争排名。要包含同义词、替换词、比喻词和常见错拼词，要包含所卖产品的商标名和品名。

6.1.3　发布产品信息关键字

在交易平台发布产品详细信息时，填写的产品信息标题非常重要。搜索引擎是直接对应标题查询的，前面在搜索关键字"鲜艳"时，能够找到那条服装信息，就是因为在它的标题信息里含有"鲜艳"二字。所以产品关键字出现在信息标题中，是最有利的位置。

实战演练 6-3：发布产品关键字

悟空在决定好关键字后，在交易平台发布关键字的时候，不了解自己的关键字到底应该填写到哪里。千里眼过来帮忙了，登录到阿里巴巴网站，打开阿里助手页面，进行悟空的产品信息发布。

① 打开花果山的桃子罐头产品信息发布页面，填写"信息类型"、"产品名称"、"产品所属类目"三项，如图 6-10 所示。

② 桃子罐头的基本信息发布后，单击页面下方的"下一步"按钮，进入详细信息的填写。为悟空的产品填写详细信息，重点是在信息标题栏中输入"供应仙桃罐头（美味水果罐头绿色食品）"，填写好其他细信息后，单击"确定"按钮完成，如图 6-11 所示。

在搜索文本框中输入"新鲜、美味、环保、绿色"几个关键字，大圣的产品肯定出现。这可不仅仅适用在阿里巴巴这个网上交易平台，在大多数交易平台上都是可行的，只是发布的方法略有不同，但只要把握好关键字的位置，就能增加商品的"曝光率"，也就增加了商品的售出机会。

6.1.4　提高产品在搜索结果中的排名

买家在使用搜索引擎后，通常是比较前几名的搜索结果，然后就进行购买了，所以在搜索结果中排名靠前是非常有利于产品销售的。不论是商家，还是搜索引擎的提供者都

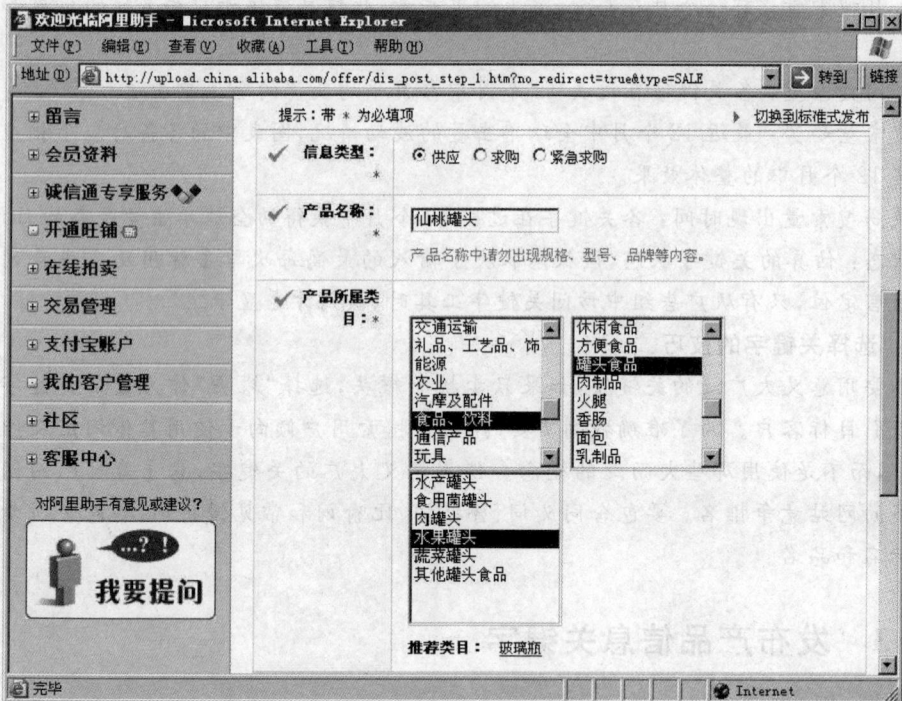

图 6-10　产品信息发布页面

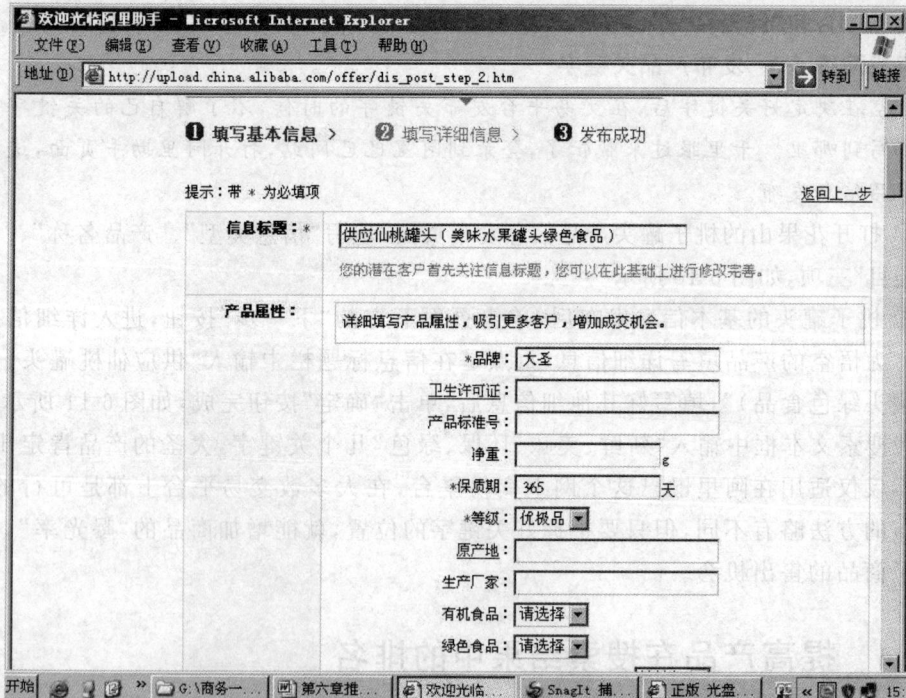

图 6-11　"填写详细信息"页面

在搜索结果排名中大做文章。作为商家要提高产品在搜索引擎中的排名,就要先了解引擎提供者制定下的排名规则,然后针对自己的产品情况来定制合理的策略。

实战演练 6-4:提高网店在阿里巴巴网站排名

关键字信息发布后,悟空发现自己的产品在通过关键字搜索后的结果里虽然出现了,但是排名非常靠后,这让悟空很郁闷,因为很多顾客没有耐心逐一地去比较每条搜索结果,而是选择前几名的搜索结果进行比较,然后就选购了。这样悟空的产品根本就没有机会。为了让产品的"曝光率"达到最大,还要为大圣产品信息在搜索结果中的排名下一番工夫。

① 明确搜索结果的排名规则,阿里巴巴网站的排名是这样分布的,如表 6-1 所示。

表 6-1 阿里巴巴网站的排名分布

名 次	阿里巴巴网站的排名分布
1	竞价成功的企业
2	最新更新的诚信通会员的一口价信息
3	最新更新的诚信通会员的非一口价信息
4	普通会员最新更新的一口价信息
5	普通会员的非一口价信息

最基本的排名规则是按照发布时间排序,发布时间距离搜索时间越近的排名越靠前,所以如何选择好重发信息的时间是非常重要的,它决定于阿里巴巴网站的更新频率。产品信息的更新频率会与该类产品信息的数量有直接联系,一些比较热门的产品的更新频率可能达到 20 分钟一次。大家没有必要不断地重发,可以通过对该类产品信息在一天内更新次数的检测,得到产品信息更新的大致时间间隔,以这个间隔时间重发一次信息。一次不要太多,同一词发到 3 条左右,因为发得太密了其实是做无用功。

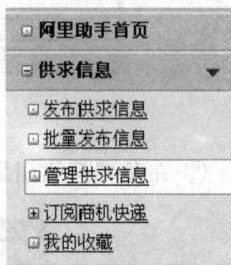

图 6-12 管理供求信息

② 进入阿里助手页面,选择导航条中"供求信息"中的"管理供求信息",如图 6-12 所示。

③ 出现如图 6-13 的页面,单击"重发"按钮就完成了重发操作。

图 6-13 重发操作页面

如果想要自己的产品在搜索结果中排列到同类产品前列,各个平台的操作方法不同,所以要针对每个交易平台规则来尽量提高自己产品的排名。

实战演练 6-5:登录各大搜索引擎

悟空为了更好地销售产品,请蜘蛛精为他做了个产品销售网站,了解了搜索引擎后,也想让自己的网站在各大搜索引擎中能被搜索到。所以又找到千里眼,让他帮忙完成这个任务。

因为一个网站与一个网站链接,要链接的量非常大,于是出现了网络服务站。网络服务站跟全球几十个甚至上百个搜索引擎相链接。如果希望自己的网站跟这些个搜索引擎相链接时,不需要一个一个地去链接,只需要跟网络服务站做链接就可以。

① 登录网址为"http://www.addme.com"的网站,单击"Free Search Engine Submission"(免费搜索引擎提交),如图 6-14 所示。

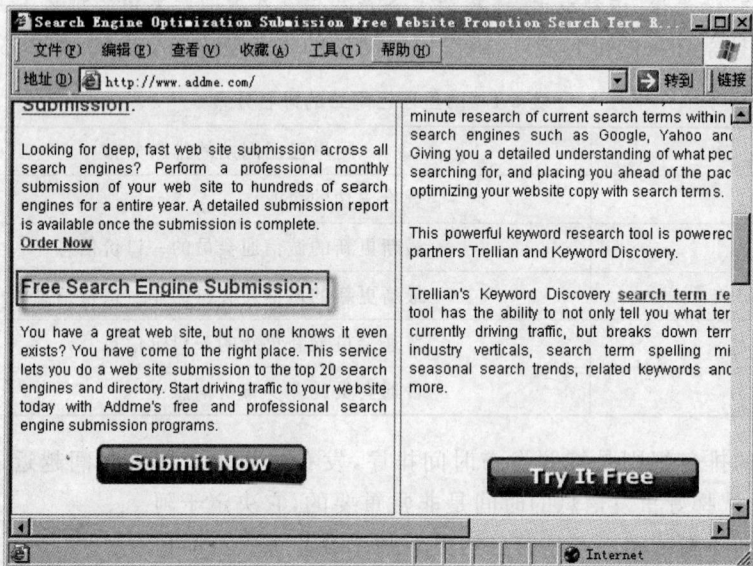

图 6-14　免费搜索引擎提交链接

② 在免费搜索引擎提交页面填写网站信息,如图 6-15 所示。

图 6-15　填写网站信息

知识链接

Website or Business Name：填写网站或公司名称。

URL：填写网站地址。

Type of Site：选择网站类型。

Description：填写网站描述，不超过 30 个字。

Keyword：填写网站关键字，不超过 12 个关键字，各个关键字用逗号分隔。

③ 填写联系信息，如图 6-16 所示。

图 6-16　填写联系信息

④ 单击"Next"（继续）按钮，如图 6-17 所示。

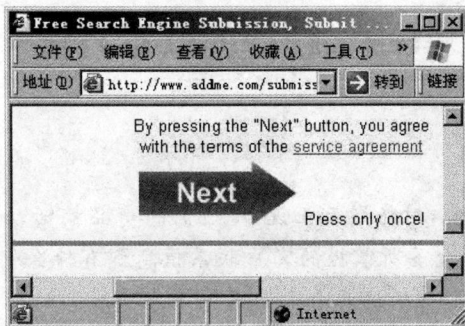

图 6-17　单击"Next"按钮

⑤ 勾选要提交的搜索引擎，单击"Next"（继续）按钮完成，如图 6-18 所示。

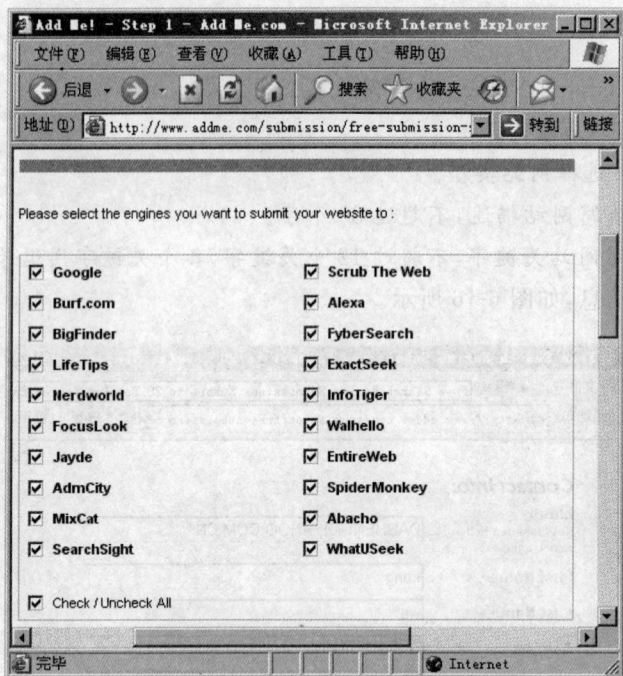

图 6-18　勾选要提交的搜索引擎

知识链接

常用搜索引擎免费登录入口如下。

Google：http://www.google.com/intl/zh-CN/add_url.html

百度：http://www.baidu.com/search/url_submit.htm

搜狐：http://db.sohu.com/regurl/regform.asp?Step=REGFORM&class

新浪：http://bizsite.sina.com.cn/newbizsite/docc/index-2jifu-09.htm

易搜：http://www.yisou.com/search_submit.html?source=yisou_www_hp

雅虎：http://search.help.cn.yahoo.com//h4_4.html

6.2　快捷的联系方法

虚构情景

　　悟空走进营销办公室,对托塔天王说:"咱们的产品搞活动,怎么能及时地发布信息啊?"天王说道:"不知大圣所掌握的客户联系信息都有什么啊?"大圣答道:"有电话号码、电子邮箱。""那我们就从这两个方面入手来发布我们的产品信息,大圣要保证联系信息是客户自愿提供给我们的,不要发送'垃圾'信息啊!"大圣哈哈一笑说:"当然是客户自愿提供的,但是我们掌握的客户信息比较多,逐一通知会很辛苦啊!"天王很有信心地说:"我先给大圣整理一下联系人信息,然后再发送。"

6.2.1　理清人际网络

在产品销售的过程中,面对不同的客户卖家需要提供不同的服务,那么就需要给客户分类,以便能更快更好地提供服务。整理客户资料的方法有很多,例如聊天工具、电子邮箱、手机等都提供了通讯录功能。

实战演练 6-6:用 QQ 整理联系人信息

天王拿到悟空的客户联系信息后,发现客户联系信息非常混乱,根本分不清哪个是重要客户,哪个是普通客户。天王因为不了解悟空的人际关系,所以没法整理,只能让悟空自己整理了,他给悟空举了个例子。

图 6-19　"通讯录"面板

① 登录 QQ,进入通讯录面板,如图 6-19 所示。

② 在添加联系人之前,要先给联系人列出分组标题,在面板中单击" "按钮,弹出"分组管理"窗口,单击"添加分组"按钮,设置联系人分组,如图 6-20 所示。

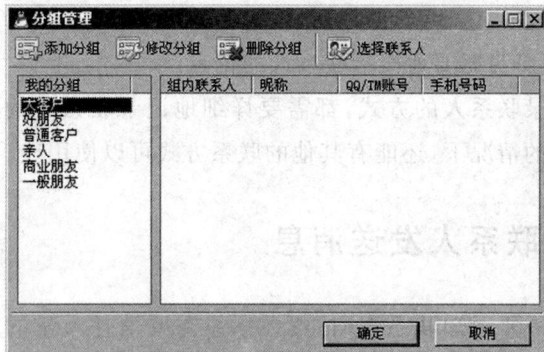

图 6-20　"分组管理"窗口

③ 单击通讯录面板上的"新建联系人"按钮,进入"新建联系人"窗口,如图 6-21 所示。

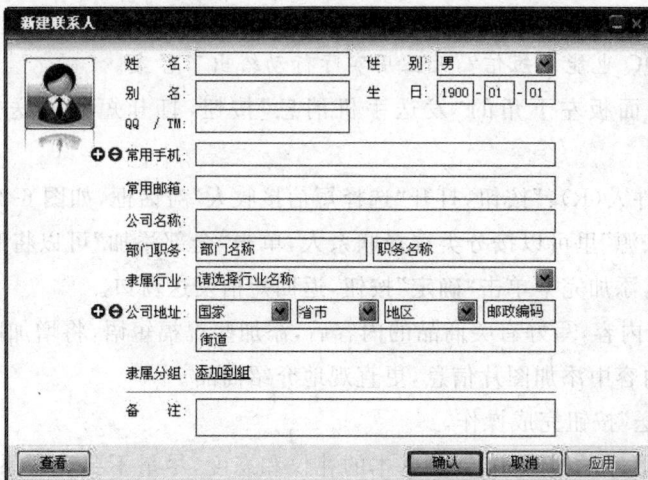

图 6-21　"新建联系人"窗口

注意：单击绿色加号按钮可以添加更多信息。

④ 在"隶属分组"中单击"添加到组"，弹出"添加到组"对话框，如图 6-22 所示。

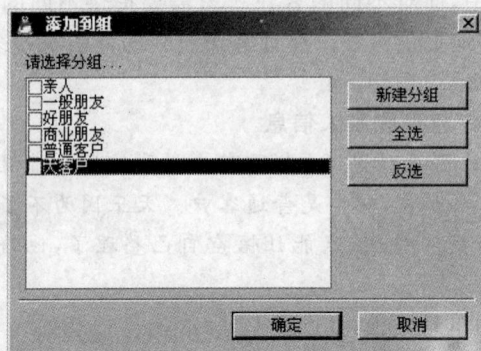

图 6-22 "添加到组"对话框

⑤ 选择要分到的组，单击"确定"按钮。

⑥ 备注信息可以简明扼要地概括联系人的特点。

无论使用哪种记录联系人的方式，都需要详细地记录联系人的所有联系方式，保证在一种方法联系不到的情况下，还能有其他的联系方式可以使用。

6.2.2 快速给联系人发送消息

当商品有新动态需要通知联系人时，逐一联系需要消耗大量的时间，现在的手机都可以使用群发短信功能，但接收人的数量比较少，开通 QQ 短信后可以实现快速、大量群发短信。

实战演练 6-7：使用 QQ 群发短信

托塔天王拿到悟空整理好的通讯录后，直接让悟空登录 QQ，并开通 QQ 短信。悟空不解地问："这 QQ 也能发短信？"天王用实际行动给出了答案。

① 单击 QQ 面板左下角的"发送手机消息"按钮，打开短信发送窗口，如图 6-23 所示。

② 单击"收件人（R）："按钮，打开"选择短信接收人"对话框，如图 6-24 所示。

在"联系人来源"里可以按分类选择联系人，单击"全部添加"可以将联系人全部添加到短信接收人里，添加完毕单击"确定"按钮，返回短信发送窗口。

③ 填写短信内容，写好有关商品的内容后，添加些祝福短语，将增加联系人对卖家的好感，还可以在内容中添加图片信息，更直观地介绍商品。

④ 单击"发送"按钮完成操作。

在和联系人联系的过程中，注意基本的礼仪和态度，尽量不要让联系人感到厌烦，多利用节日、商品活动等方式加强联系。

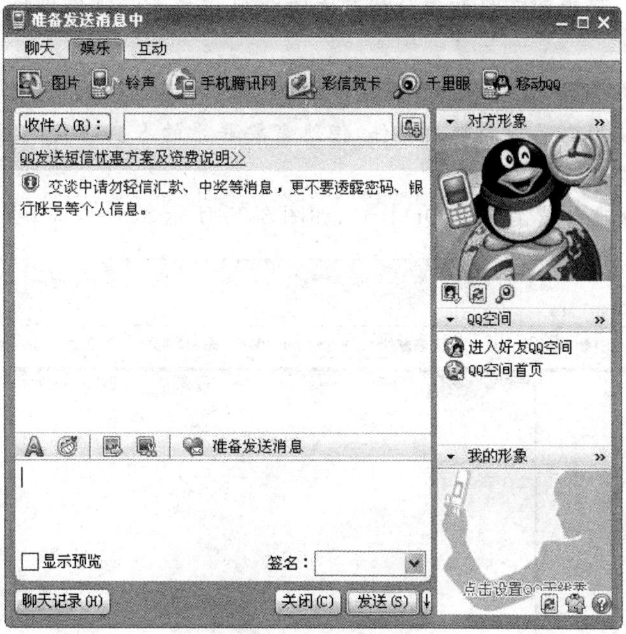

图 6-23 短信发送窗口

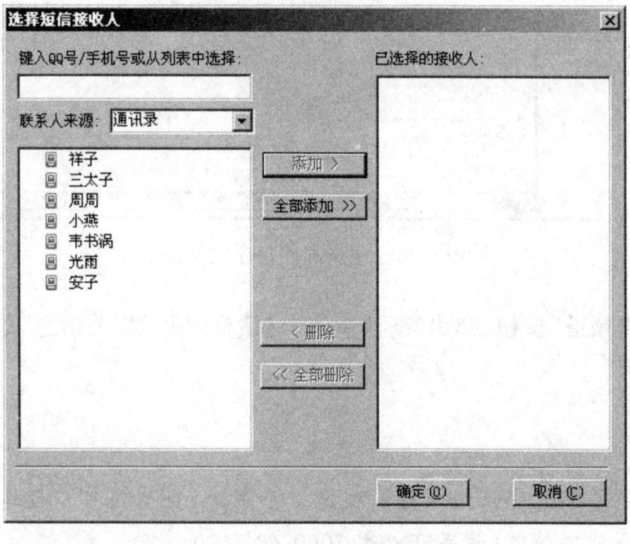

图 6-24 "选择短信接收人"对话框

6.2.3 使用邮件群发软件

当要发送的邮件非常多的时候,可以考虑使用邮件群发软件,但是几乎所有的邮箱都拥有拒绝垃圾邮件的功能,使用邮件群发软件发出的邮件可能会被认为是垃圾邮件,导致客户接收不到邮件。现在流行的邮件群发软件非常多,要注意寻找到最新的版本才能避免这个问题。最重要的是通过合法的手段获得联系人的邮件地址,并需要联系人认可才能够发送邮件。

实战演练 6-8：使用分众邮件群发软件

悟空早就会使用电子邮箱群发邮件,但他需要联系的人实在是太多了。天王建议他使用分众邮件群发软件。

① 打开"分众邮件营销专家 QtMail",如图 6-25 所示。

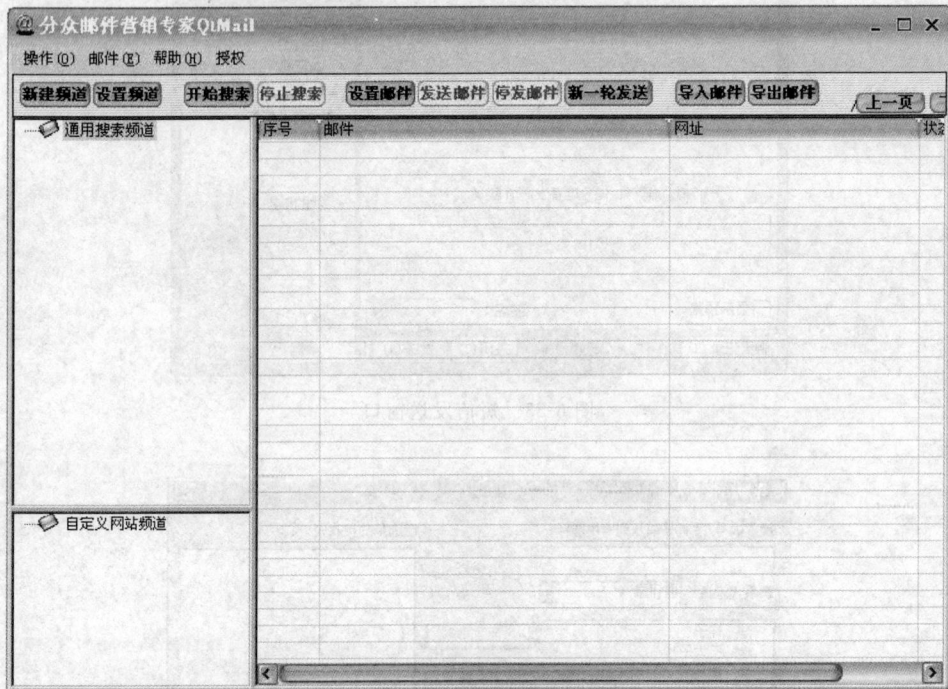

图 6-25　分众邮件程序主页面

② 单击"新建频道"按钮,弹出"新建频道"对话框,填写相关信息,单击"确定"按钮完成,如图 6-26 所示。

知识链接

分众邮件营销专家免费试用版可以创建 1 个频道,企业版可以创建 30 个频道,黄金版则可以无限制地创建频道(最高可以达 1000 个频道)。

可以创建两种频道:一种是通用搜索频道;另一种是针对某个网站的搜索频道。通用搜索频道,邮件地址来源于整个互联网,经过关键字过滤。针对某个网站的搜索频道,邮件地址来源于某些指定的网站。

频道名称:创建频道时,"频道名称"可以自己命名,通常为汉字、英文字母、数字的组合,建议不要使用其他特殊字符。各个频道名称不能相同。

线程数:一般设到 5~30。线程越多,搜索邮件地址的速度越快,但也越占资源。所以配置好的机器线程数可以设大些,配置差的机器线程数就设小些。

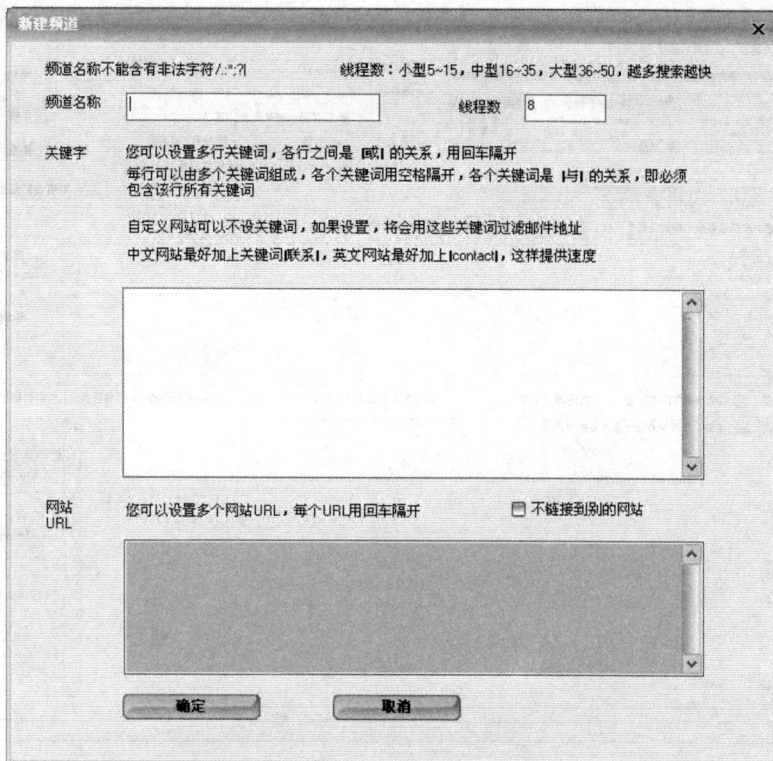

图 6-26　"新建频道"对话框

关键字：填写关键字的目的是用来搜索可能存在的用户邮件地址，关键字用来描述目标客户或者目标用户的特征。可以设置多行关键词，每行用回车隔开，不同行的关键词之间是"或者"的关系；同一行可以设置多个关键词，关键词之间用空格隔开，同一行内的关键词是"并且"的关系。

网站 URL：希望抓取的邮件地址的网站来源，可以设置多个，每个用回车隔开。

③ 单击工具条中"设置邮件"按钮，打开"设置邮件"对话框，如图 6-27 所示。

④ 填写发件人的邮件地址，单击"增加"按钮完成，如图 6-28 所示。

知识链接

发件人邮件地址，设置越多越好，一般设置 3 个以上。邮件群发软件会随机轮流选择一个作为发件人地址。

邮件地址：指申请的邮箱，例如 abc@gmail.com。

姓名：在对方查看邮件时显示出的"发件人"姓名，是收件人第一眼就看到的东西，因此起一个吸引人的姓名很重要。例如，做教育培训的可以起"让你金榜题名"。总之要吸引人但不可以过长。

smtp 服务器：用来发送营销邮件的服务器。一定要跟"邮件地址"对应，因为现在大部分邮件服务器不能发送发件人地址不属于本邮件服务器的邮件。例如 abc@gmail.com 的邮件地址，对应的邮件服务器是 smtp.gmail.com。其他的邮件地址对应的服务

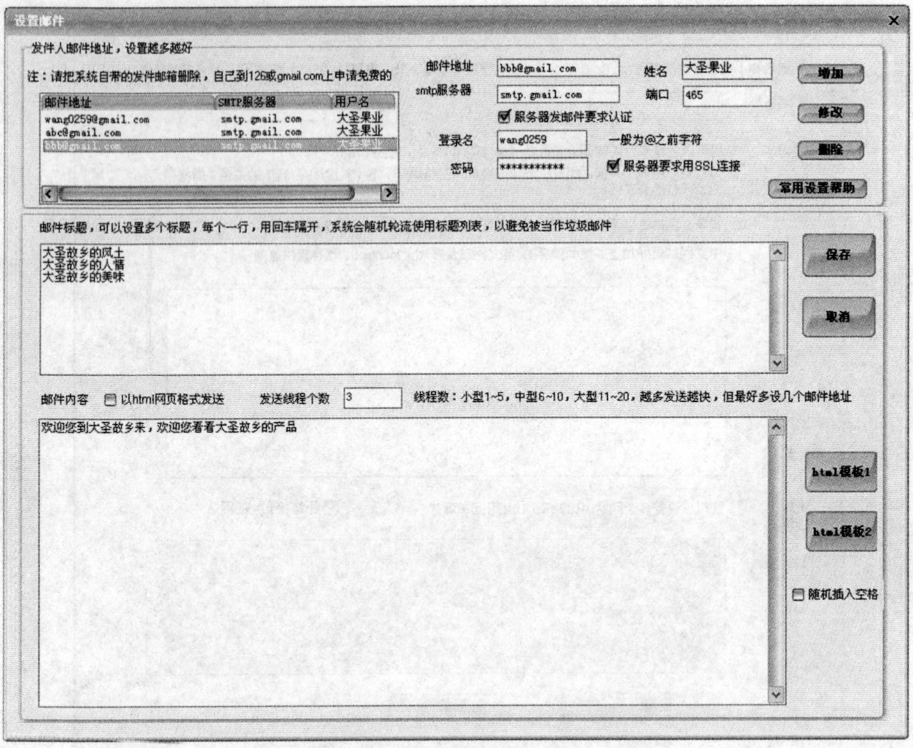

图 6-27 "设置邮件"对话框

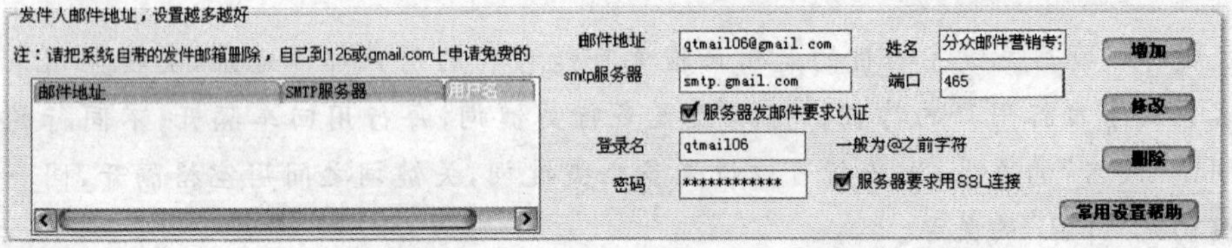

图 6-28 填写发件人的邮件地址

器,可以到网上查,其配置跟 Outlook 配置一样。

端口:smtp 服务器的发信端口。

登录名:通常为邮件地址@符号前面的那段字符。例如 abc@gmail.com 的登录名为 abc。但有的公司买的虚拟主机的邮箱,登录名是整个邮件地址。具体可以咨询网管。

密码:登录邮箱所用的密码。

认证:现在大部分邮件服务器发邮件都要求用户名和密码认证,所以要勾选"服务器发邮件要求认证"。

SSL 连接:有的服务器要求使用 SSL 连接。例如 gmail 需要,但 126 等不需要。

⑤ 设置邮件标题和邮件内容,单击"保存"按钮完成,如图 6-29 所示。

📖 知识链接

邮件标题非常重要,很多时候接收者只看一眼邮件标题,如果不是特别吸引人,就把邮

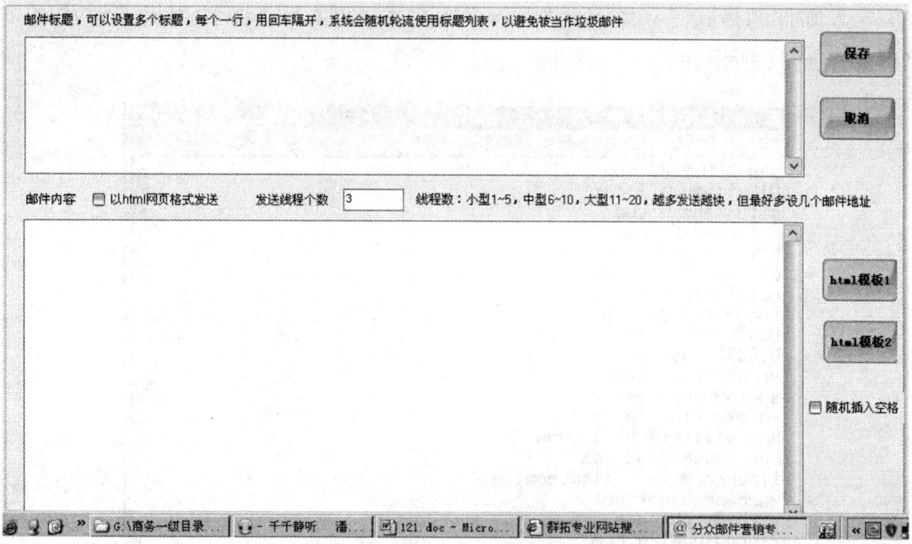

图 6-29　设置邮件标题和邮件内容

件删了,不再往下看。因此写几个好的标题十分重要。邮件标题一般不要超过 20 个汉字。

可以设置多个标题,每个标题用回车键隔开。邮件群发系统会随机轮流选择一个标题加上正文内容发送。

邮件内容支持两种格式——普通文本和 html。发送普通文本时,直接编辑文字即可。编写文字,最好留下本公司的联系方式(包括电话、邮件、网站等),以方便对产品感兴趣的用户找到。html 发送时,要勾选"以 html 网页格式发送",然后把编辑好的网页的源代码粘贴进邮件内容编辑框,然后保存。

发送线程个数:可以填入 5~30 个,越多发送越快,但也越占资源。

html 模板:为了方便用户创建 html 网页,系统自带了两个网页模板,用户可以单击"html 模板 1"或"html 模板 2"按钮,查看 html 模板的源代码,然后在上面修改,快速生成自己想要的 html 页面。

⑥ 选择菜单栏中"邮件"选项,选择"导入邮件地址",打开文件选择对话框,如图 6-30 所示。

图 6-30　文件选择对话框

　　⑦ 导入邮件的格式是后缀名为".text"的文本文件,每个邮件用回车键或者英文逗号隔开,如图 6-31 所示。

图 6-31　导入邮件的格式

　　⑧ 导入收件人地址后,单击"发送邮件"按钮完成,如图 6-32 所示。

图 6-32　导入收件人地址后发送邮件

6.2.4　更快地收发送短信

当要发送的短信非常多的时候,可以考虑使用短信群发软件,现在流行的短信群发软件非常多。要通过合法的手段获得联系人电话号码,并需要联系人认可才能够发送短信。

实战演练 6-9:使用短信平台发送短信

悟空使用了 QQ 群发短信,效果不错。但随着联系人的逐渐增加,他开始寻找一个更快更方便的群发短信方法。托塔天王说:"如果发送短信的数量非常大,就可以选择使用一些短信发送软件。"他介绍了网信 365。

① 登录到网信 365,单击导航条中的"发送信息",进入发送短信窗口。在"企业签名"文本框中添如企业签名——"大圣水果公司"。在"断点设置"下拉列表框中选择断点数量,当一次发送的短信条数超过所选择数量时,每次发送按所选数量进行发送。在接收人文本框中输入接收人的电话号码,填写短信内容后单击"立即发送"按钮完成,如图 6-33 所示。

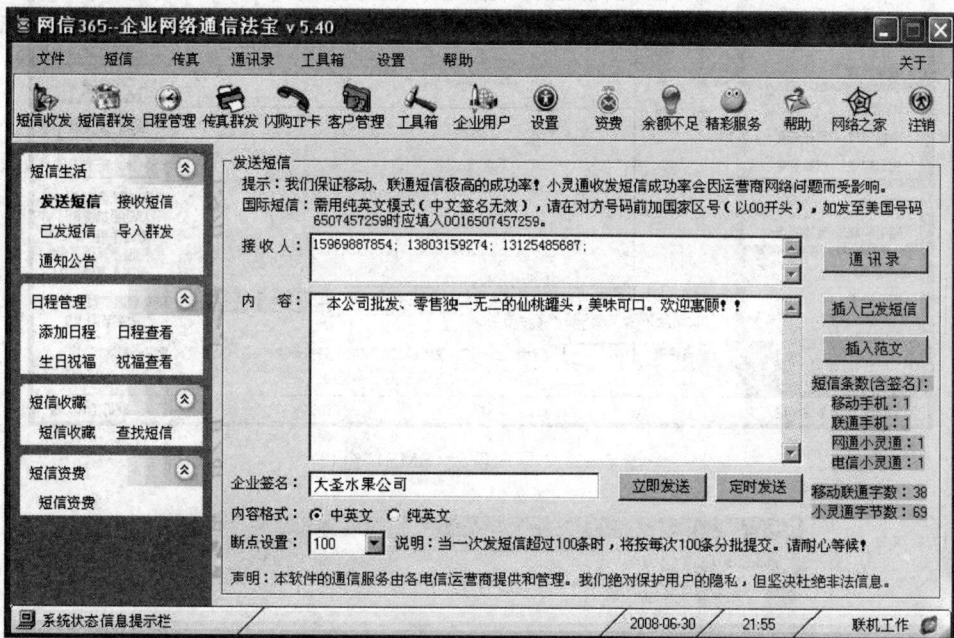

图 6-33　接收人电话号码输入界面

② 如果需要定时发送,则单击"定时发送"按钮,弹出"定时发送设置"对话框,如图 6-34 所示。

③ 设置始发时间,当短信数量较多时,可以勾选"分批发送"复选框,在"每批发送条数"和"每批发送间隔"中,输入信息条数和间隔时间,单击"确定"按钮完成。

④ 单击导航条中的"导入群发"按钮,打开"导入群发(SMS)"窗口,如图 6-35 所示。

⑤ 单击"选择文件"按钮,弹出文件选择对话框,选择存有电话号码的文件,如图 6-36 所示。

图 6-34　"定时发送设置"对话框

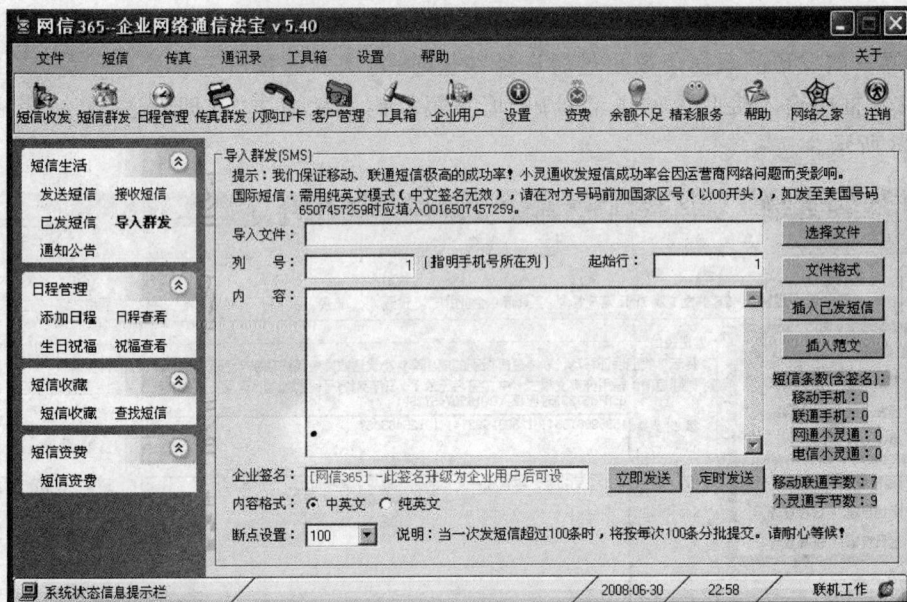

图 6-35　"导入群发(SMS)"窗口

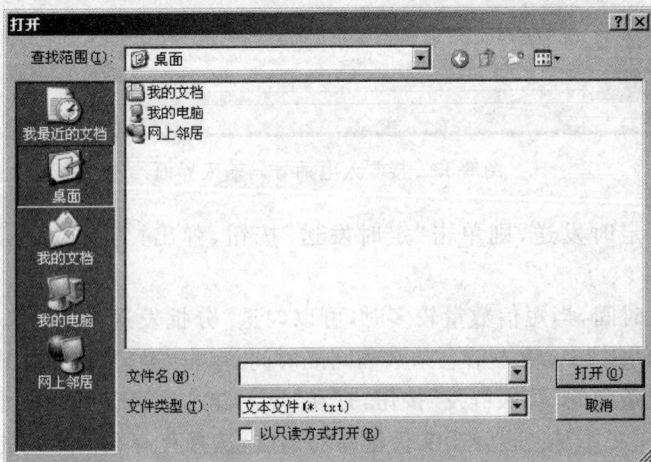

图 6-36　文件选择对话框

导入的文件可以是文本文件(＊.txt)或 Microsoft Excel 文件（＊.xls）。文本文件的格式为每行一个电话号码，如图 6-37 所示。Microsoft Excel 文件的格式如图 6-38 所示。

图 6-37　文本文件格式

图 6-38　Excel 文件格式

⑥ 填写电话号码在 Excel 文件中所占的列号以及文件起始行号，单击"立即发送"按钮完成，如图 6-39 所示。

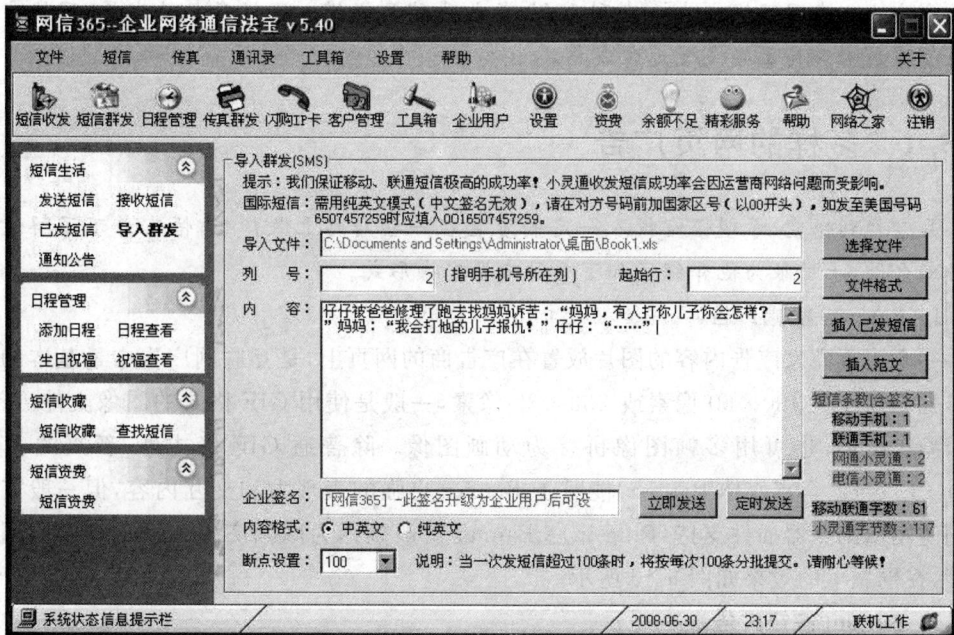

图 6-39　列号和文件起始行号填写

6.3　无处不在的网络广告

网络广告就是利用网站上的广告横幅、文本链接、多媒体等方法,在互联网上刊登或发布广告,通过网络传递到互联网用户的一种高科技广告运作方式。

与传统的四大传播媒体(电视、广播、报纸、杂志)广告及近来备受垂青的户外广告相比,网络广告具有得天独厚的优势,是实施现代营销媒体战略的重要部分。Internet 是一个全新的广告媒体,速度最快,效果很理想,是中小企业扩展壮大的很好途径,对于广泛开展国际业务的公司更是如此。

目前网络广告的市场正在以惊人的速度增长,网络广告发挥的效用越来越显得重要。以致广告界甚至认为互联网络将超越路牌,成为传统四大媒体(电视、广播、报纸、杂志)之后的第五大媒体。因而众多国际级的广告公司都成立了专门的"网络媒体分部",以开拓网络广告的巨大市场。

知识链接

追本溯源,网络广告发源于美国。1994 年 10 月 14 日,美国著名的 Wired 杂志推出了网络版 Hotwired,其主页上开始有 AT ＆ T 等 14 个客户的广告 Banner。这是互联网广告里程碑式的一个标志。

中国的第一个商业性的网络广告出现在 1997 年 3 月,传播网站是 Chinabyte,广告表现形式为 468×60 像素的动画旗帜广告。Intel 和 IBM 是国内最早在互联网上投放广告的广告主。我国网络广告一直到 1999 年初才稍具规模。历经多年的发展,网络广告行业经过数次洗礼已经慢慢走向成熟。

6.3.1　多样的网页广告

月老找到悟空,希望悟空投入一定的资金在一些网站上做广告,悟空并不了解这种广告怎么做,千里眼为他介绍了如下 3 种常见广告形式。

1. Banner(横幅广告)

一个表现商家广告内容的图片放置在广告商的网页上,是互联网广告中最基本的广告形式。尺寸是 480×60 像素或 233×30 像素,一般是使用 GIF 格式的图像文件,可以使用静态图形,也可用多帧图像拼接为动画图像。除普通 GIF 格式外,新兴的 Rich Media Banner(丰富媒体 Banner)能赋予 Banner 更强的表现力和交互内容,但一般需要用户使用的浏览器插件支持(Plug-in)。Banner 一般翻译为网幅广告、旗帜广告、横幅广告等,在网页上的效果如图 6-40 所示。

2. Button(按钮广告)

Button 是从 Banner 广告演变过来的一种广告形式,图形尺寸比 Banner 要小。一般

图 6-40　Banner

是 120×60 像素,甚至更小。由于图形尺寸小,可以被更灵活地放置在网页的任何位置,效果如图 6-41 所示。

图 6-41　Button

3. Moving Icon(移动图标广告)

Moving Icon 是会飞的 Button 广告,可以根据广告主的要求并结合网页本身特点设计"飞行"轨迹,增强广告的曝光率。在网页上的效果如图 6-42 所示。

不同的网站,不同的页面,不同的位置,做广告的价格也是不同的,收费的标准也是不一样的。有很多网站有明确的广告报价,如新浪网络广告报价(http://ads.sina.com.cn/flash_price/index_9.html),商家也可以与网站客服取得联系,商议广告形式与价格。一般在首页做广告的价格要高于二级网页,随着网页等级的降低,广告的价格也会相应地降低。

图 6-42   Moving Icon

6.3.2　做"病毒"搞推销

营销办公室出乱子了,所有的计算机都中了同一种病毒,大家只好都重新安装操作系统。天王很懊恼地说:"这病毒实在是太厉害了,传播得真快,要是咱们的产品信息也能这样自我传播就好了。"月老听了灵机一动,说:"我有个办法能让我们的产品信息自我传播。首先找人把一些容易在网络上传播的多媒体文件,比如 Flash 短片、音乐、电影等加工处理一下,把包含我们产品信息的图片、文字或网址融合在里面,然后发布到我们的空间网站上,这样产品信息也就发布出去了。"

📖 知识链接

月老的这种营销模式被称做病毒性营销,新竞争力(http://www.jingzhengli.cn)将病毒性营销的一般规律归纳为下列 5 个方面。

第一,病毒性营销的"病毒"有一定的界限,超出这个界限的病毒性营销方案就成为真正的病毒了。病毒性营销的本质是为用户提供免费的信息和服务。

第二,成功的病毒性营销离不开 6 个基本要素。

美国电子商务顾问 Ralph F. Wilson 博士将一个有效的病毒性营销战略的基本要素归纳为 6 个方面。

① 提供有价值的产品或服务;

② 提供无须努力地向他人传递信息的方式;

③ 信息传递范围很容易从小向很大规模扩散;

④ 利用公共的积极性和行为；

⑤ 利用现有的通信网络；

⑥ 利用别人的资源进行信息传播。

在制订和实施病毒性营销计划时，应该进行必要的前期调研和针对性的检验，以确认自己的病毒性营销方案是否满足这 6 个基本要素。

第三，病毒性营销并不是随便可以做好的，需要遵照一定的流程。

网上营销新观察(http://www.marketingman.net)的研究认为，成功实施病毒性营销需要注意 5 个方面。

① 病毒性营销方案的整体规划和设计；

② 病毒性营销需要独特的创意，病毒性营销之所以吸引人之处就在于其创新性；

③ 对网络营销信息源和信息传播渠道进行合理的设计，以便利用有效的通信网络进行信息传播；

④ 对病毒性营销的原始信息在易于传播的小范围内进行发布和推广；

⑤ 对病毒性营销的效果进行跟踪和管理。

第四，病毒性营销的实施过程通常是无须费用的，但病毒性营销方案设计是需要成本的。

第五，网络营销信息不会自动传播，需要进行一定的推广。

6.3.3　用博客做推销

在百度空间里发一篇文章，第二天在百度搜索的时候，在搜索结果第一页出现了此篇文章。为什么会这样靠前呢？因为是"百度"的空间，当然在搜索的时候有一个优先权。百度空间就等于是博客，在自己的博客里发广告是没有人反对的，当然，不一定全部都发广告，可以发一些商品的介绍，或者行业新闻，比如做茶叶生意的商家发一些品茶常识，做 IT 产品的商家可以发一些硬件常识。根据自己店里所销售的商品发一些相关的内容，在每篇文章结尾处加上自己网站的链接，这样当别人搜索的时候，很轻易地就可以看到自己的文章，看文章的同时又看到了店铺。

实战演练 6-10：在百度空间里搞推销

悟空最近喜欢在网上空间里写些遇到的人和事，还经常浏览别人的空间，看到有趣的东西就粘贴到自己的空间里。月老发现悟空的这个爱好，给悟空出了个推销产品的主意。申请一个百度空间，在空间里发篇"潜藏"的商品广告。

① 打开百度空间(http://hi.baidu.com)。

② 为了方便浏览者了解和联系自己，首先设置详细个人信息，单击头像右上角的"编辑"链接，如图 6-43 所示。

③ 在弹出的页面上上传自己的头像，填写个人资料，注意在个人简介中填写联系方式。

图 6-43　头像面板

④ 回到空间首页,选择"博客",进入博客网页,如图 6-44 所示。

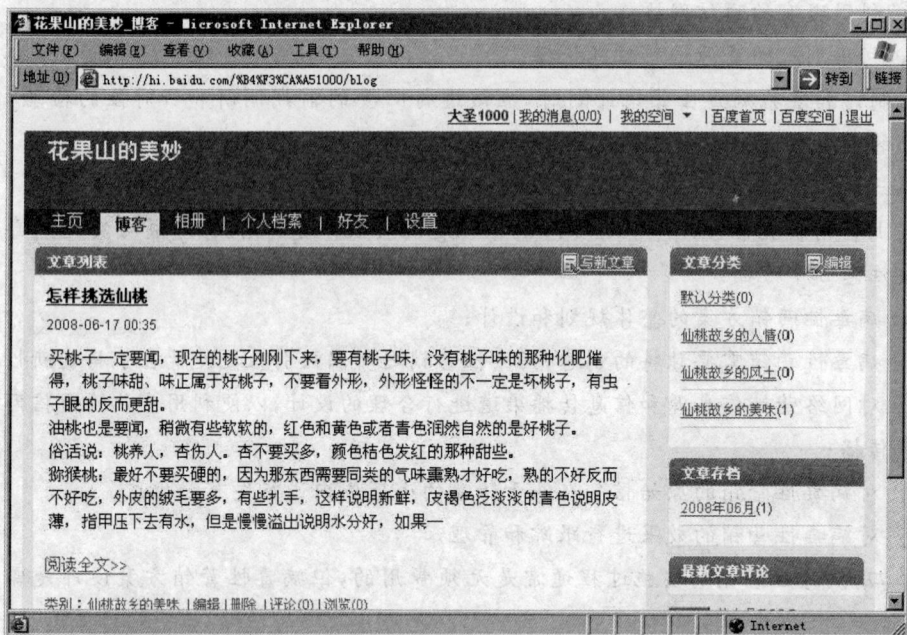

图 6-44　博客网页

⑤ 设置文章分类,单击"编辑"链接。在"编辑分类"对话框中,添加新的文章分类(注意关键字的使用),如图 6-45 所示。

图 6-45　文章分类设置

⑥ 在博客网页中,单击"写新文章",进入"创建新的文章"对话框,填好相应内容,单击"发表文章"按钮完成,如图 6-46 所示。

不仅是百度,其他的一些门户网站,基本上是大同小异,几乎每个网站都提供免费博客。多注册几个,然后把商品信息发布进去,不要单纯发布商品信息,最好能发布一些商品选购技巧之类的东西,这是很多人都感兴趣的,搜索频率比较高。这样发布以后,自己的商品信息在各个网站的搜索引擎上都会排名很靠前。搜索靠前,就意味着浏览量增大,浏览量增大了,自然成交量就会上去。

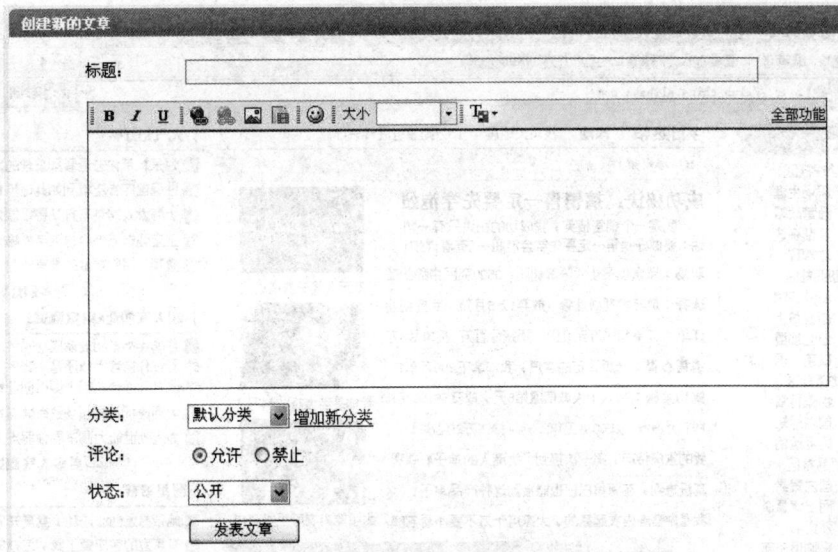

图 6-46 创建新的文章

6.3.4 论坛做推销

论坛是现今网络中人气最旺地方之一,既然它有这样旺盛的人气,那产品广告发布在这里肯定能带来较好的效果。广告可以通过回帖和发帖两种方式来实现,自己发表帖子的效果最好。发帖子内容非常重要,如果所发的帖子内容与论坛主题不符,可能会被删帖。如果帖子的内容非常好,可能会被推荐为精品甚至放置到论坛顶端。

实战演练 6-11:到论坛看帖子

千里眼提出了一个建议,现在在论坛里发帖子看帖子的人是越来越多,所以各大论坛也就成了商家展现自我的好去处。他要为大圣产品在各个比较火的论坛搞推销,以阿里巴巴网站为例。

登录阿里巴巴网站首页,单击导航栏上的"论坛"按钮,进入阿里巴巴网站论坛首页,如图 6-47 所示。

在论坛里直接单击文字链接,就可以查看帖子了。每个论坛里都有版主推荐阅读的帖子或"精华帖",可以看看人家发表了什么内容,想想为什么这些帖子能够成为"精华帖"。

实战演练 6-12:设置论坛个人资料

在阅读完感兴趣的帖子后,可以发表自己对该帖的评论,作为商家当然不能放过这次"抛头露脸"的机会。在回帖前一定要先设置好自己的"个人设置",因为每当回帖后,个人资料会显示在所发表评论的前面,帖子的其他浏览者很可能通过回复链接找到店铺。

① 登录阿里助手后,在右侧导航栏中选择"会员资料",单击下拉列表框中的"修改联系信息",如图 6-48 所示。

② 在会员个人信息栏里单击"修改",进入个人信息修改页面,如图 6-49 所示。

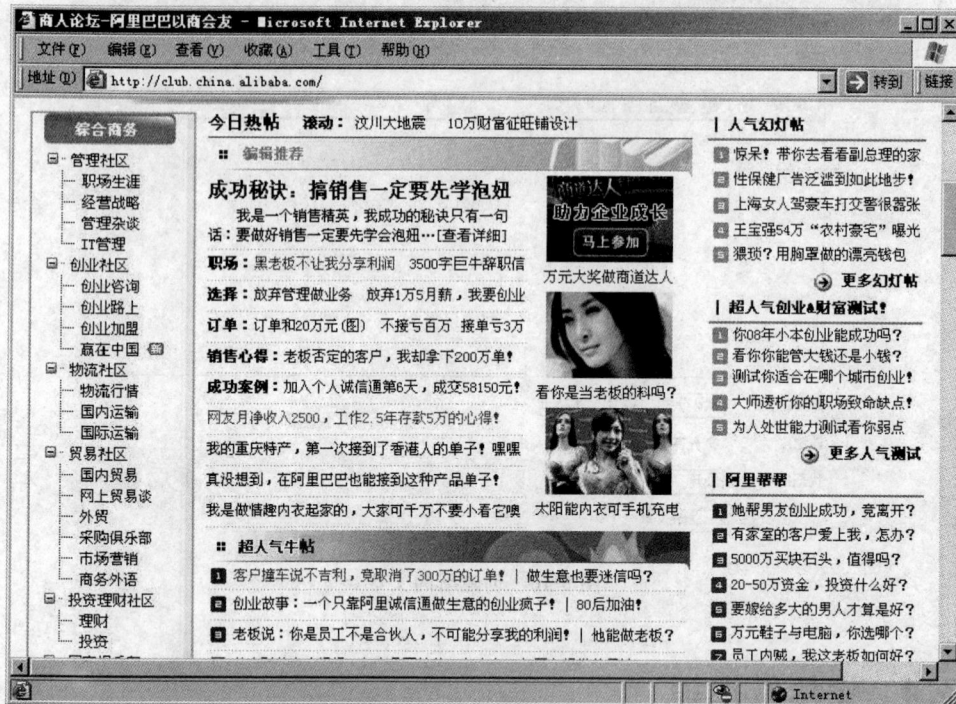

图 6-47 阿里巴巴网站论坛首页

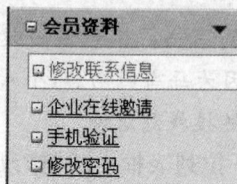

图 6-48 会员资料面板

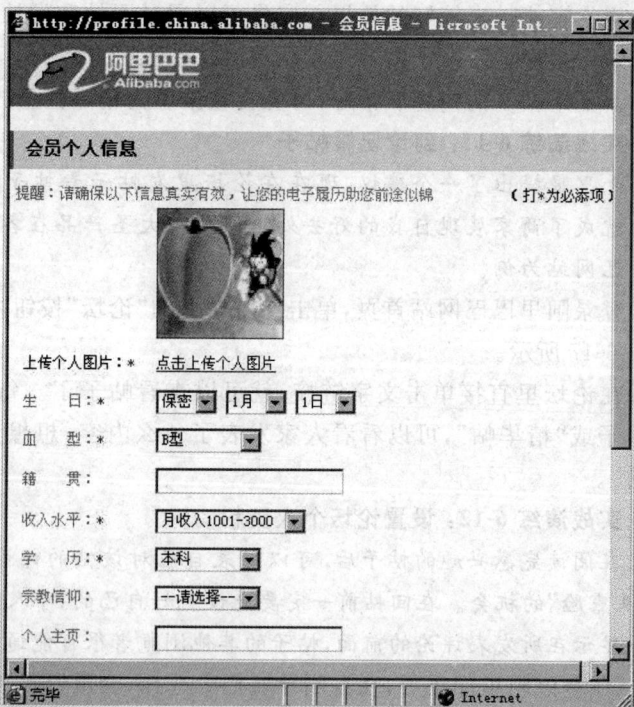

图 6-49 个人信息修改页面

在"会员个人信息"页面,需要上传个人图片,上传一个能够吸引人的头像很重要,它在回复帖子时,是以略缩图的形式显示的,所以可以让浏览者产生兴趣,从而进入卖家的个人资料,关注商品,如图 6-50 所示。

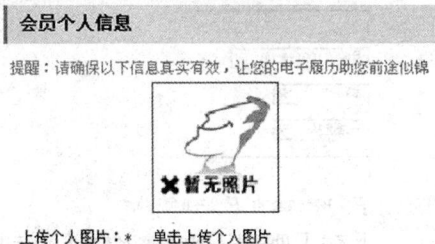

图 6-50　上传个人图片

③ 单击"单击上传个人图片"链接,打开"上传文件"页面,如图 6-51 所示。

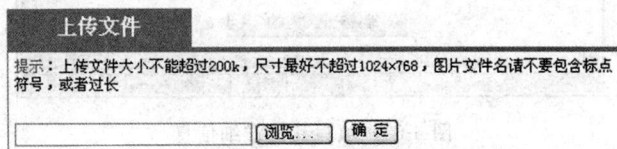

图 6-51　"上传文件"页面

④ 单击"浏览"按钮,弹出"选择文件"对话框,选择好自己的头像图片,单击"打开",如图 6-52 所示。单击"确定"按钮完成。

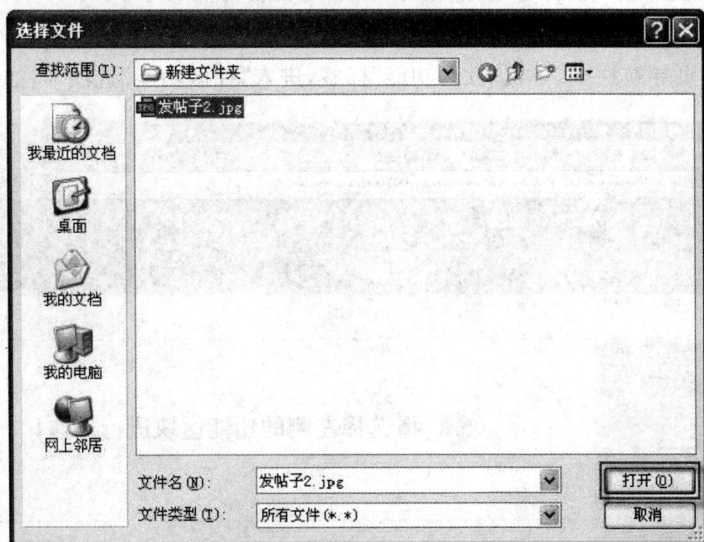

图 6-52　"选择文件"对话框

⑤ 填写其他详细信息,其中 ＊ 号代表必须填写,如图 6-53 所示。

个人主页当然是将公司首页填写进去,填写好后单击"确认无误,提交!"按钮。

图 6-53　填写其他详细信息

实战演练 6-13：发表自己的帖子

看过别人的帖子并回复后，自己也该发个帖子了，毕竟发帖子的宣传效果要比回复好得多。将自己的产品特点用心地写下来，放到论坛里进行推广，浏览者看到之后，就会单击文章里的链接进入店铺，如果感觉好，说不定就当场购买了。

① 登录阿里巴巴论坛，单击"进入我的社区"按钮，进入社区首页。

② 社区首页导航栏中，单击"社区功能"标签，进入"社区功能"选项卡，如图 6-54 所示。

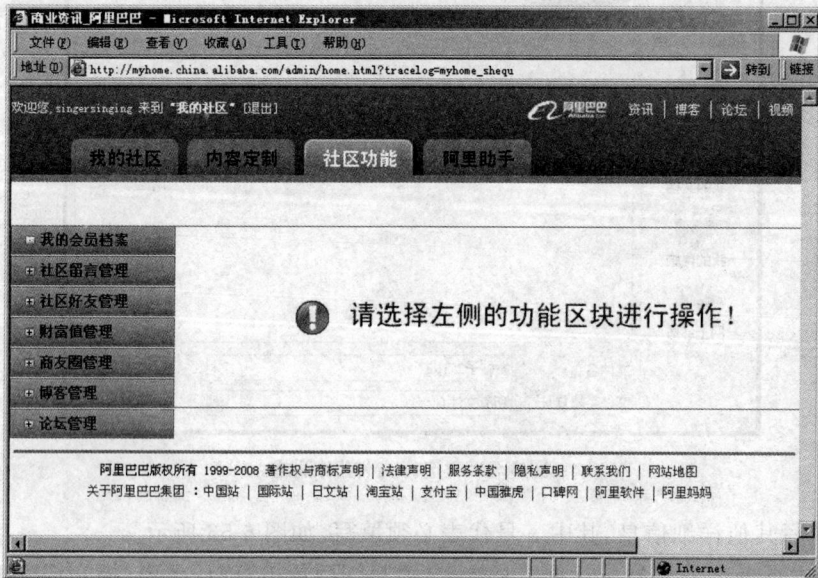

图 6-54　"社区功能"选项卡

③ 在社区功能网页,单击"论坛管理",再单击"发表帖子"链接,进入社区选择网页,如图 6-55 所示。

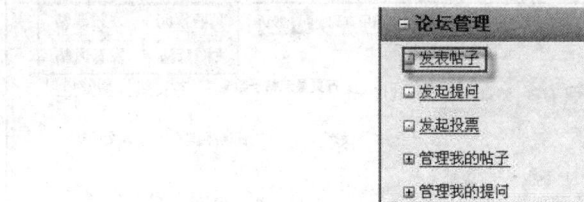

图 6-55 论坛管理

④ 在社区选择网页,选择与要发帖子的内容符合的社区,单击该社区的链接进入社区,如图 6-56 所示。

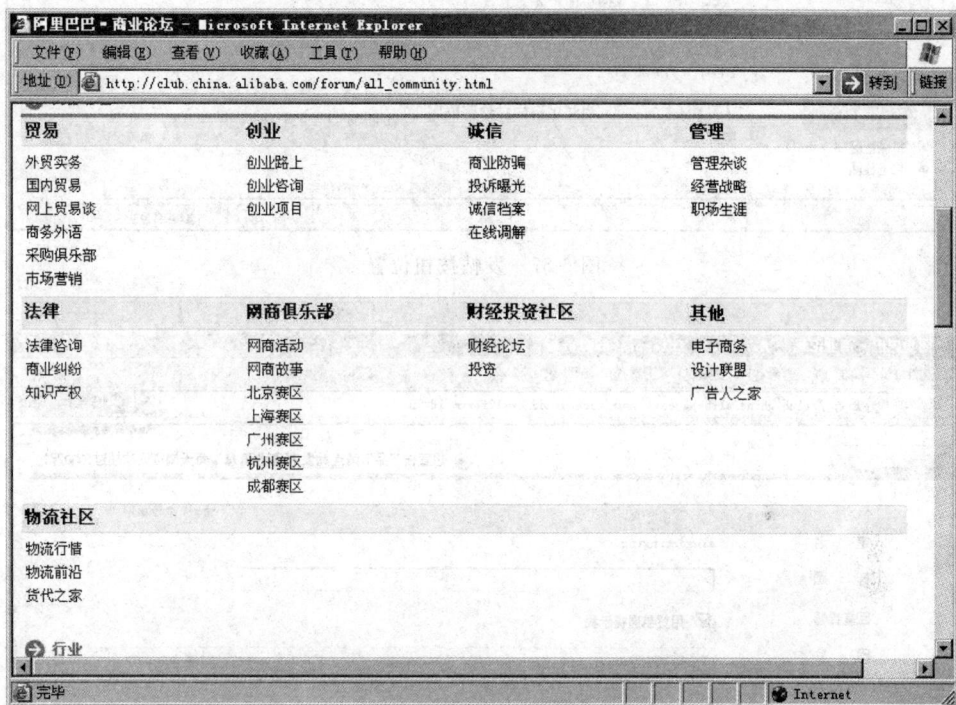

图 6-56 社区选择网页

⑤ 在社区左侧按发帖类型找到发帖按钮,如图 6-57 所示。

⑥ 单击对应的按钮,进入"发表话题"网页,如图 6-58 所示。

⑦ 填写好帖子内容后,单击"预览"按钮,查看帖子,最后单击"发表"按钮,就成功发帖了。

要做产品的宣传,只发一张帖子是远远不够的,只在一个论坛上发帖、回帖也是不够的。现在各个交易平台都有自己的论坛,要广泛注册、勤回帖、多发帖。因为论坛的帖子是否被推荐为精华帖是由版主决定的。要成为精华帖,内容一定要吸引人,新手可以从别的网站转发些别人的精华帖。

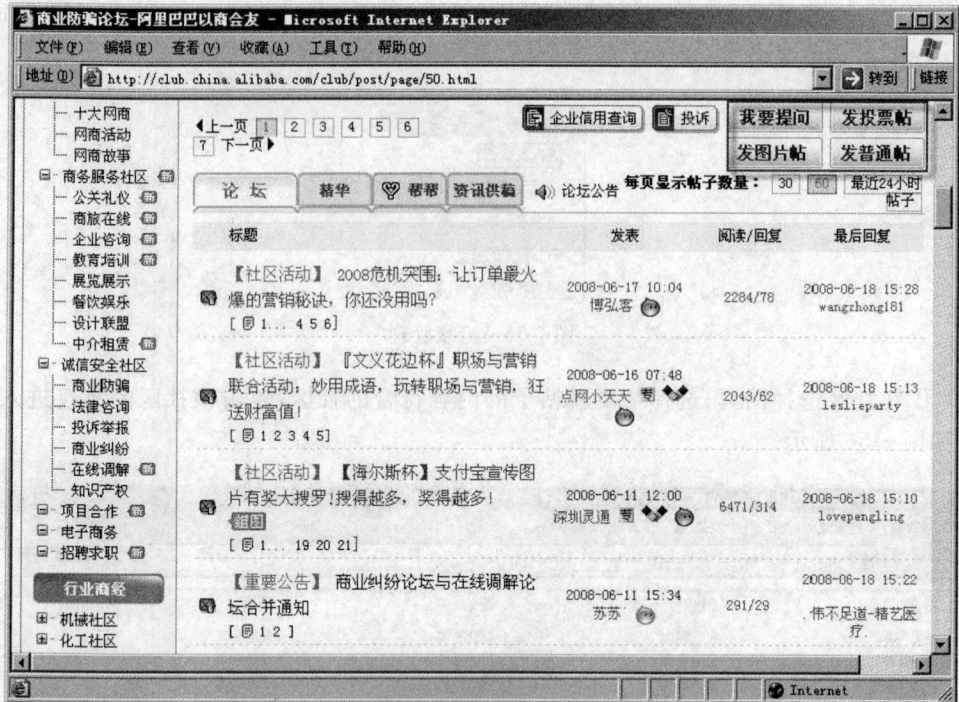

图 6-57　发帖按钮位置

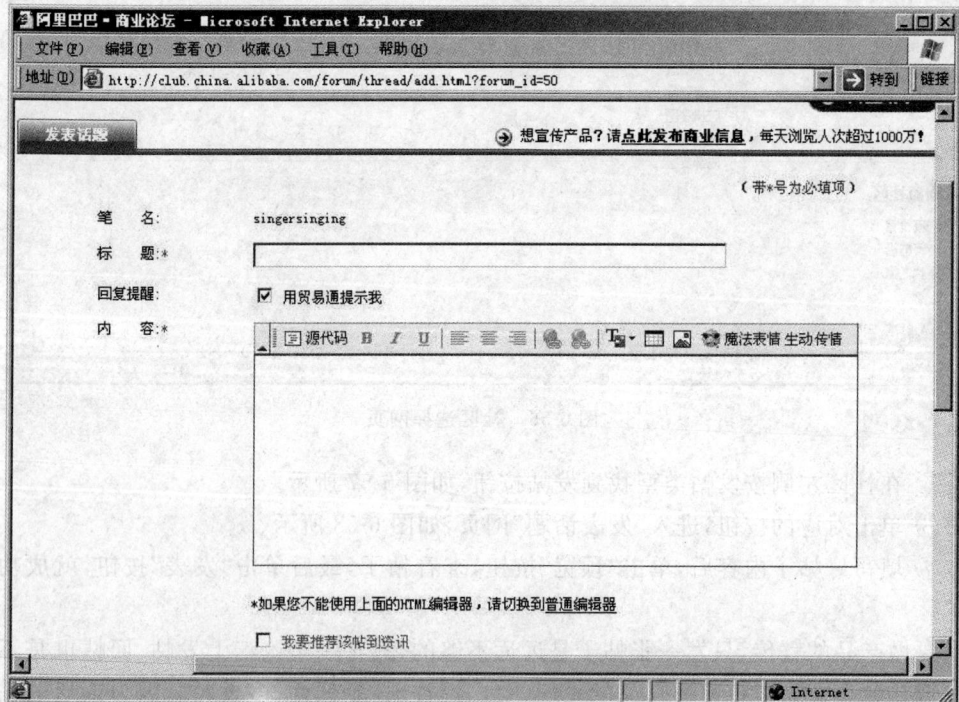

图 6-58　"发表话题"网页

第7章

规避商务风险

学习要点

- 杀毒软件、防火墙的安装和使用
- 网上银行的安全使用
- 支付宝数字证书的申请
- 数字证书的管理
- 商务文件加密
- 交易纠纷的避免及解决

虚构情景

林黛玉自幼体弱多病,高中毕业后一直没有出去工作,随着年龄的增加,心里越来越难受,她不想靠别人养活一辈子。这一天,黛玉正在屋里坐着抹眼泪,好友薛宝钗来访,谈及目前的状况,薛宝钗对其深表同情和理解。宝钗今年大学毕业,专业是电子商务,她决定用自己的专业帮助黛玉改变命运。根据黛玉目前的情况,宝钗要让黛玉学会在网上进行商务活动。要想在网上从事商务活动,首先要从规避商务风险入手。

知识链接

随着 Internet 的发展,电子商务已经逐渐成为人们进行商务活动的新模式。电子商务安全是制约电子商务发展的一个核心和关键问题。

1. 电子商务安全问题

电子商务安全包括电子商务系统的硬件安全、软件安全、运行安全和电子商务安全立法。由于 Internet 本身的开放性,使电子商务系统面临着各种各样的安全威胁,主要表现在以下几个方面。

（1）身份欺骗

对合法用户的身份冒充,仿冒合法用户的身份与他人进行交易,从而获得非法利益。

（2）信息暴露

将信息暴露给没有访问权限的人,例如无须适当的权限就可以访问文件。

（3）篡改数据

攻击者有可能对网络上的信息进行截获后篡改其内容，如修改消息次序、时间，注入伪造消息等，从而使信息失去真实性和完整性。

（4）拒绝服务

阻击合法的用户使用服务和系统。

（5）对发出的信息予以否认

某些用户可能对自己发出的信息进行恶意的否认，以推卸自己应承担的责任。

（6）非法入侵和病毒攻击

计算机网络会经常遭受非法的入侵攻击以及计算机病毒的破坏。

2. 计算机安全控制制度

1994 年 2 月 18 日，我国颁布了《中华人民共和国计算机信息系统安全保护条例》（以下简称《条例》），这是我国的第一个计算机安全法规，它不仅明确提出了"计算机信息系统的建设和应用，应当遵守法律、行政法规和国家其他有关规定"。而且具体提出了计算机信息系统的安全保护的 8 项具体制度。

7.1 打造安全网络环境

知识链接

1. 病毒防范概念

随着计算机及计算机网络的发展，伴随而来的计算机病毒传播问题越来越引起人们的关注。当计算机系统或文件染有计算机病毒时，需要检测和消除。但是，计算机病毒一旦破坏了没有副本的文件，便无法修复。如果能采取有效的防范措施，就能使系统不染毒，或者染毒后能减少损失。

计算机病毒防范，是指通过建立合理的计算机病毒防范体系和制度，及时发现计算机病毒侵入，并采取有效的手段阻止计算机病毒的传播和破坏，恢复受影响的计算机系统和数据。老一代的防杀计算机病毒软件只能对计算机系统提供有限的保护，只能识别出已知的计算机病毒。新一代的防杀计算机病毒软件则不仅能识别出已知的计算机病毒，在计算机病毒运行之前发出警报，还能屏蔽掉计算机病毒程序的传染功能和破坏功能，使受感染的程序可以继续运行（即所谓的带毒运行）。同时还能利用计算机病毒的行为特征，防范未知计算机病毒的侵扰和破坏。另外，新一代的防杀计算机病毒软件还能实现超前防御，将系统中可能被计算机病毒利用的资源都加以保护，不给计算机病毒可乘之机。防御是对付计算机病毒的积极而又有效的措施，比等待计算机病毒出现之后再去扫描和清除，更能有效地保护计算机系统。

2. 防火墙概念

随着计算机和网络的发展，各种攻击入侵手段相继出现，为了保护计算机的安全，人们开发出一种能阻止计算机之间直接通信的技术——防火墙。

通俗地讲,防火墙是一种位于两个或多个网络间,实施网络之间访问控制的组件集合。对于普通用户来说,防火墙就是一个位于计算机和它所连接的网络之间的软件或硬件(其中硬件防火墙用得较少,例如国防部以及大型机房等地才用,因为它价格昂贵),是一种被放置在自己的计算机与外界网络之间的防御系统,从网络发往计算机的所有数据都要经过它的判断处理后,才会决定能不能把这些数据交给计算机,一旦发现有害数据,防火墙就会拦截下来,实现了对计算机的保护功能。

7.1.1　防范病毒

实战演练 7-1：安装瑞星杀毒软件

宝钗随黛玉来到书房,打开计算机,宝钗先检查黛玉在计算机上装了哪些东西,结果发现黛玉的计算机连最基本的杀毒软件和防火墙都没有安装。宝钗对黛玉说:"由于电子商务是在开放的网络上进行贸易,商务往来文件、商务信息要在计算机中存放、传输和处理。计算机诈骗、计算机病毒、木马等都会造成商务信息被窃、篡改和破坏,威胁着电子商务的安全。如果你要从事这个行业,必须要保证有一个安全的软件环境。"黛玉不安地说:"那怎么办呀?"宝钗安慰道:"别急,咱们慢慢来,先安装杀毒软件和防火墙。"说干就干,宝钗上网下载了杀毒软件和防火墙,马上进行杀毒软件的安装。

① 双击下载好的安装文件"Ravolalipay.exe",如图 7-1 所示。

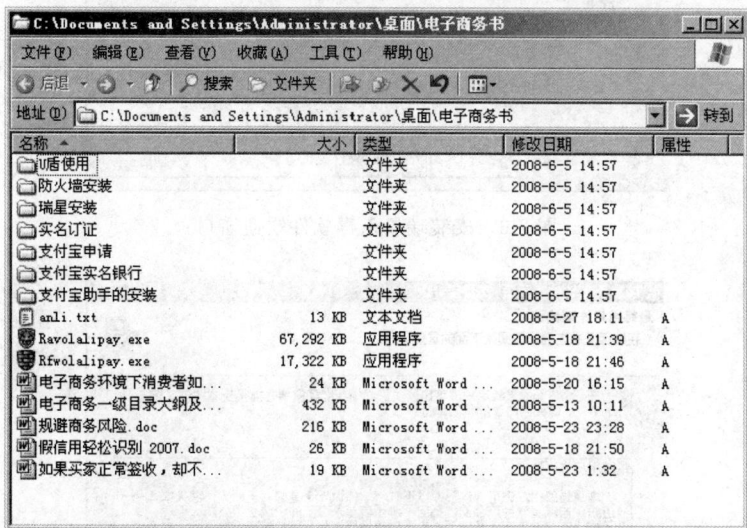

图 7-1　Ravolalipay.exe

② 在"选择语言"对话框中选择"中文简体"并单击"确定"按钮,开始安装瑞星杀毒软件,如图 7-2 所示。

③ 出现欢迎窗口,单击"下一步"按钮继续,如图 7-3 所示。

④ 在"最终用户许可协议"窗口点选"我接受",单击"下一步"按钮继续,如图 7-4 所示。

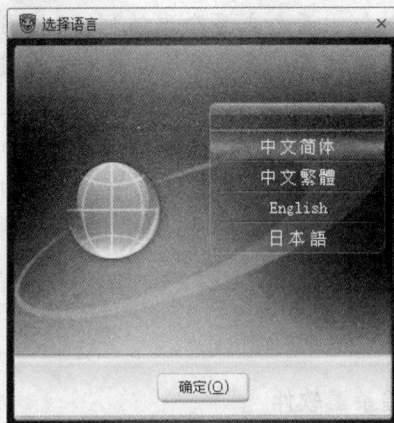

图 7-2 "选择语言"对话框

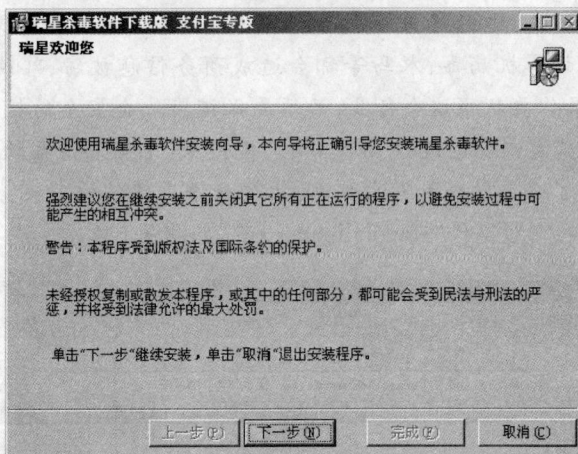

图 7-3 安装瑞星杀毒软件欢迎窗口

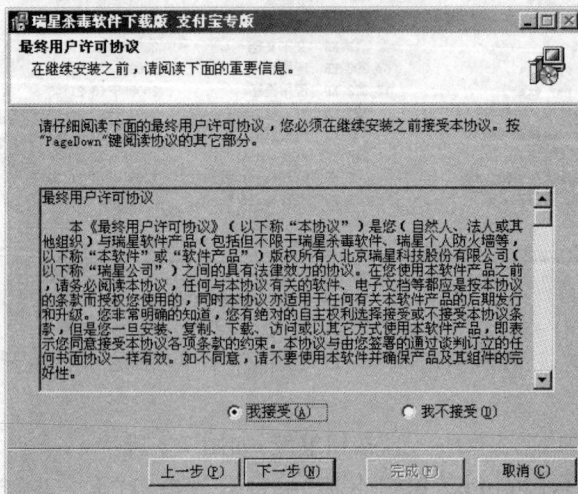

图 7-4 最终用户许可协议

⑤ 在"定制安装"窗口勾选需要安装的组件,单击"下一步"按钮继续,如图 7-5 所示。

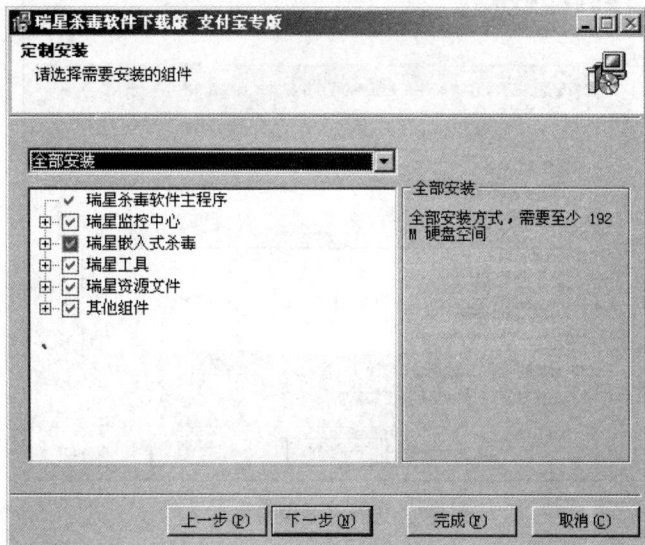

图 7-5　定制安装组件选择

⑥ 在"选择目标文件夹"窗口选择安装的路径,一般选择默认文件夹,单击"下一步"按钮继续,如图 7-6 所示。

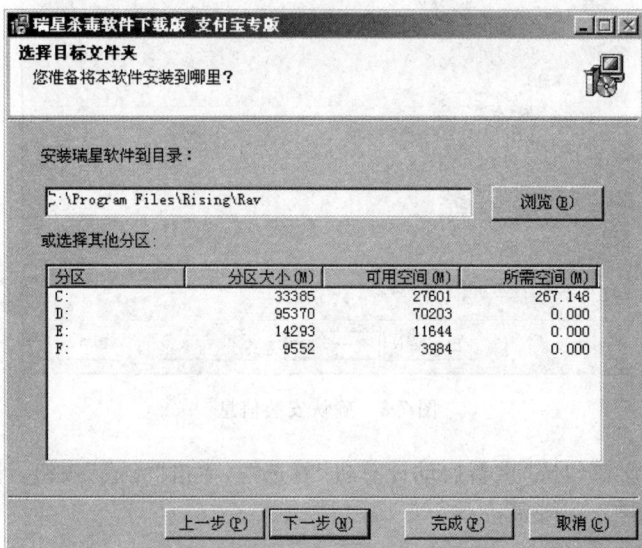

图 7-6　选择目标文件夹

⑦ 在"选择开始菜单文件夹"窗口,选择默认值,并且勾选"放置瑞星图标到桌面"和"放置瑞星图标到快速启动工具条"复选框,单击"下一步"按钮继续,如图 7-7 所示。

⑧ 安装程序准备完成,确认安装信息,勾选"安装之前执行内存病毒扫描"复选框,如图 7-8 所示,单击"下一步"按钮继续。

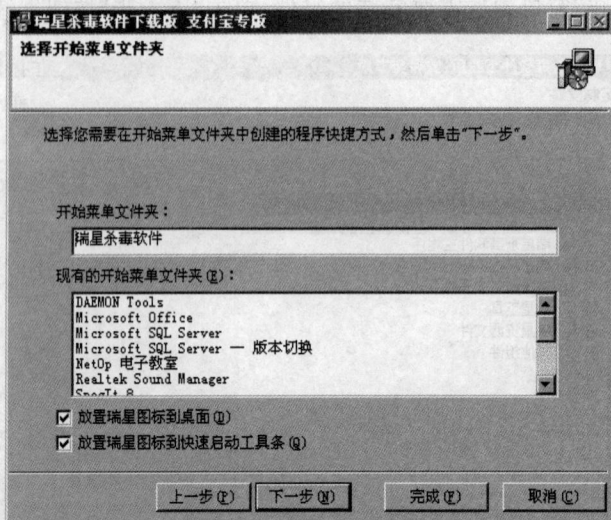

图 7-7　选择开始菜单文件夹

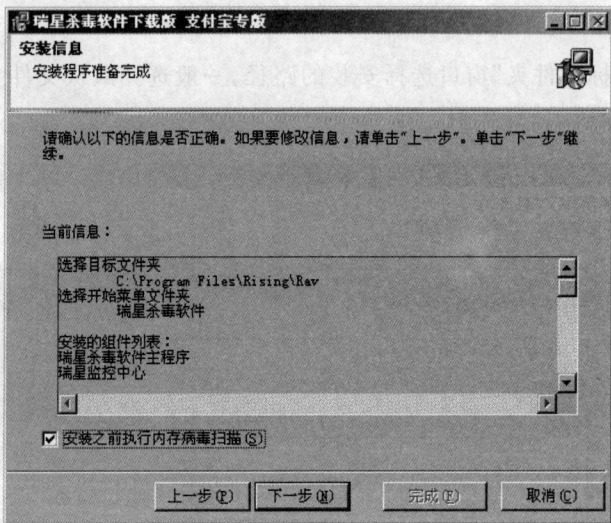

图 7-8　确认安装信息

⑨ 在"结束"窗口勾选"重新启动计算机"复选框,单击"完成"按钮,计算机重新启动,程序安装完成,如图 7-9 所示。

实战演练 7-2:查杀病毒

"安装完杀毒软件,是不是我的计算机就没有病毒了呢?"黛玉问道。宝钗笑笑:"不是的,装上杀毒软件并不能说明你的计算机就没有病毒,我们还必须彻底查杀一遍病毒,并且设置好杀毒软件的实时控制。以后呀,如果不出意外,你的计算机就能保持干净了。"宝钗一边说,一边开始进行操作。

① 启动瑞星杀毒软件,执行"设置"菜单下的"详细设置"命令,如图 7-10 所示。

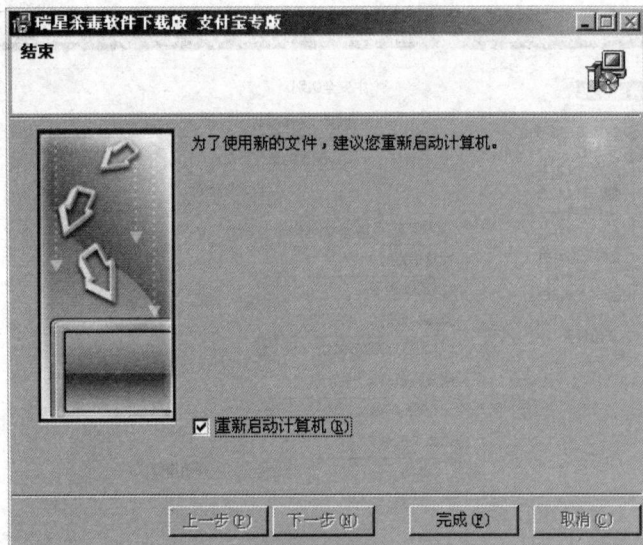

图 7-9 安装结束设置

图 7-10 "设置"菜单

② 在"详细设置"对话框中打开"处理方式"选项卡,"发现病毒时"设置为"清除病毒","杀毒失败时"设置为"删除染毒文件","隔离失败时"设置为"清除病毒","杀毒结束后"设置为"返回",如图 7-11 所示。

③ 打开"查杀文件类型"选项卡,在"查杀文件类型选项"中点选"所有文件",单击"确定"按钮,返回首页,如图 7-12 所示。

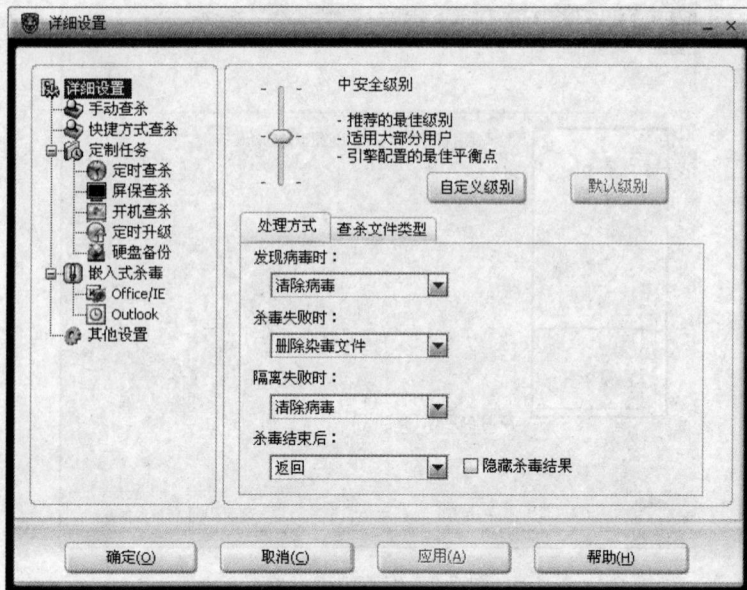

图 7-11　病毒"处理方式"选项卡

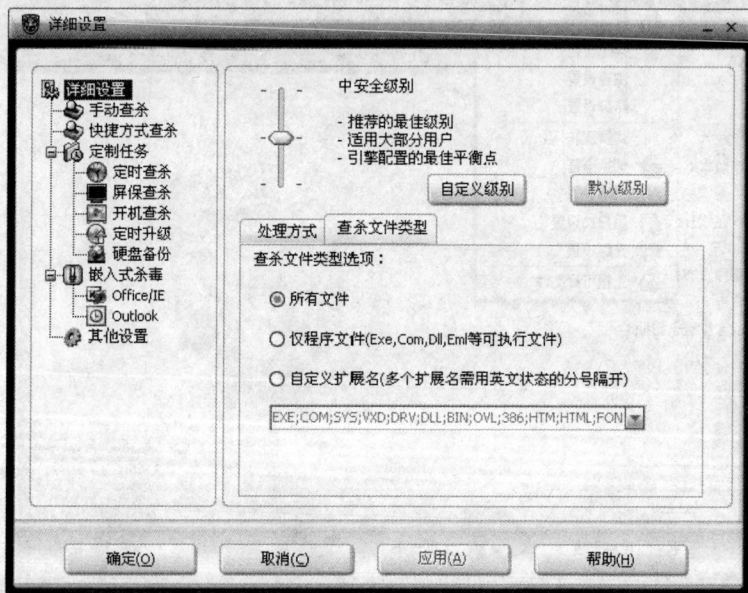

图 7-12　"查杀文件类型"选项卡

④ 打开"监控"选项卡,开启"文件监控"、"邮件监控"和"网页监控",如图 7-13 所示。

⑤ 设置完成后打开"杀毒"选项卡,勾选"我的电脑"复选框,选中所有项目,单击"开始查杀"按钮,开始查杀病毒,如图 7-14 所示。

⑥ 杀毒需要很长时间,杀完毒后重新启动计算机即可。

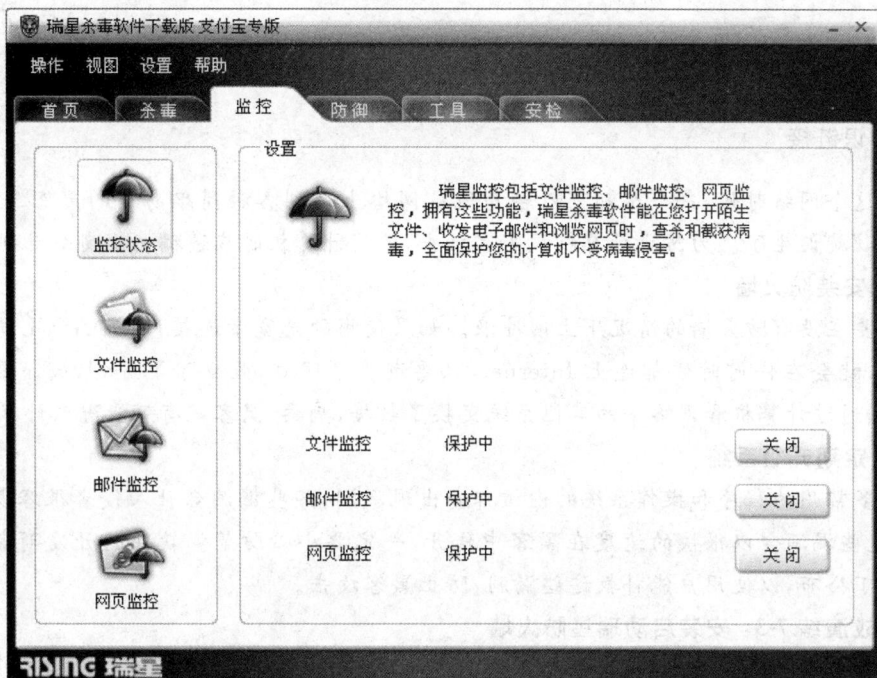

图 7-13　"监控"选项卡

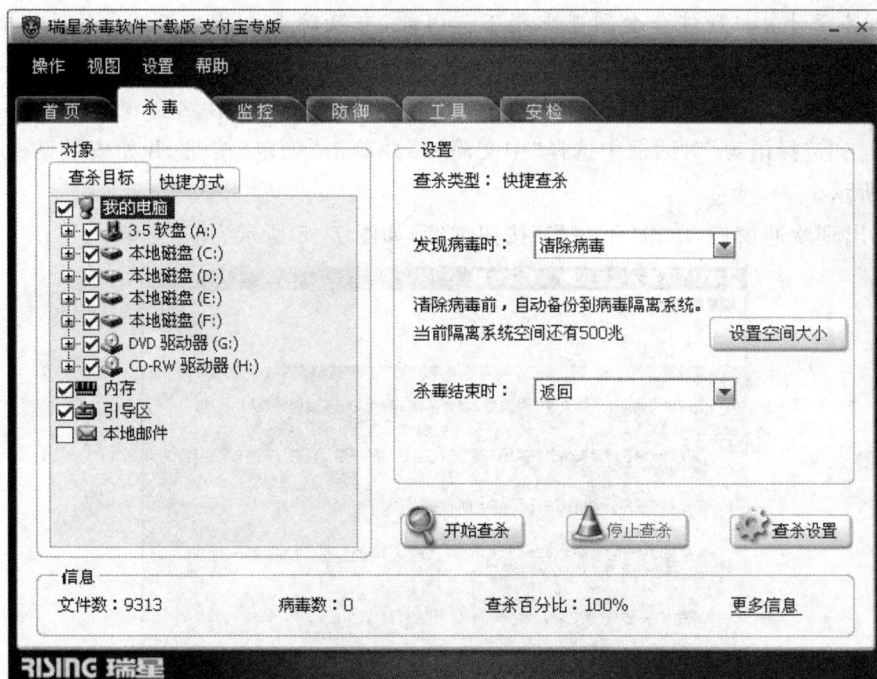

图 7-14　开始查杀病毒

7.1.2 防止黑客入侵

📖 知识链接

在这个网络时代,每个人都可以轻易地从网络上得到各种简单易用的黑客工具,于是"黑客"就诞生了。为防止计算机被黑客攻击,使用计算机时应遵循一些安全准则。

1. 安装防火墙

不要在没有防火墙的情况下上网冲浪。如果使用的是宽带连接,例如 ADSL 或者光纤,那么就会在任何时候都连上 Internet,只要浏览了网页,收发了 E-mail,或下载了文件,数据通过计算机和网络中的其他系统交换了数据,病毒、黑客就有可能进入计算机。

2. 定期升级系统

很多常用的程序和操作系统的内核都会出现漏洞,某些漏洞会让入侵者很容易进入系统,这些漏洞会以很快的速度在黑客中传开,一定要小心防范。软件的开发商都会及时把补丁公布,以使用户能补救这些漏洞,防止黑客攻击。

实战演练 7-3:安装启动瑞星防火墙

黛玉的计算机装的东西不多,不一会儿就完成了全盘查杀,这让黛玉放心不少。宝钗说道:"你的计算机现在并不是很安全,现在的黑客软件日渐强大,如果让计算机直接连到网络上,就好比出门时没锁大门。硬盘的东西将被删除或破坏,个人信息有可能会被盗取,甚至计算机硬件会受到严重损害。因此,安装防火墙是必不可少的。我必须给你的计算机安装上防火墙。"

① 双击下载好的安装文件"Rfwolalipay.exe",如图 7-1 所示。

② 在"选择语言"对话框中选择"中文简体"并单击"确定"按钮,开始安装防火墙,如图 7-2 所示。

③ 出现欢迎窗口,单击"下一步"按钮继续,如图 7-15 所示。

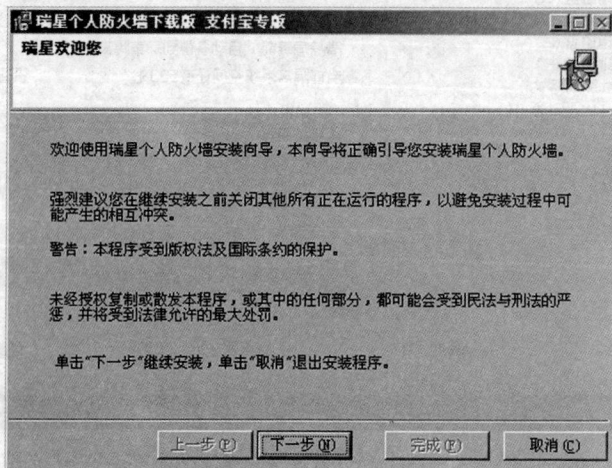

图 7-15　安装防火墙的欢迎窗口

④ 在"最终用户许可协议"窗口点选"我接受",单击"下一步"按钮继续,如图 7-16 所示。

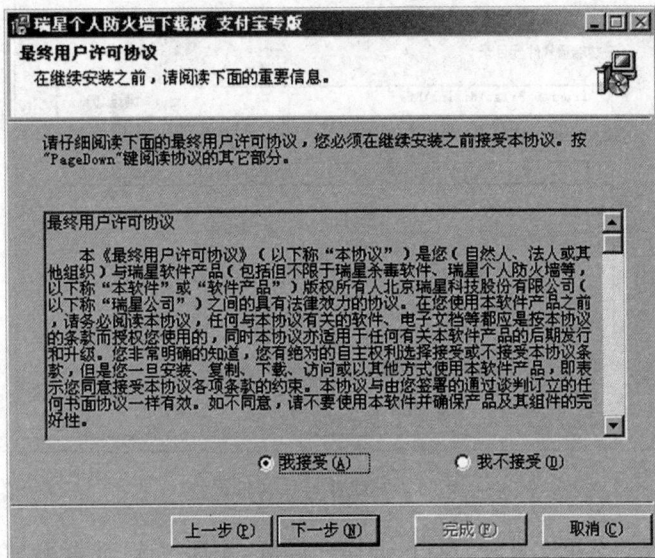

图 7-16 最终用户许可协议

⑤ 在"定制安装"窗口勾选需要安装的组件,单击"下一步"按钮继续,如图 7-17 所示。

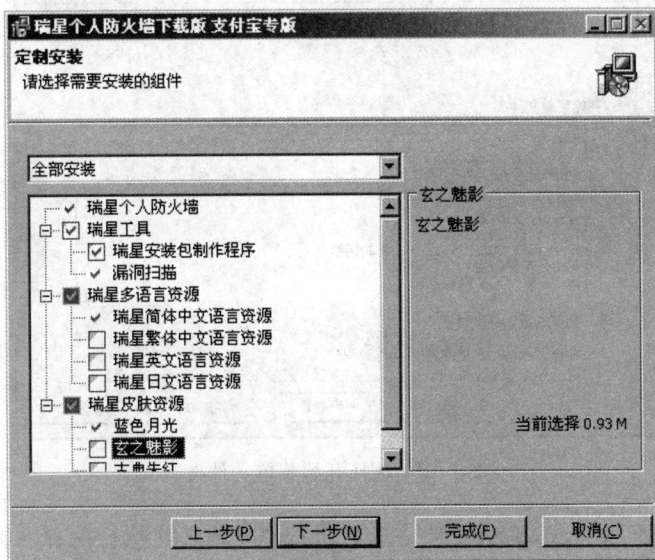

图 7-17 勾选需要安装的组件

⑥ 在"选择目标文件夹"窗口选择安装的路径,一般选择默认文件夹,单击"下一步"按钮继续,如图 7-18 所示。

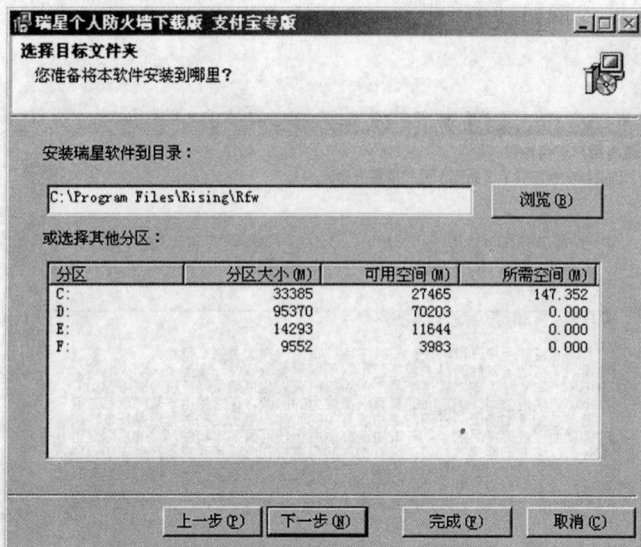

图 7-18　选择目标文件夹

　　⑦ 在"选择开始菜单文件夹"窗口，选择默认值，并且勾选"放置瑞星图标到桌面"和"放置瑞星图标到快速启动工具条"复选框，单击"下一步"按钮继续，如图 7-19 所示。

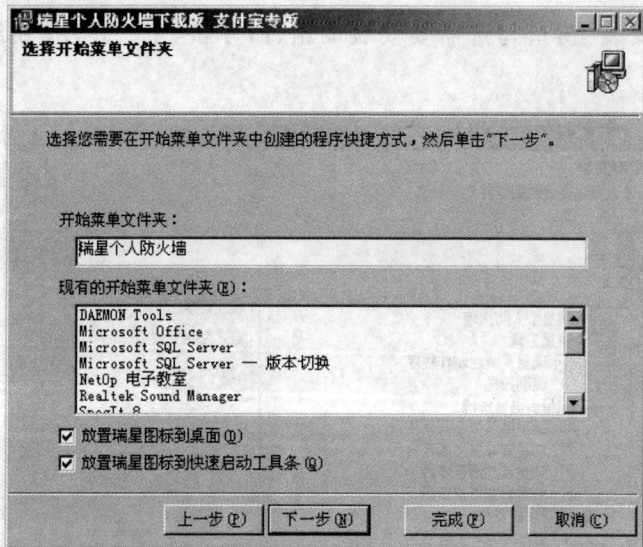

图 7-19　选择开始菜单文件夹

　　⑧ 安装程序准备完成，确认安装信息后，勾选"安装之前执行内存病毒扫描"复选框，单击"下一步"按钮继续，如图 7-20 所示。

　　⑨ 在"结束"窗口勾选"运行瑞星个人防火墙"复选框，单击"完成"按钮，完成防火墙的安装并运行防火墙，如图 7-21 所示。

　　⑩ 系统检测到本机配置的 IP 地址，勾选并添加到可信区，单击"下一步"按钮继续，如图 7-22 所示。

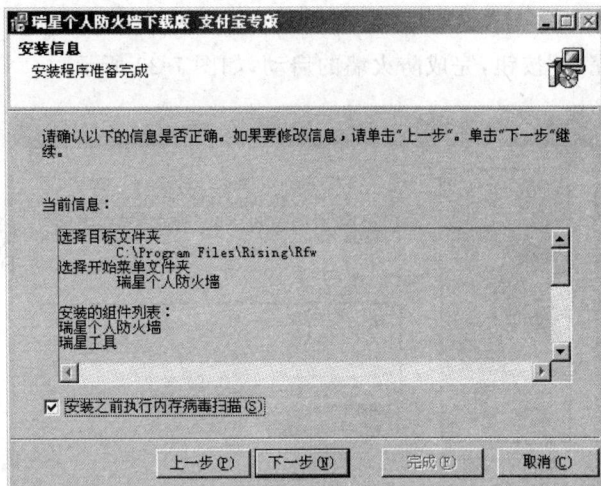

图 7-20 确认安装信息

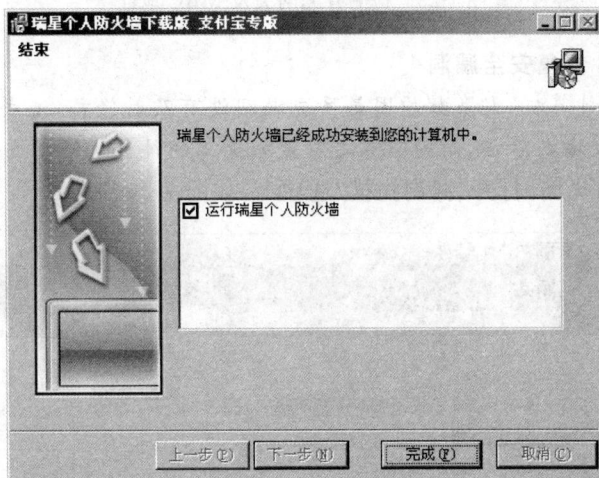

图 7-21 安装完成

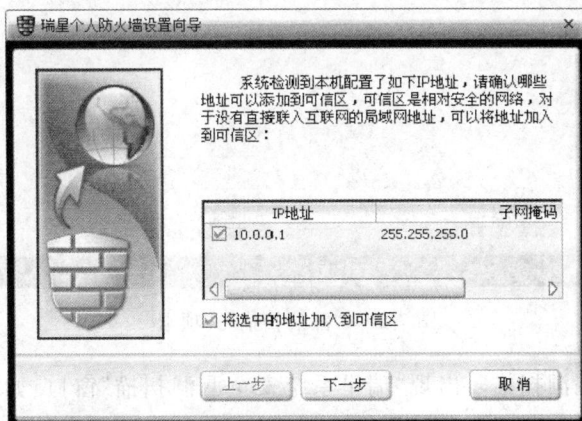

图 7-22 添加本机 IP 地址到可信区

⑪ 检测有无网关及 MAC 地址，如检测到，做静态绑定，并勾选"启用 ARP 欺骗防御"复选框，单击"完成"按钮，完成防火墙的启动，如图 7-23 所示。

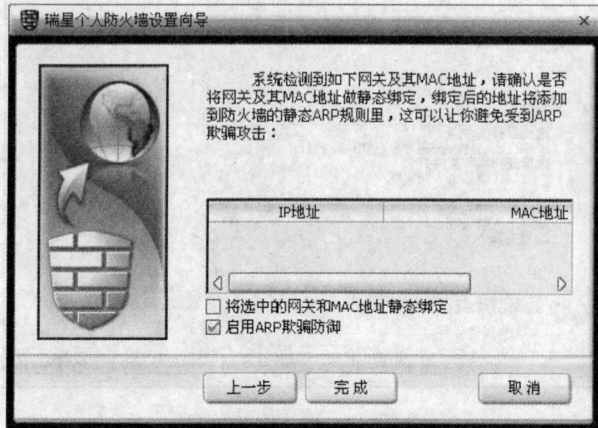

图 7-23　检测有无网关及 MAC 地址

实战演练 7-4：修复安全漏洞

黑客入侵用户计算机，大多数原因是系统漏洞没有及时修补，造成恶意人有机可乘。所以，在安装完防火墙之后，下面的当务之急是给黛玉的计算机修复安全漏洞。

① 启动瑞星防火墙，打开"漏洞扫描"选项卡，如图 7-24 所示。

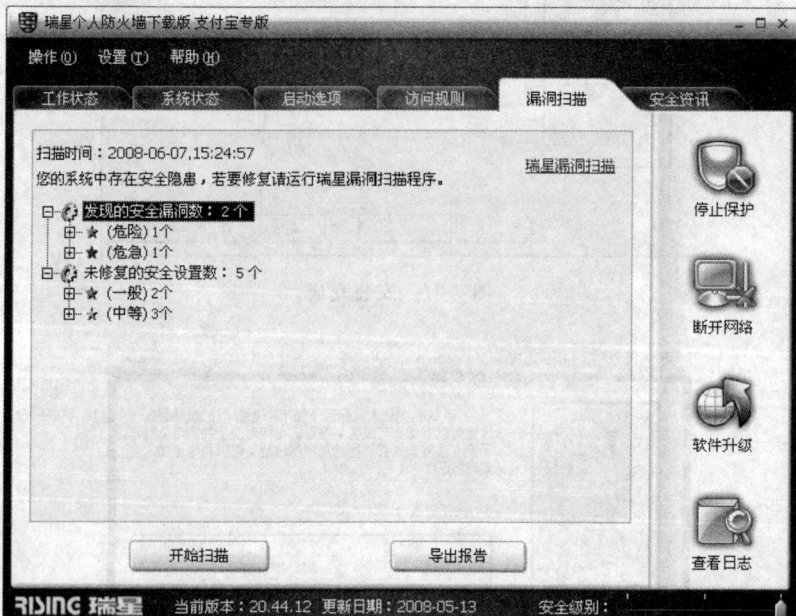

图 7-24　"漏洞扫描"选项卡

② 单击"瑞星漏洞扫描"，出现"瑞星系统安全漏洞扫描"窗口，如图 7-25 所示，勾选"安全漏洞"复选框，单击"开始扫描"。

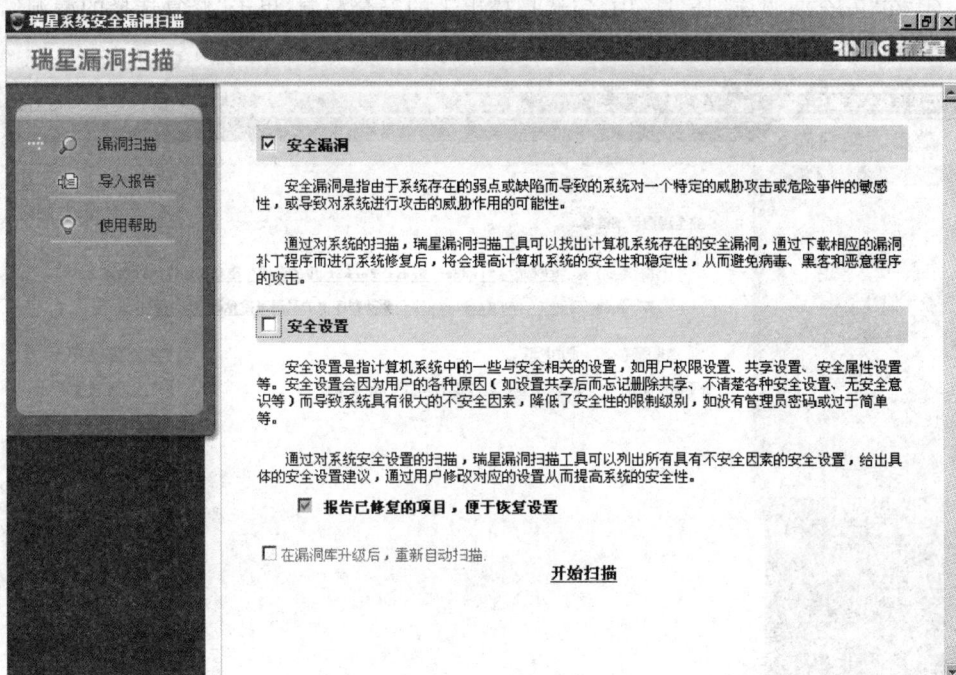

图 7-25　"瑞星系统安全漏洞扫描"窗口

③ 在"漏洞扫描报告"中可以看到发现的安全漏洞有哪些,如图 7-26 所示,单击"查看详细"。

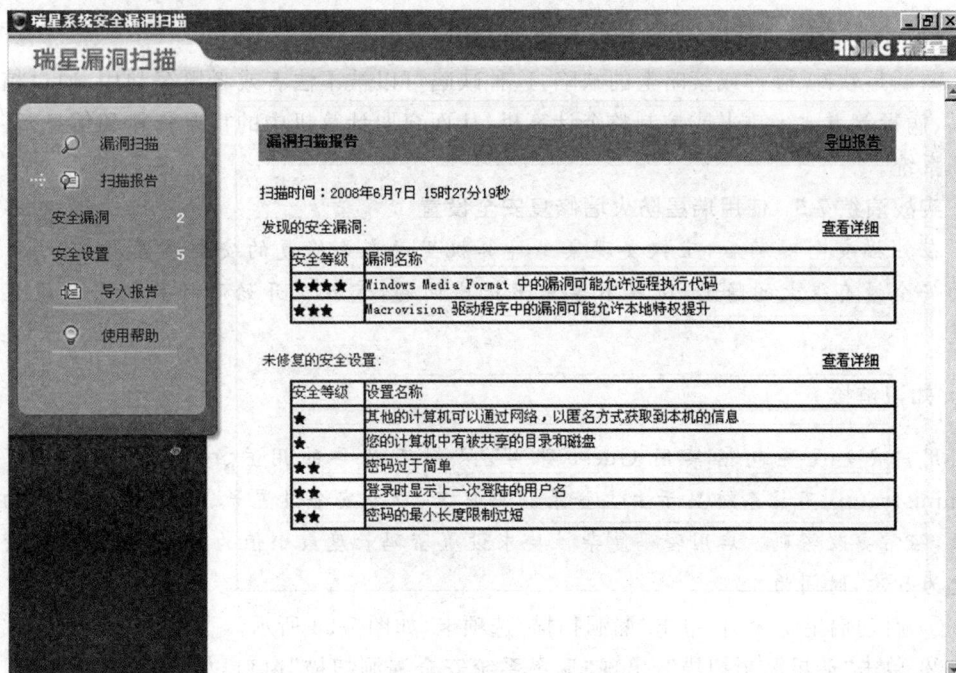

图 7-26　漏洞扫描报告

④ 在"安全漏洞详细信息"中,勾选扫描出来的安全漏洞,单击"修复选择的漏洞",开始系统漏洞修复,如图 7-27 所示。

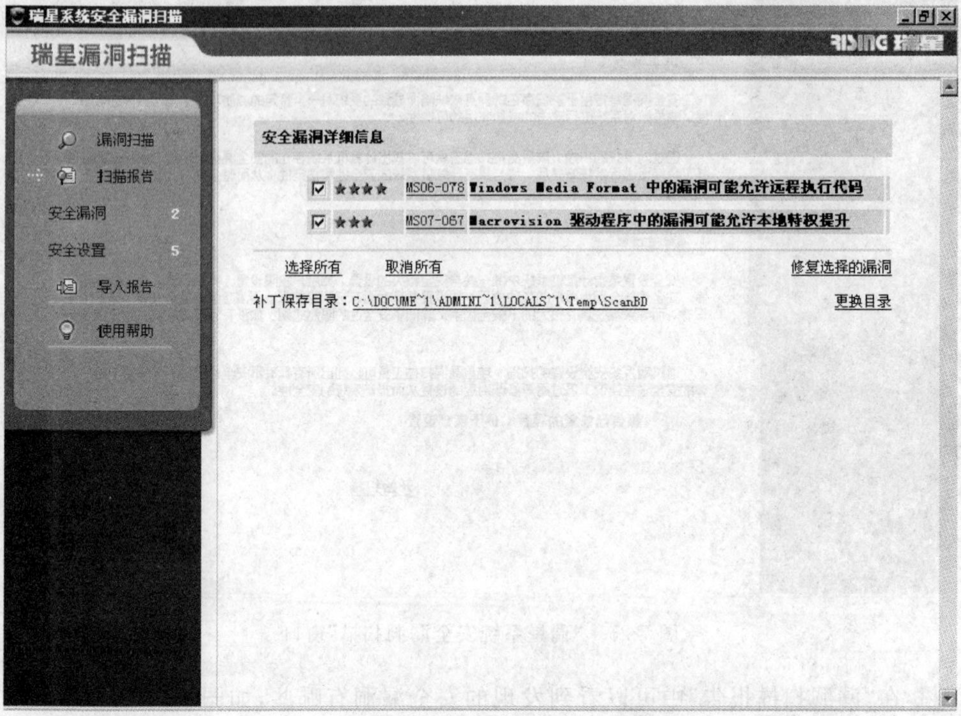

图 7-27　安全漏洞详细信息

⑤ 修复完成后重启系统完成文件更新,修复完毕。

漏洞是软件、硬件或策略上的缺陷,这种缺陷可以被不法者或者黑客利用,通过植入木马、病毒等方式来攻击或控制整个计算机,从而窃取计算机中的重要资料和信息,甚至破坏系统。

实战演练 7-5:使用瑞星防火墙修复安全设置

在扫描安全漏洞后,宝钗发现黛玉计算机里存在未修复的安全设置,这对于计算机的安全性有很大的隐患,所以不等黛玉提出问题,宝钗就开始了计算机安全设置的修复。

知识链接

用户安全设置包括禁用 Guest 账号、限制不必要的用户、重新命名系统账号 Administrator、不让系统显示上次登录的用户名、口令安全设置等。还要注意密码的复杂性,经常更改密码。启用密码复杂性要求设置密码长度最小值为 8 位,设置强制密码历史为 5 次,时间为 42 天。

① 启动瑞星防火墙,单击"漏洞扫描"选项卡,如图 7-24 所示。

② 单击"瑞星漏洞扫描",出现"瑞星系统安全漏洞扫描"窗口,如图 7-28 所示窗口,勾选"安全设置"复选框,单击"开始扫描"。

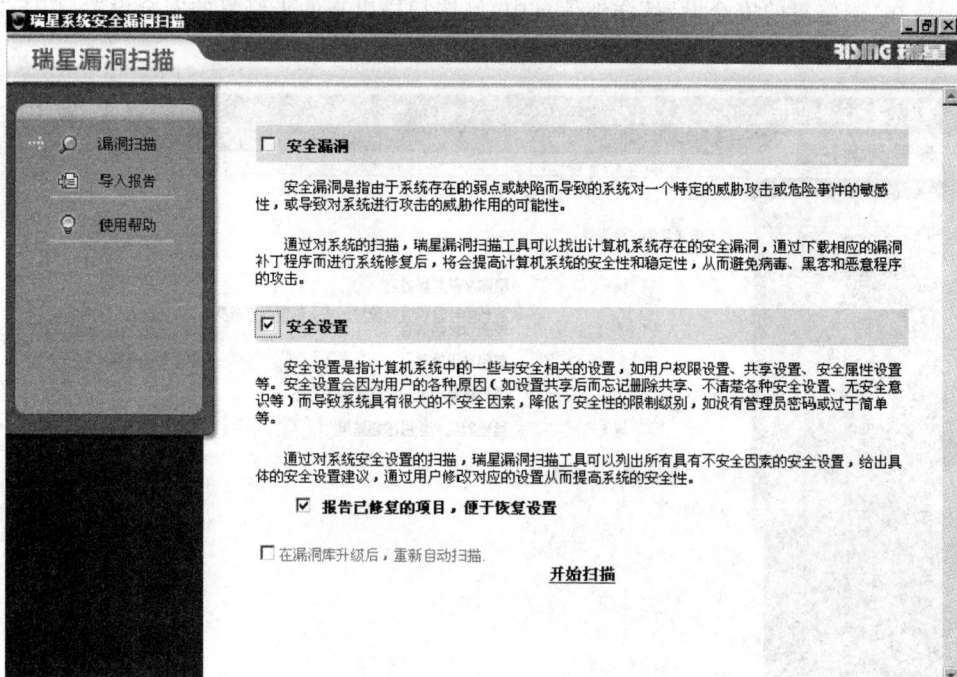

图 7-28 "瑞星系统安全漏洞扫描"窗口

③ 在"漏洞扫描报告"中可以看到"未修复的安全设置",如图 7-29 所示,单击"查看详细"。

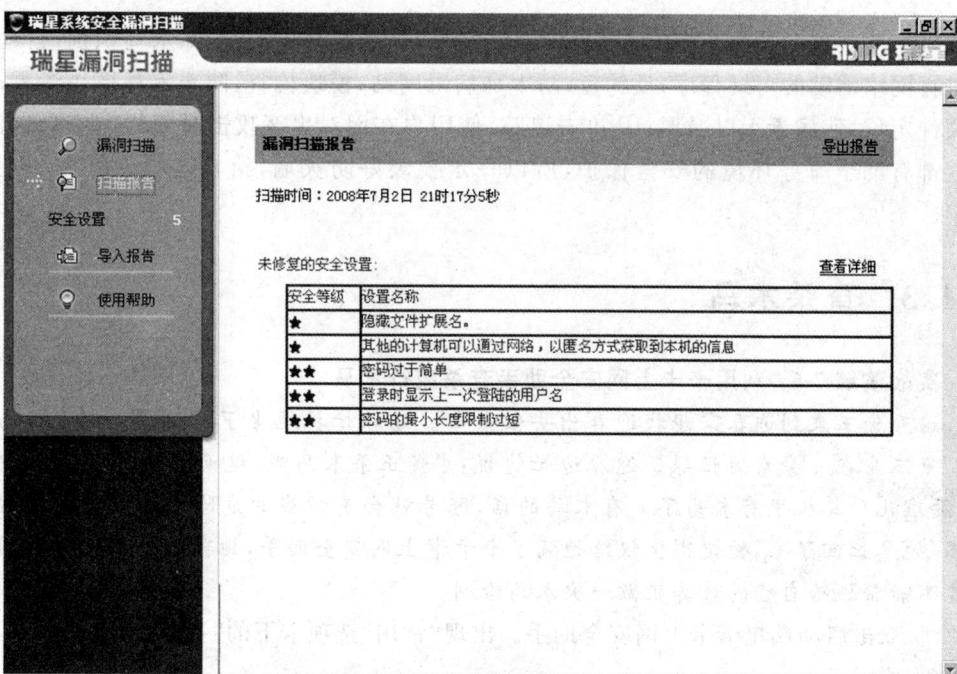

图 7-29 未修复的安全设置

④ 在"未修复的安全设置"详细信息中,勾选扫描出来的未修复的安全设置,单击"修复选择的设置",如图 7-30 所示,稍候修复完成。

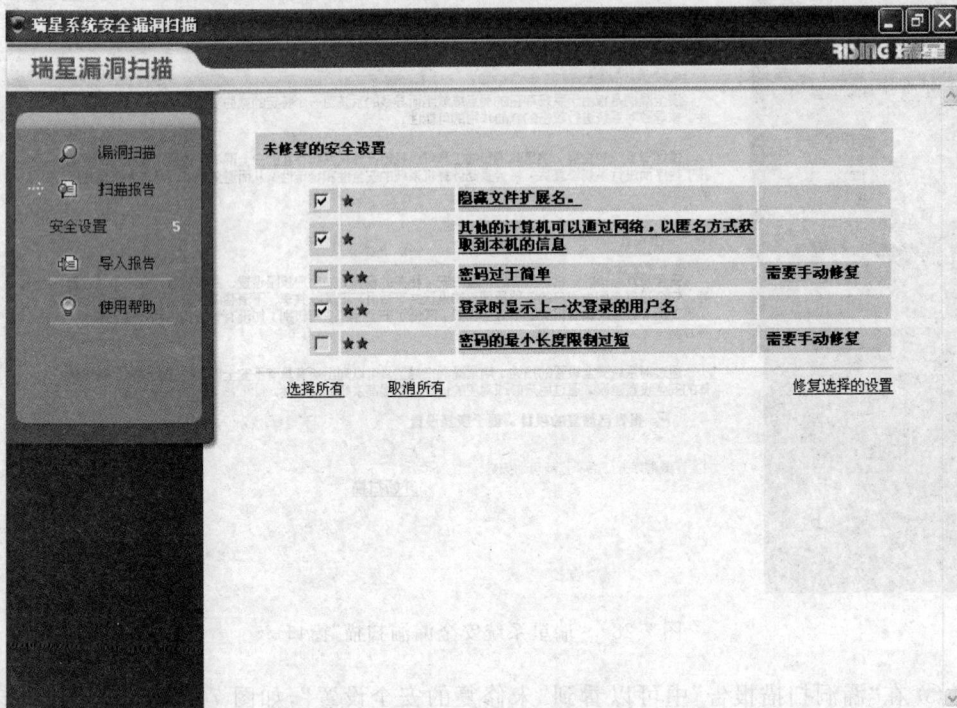

图 7-30　未修复的安全设置详细信息

瑞星防火墙的功能包括:能够保护网络安全,免受黑客攻击;未知木马识别,自动识别进行网络活动的可疑程序;反钓鱼,防木马病毒网站;模块检查,防止木马模块注入;可疑文件定位,使病毒无以遁形;IP 攻击追踪,使用户在面对黑客攻击时变为"主动出击"。这些都有助于商务环境的安全保护,所以一定要装好防火墙,给自己的计算机加上一把锁。

7.1.3　查杀木马

实战演练 7-6:利用卡卡上网安全助手查杀流行木马

这天黛玉来到迎春家想找迎春出去散散心。迎春忙拉她坐下:"先等一会,我马上好。"黛玉坐在一旁看她忙碌。迎春边忙边说:"我正杀木马呢,这两天我的 QQ 号被盗了,没准儿计算机里有木马了。有木马的话,账号就会有被盗的危险了。"一句话提醒了黛玉,她急忙回了家,她记得宝钗给她装了个卡卡上网安全助手,她要看一看这个上网助手能不能帮她给自己的计算机做一次木马检测。

① 双击启动瑞星卡卡上网安全助手。出现"常用"选项卡下的"基本状态"选项卡,如图 7-31 所示。

② 执行"查杀流行木马"后面的"立即查杀"命令。

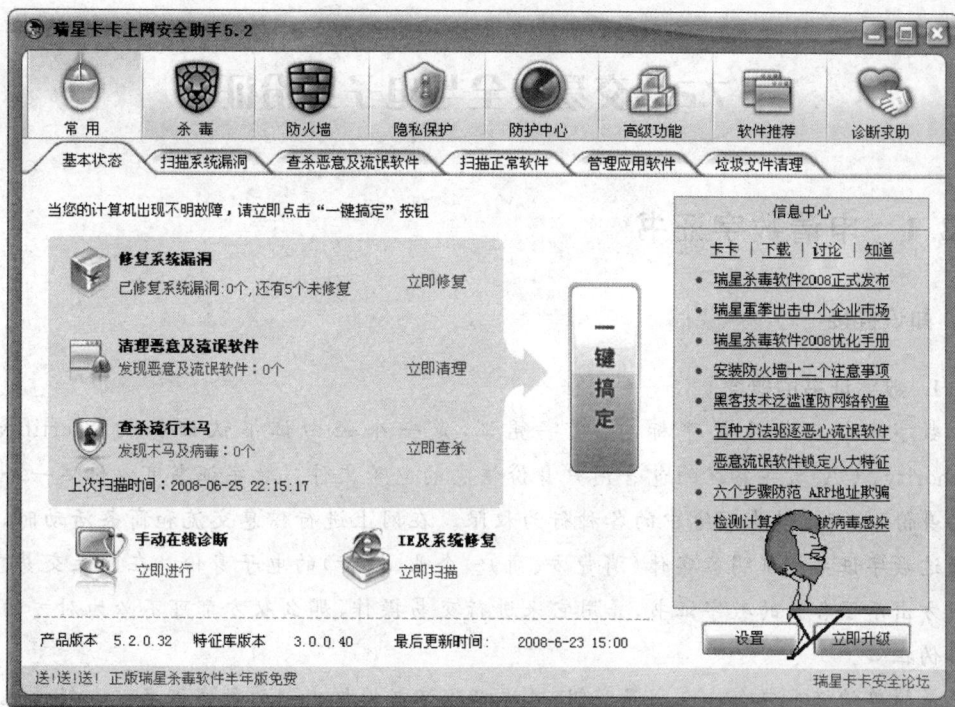

图 7-31　"基本状态"选项卡

③ 在"查杀流行木马"选项卡中点选"全盘扫描",单击"开始扫描"按钮,开始对计算机进行全面的木马扫描,如图 7-32 所示。

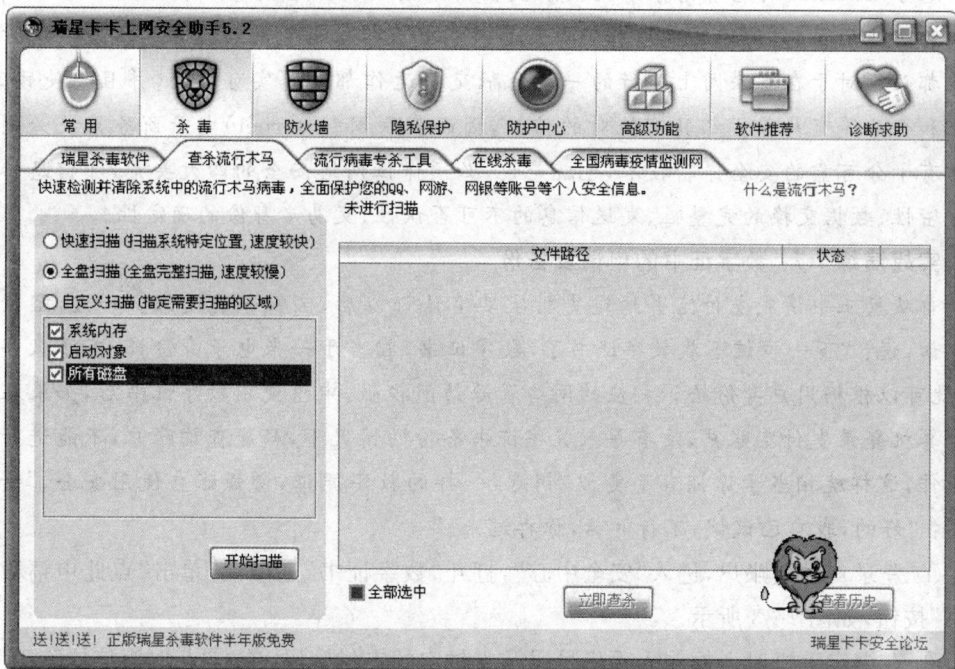

图 7-32　"查杀流行木马"选项卡

7.2 交易安全与电子身份证

7.2.1 申请数字证书

知识链接

1. 数字证书的概念

数字证书又称为数字标志、数字凭证,是一个经由证书认证机构(Certificate Authority,CA)数字签名的包含用户身份信息的电子文件。数字证书可以证实一个用户的身份,以确定其在网络中的各种行为权限。在网上进行信息交流和商务活动时,需要通过数字证书来证明各实体(消费方、商户/企业、银行)的电子身份。在网上交易中,若双方出示了各自的数字证书,并用它来进行交易操作,那么双方都可不必为对方的身份真伪担心。

最简单的证书包含一个公开密钥、名称以及证书授权中心的数字签名。一般情况下证书中还包括密钥的有效时间、发证机关(证书授权中心)的名称、该证书的序列号等信息,证书的格式遵循 ITUT X.509 国际标准。

2. 为什么要用数字证书

基于 Internet 的电子商务系统技术使在网上购物的顾客能够极其方便轻松地获得商家和企业的信息,但同时也增加了对某些敏感或有价值的数据被滥用的风险。买方和卖方都必须对于在互联网上进行的一切金融交易运作都是真实可靠的,并且要使顾客、商家和企业等交易各方都具有绝对的信心,因而互联网(Internet)电子商务系统必须保证具有十分可靠的安全保密技术,也就是说,必须保证网络安全的四大要素,即信息传输的保密性、数据交换的完整性、发送信息的不可否认性、交易者身份的确定性。

实战演练 7-7:数字证书的申请及备份

自从黛玉申请完支付宝并通过支付宝实名认证以后,宝钗一直没来。一天,宝钗打来电话,说:"下一步该下载数字证书了,数字证书,相当于一张电子身份证,有了数字证书,就可以根据用户身份给予相应的网络资源访问权限,申请使用数字证书后,如果在其他计算机登录支付宝账户,没有导入数字证书备份的情况下,只能查询账户,不能进行任何操作,这样就相当于你拥有了类似'钥匙'一样的数字凭证,增强账户使用安全。"黛玉回答:"好的,我自己试试,不行的话,你再过来。"

① 登录支付宝账户,进入"安全中心",打开"数字证书"选项卡,单击"点此申请数字证书"按钮,如图 7-33 所示。

② 在绑定手机对话框输入手机号码及支付宝的支付密码,单击"获取短信校验码"按钮,如图 7-34 所示。

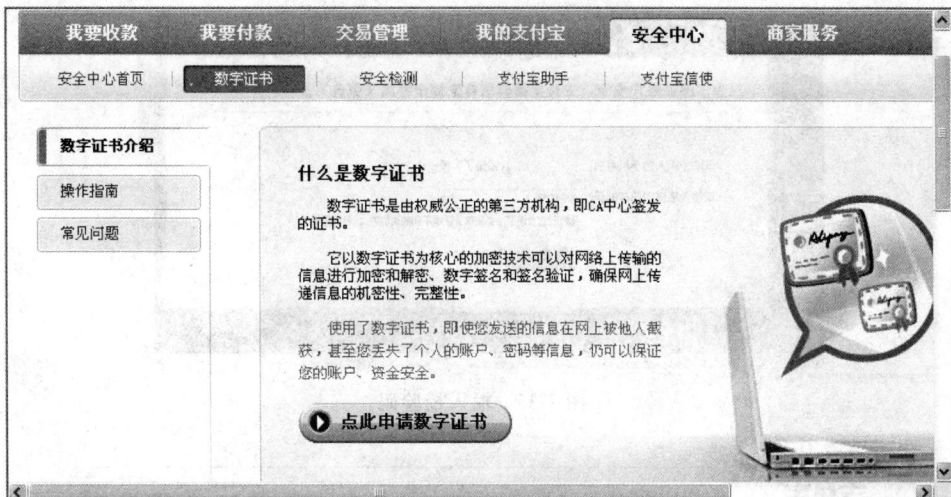

图 7-33　"数字证书"选项卡

图 7-34　手机绑定

③ 在"请输入短信中的校验码"文本框中输入手机刚刚收到的校验码,输入完成后单击"确认"按钮,如图 7-35 所示。

④ 输入认证时填写的证件号码进行安全校验,单击"确定"按钮,如图 7-36 所示。

⑤ 单击"申请支付宝数字证书"按钮,如图 7-37 所示。

⑥ 设置安全保护问题。一定要认真设置,因为如果日后要在其他计算机上使用这个数字证书的话,需要输入这些设置好的安全问题答案。设置完成后单击"确定"按钮,如图 7-38 所示。

⑦ 填写证书使用地点,填写完成后单击"确定"按钮,如图 7-39 所示。

⑧ 确认个人信息,单击"确定"按钮,单击所有弹出窗口中的"是"完成申请。

⑨ 单击"备份"按钮,开始进行数字证书的备份,如图 7-40 所示。

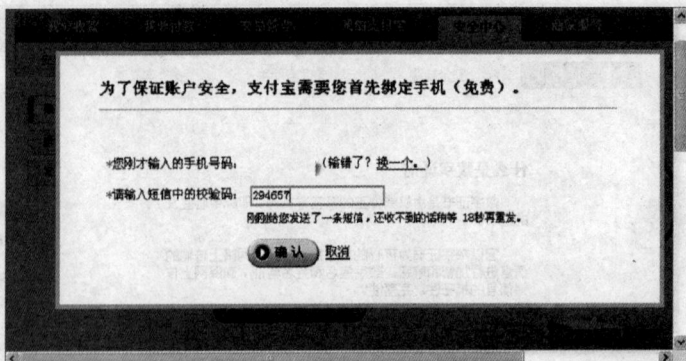

图 7-35　输入校验码

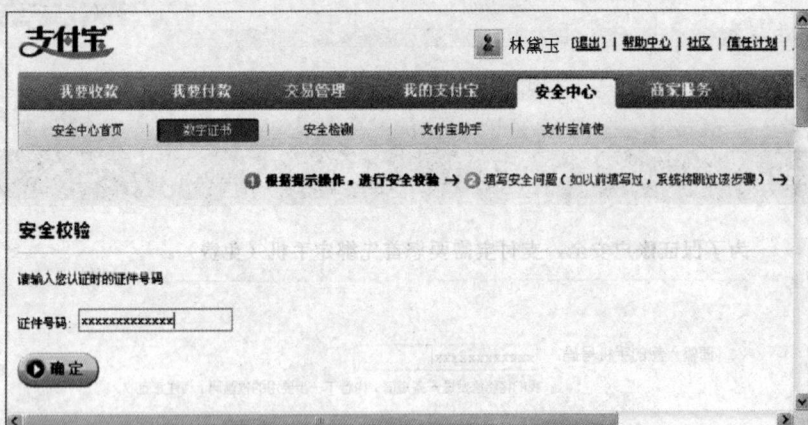

图 7-36　安全校验

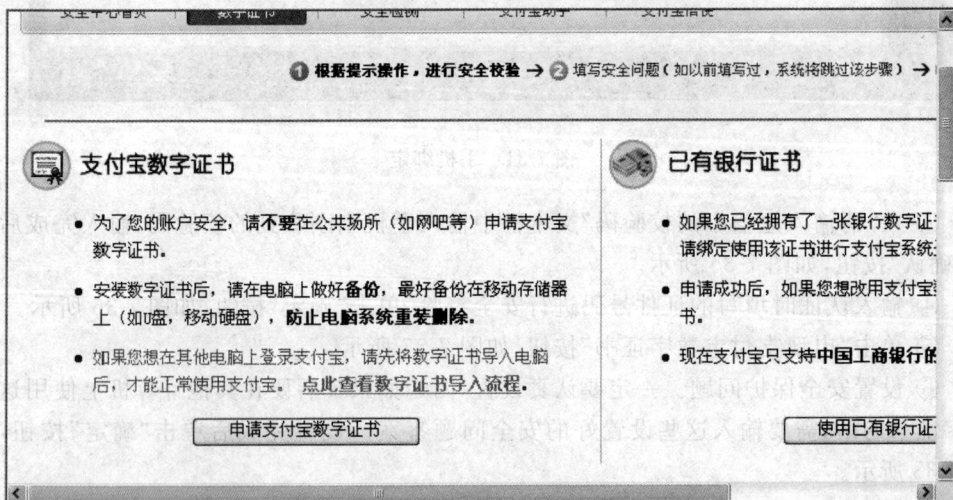

图 7-37　申请支付宝数字证书

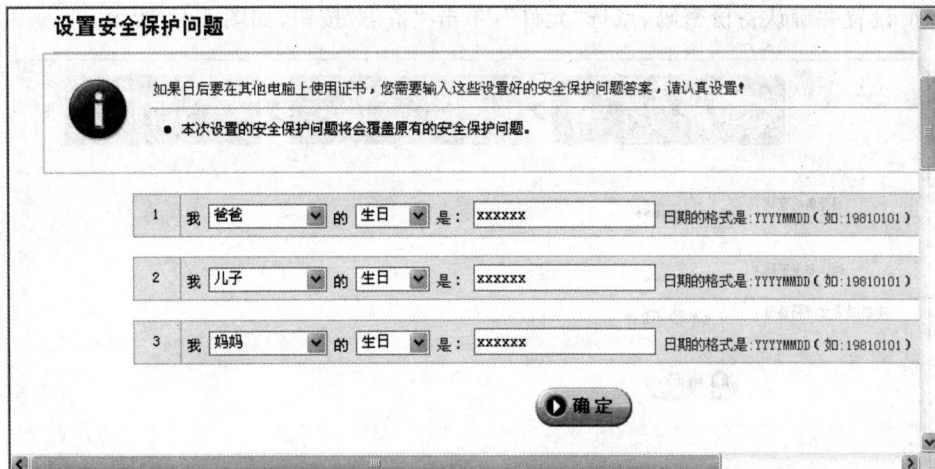

图 7-38 设置安全保护问题

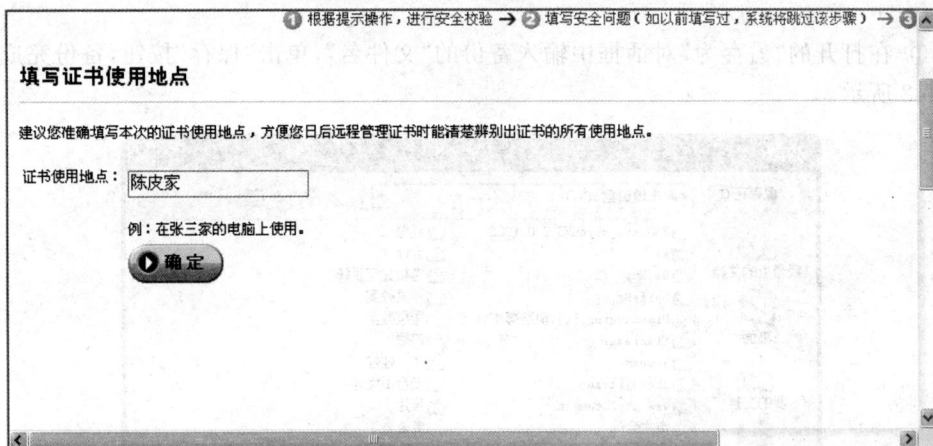

图 7-39 填写证书使用地点

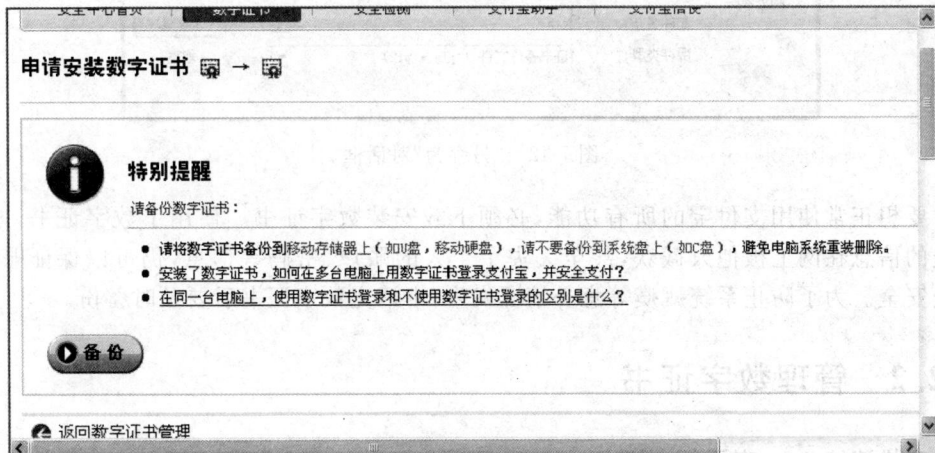

图 7-40 证书备份

248

⑩ 设置并确认备份密码,点选"允许",单击"备份"按钮,如图 7-41 所示。

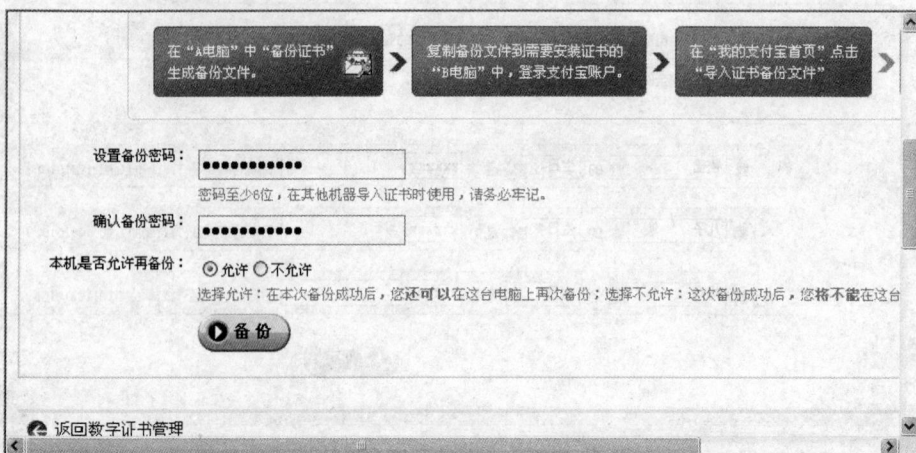

图 7-41　设置并确认备份密码

⑪ 在打开的"另存为"对话框中输入备份的"文件名",单击"保存"按钮,备份完成,如图 7-42 所示。

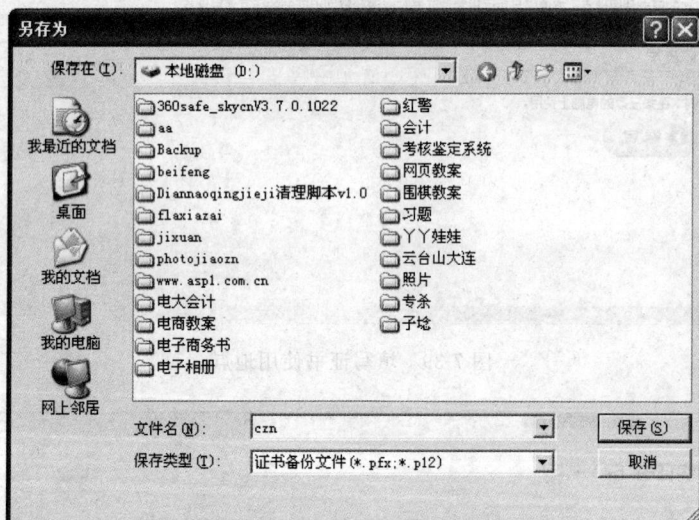

图 7-42　"另存为"对话框

要想正常使用支付宝的所有功能,必须下载安装数字证书。使用了数字证书,即使发送的信息在网上被他人截获,甚至丢失了个人的账户、密码等信息,仍可以保证账户、资金安全。为了防止系统瘫痪等意外情况发生,申请完数字证书后要及时备份。

7.2.2　管理数字证书

实战演练 7-8:查看数字证书

贾母知道了黛玉现在想做点事情,老太太很是高兴,给黛玉送来了一台笔记本电脑,

并给了她一笔资金。黛玉想给这台新的计算机也装上数字证书。首先她先查看一下她
自己计算机上的数字证书。

　　① 启动 IE,选择"工具"菜单的"Internet 选项",进入"内容"选项卡,单击"证书"按
钮,如图 7-43 所示。

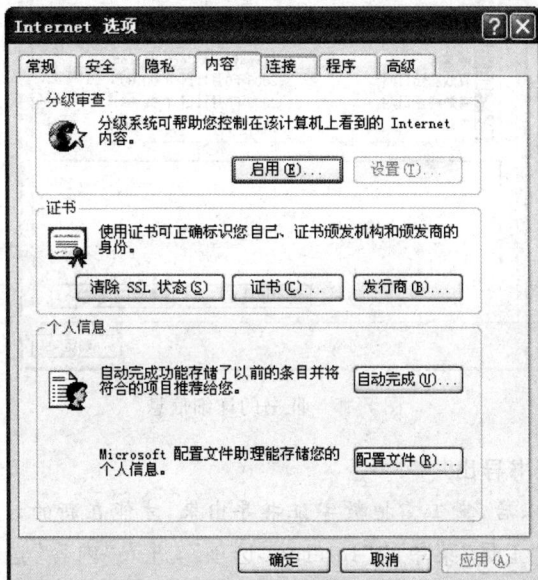

图 7-43　"内容"选项卡

　　② 在"证书"对话框中选择要查看的证书,单击"查看"按钮,如图 7-44 所示。

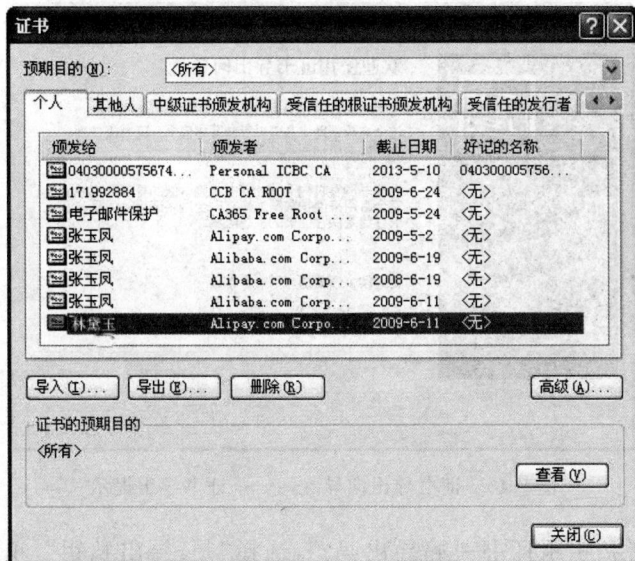

图 7-44　"证书"对话框

　　③ 打开"详细信息"选项卡,可看到所选证书的详细信息,如图 7-45 所示。

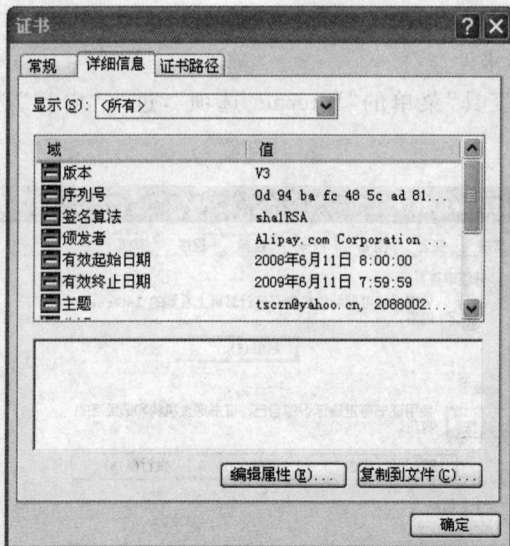

图 7-45　证书的详细信息

实战演练 7-9：证书导出

查看完数字证书以后，黛玉需把数字证书导出来，才能在新的计算机上安装使用。

① 启动 IE，选择"工具"菜单的"Internet 选项"，进入"内容"选项卡，单击"证书"按钮，如图 7-43 所示。

② 在"证书"对话框中选择要导出的证书，单击"导出"按钮，出现"证书导出向导"对话框，如图 7-46 所示，单击"下一步"按钮继续。

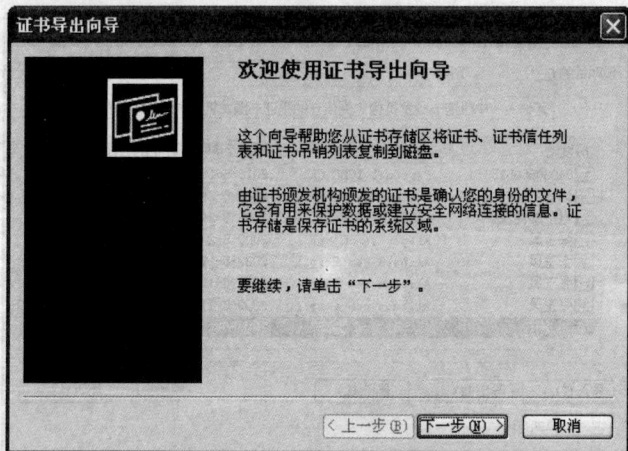

图 7-46　证书导出向导之一——证书导出提示

③ 对于"要将私钥跟证书一起导出吗？"，选择"是，导出私钥"，单击"下一步"，如图 7-47 所示。

④ 选择"导出文件格式"，如图 7-48 所示，单击"下一步"按钮继续。

⑤ 输入并确认保护私钥的密码，单击"下一步"按钮继续，如图 7-49 所示。

证书导出向导

导出私钥
您可以选择将私钥跟证书一起导出。

私钥受密码保护。如果要将私钥跟证书一起导出，您必须在后面一页上键入密码。

要将私钥跟证书一起导出吗？

⊙ 是，导出私钥(Y)

○ 不，不要导出私钥(O)

< 上一步(B)　下一步(N) >　　取消

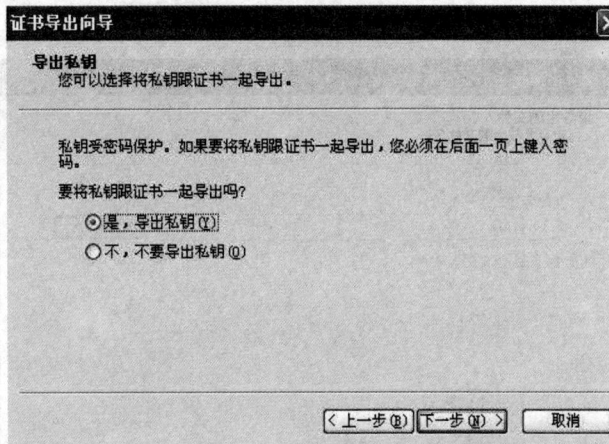

图 7-47　证书导出向导之二——导出私钥

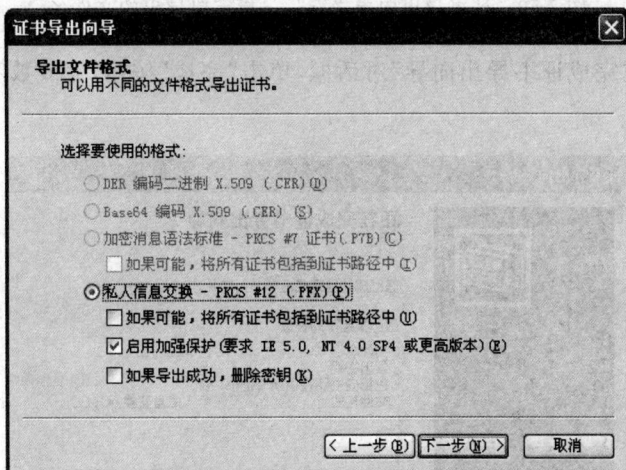

证书导出向导

导出文件格式
可以用不同的文件格式导出证书。

选择要使用的格式：

○ DER 编码二进制 X.509（.CER）(D)

○ Base64 编码 X.509（.CER）(S)

○ 加密消息语法标准 - PKCS #7 证书(.P7B)(C)

　　□ 如果可能，将所有证书包括到证书路径中(I)

⊙ 私人信息交换 - PKCS #12（.PFX）(P)

　　□ 如果可能，将所有证书包括到证书路径中(U)

　　☑ 启用加强保护(要求 IE 5.0、NT 4.0 SP4 或更高版本)(E)

　　□ 如果导出成功，删除密钥(K)

< 上一步(B)　下一步(N) >　　取消

图 7-48　证书导出向导之三——导出文件格式选择

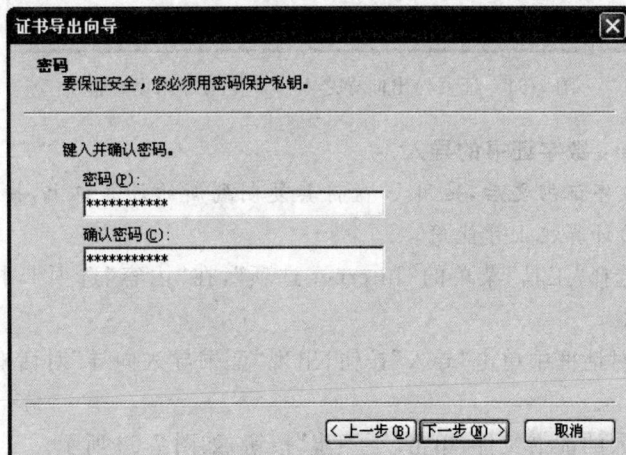

证书导出向导

密码
要保证安全，您必须用密码保护私钥。

键入并确认密码。

密码(P)：

****

确认密码(C)：

****

< 上一步(B)　下一步(N) >　　取消

图 7-49　证书导出向导之四——私钥密码输入

⑥ 输入导出证书要保存的位置及文件名,单击"下一步"按钮继续,如图 7-50 所示。

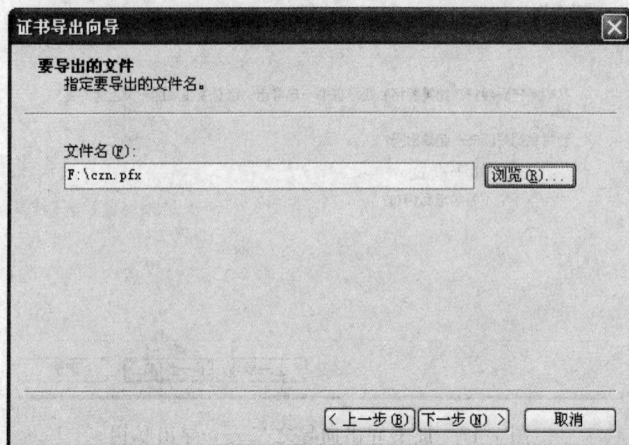

图 7-50　证书导出向导之五——指定要导出的文件名

⑦ 出现"正在完成证书导出向导"对话框,单击"完成"按钮,完成数字证书的导出,如图 7-51 所示。

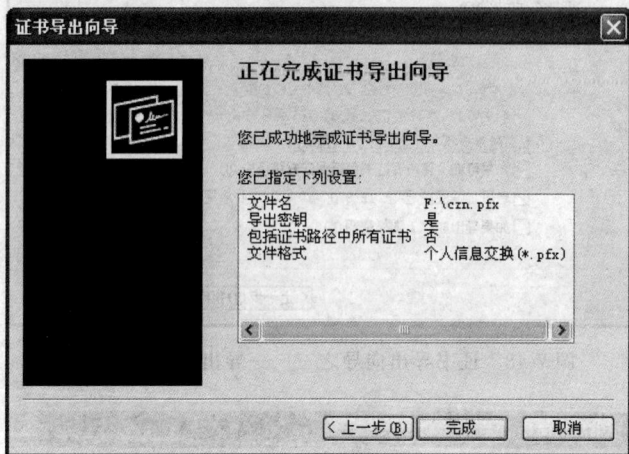

图 7-51　证书导出向导之六——证书导出设置情况

实战演练 7-10:数字证书的导入

黛玉导出了数字证书之后,她用 U 盘将其复制到新的计算机上,接下来她还要把数字证书导入到新的计算机上才能用。

① 启动 IE,选择"工具"菜单的"Internet 选项",在"内容"选项卡中,单击"证书"按钮,如图 7-43 所示。

② 在"证书"对话框中单击"导入"按钮,出现"证书导入向导"对话框,单击"下一步"按钮,如图 7-52 所示。

③ 指定要导入的证书文件,单击"下一步"按钮,如图 7-53 所示。

④ 选择证书的存储位置,单击"下一步"按钮,如图 7-54 所示。

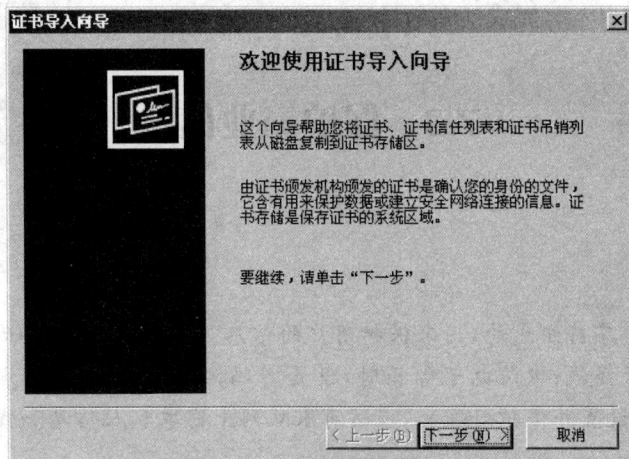

图 7-52 证书导入向导之一——证书导入提示

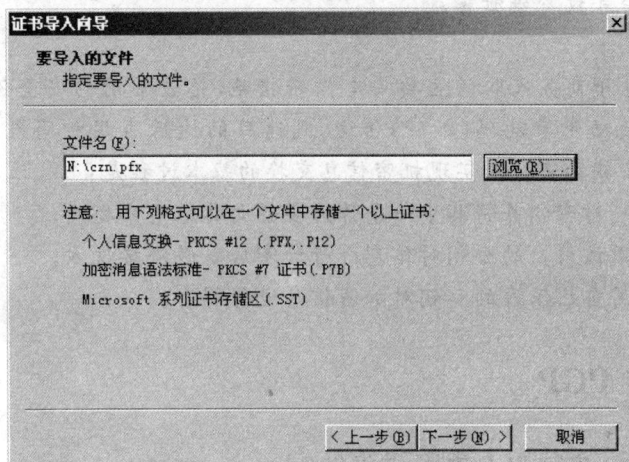

图 7-53 证书导入向导之二——指定要导入的文件

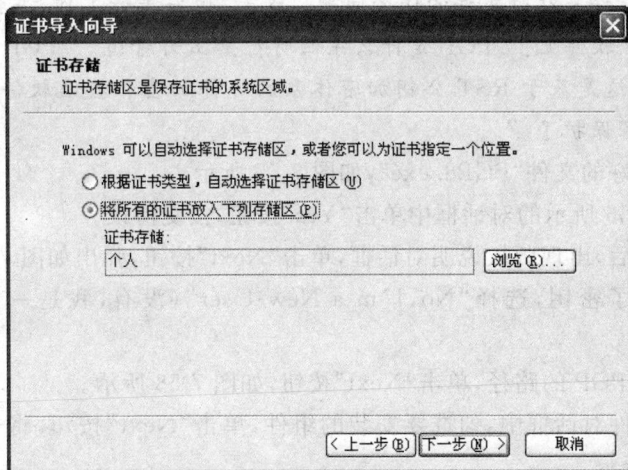

图 7-54 证书导入向导之三——选择证书存储区域

⑤ 单击"完成"按钮,完成证书的导入。

7.3 保护商业信函

知识链接

1. 密码

密码是由一串字符组成的,用来保护用户的信息。如在申请银行账号时,设置密码,以防有人冒用账号提钱;申请电子邮箱时,设置密码,用来保护邮件不被他人阅读;在网上交易时,更需要设置并保护好密码,以防有人从网上窃取私人信息和钱财。

2. 密码泄露

密码泄露一般指密码被人猜出或被人窃取,例如,在输入密码时被人偷看,计算机中了木马病毒等都会导致密码泄露。

3. 加密技术

加密技术是电子商务采取的主要安全保密措施,是最常用的安全保密手段,利用技术手段把重要的数据变为乱码(加密)传送,到达目的地后再用相同或不同的手段还原(解密)。非对称密钥加密技术实现机密信息交换的基本过程是:

① 用户生成一对密钥并将其中一个作为公钥向其他用户公开;

② 发送方使用该用户的公钥对信息进行加密后发送给接收方;

③ 接收方利用自己保存的私钥对加密信息进行解密。

7.3.1 安装 PGP

实战演练 7-11:安装 PGP 软件,并汉化

时间过得真快,黛玉的生意做得很顺利,业务越来越多,商务信件也越来越多,现在她最担心的是在信件来往时文件的保密问题。这天,她安排好工作,去找宝钗。宝钗道:"我来教你用 PGP 软件吧!""PGP 是什么东西呀?"黛玉好奇道。"PGP 软件是目前流行的一款加密软件,这是基于 RST 公钥加密体系的邮件加密和签名软件。使用它就可以实现对文件的加密保护了。"

① 双击下载好的文件"PGP8.exe",如图 7-55 所示。

② 在如图 7-56 所示的对话框中单击"Yes"按钮,接受协议。

③ 接受协议后,出现版权说明对话框,单击"Next"按钮,弹出如图 7-57 所示对话框,询问是否已经有了密钥,选择"No, I'm a New User"(没有,我是一个新用户),单击"Next"按钮。

④ 选择安装 PGP 的路径,单击"Next"按钮,如图 7-58 所示。

⑤ 在安装组件对话框中,勾选要安装的组件,单击"Next"按钮,将安装相应的 PGP 插件,如图 7-59 所示。

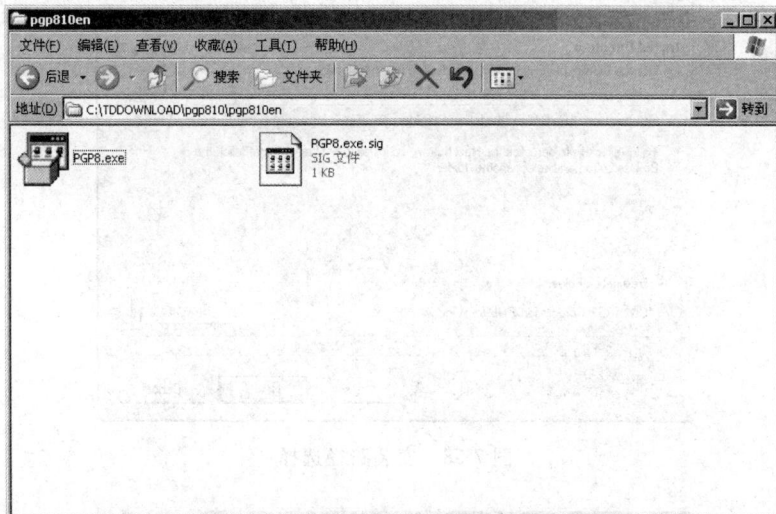

图 7-55　PGP8.exe 文件

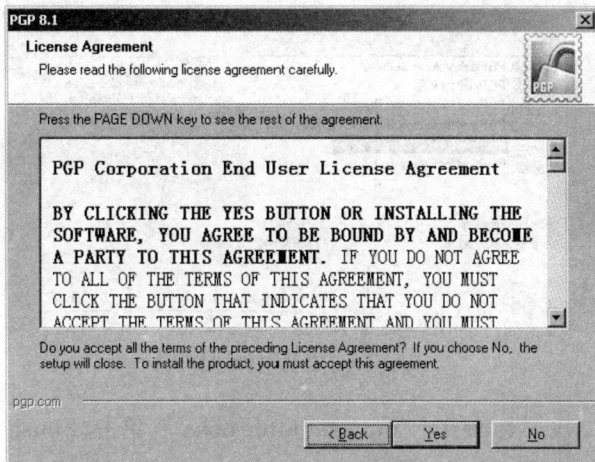

图 7-56　软件协议

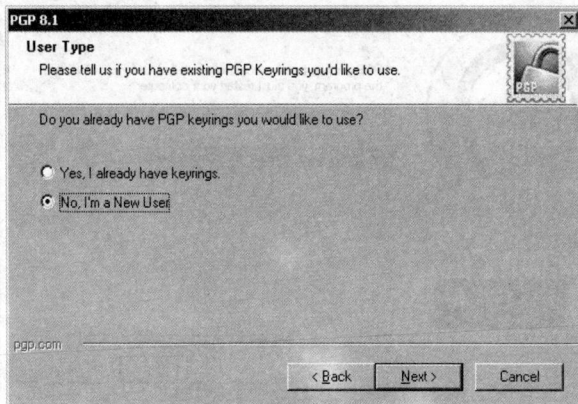

图 7-57　用户类型选择

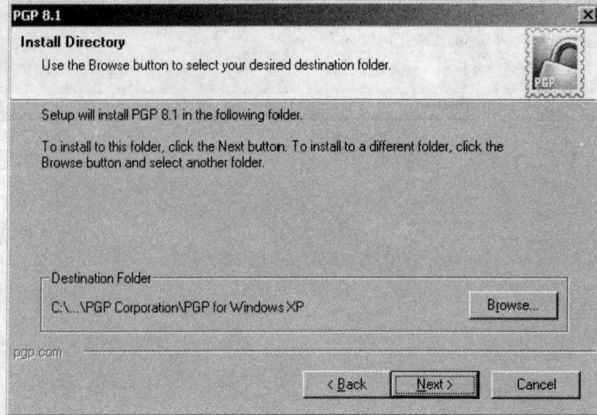

图 7-58 安装路径选择

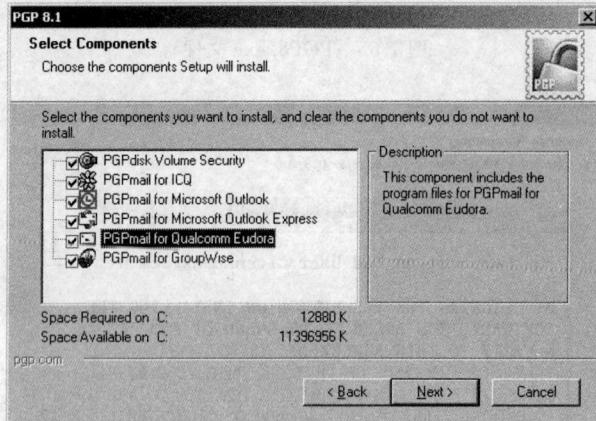

图 7-59 安装组件选择

⑥ 勾选"Yes,I want to restart my computer now.",单击"Finish"按钮重启计算机,完成安装,如图 7-60 所示。

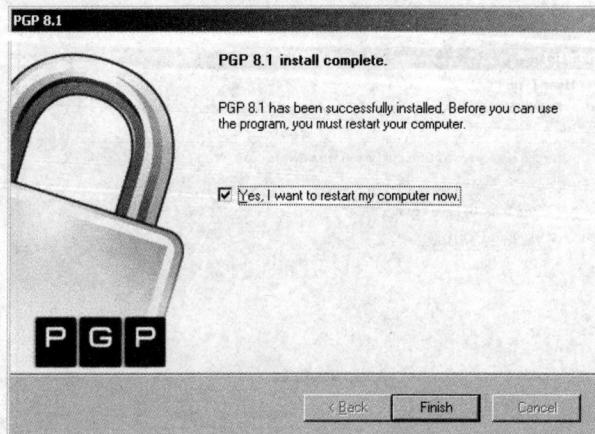

图 7-60 安装完成

⑦ 重启计算机完成后，双击汉化文件包"pgp81_cns_v2.exe"，如图 7-61 所示。

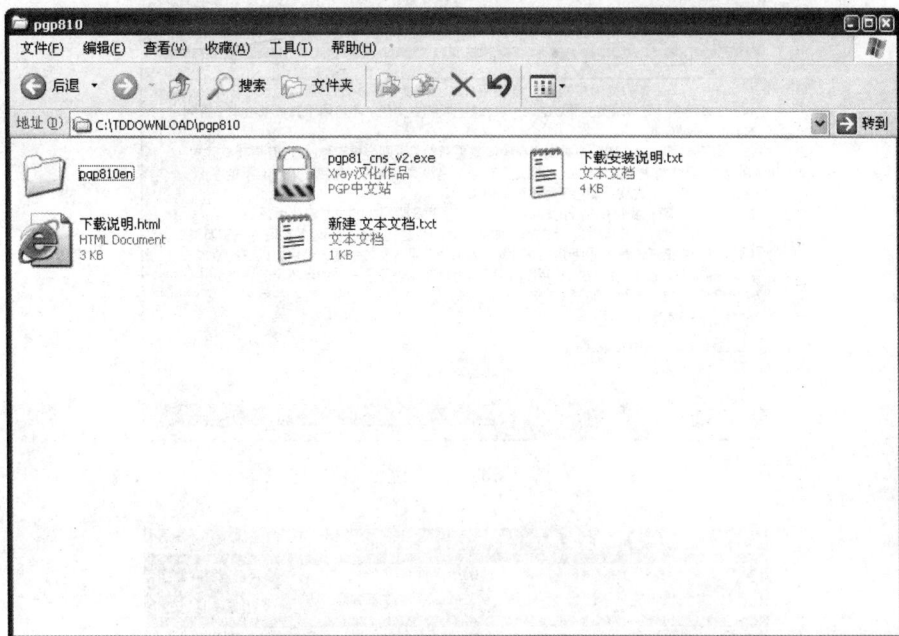

图 7-61 pgp81_cns_v2.exe

⑧ 在安装向导对话框单击"下一步"按钮，如图 7-62 所示。

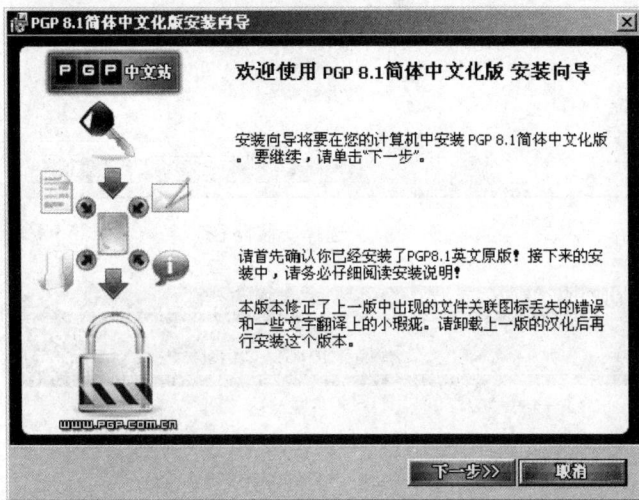

图 7-62 安装向导

⑨ 认真阅读"安装说明"，点选"我已阅读完所有条款"，并单击"下一步"按钮继续，如图 7-63 所示。

⑩ 选择安装路径，一般选择默认路径，单击"下一步"，如图 7-64 所示。

⑪ 选择安装类型点选"完整安装"，单击"下一步"按钮继续，如图 7-65 所示。

258

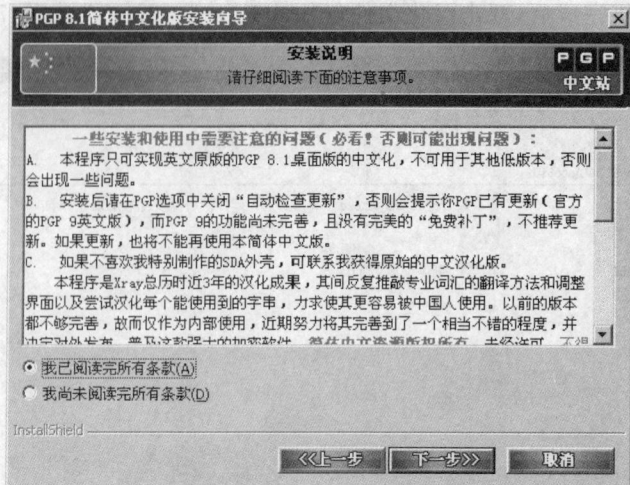

图 7-63 安装说明

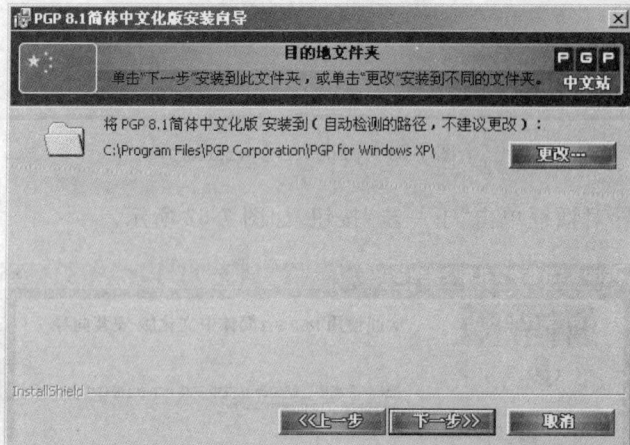

图 7-64 选择安装路径

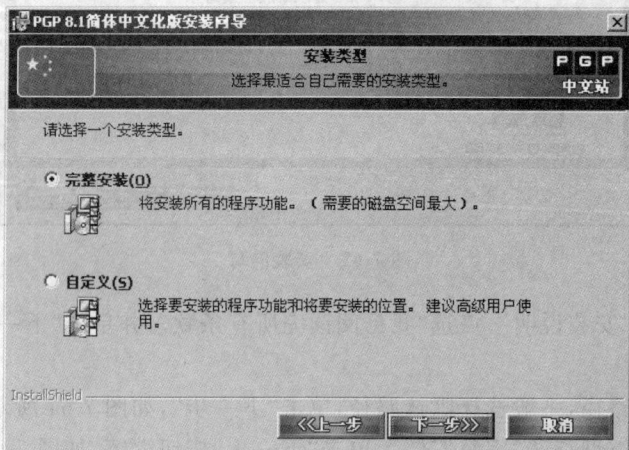

图 7-65 选择安装类型

⑫ 单击"安装"按钮，开始程序的安装，如图 7-66 所示，稍后安装完成。

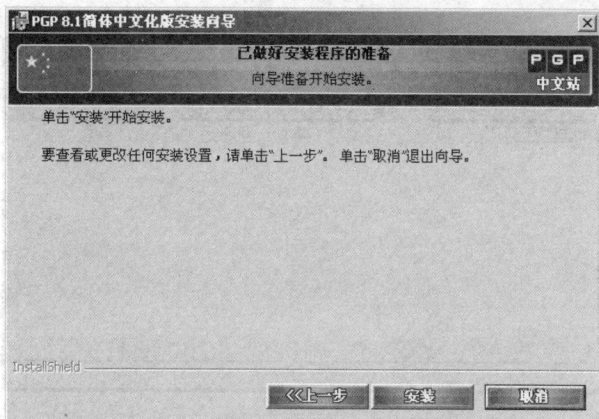

图 7-66　开始安装

7.3.2　生成密钥

实战演练 7-12：密钥的生成

这天，梅氏企业的老总梅花主人从网上获悉了黛玉的潇湘有限公司的部分商品正好是他们公司急需的。欲和黛玉合作，要求黛玉给他发一些商业资料，同时他们公司也要发一些商业机密过来，两个公司要在网上展开洽谈。黛玉这时着了急，赶忙启动 PGP 软件，来生成密钥，准备对文件进行加密。

① 单击"开始"→"程序"→"PGP"→"PGPkeys"，如图 7-67 所示，启动密钥管理窗口。

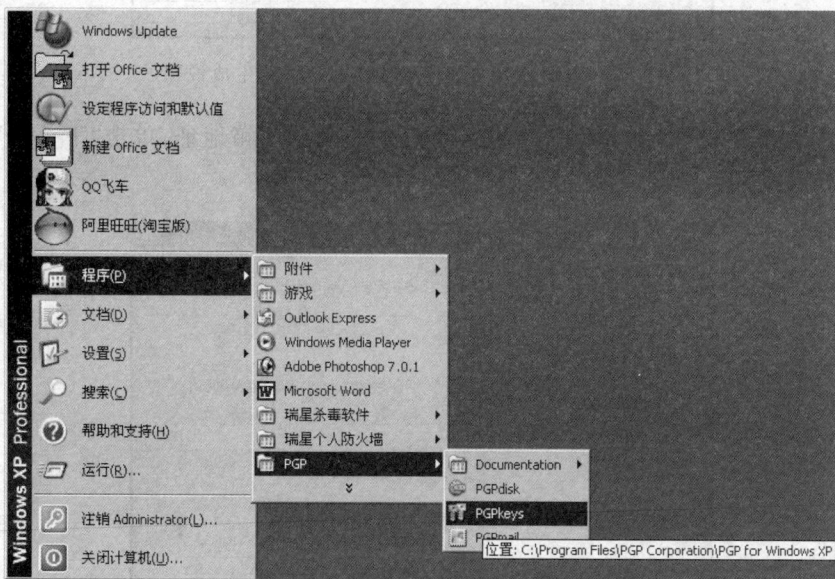

图 7-67　启动"PGPkeys"程序

② 单击工具栏的"生成新密钥对"按钮,如图 7-68 所示,打开"PGP 密钥生成向导",如图 7-69 所示。

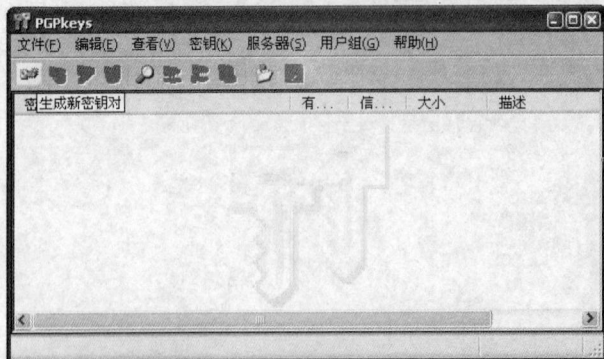

图 7-68 "PGPkeys"窗口

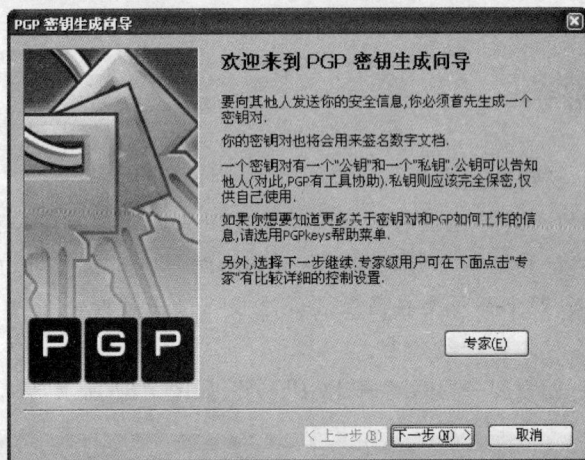

图 7-69 PGP 密钥生成向导之一——密钥生成说明

③ 单击"下一步"按钮,输入与密钥相关联的姓名和邮箱地址,单击"下一步"按钮继续,如图 7-70 所示。

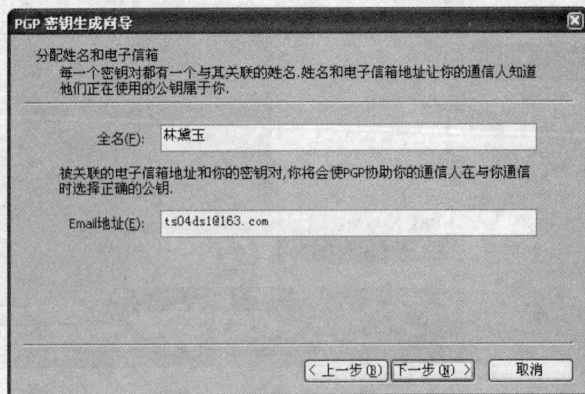

图 7-70 PGP 密钥生成向导之二——分配姓名和电子信箱

④ 输入保护私钥的密码,并确认,单击"下一步"按钮,如图 7-71 所示。

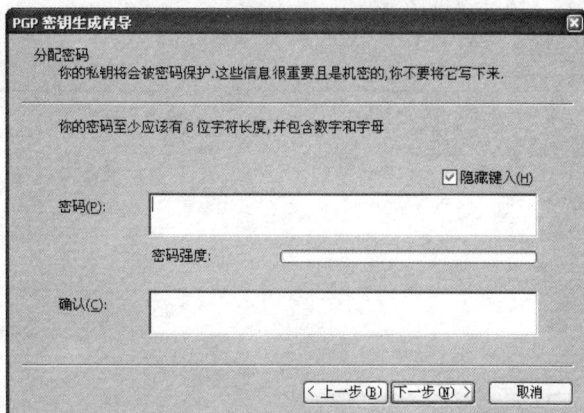

图 7-71 PGP 密钥生成向导之三——分配密码

⑤ 单击"完成"按钮,密钥生成,如图 7-72 所示。

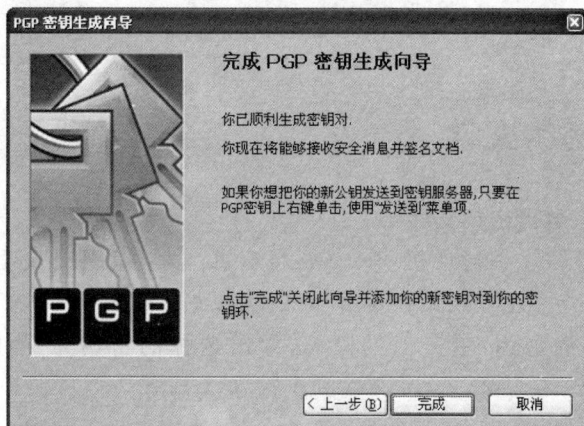

图 7-72 PGP 密钥生成向导之四——密钥生成

⑥ 返回 PGPkeys 窗口,可以看到生成的密钥,如图 7-73 所示。系统生成的一对公钥和私钥文件保存在 PGP 文件夹中,如图 7-74 所示。

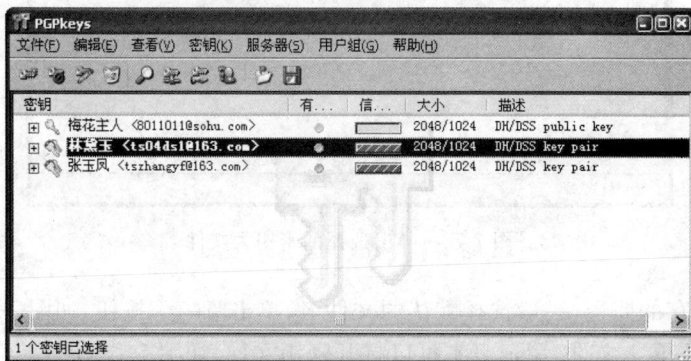

图 7-73 密钥管理窗口

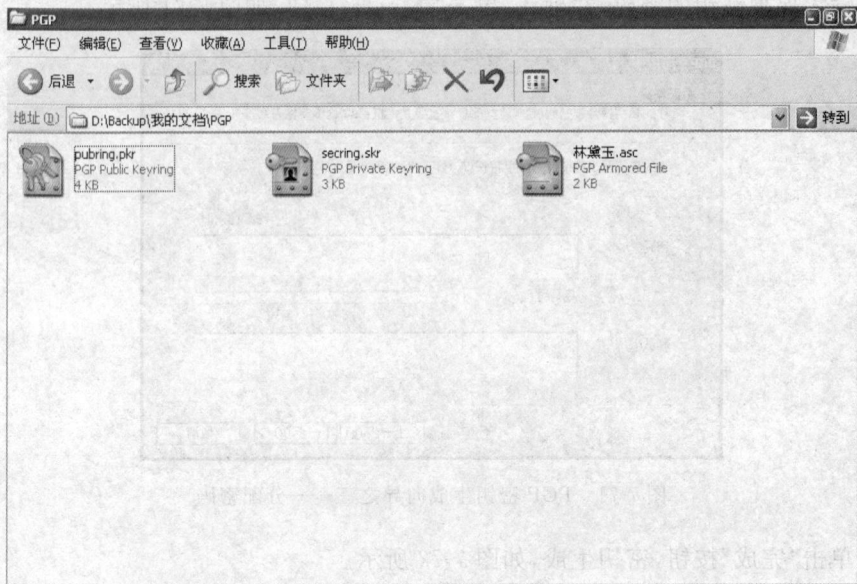

图 7-74　密钥对保存位置

7.3.3　导出密钥文件

实战演练 7-13：导出密钥文件

前面使用软件生成了一对密钥——公钥和私钥。为了文件的安全保密，保护好私钥是必须的，黛玉亲自动手把私钥文件导出加以备份，安全保存。

① 选中要导出的密钥，单击工具栏的"导出选择的密钥为文件"按钮，如图 7-75 所示。

图 7-75　导出选择的密钥为文件

② 选择保存的路径，一般选择默认的文件名，单击"保存"按钮，如图 7-76 所示。

密钥文件是文本文件，用记事本可以打开密钥文件，如图 7-77 所示。

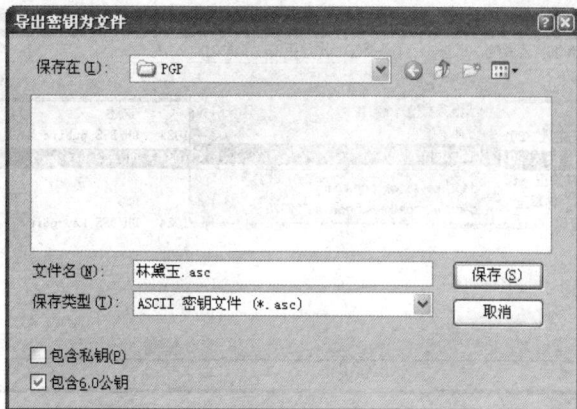

图 7-76　"导出密钥为文件"窗口

图 7-77　密钥文件

7.3.4　公开公钥

实战演练 7-14：公开公钥

　　为了能使合作尽快进行，黛玉给梅氏集团的老总打电话，告诉他，自己马上给梅氏集团发送本公司的公钥，同时希望梅氏集团也尽快把他们的公钥发过来，以便日后使用。

　　① 选中要发送的密钥，单击工具栏上的"发送密钥到服务器"按钮，选择"邮件接收人"选项，如图 7-78 所示。

　　② 在收件人地址栏中输入商务伙伴的邮件地址，单击"发送"按钮，如图 7-79 所示。

7.3.5　导入公钥

实战演练 7-15：导入公钥

　　在黛玉给梅氏集团发送她的公钥的同时，也收到了梅氏集团的公钥。一笔大生意在眼前，黛玉不敢怠慢，赶忙导入这个公钥。

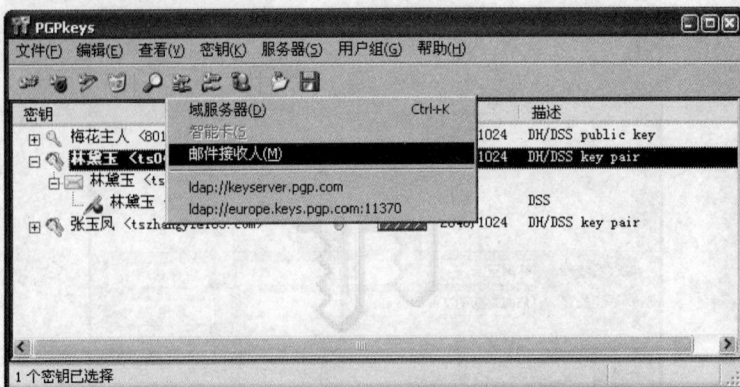

图 7-78　发送密钥到服务器

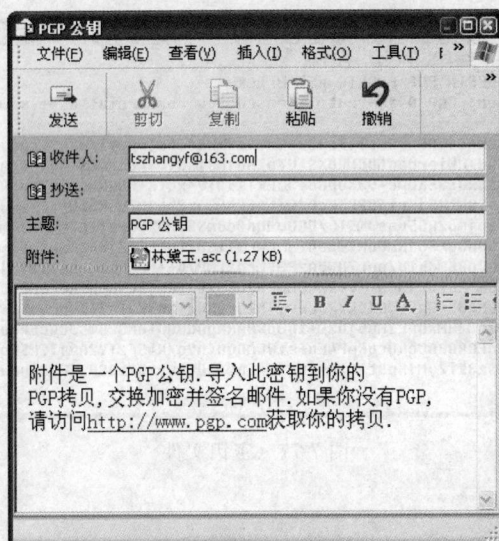

图 7-79　给合作伙伴发送公钥

① 单击工具栏上的"从文件导入密钥"按钮,如图 7-80 所示。

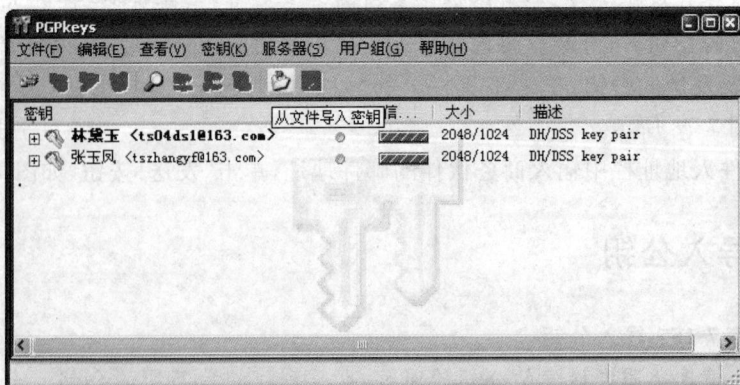

图 7-80　从文件导入密钥

② 找到下载好的密钥文件(可从邮箱里接收),选择要导入的公钥,单击"打开"按钮,如图 7-81 所示。

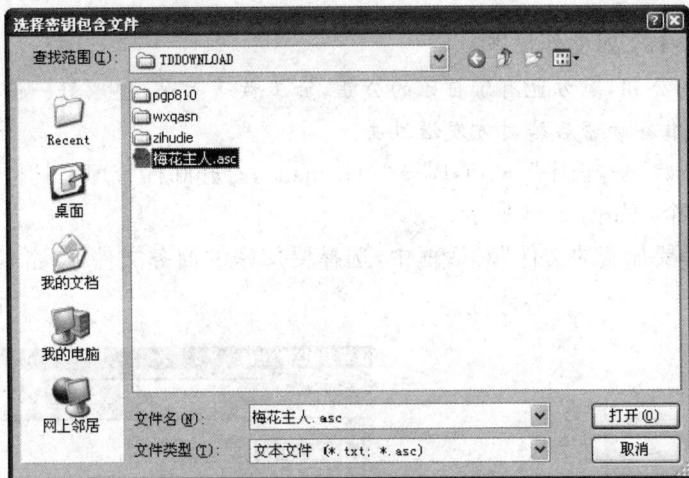

图 7-81 选择密钥包含文件

③ 选择要导入到密钥环上的密钥,单击"导入"按钮,如图 7-82 所示。

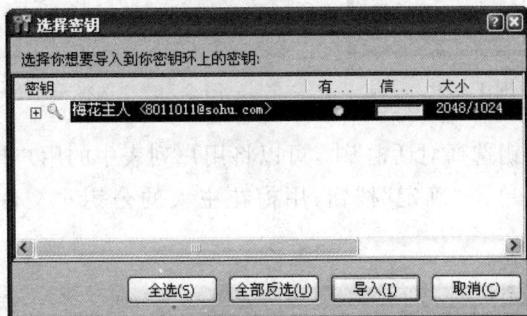

图 7-82 选择密钥

④ 导入成功,如图 7-83 所示。

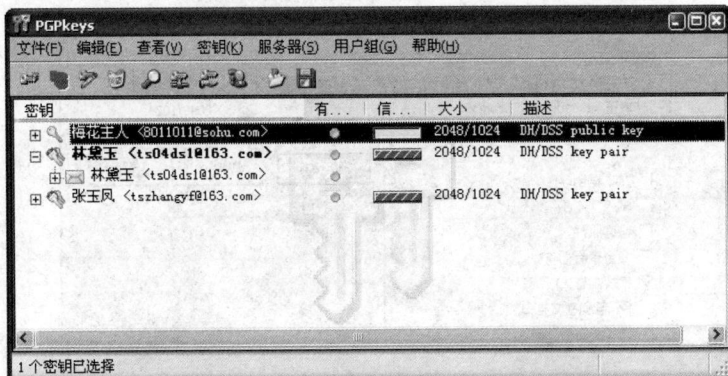

图 7-83 导入成功

7.3.6 加密文件

实战演练 7-16：对文件加密

有了对方的公钥，对方也有了自己的公钥，黛玉放下心来，整理好一份商品报价单及一些相关资料，准备加密后给对方发送过去。

① 单击"开始"→"程序"→"PGP"→"PGPmail"，打开邮件管理工具栏。单击"加密"按钮（左起第二个），如图 7-84 所示。

② 在"选择要加密的文件"对话框中，选择要加密的商务文件，单击"打开"按钮，如图 7-85 所示。

图 7-84　邮件管理工具栏　　　　图 7-85　"选择要加密的文件"对话框

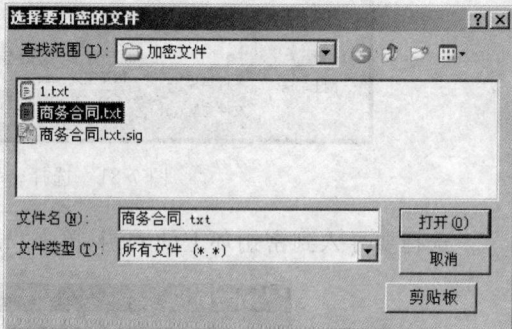

③ 在"PGPmail-密钥选择对话框"中，可以将用户列表中的用户拖到"接收人"栏中，选中接收人"梅花主人"，单击"确定"按钮，用梅花主人的公钥对文件进行加密，如图 7-86 所示。

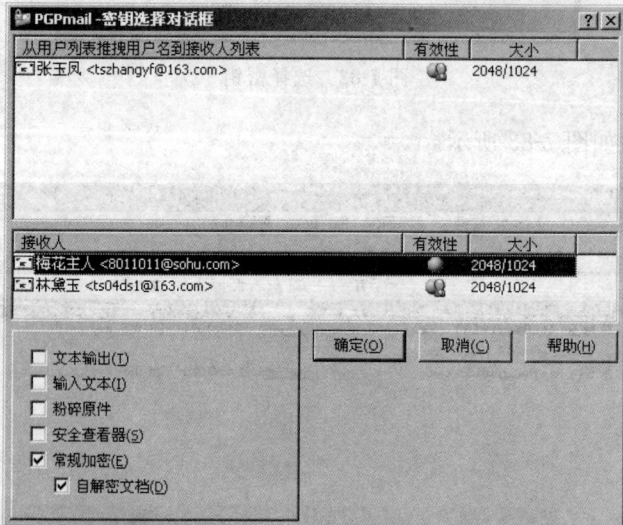

图 7-86　"PGPmail-密钥选择对话框"

④ 为加密的文件输入密码并确认，单击"确定"按钮，如图 7-87 所示。

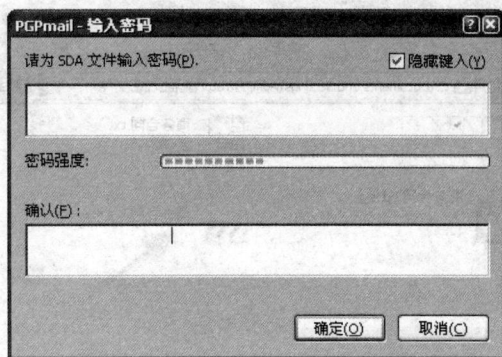

图 7-87 "PGPmail-输入密码"对话框

⑤ 确认加密后的文件名，并单击"保存"按钮，如图 7-88 所示。

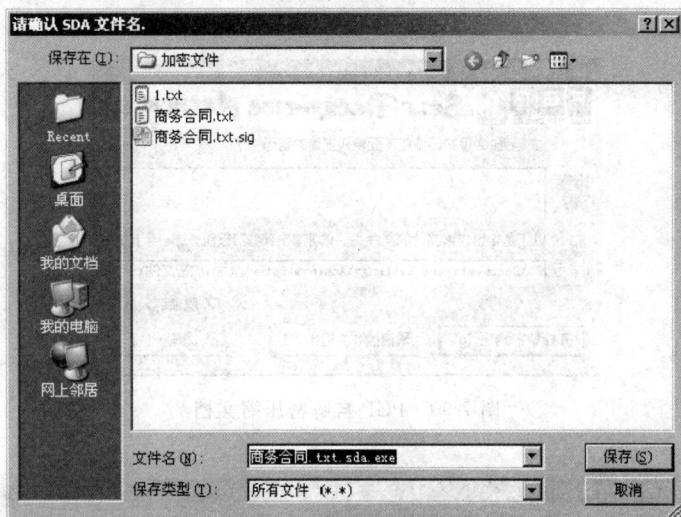

图 7-88 保存加密后的文件

7.3.7 解密文件

实战演练 7-17：文件接收方收到文件后解密文件

不久黛玉也收到了对方的加密文件，要想看见里面的内容，必须先进行解密。

① 双击加密过的文件，如图 7-89 所示。

② 输入密码如图 7-90 所示，单击"开始解密 & 解压"按钮。

③ 密码正确，出现"请另选一个文件名"对话框，输入文件名，单击"保存"按钮，如图 7-91所示，解密完成。

密码如果输入错误，输入密码窗口就会左右摆动。接收方只能用自己的私钥解密由其公钥加密后的文件。私钥只有自己拥有，所以他人得到文件也无法打开。

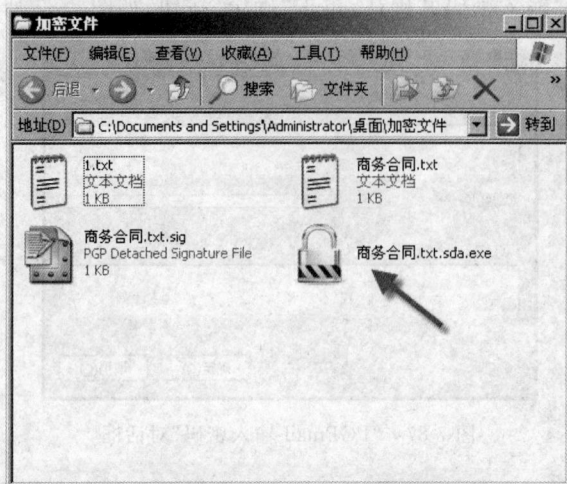

图 7-89 双击加密文件

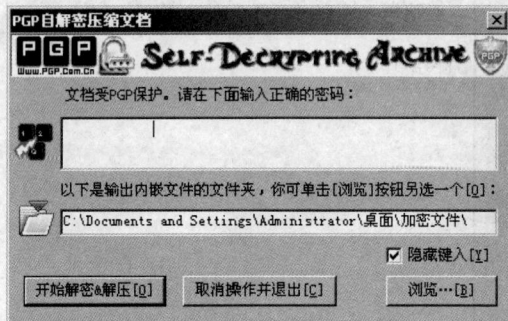

图 7-90 PGP 自解密压缩文档

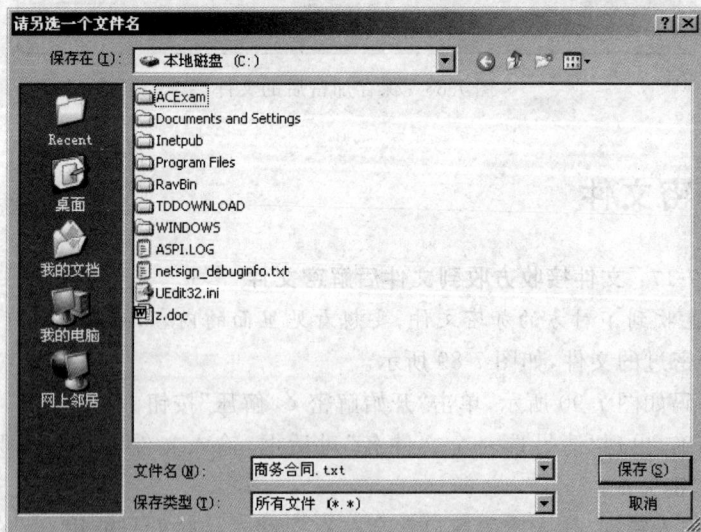

图 7-91 "请另选一个文件名"对话框

7.4　避免交易纠纷

7.4.1　识别安全购物网站

在大观园里,黛玉渐渐成了专家,潇湘馆里整天人来人往,姐妹们常常来请教她在购物中出现的问题。这天凤姐气呼呼地跑过来,人还没到,声音先传来了:"气死我了! 上当了! 上当了!"黛玉忙迎出来:"怎么了? 这么急!""别提了,我从网上买了一批生活用品,很便宜的,收到后居然全是假冒伪劣产品,你说说哪还有天理。"黛玉安慰她道:"网上购物是有风险的,'吃一堑,长一智',下次可一定要注意了。"凤姐说:"是啊,我们网上购物时要注意哪些问题呀?"黛玉笑着说:"首先要能够辨别哪些网站安全可靠,选择安全可靠的网站,为避免以后的商务纠纷起着决定性的作用;其次在商品的邮寄过程中,避免商品被人调换;最后应该学会出现问题以后怎样应对。""说得好,你快教教我!"凤姐急不可待。

1. 看首页有无红盾标志

红盾标志就是加贴的经营性网站备案电子标志。经营性网站备案是指经营性网站向工商行政管理机关申请备案,工商行政管理机关在网站的首页上加贴经营性网站备案电子标志,并将备案信息向社会公开。如打开京东商城首页,看到如图 7-92 所示的红盾标志。

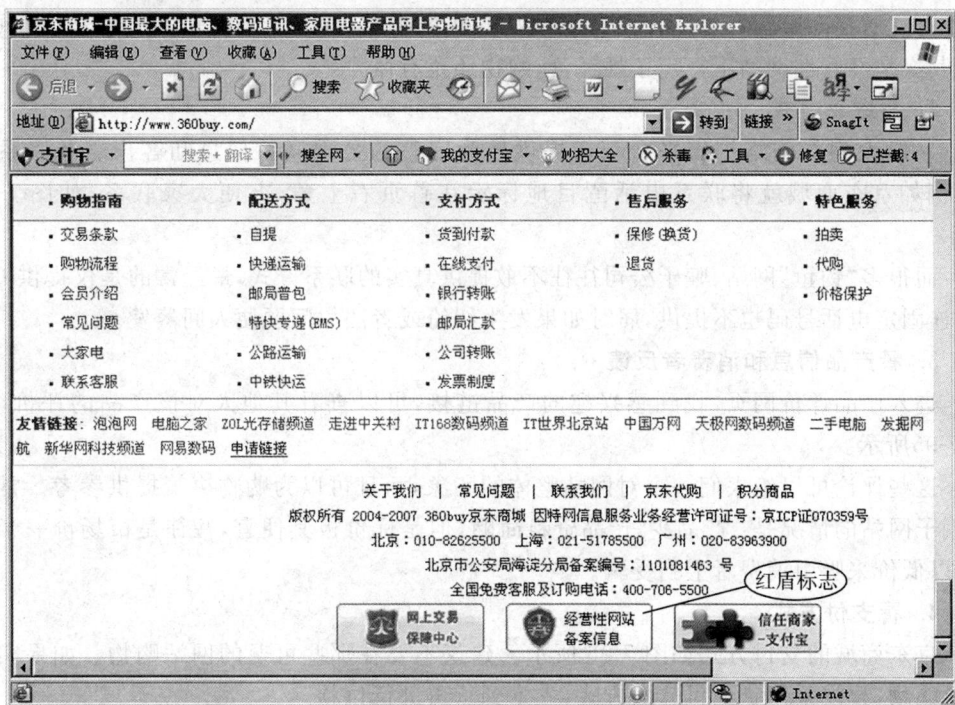

图 7-92　红盾标志

单击红盾标志，可以链接到工商部门备案的该网站的注册信息，如图 7-93 所示。

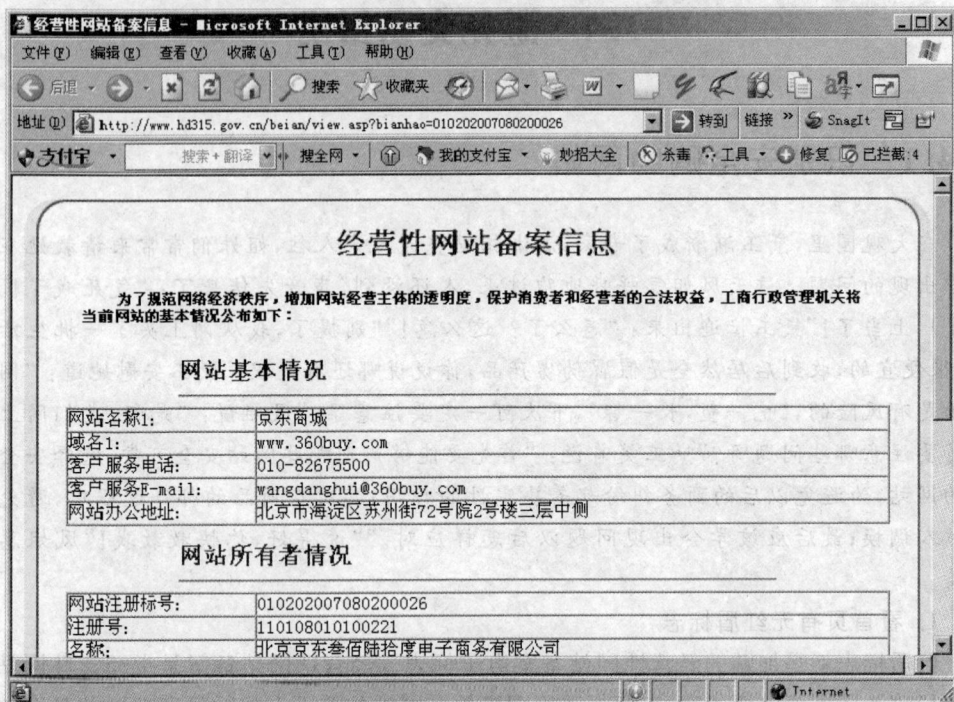

图 7-93　经营性网站备案信息

有红盾不一定就有保证。首先是因为某些小网站知道了，会做一个假的放在网页底部；其次是经营性网站不一定正规经营，购物还是有风险。

2. 看联系方式

一般大型的网络销售平台都会提供较为完整的公司联系信息和客户服务联系方式，例如京东商城就将联系电话醒目地标示在首页右上角，方便大家联系，如图 7-94 所示。

而很多"钓鱼"网站、骗子公司往往不敢提供真实的联系方式，最经常的是仅提供 QQ 号，连固定电话号码也不提供，届时如果发生纠纷或者法律问题便人间蒸发。

3. 看产品信息和消费者反馈

进入产品评价网页，找到感兴趣的产品链接，可以查看其他人对该产品的评价，如图 7-95所示。

这些评论可以给人们一个对网站整体的印象，而且可以为购物决策提供参考。常见的骗子网站的情况是：产品少，产品资料简陋，但是标价极其便宜，往往是市场价一半左右，以低价来吸引消费者上当受骗。

4. 看支付方式

京东商城的支付方式如图 7-96 所示。建议不要在那些可疑的网站购物。如果实在需要购物，建议采用货到付款的方式，先拿到货再进行付款。

图 7-94　联系方式的查看

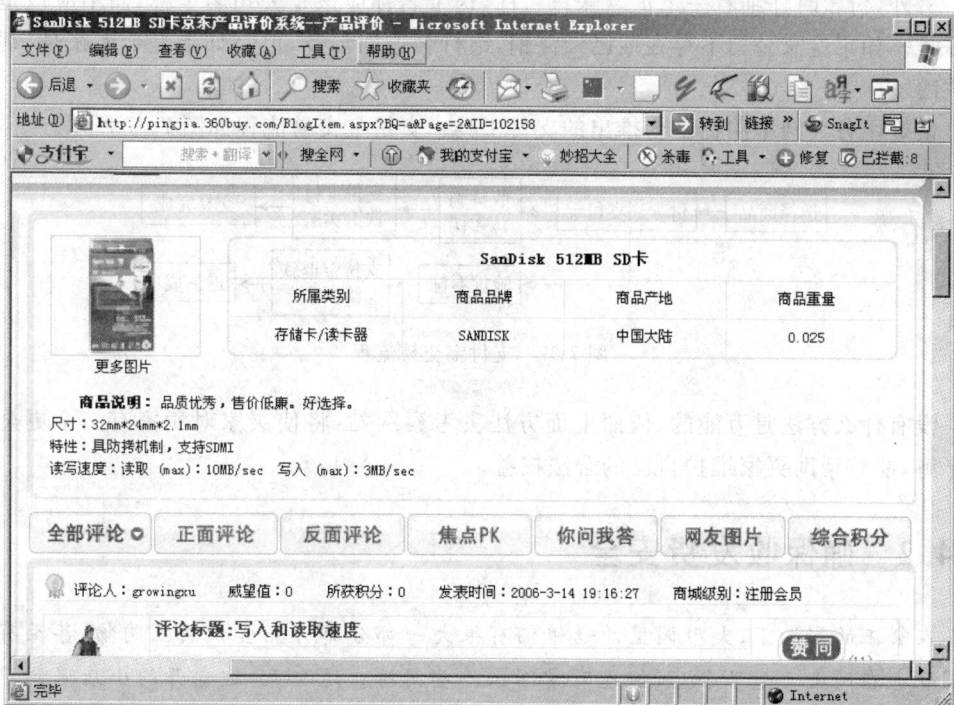

图 7-95　产品信息和消费者反馈

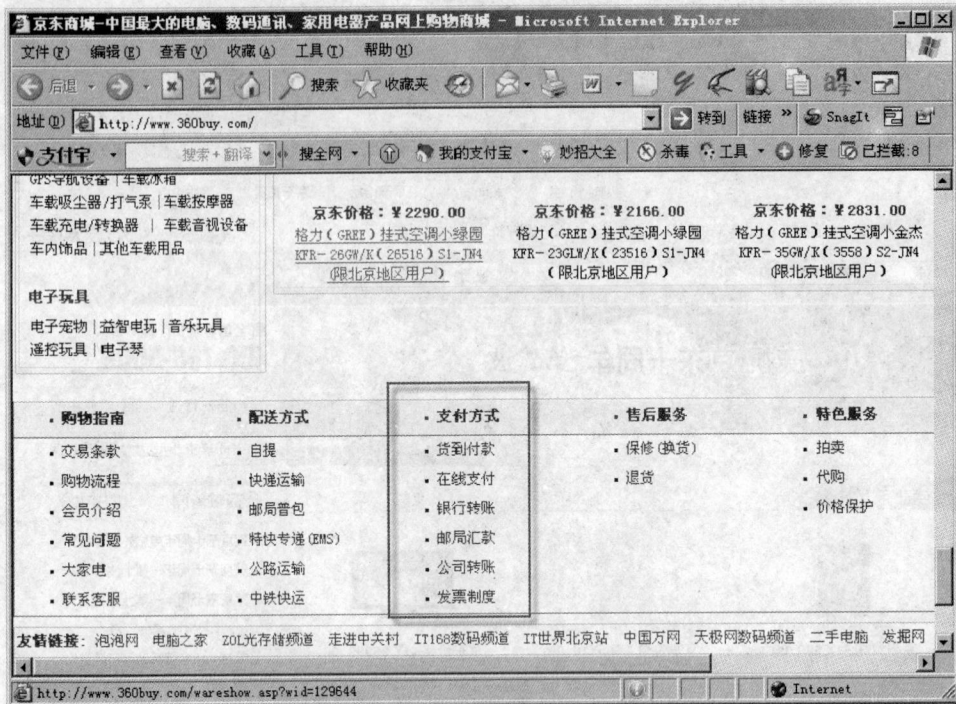

图 7-96　支付方式

　　另外,付款时仔细看一下汇款账户名称,这个名称应该是公司名全称,而不应该是个人账号。如果这家公司不存在或已经注销,银行会退回汇款;但是如果是个人账号,则比较危险。

　　最好用各大网络购物平台推出的支付工具。支付宝交易流程如图 7-97 所示。

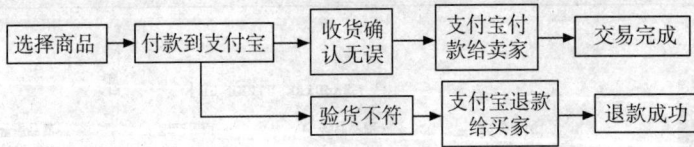

图 7-97　支付宝交易流程

　　没有什么方法是万能的,依照上面方法去考察网站,将使买家对卖家有一个更全面的了解,能够帮助买家维护自己的合法权益。

7.4.2　确保收发货安全

　　在黛玉的影响下,大观园里的姑娘们有很大一部分都开始尝试网上购物,甚至有几个姐妹也在网上开起了小店,但也时常闹出一些纠纷。这一天,迎春开的小店遇到了一件不愉快的事情,有个顾客定了三双鞋子,收到后说鞋子少一双,要退货,可迎春明明记得是包了三双,怎么会少一双呢? 所以她一大早就来找黛玉,让黛玉教她如何做才好。

1. 卖家

① 无论跟收件员有多么熟悉，做事都要按程序，细节一定要注意。发货时和收件员一起，看清楚货物清单，并在汇单上写好明细，打包并封好。如果是贵重物品，打好包后拍一张照片。

② 发货前，填写快递单据的时候，一定要在运单上写上"必须收件人本人出示身份证签收，否则不投递"！要求在运单回联上写上收件人身份证号码，并且当面打开确认之后再签收！

③ 使用支付宝推荐的物流，而且在线下单，让物流上门取货，这样在快递单上面有"淘宝"的印鉴，这种快递都可以验货后再签收。

④ 快递单据"重量"要精确填写。被换掉的东西，无论是什么，重量都不可能一模一样。

⑤ 发货后，在淘宝页面的说明里面要写上快递运单号码，并且通过阿里旺旺告知对方快递公司名字、运单号码、何时取走、大约几天到、重量等相关细节。

⑥ 快递单据要保存好，确保交易结束没有任何问题再销毁，一般保存 3 个月左右。

⑦ 在快递公司的网站查询货物发送进程，将最后的结果抓图保存。

这样虽然麻烦了一些，但是一旦出现纠纷或者被骗，这些都会成为最有力的投诉或者举报的证据。

2. 买家

① 收货前一定要先验货再签字，如果发现货物不符，应该拒绝签收，并立即联系卖家。只要签字收取了，物流公司就不存在问题了。

② 对于邮寄到单位传达室的邮包，要和传达室讲清楚，自己要亲自签收，不要代收。

7.4.3　解决纠纷

📖 知识链接

1. 提交投诉

如果是对收到的商品存在异议，请保持收到的商品原样，委托权威的质量鉴定部门对该商品做出鉴定后，提供相应鉴定证明给淘宝，淘宝会根据收到的鉴定结果做出判断。

卖家对出售的商品描述负有证明责任，对商品的说明应按照要求提供厂家的进货证明、产品合格证、正规的商业发票等证明文件。

2. 保留凭证

切记保留所购商品的资料、汇款凭证、与对方联系往来的信件、聊天记录、鉴定结果等凭证。

3. 报警

若已经确定对方的行为构成欺诈，而且金额已经达到《中华人民共和国刑法》规定的600 元起算点（对方涉嫌刑事诈骗罪），可以向公安机关报案。

274

实战演练7-18：在阿里旺旺中截图

惜春看别人都从网上购物，也动了心，正好看上一款包，网上比实体店便宜了许多，于是便买下，到手后发现不是正品。黛玉让惜春在阿里旺旺中截图，保留证据。

① 单击阿里旺旺"菜单"→"操作"→"查看聊天记录"，如图7-98所示。

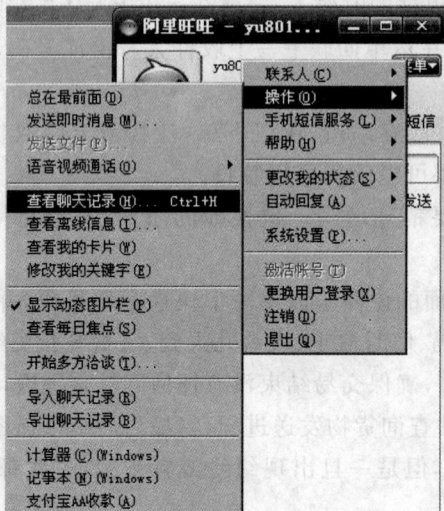

图7-98　阿里旺旺查看聊天记录

② 在"联系人消息"中选中需要截图的好友，在右边选择日期，如图7-99所示。

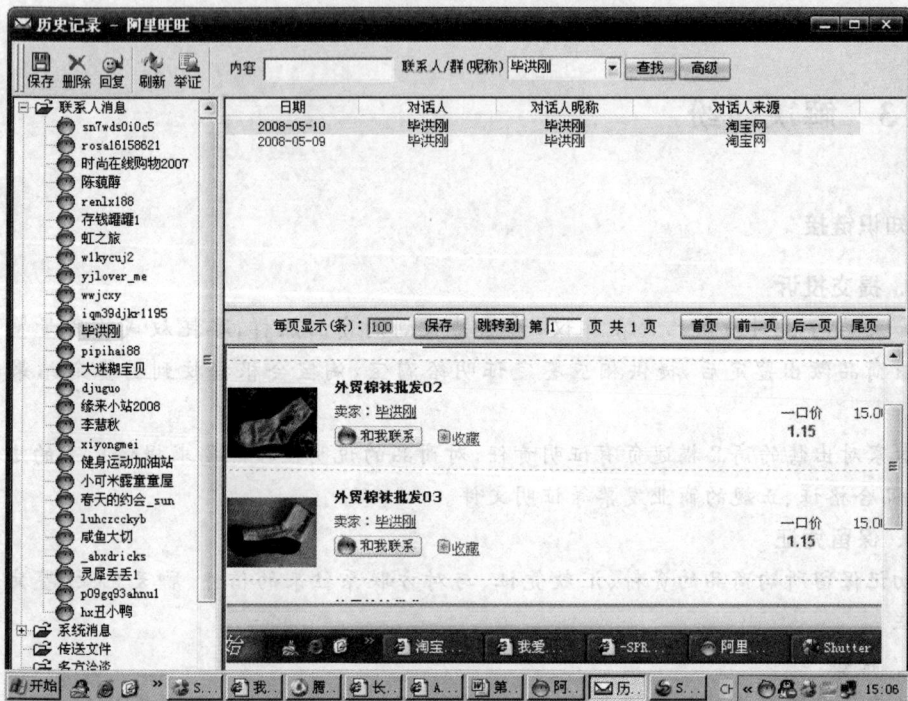

图7-99　历史记录

③ 看到相应的谈话内容后，打开任何一个阿里旺旺聊天窗口，单击"截图"按钮选择"不包含当前窗口截屏"，如图 7-100 所示。

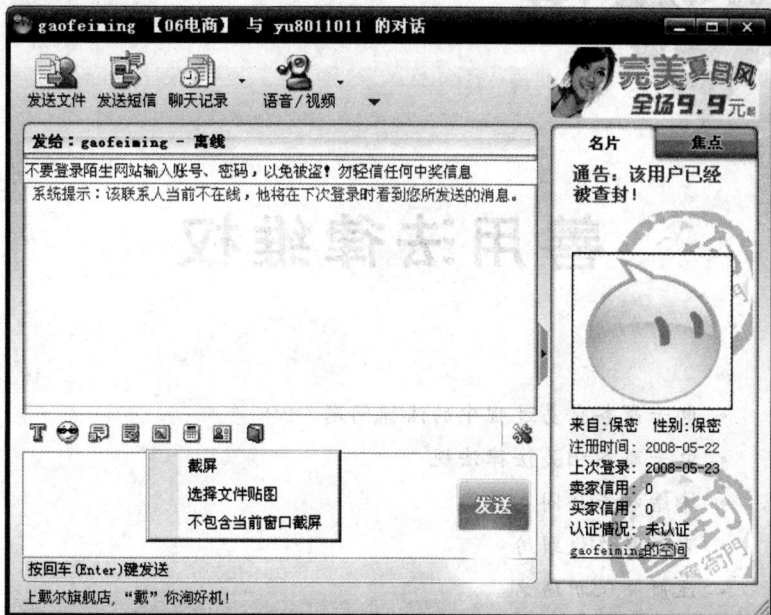

图 7-100　阿里旺旺截图

④ 选取整个"历史记录"的完整区域，双击鼠标左键，截取的图片会自动出现在阿里旺旺对话框内。

⑤ 在阿里旺旺对话框里，用鼠标右键单击该截图，选择"另存为"，把这个截图取个名字保存。

第 **8** 章

善用法律维权

学习要点

- 电子商务交易过程中的法律问题
- 电子商务相关法律法规
- 缔结电子合同
- 避开著作权纠纷
- 注册并保护域名
- 维护商标专用权
- 避免侵犯专利权
- 消费者权益保护法
- 电子商务与消费者权益保护
- 规范电子商务中的格式条款

虚构情景

张大伟毕业后开了一家网店,开网店并不是一帆风顺的,有很多问题困扰着他。

例如,张大伟通过邮件和一家 CPU 风扇厂商讨价还价后,最终和该厂签订了长期供销合作的合同,一旦有网友要购货,直接从商品所在地将货物发送给消费者,一月一结账。开始双方彼此合作还算默契,后来该厂以原材料价格上涨,生产成本提高为由,拒不供货,使张大伟的网店信誉急剧下降,逐一向网友解释并提供替代品,事件才平息。

再如,还有很多企业、单位或个人发来邮件,声称其在网店所提供商品信息侵犯了他人的知识产权,要求他删除其网店部分商品的信息(含文字和图片信息)。

因此,张大伟的下一个目标就是用法律维权。

8.1 了解电子商务交易过程中的法律制度

8.1.1 电子商务交易过程中的法律问题

1. 电子商务参与各方的法律关系

在电子商务交易过程中,买卖双方之间,买卖双方与银行之间,买卖双方、银行与认证机构之间都将彼此发生业务联系,从而产生相应的法律关系。这种法律关系主要表现为交易各方的权利和义务。

2. 卖方的权利和义务

卖方的基本义务就是在法律法规准许的范畴内,按照合同规定,交付货物(标的物),移交一切与货物有关的单据并转移货物所有权。

为划清双方的责任,货物交付的时间、地点和方法应当明确规定。如果合同中对货物交付时间、地点和方法未做明确规定的,应按照有关合同法或国际公约的规定办理。

与传统的交易相同,卖方仍然应当是货物的所有人或经营管理人,以保证将货物的所有权或经营管理权转移给买方。卖方应保障对其所出售的货物享有合法的权利,承担保障货物不被第三人追索的义务,以保护买方的权益。如果第三人提出对货物的权利,并向买方提出收回该货物时,卖方有义务证明第三人无权追索,必要时应当参加诉讼,出庭作证。

卖方还应保证货物质量符合国家规定的质量标准和双方约定的质量标准,不应存在不符合质量标准的瑕疵,也不应出现与网络广告相悖的情况。卖方在网络上出售有瑕疵的物品,应当向买方说明。卖方隐瞒货物的瑕疵,应承担责任。买方明知货物有瑕疵而购买的,卖方不负责任。

3. 买方的权利和义务

买方的基本义务就是在法律法规准许的范畴内,按照合同规定支付货物价款和收取货物。由于电子商务的特殊性,网络购买一般没有时间、地点的限制,支付价款通常采用信用卡、智能卡、电子钱包或电子支付等方式,这与传统的支付方式是有区别的。但在电子交易合同中,采用哪种支付方式应明确规定。由买方自提货物的,买方应在卖方通知的时间内到达预定的地点提取。由卖方代为托运的,买方应按照承运人通知的期限提取。由卖方运送的,买方应做好接收货物的准备。买方迟延接收时,应负迟延责任。买方接收货物后,应及时进行验收。规定有验收期限的,对表面瑕疵应在规定的期限内提出。发现货物的表面瑕疵时,应立即通知卖方,瑕疵由卖方负责。因买方验收不及时,事后又提出表面瑕疵,卖方不负责任。对隐蔽瑕疵和卖方故意隐瞒的瑕疵,买方发现后,应立即通知卖方,追究卖方的责任。

4. 金融机构的权利和义务

在电子商务交易过程中,以银行为主的金融机构变为虚拟银行。客户与虚拟银行之间关系十分密切。大多数交易要通过虚拟银行的电子资金划拨来完成。虚拟银行同时扮演发送银行和接收银行的角色。在实践中,电子资金划拨中常常出现因过失或欺诈而致使资金划拨失误或迟延的现象。如系过失,自然适用于过错归责原则。如系欺诈,且虚拟银行安全程序在电子商务上是合理可靠的,则名义发送人需对支付命令承担责任。

5. 认证机构

认证机构是提供身份验证的第三方机构,它不仅要对进行电子商务交易的买卖双方负责,还要对整个电子商务的交易秩序负责。买卖双方有义务接受认证中心的监督管理。在整个电子商务交易过程中,包括电子支付过程中,认证机构都有着不可替代的地位和作用。

8.1.2　我国在电子商务交易中的相关法律法规

1. 著作权保护

著作权是指公民或法人等主体依据法律的规定,对其从事智力创作或创新活动所产生的知识产品所享有的专有权利,包括发明专利、商标以及工业品外观设计等方面组成的工业产权和自然科学、社会科学以及文学、音乐、戏剧、绘画、雕塑、摄影和电影摄影等方面的作品组成版权(著作权)两部分。其中工业产权有商标权、专利权和商号权(厂商名称权)。有关著作权保护相关的法律法规有:《中华人民共和国著作权法》、《中华人民共和国著作权法实施条例》、《计算机软件保护条例》、《音像制品管理条例》、《中华人民共和国知识产权海关保护条例》、《中国互联网络域名注册实施细则》、《中国互联网络域名管理办法》、《信息网络传播权保护条例》。

2. 网络互联管理

截至 2008 年 6 月底,中国网民数量达到 2.53 亿(中国互联网络信息中心《中国互联网络发展状况统计报告》)。其中网络购物是互联网作为网民实用性工具的重要体现,目前的网络购物用户人数已经达到 6329 万人,有 25%的网民青睐网上购物,跻身十大网络应用之列。有关网络互联管理相关的法律法规有:《中华人民共和国计算机信息网络国际联网管理暂行办法》、《计算机信息网络国际联网出入口信道管理办法》、《中国公用计算机互联网国际联网管理办法》、《中华人民共和国计算机信息网络国际联网管理暂行规定实施办法》、《电信网间互联管理暂行规定》、《计算机信息系统集成资质管理办法(试行)》、《计算机信息网络国际联网保密管理规定》、《中华人民共和国电信条例》、《互联网信息服务管理办法》、《中国互联网络域名注册暂行管理办法》、《公用电信网间互联管理规定》、《互联网上网服务营业场所管理条例》、《互联网 IP 地址备案管理办法》、《非经营性互联网信息服务备案管理办法》、《电信服务规范》、《电信业务经营许可管理办法》。

3. 信息、网络安全管理

网络环境下的信息安全体系是保证信息安全的关键,包括计算机安全操作系统、各种安全协议、安全机制(数字签名、信息认证、数据加密等),直至安全系统,其中任何一个安全漏洞都可以威胁全局安全。网络安全从其本质上来讲就是网络上的信息安全,凡是涉及网络上信息的保密性、完整性、可用性、真实性和可控性的相关技术和理论都是网络安全的研究领域。有关信息和网络安全管理相关的法律法规有：《中华人民共和国计算机信息系统安全保护条例》、《中华人民共和国公共安全行业标准》、《计算机信息系统安全专用产品检测和销售许可证管理办法》、《计算机信息系统安全专用产品检测和销售许可证管理办法》、《计算机信息网络国际联网安全保护管理办法》、《计算机信息系统安全保护等级划分准则》、《计算机信息系统国际联网保密管理规定》、《计算机病毒防治管理办法》、《计算机病毒防治产品评级准则》、《全国人民代表大会常务委员会关于维护互联网安全的决定》、《互联网安全保护技术措施规定》、《中华人民共和国政府信息公开条例》、《信息安全等级保护管理办法》、《电子认证服务管理办法》。

4. 信息媒体管理

报刊、广播、电视和网络等媒体在先进的信息技术基础上融合为声像图文并茂的多媒体新闻平台，并与电子商务、电子政务等交叉融合在一起。有关信息媒体管理相关的法律法规有：《电子出版物管理规定》、《互联网电子公告服务管理规定》、《互联网出版管理暂行规定》、《互联网新闻信息服务管理规定》、《互联网电子邮件服务管理办法》、《互联网视听节目服务管理规定》、《电子出版物出版管理规定》、《软件产品管理办法》。

5. 其他电子商务专项法律法规

电子商务是国民经济和社会信息化的重要组成部分。发展电子商务是以信息化带动工业化，转变经济增长方式，提高国民经济运行质量和效率，走新型工业化道路的重大举措，为贯彻落实党的十六大提出的信息化发展战略和十六届三中全会关于加快发展电子商务的要求，2005 年 1 月 8 日，国务院办公厅发布了《关于加快电子商务发展的若干意见》。

近年来，我国的电子支付发展非常迅速，新兴电子支付工具不断出现，电子支付交易量不断增加，逐步成为我国零售支付体系的重要组成部分。因此，迫切要求对电子支付活动的业务规则、操作规范、交易认证方式、风险控制、参与各方的权利义务等进行规范。2005 年 10 月 26 日，中国人民银行发布了《电子支付指引（第一号）》。

为贯彻落实国务院办公厅《关于加快电子商务发展的若干意见》，推动网上交易健康发展，逐步规范网上交易行为，帮助和鼓励网上交易各参与方开展网上交易，警惕和防范交易风险，商务部于 2007 年 3 月 6 日发布《关于网上交易的指导意见（暂行）》。

8.2　认清电子合同的法律效力

8.2.1　电子合同典型案例

案例 1：衡阳木制品加工厂诉景荣实业有限公司案（资料来源：万方数据电子出版社《知识产权管理与执法电子图书库》）

1999 年 3 月 5 日上午，景荣实业有限公司给衡阳木制品加工厂发出要求购买其厂生产的办公家具的电子邮件一份，电子邮件中明确了如下内容：

① 需要办公桌 8 张，椅子 16 张；

② 要求在 3 月 12 日之前将货送至景荣实业有限公司；

③ 总价格不高于 15000 元。

电子邮件还对办公桌椅的尺寸、式样、颜色做了说明，并附了样图。

当天下午 3 时 35 分 18 秒，衡阳木制品加工厂也以电子邮件回复景荣实业有限公司，对景荣实业有限公司的要求全部认可。为对景荣实业有限公司负责起见，3 月 6 日衡阳木制品加工厂还专门派人到景荣实业有限公司作了确认，但双方都没有签署任何书面文件。

1999 年 3 月 11 日，衡阳木制品加工厂将上述桌椅送至景荣实业有限公司。由于景荣实业有限公司已于 10 日以 11000 元的价格购买了另一家工厂生产的办公桌椅，就以双方没有签署书面合同为由拒收，双方协商不成，3 月 16 日衡阳木制品加工厂起诉至法院。庭审中，双方对用电子邮件方式买卖办公桌椅及衡阳木制品加工厂去人确认、3 月 11 日送货上门等均无异议。

案例 2：恒通公司诉华康公司案（资料来源：万方数据电子出版社《知识产权管理与执法电子图书库》）

恒通商贸公司是一家大型跨国零售企业，为增加效率、降低成本，决定开展电子商务，建立一套自动的交易系统。他们首先采用计算机管理所有库存商品，库存商品的数量、入库、出库、订单的传送等均由计算机自动操作完成。华康化学用品公司是一家大型洗涤剂生产商，其生产的某洗涤用品在恒通商贸公司的销售状况非常好，交易量特别大。为此，两家公司于 2000 年 5 月 3 日达成一项协议，约定双方洗涤用品的下单和接单均通过电子数据交换（EDI）的形式，由双方的计算机自动进行。就此，双方达成并签署了一份书面合同，其中约定：恒通商贸公司洗涤用品存货不足时，一经恒通商贸公司采购负责人决定，恒通商贸公司计算机自动给华康化学用品公司下单（信息发送成功，计算机会自动显示），华康化学用品公司收到订单后，无须特定的人同意，计算机便自动接单。然后，华康化学用品公司便根据恒通商贸公司的订单送货上门。合同还同时约定，华康化学用品公司一有新品，计算机便会自动向恒通商贸公司发出提示，以便恒通商贸公司发出订单。

根据双方的协议，合同自 5 月 10 日生效，在此之前，双方对运行系统进行了多次调试，双方对系统的正常运行表示放心，并约定，一旦系统出现问题，应当立即告诉对方。合同生效后，系统运行一直正常，双方对这种运行高效、成本极低的交易方式十分满意。可是，在 2000 年 9 月，该系统出现问题，致使双方发生纠纷。纠纷的经过是这样的，2000 年 9 月 12 日，由于恒通商贸公司库存的华康化学用品公司洗涤用品低于正常库存量，急需进货，恒通商贸公司计算机便自动给华康化学用品公司下单，订单对货号、数量做了约定，计算机也显示信息发送成功。按照常规，华康化学用品公司当天收到订单后，立即组织发货，9 月 15 日就能到货。可不知道是什么原因，直到 9 月 21 日，华康化学用品公司的货才送到恒通商贸公司。而恒通商贸公司销售的乙方洗涤用品已经于 9

16 日销售完毕,为了应急,恒通商贸公司只得于 9 月 15 日从另一家公司进了一批其他类型的洗涤用品。恒通商贸公司拒绝接收此批货物,还要求华康化学用品公司赔偿损失,因为,从 9 月 16 日到 9 月 21 日,恒通商贸公司销售的华康化学用品公司洗涤用品一直缺货,不仅引起了顾客的不满,可能致使部分顾客流失,而且直接影响了恒通商贸公司的销售额。但华康化学用品公司声称,他们是在 9 月 18 日才接到订单的,并且立即组织发货,华康化学用品公司没有任何违约行为,要求华康化学用品公司为此承担责任,是不公平的。

案例 3:网上错标价格案(资料来源:《市场报》)

2003 年 6 月 25 日,崔先生上网浏览时发现,安腾思路公司在硅谷动力公司的 IT 商城(http://shop.enet.com.cn)里开设的新惠普金牌店网页上,正开展"全新惠普笔记本网上促销"活动。其中有一款型号为 533MHAZ 的惠普笔记本电脑新款上市,网页上显示"市场价:14499.00,eNet 价:1100.00",崔先生立刻提交了订单,系统提示订单有效。然而当天下午,安腾思路公司向崔先生发来电子邮件,声明因其疏忽,将笔记本电脑的实际价格 11000 元误写为 1100 元,并表示原订单无效。该案件由北京市海淀区人民法院受理。

8.2.2　熟悉电子合同

1. 电子合同及其特征

电子合同是指在网络条件下,双方或多方当事人为了实现一定的目的,通过数据电文、电子邮件等形式签订的明确双方权利义务关系的一种电子协议。电子合同作为电子商务的基本形式,有广义和狭义之分。广义的电子合同是指一切用现代电子通信技术手段所达成的合同,包括电子数据交换(EDI)、电子邮件(E-mail)、电报、电传、传真等形式的合同。狭义的电子合同是指利用不同的电子计算机之间生成、传递、储存信息而达成的合同,狭义的电子合同主要有电子数据交换和电子邮件两种形式。

1999 年 3 月 15 日第九届全国人民代表大会第二次会议通过的《中华人民共和国合同法》(以下简称《合同法》)第十条规定:"当事人订立合同,有书面形式、口头形式和其他形式。法律、行政法规规定采用书面形式的,应当采用书面形式。当事人约定采用书面形式的,应当采用书面形式。"第十一条规定:"书面形式是指合同书、信件和数据电文(包括电报、电传、传真、电子数据交换和电子邮件)等可以有形地表现所载内容的形式。"

案例分析:

在案例 1 中,景荣实业有限公司和衡阳木制品加工厂之间是通过电子邮件签订的购买合同,根据《合同法》第十条和第十一条规定,双方采用电子邮件签订合同是合法有效的。

在案例 2 中,恒通商贸公司和华康化学用品公司之间采用的是自动交易系统,双方洗涤用品的下单和接单均通过电子数据交换(EDI)的形式,由双方的计算机自动进行。

这种依据 EDI 电子资料交换而成立的电子交易合同,根据《合同法》第十条和第十一条规定,这种电子交易合同同样是合法有效的。

在案例 3 中,崔先生通过硅谷动力公司的 IT 商城提供的网页提交了订单,而且系统提示订单有效,这是广义的电子合同,根据《合同法》第十条和第十一条规定,这种形式的电子交易合同是合法有效的。

2. 电子合同订立的主体

(1) 电子合同当事人

订立电子合同的当事人,应当具有相应的民事权利能力和民事行为能力,当事人也可以依法委托代理人订立合同。基于电子商务环境的特殊性,根据《中华人民共和国民法通则》(以下简称《民法通则》)、《合同法》和《中华人民共和国电子签名法》(以下简称《电子签名法》)相关规定,对于直接在网上开展交易活动的当事人,其订约能力应适用《民法通则》的规定。对于接受公共信息服务的当事人,不论其年龄或精神状态如何均应视为完全民事行为人。

(2) 缔约代理人

在电子环境下,传统的代理法律规则仍然适用,即只有法律授权或当事人授权的人,才能代表(法人)或代理(法人或自然人)订立合同,也就是说,缔约代理人订立的合同对法人或被代理人同样有约束力。

案例分析:

在案例 1 中,电子合同当事人分别为景荣实业有限公司和衡阳木制品加工厂。

在案例 2 中,电子合同当事人分别为恒通商贸公司和华康化学用品公司。

在案例 3 中,电子合同当事人分别为崔先生和安腾思路公司。

3. 电子合同缔结的要件

要约和承诺是电子合同缔结的要件,其中要约是一方当事人向另一方当事人提出订立合同的条件,希望对方能完全接受此条件的意思表示。发出要约的一方称为要约人,受领要约的一方称为受要约人。承诺是受要约人同意要约的意思表示,即受约人同意接受要约的全部条件而与要约人成立合同。承诺的法律效力在于,承诺一经作出,并送达要约人,合同即告成立,要约人不得加以拒绝。承诺在国际贸易中,也称"接受"或"收盘"。

案例分析:

在案例 1 中,景荣实业有限公司给衡阳木制品加工厂发出要求购买其厂生产的办公家具的电子邮件(要约)。当天下午 3 时 35 分 18 秒,衡阳木制品加工厂也以电子邮件回复景荣实业有限公司,对景荣实业有限公司的要求全部认可(承诺)。

在案例 3 中,崔先生提交订单(要约),系统提示订单有效(承诺)。

4. 电子合同成立的条件

(1) 要约的条件

① 要约的内容必须具体明确。所谓"具体"是指要约的内容必须具有足以使合同成立的主要条款。如果没有包含合同的主要条款,受要约人难以做出承诺,即使做出了承诺,也会因为双方的这种合意不具备合同的主要条款而使合同不能成立。所谓"确定",

是指要约的内容必须明确,而不能含糊不清,否则无法承诺。

② 要约必须具有订立合同的意图,表明一经受要约人承诺,要约人即受该意思表示的拘束。

(2) 承诺的条件

① 承诺必须由受要约人做出。被要约人以外的任何第三者即使知道要约的内容并对此做出同意的意思表示,也不能认为是承诺。被要约人,通常指的是受要约人本人,但也包括其授权的代理人。无论是前者还是后者,其承诺都具有同等效力。

② 承诺必须是在有效时间内做出。所谓有效时间,是指要约定有答复期限的,规定的期限内即为有效时间;要约并无答复期限的,通常认为合理的时间(如信件、电报往来及受要约人考虑问题所需要的时间)即为有效时间。

③ 承诺必须与要约的内容完全一致。即承诺必须是无条件地接受要约的所有条件。

5. 电子合同的成立

(1) 要约和承诺的生效时间

《合同法》第十六条规定:"要约到达受要约人时生效。采用数据电文形式订立合同,收件人指定特定系统接收数据电文的,该数据电文进入该特定系统的时间,视为到达时间;未指定特定系统的,该数据电文进入收件人的任何系统的首次时间,视为到达时间。"《电子签名法》第十一条规定:"数据电文进入发件人控制之外的某个信息系统的时间,视为该数据电文的发送时间。收件人指定特定系统接收数据电文的,数据电文进入该特定系统的时间,视为该数据电文的接收时间;未指定特定系统的,数据电文进入收件人的任何系统的首次时间,视为该数据电文的接收时间。"

(2) 确认收讫

确认收讫是指在接收人收到发送的信息时,由其本人或指定的代理人或通过自动交易系统向发送人发出表明其已收到的通知。发件人收到收件人的收讫确认时,数据电文视为已经收到。除非当事人有特别约定或法律明确规定,确认收讫仅仅表明接收人收到电子信息,而非承诺。确认收讫也不是合同订立的必经程序。

(3) 电子合同的成立地点

电子合同的成立地点即为合同的生效地点,《合同法》第三十四条规定:"承诺生效的地点为合同成立的地点。采用数据电文形式订立合同的,收件人的主营业地为合同成立的地点;没有主营业地的,其经常居住地为合同成立的地点。当事人另有约定的,按照其约定。"《电子签名法》第十二条规定:"发件人的主营业地为数据电文的发送地点,收件人的主营业地为数据电文的接收地点。没有主营业地的,其经常居住地为发送或者接收地点。当事人对数据电文的发送地点、接收地点另有约定的,从其约定。"

8.2.3 缔结电子合同

1. 通过 EDI 缔结电子合同

EDI(Electronic Data Interchange,电子数据交换)是指通过计算机通信网络,将贸易、运输、保险、银行和海关等行业信息,用一种国际公认的标准格式,实现各有关部门或公司企业之间的数据交换与处理,并完成以贸易为中心的全部过程。在电子商务交易过程中,EDI 是确定当事人之间交易活动,面向系统用户的封闭模式。借助于 EDI 技术,所有基于合同的交易都只依靠电子方式有效地进行,信息的归属问题和信息的完整性问题也都可以通过标准建设得以解决。EDI 合同通常适用于 B2B 模式,一个典型的 EDI 订单处理系统如图 8-1 所示。

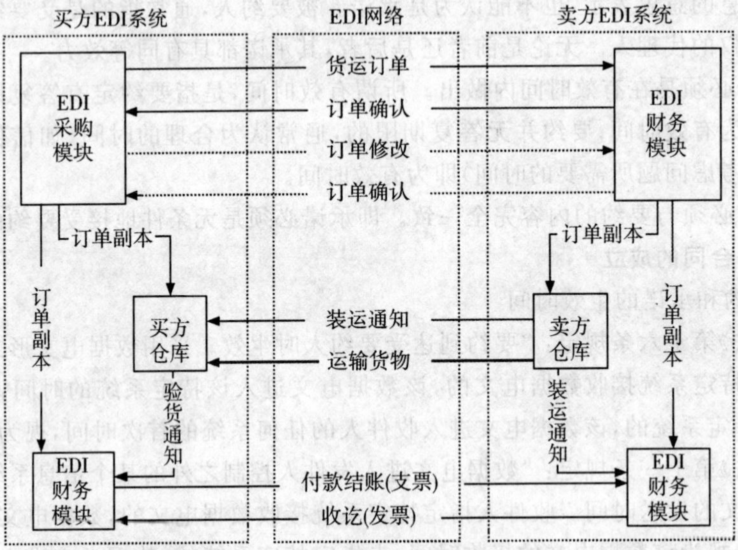

图 8-1　EDI 订单处理系统

案例分析:

在案例 1 中,恒通商贸公司和华康化学用品公司缔结了 EDI 合同,洗涤用品的下单和接单均由双方的计算机自动进行。

2. 通过电子邮件缔结电子合同

由于电子邮件的使用简易、投递迅速、收费低廉,易于保存、全球畅通无阻,使得电子邮件被广泛地应用。电子邮件合同就是指当事人通过电子邮件的相互发送和接收而订立的货物买卖合同。

案例 4:(虚构)

姜少冬是冀唐市欣达陶瓷公司的网络管理员,该公司拟创建企业的门户网站,为用户和经销商提供产品信息和客户在线咨询服务,出于专业和开发成本考虑,该公司决定购买一套自助建站系统或邀请专业建站公司帮助创建网站。

姜少冬在互联网上经过一段时间的搜索,最终选定北京恒众科技有限公司(以下简称恒众)的自助建站系统。姜少冬于 2009 年 4 月 12 日用其申请的 126 邮箱(jtjsd@126.com)向北京恒众科技有限公司发出邮件,表示对恒众的自助建站系统感兴趣,想了解该产品的价格。恒众的工作人员于 2009 年 4 月 19 日回复姜少冬,该产品零售价 4850 元,姜少冬收到邮件的当天又发了一封邮件,向恒众询问该产品的最低售价,以后双方经过多次交涉,双方协定价格为 2850 元,但恒众声明,此价需经公司批准后,才能最终确定。4 月 23 日,恒众向姜少冬发来邮件,称公司同意以人民币 2850 元将产品出售给欣达陶瓷公司。姜少冬随即回复邮件,称同意购买,并通过网上支付形式把货款支付给恒众,恒众收到货款后,将自助建站系统发到姜少冬指定的邮箱:"jtjsd@126.com"中。

案例分析:

这是一个通过电子邮件订立合同的典型案例,整个过程如下所述。

① 姜少冬于 2009 年 4 月 12 日用其申请的 126 邮箱(jtjsd@126.com)向北京恒众科技有限公司发出邮件,表示对恒众的自助建站系统感兴趣,想了解该产品的价格(要约邀请)。

② 恒众的工作人员于 2009 年 4 月 19 日回复姜少冬,该产品零售价 4850 元(要约)。

③ 姜少冬收到邮件的当天又发了一封邮件,向恒众询问该产品的最低售价(反要约)。

④ 以后双方经过多次交涉,双方协定价格为 2850 元,但恒众公司声明,此价需经公司批准后,才能最终确定价价格。4 月 23 日,恒众公司向姜少冬发来邮件,称公司同意以人民币 2850 元将产品出售给欣达陶瓷公司(要约)。

⑤ 姜少冬随即回复邮件,称同意购买(承诺)。电子邮件合同到此订立完成。

3. 在线订购合同的缔结

在电子商务时代,在线订购合同是一种比较普及的合同缔结方式,图 8-2 就是海尔商城的购物流程。

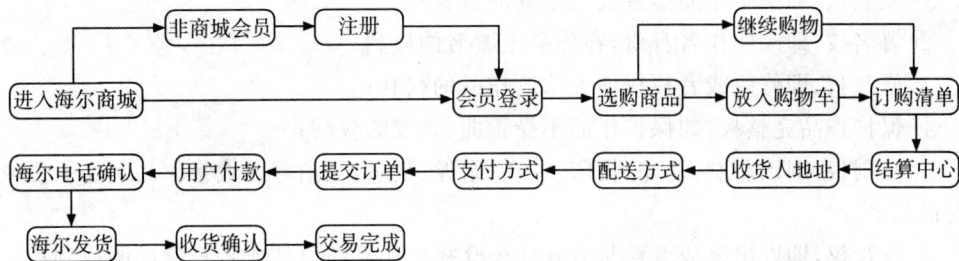

图 8-2　海尔商城的购物流程

① 海尔集团在海尔商城发布商品信息(要约邀请)。

② 用户选择所需要的商品后,提交订购清单(要约)。

③ 海尔商城通过结算中心并要求用户填写用户信息,包括收货人地址,选择配送方式和支付方式,用户最终提交订单(承诺)。在线订购合同到此完成。

4. 在线竞价买卖合同的缔结

在线竞价买卖合同广泛用于 B2C 和 C2C 交易模式中,网络拍卖大致流程如下。

① 卖家在交易平台上填写详细的商品信息、交易条件及方式等,向不特定用户公布或供用户浏览(要约邀请)。

② 买家单击"我要出价",输入自己希望的价格并等待结果(要约)。

③ 竞拍期结束,最高出价者成为购买人。

④ 拍卖系统向最高出价人发出确认通知,告知其成功竞拍(承诺)。

8.3 使用和保护知识产权

8.3.1 避开著作权纠纷

1. 著作权

著作权也被称为版权,中国公民、法人或者其他组织的作品,不论是否发表,依照《中华人民共和国著作权法》(以下简称《著作权法》)享有著作权。根据《著作权法》第三条规定,作品包括以下列形式创作的文学、艺术和自然科学、社会科学、工程技术等作品:文字作品;口述作品;音乐、戏剧、曲艺、舞蹈、杂技艺术作品;美术、建筑作品;摄影作品;电影作品和以类似摄制电影的方法创作的作品;工程设计图、产品设计图、地图、示意图等图形作品和模型作品;计算机软件;法律、行政法规规定的其他作品。《著作权法》第四条规定,依法禁止出版、传播的作品,不受保护。另外,著作权人行使著作权,不得违反宪法和法律,不得损害公共利益。

根据《著作权法》第十条规定,著作权包括下列人身权和财产权。

① 发表权,即决定作品是否公之于众的权利;

② 署名权,即表明作者身份,在作品上署名的权利;

③ 修改权,即修改或者授权他人修改作品的权利;

④ 保护作品完整权,即保护作品不受歪曲、篡改的权利;

⑤ 复制权,即以印刷、复印、拓印、录音、录像、翻录、翻拍等方式将作品制作一份或者多份的权利;

⑥ 发行权,即以出售或者赠与方式向公众提供作品的原件或者复制件的权利;

⑦ 出租权,即有偿许可他人临时使用电影作品和以类似摄制电影的方法创作的作品、计算机软件的权利,计算机软件不是出租的主要标的的除外;

⑧ 展览权,即公开陈列美术作品、摄影作品的原件或者复制件的权利;

⑨ 表演权,即公开表演作品,以及用各种手段公开播送作品的表演的权利;

⑩ 放映权,即通过放映机、幻灯机等技术设备公开再现美术、摄影、电影和以类似摄制电影的方法创作的作品等的权利;

⑪ 广播权,即以无线方式公开广播或者传播作品,以有线传播或者转播的方式向公众传播广播的作品,以及通过扩音器或者其他传送符号、声音、图像的类似工具向公众传播广播的作品的权利;

⑫ 信息网络传播权,即以有线或者无线方式向公众提供作品,使公众可以在其个人选定的时间和地点获得作品的权利;

⑬ 摄制权,即以摄制电影或者以类似摄制电影的方法将作品固定在载体上的权利;

⑭ 改编权,即改变作品,创作出具有独创性的新作品的权利;

⑮ 翻译权,即将作品从一种语言文字转换成另一种语言文字的权利;

⑯ 汇编权,即将作品或者作品的片段通过选择或者编排,汇集成新作品的权利;

⑰ 应当由著作权人享有的其他权利。

2. 电子商务与著作权

在网络商城、电子商务网站、论坛等进行的电子商务交易过程中,很多商家或个人为了更多的经济利益,吸引更多的客户或潜在客户,扩大自己的影响,利用自己在电子商务中的拥有信息发布权的特殊地位(如拥有自己的网站、店铺或论坛账户)往往会在互联网上提供软件、动画、图片、新闻、图书、杂志、音乐、电影、电视等信息服务。如果在提供这些信息服务时,并没有征得著作权人许可,将受著作权保护的作品上传到互联网,则侵犯了他人的著作权,引起法律纠纷。

案例 5:

曹嘉怡在冀唐市斧山矿业集团担任网站建设人员,在开发企业门户网站过程中,曹嘉怡在网站背景音乐中采用了某著名歌星笑笑的一首歌曲作为网站的背景音乐,以此提高网站的亲和力。没想到,斧山矿业集团门户网站开通后,访问量很大,斧山矿业集团产品的销量也因此陡增。与此同时,斧山矿业集团接到冀唐市中级人民法院的传票,原来斧山矿业集团因侵犯他人著作权而被起诉。

案例分析:

冀唐市斧山矿业集团在没有得到著作权人笑笑许可的情况下,使用笑笑的作品作为网站的背景音乐,从而构成了侵权。在电子商务中有很多这样的案例,但没有引起人们的重视。

案例 6:

天骄影视城是一个为网友提供电影、电视和动漫等视频在线观看的网站。自 2003 年 5 月 7 日创办以来,天骄影视城与国内大部分电视台、电影公司、影视机构和唱片公司等三百多家机构达成长期合作关系,提供数千部影视作品,成为冀唐市视频存储量最高的影视歌曲在线点播网站,目前天骄影视城的注册用户超过 1 亿,日均 PV(页面浏览量)超过 2 亿。

除了在技术上保证网友在线点播的速度外,天骄影视城剪辑了一些精彩的影视免费提供给网友,吸引更多的客户,成为冀唐市人气最旺的网站平台,给天骄影视城带来了巨大利润。

案例分析:

《著作权法》第二十二条规定:"在下列情况下使用作品,可以不经著作权人许可,不向其支付报酬,但应当指明作者姓名、作品名称,并且不得侵犯著作权人依照本法享有的其他权利",其中"为介绍、评论某一作品或者说明某一问题,在作品中适当引用他人已经发表的作品"就是其中的一项。

天骄影视城剪辑影视作品的主要目的是为了更好地介绍合作机构的影视作品,创造更多的经济效益。

案例 7:

位于冀唐市的龙行天下软件站是一家国内知名软件网站,龙行天下软件站主要在互联网收集共享软件和免费软件,并将收集来的软件免费提供给网友下载,以提高网站的访问量。

龙行天下软件站免费提供的大量实用软件吸引了大量网友下载,日均 PV(页面浏览量)超过 7 千万,很多厂商、经销商或个人要求在龙行天下软件站做广告。经过多年的经营,龙行天下软件提供了多种广告形式,除了在网页中嵌入文字、静态图像、Gif 动画文件、Flash 动画文件等固定位置广告外,还在网站中加入了浮动图像、巨幅图像、弹出窗口等多种形式的广告。与此同时,龙行天下软件站对网友下载软件进行了技术处理,使用户在下载软件前必须游览其指定的广告,以期达到更大的广告收益。

案例分析:

根据《著作权法》第三条规定,计算机软件这种无形的数字化商品也在著作权法保护范畴,根据《中华人民共和国计算机软件保护条例》第三十条规定,龙行天下软件站未经著作权人同意,直接在互联网上收集整理共享软件和免费软件,在网站发布并提供下载。尽管网友下载是免费的,但龙行天下软件站通过共享软件或免费软件获得广告收益,属于商业用途,必须承担相应的民事责任。

案例 8:

张相伟就读于冀唐理工大学软件专业,从大四开始找工作,到大学毕业,仍没找到合适的工作。张相伟决定一边找工作,一边开网店。现在物流很发达,网络购物很普及,不需要投资就可以开网店,而且风险很小。张相伟在自己的计算机上设计网店页面,为了避免知识产权纠纷问题,张相伟不直接引用人们所关注的图片、新闻、音乐、电影、电视、动画等作品,而是想方设法通过自己的网店链接到其他网站上,想以此提高网店的浏览量。

案例分析:

网站链接给网络用户带来了无穷的信息来源,给经营者提供了无限的商机,同时也引起了不少的法律纠纷。如果未经著作权人允许实施网站链接的,依据《著作权法》第四十七条规定承担民事责任,我国《信息网络传播权保护条例》、《关于审理涉及计算机网络著作权纠纷案件适用法律若干问题的解释》等相关法律法规也都明确了著作权人对其作品享有信息网络传播权,未经权利人许可,任何人不得擅自将他人的作品登在网络上进行传播,否则就构成著作权侵权。案例中的张相伟尽管没有直接使用著作权人的作品,没有将作品存储在其网站中,但网络用户可通过其网店的页面链接访问到著作权的作品,因传播而构成侵权。

8.3.2 注册并保护域名

1. 域名

《中国互联网络域名管理办法》第三条对域名进行了如下定义。

① 域名:是互联网络上识别和定位计算机的层次结构式的字符标志,与该计算机的互联网协议(IP)地址相对应。

② 中文域名:是指含有中文文字的域名。

③ 域名根服务器:是指承担域名体系中根节点功能的服务器。

④ 域名根服务器运行机构:是指承担运行、维护和管理域名根服务器的机构。

⑤ 顶级域名：是指域名体系中根节点下的第一级域的名称。

⑥ 域名注册管理机构：是指承担顶级域名系统的运行、维护和管理工作的机构。

⑦ 域名注册服务机构：是指受理域名注册申请，直接完成域名在国内顶级域名数据库中注册、直接或间接完成域名在国外顶级域名数据库中注册的机构。

在电子商务活动中，域名是政府、企业、非政府组织及个人在互联网上注册的名称，是上网单位和个人在网络上的重要标志，便于他人识别和检索某一企业、组织或个人的信息资源，从而更好地实现网络上的资源共享。域名除了识别功能外，在电子商务环境中，域名还可以起到引导、宣传、代表等作用。

域名分为不同级别，包括顶级域名和二级域名。其中顶级域名分为国家顶级域名（如 CN—中国、US—美国）和国际顶级域名（如 COM—工商企业、NET—网络提供商、ORG—非营利组织）。二级域名是指顶级域名之下的域名，在国际顶级域名下，它是指域名注册人的网上名称；在国家顶级域名下，它表示注册企业类别。

以淘宝网为例，打开 IE 浏览器后，在地址栏输入淘宝网的 URL 地址“http://www.taobao.com.cn”后，就可以打开淘宝网主页，如图 8-3 所示。淘宝网的 URL 地址“http://www.taobao.com.cn”中的 com 就是二级域名，顶级域名是 cn，taobao 是二级域名下的子域名。

图 8-3　通过域名访问企业主页(1)

如果在地址栏输入淘宝网的另一 URL 地址“http://www.taobao.com”，同样可以访问淘宝网，如图 8-4 所示，URL 地址“http://www.taobao.com”中的 com 是顶级域名，taobao 则是二级域名。

2. 域名注册

在电子商务环境中，域名成为企业在新的技术条件下参与国际市场竞争的重要手段，它代表了企业在网络上独有的位置，是企业产品、服务范围、形象、商誉等的综合体现，是企业无形资产的一部分。同时，域名也是一种智力成果，它是有文字含义的商业性标记，与商标、商号类似，体现了相当的创造性，因此，域名同样是受法律保护的知识产权。

图 8-4　通过域名访问企业主页(2)

　　域名的注册遵循先申请先注册原则,管理机构对申请人提出的域名是否违反了第三方的权利不进行任何实质审查。同时,每一个域名的注册都是独一无二的、不可重复的。因此,在网络上,域名是一种相对有限的资源,它的价值将随着注册企业的增多而逐步为人们所重视。我国的域名管理机构是中国互联网络信息中心(CNNIC),如图 8-5 所示,它是经国家主管部门批准,于 1997 年 6 月 3 日组建的管理和服务机构,行使国家互联网络信息中心的职责。

图 8-5　中国互联网络信息中心网站首页

企业、组织或个人可直接在中国互联网络信息中心注册域名,也可到其他域名注册机构注册,如中国万网、阿里巴巴等域名注册服务机构。图 8-6 是中国互联网络信息中心在其官方网站公布的"2008 年度 CN 域名金牌注册服务机构"。

图 8-6 2008 年度 CN 域名金牌注册服务机构

3. 由域名抢注引起的法律纠纷

据世界知识产权组织(WIPO)统计,仅 2008 年一年,由世界知识产权组织负责处理解决的全球域名抢注纠纷数量达到了 2329 起,创下了此类纠纷年度数量的历史纪录。域名抢注纠纷涉及的知名企业、组织、品牌及名人包括西班牙申奥委员会、英国广播公司、耶鲁大学、美国知名女影星斯佳丽·约翰森、美国知名网络拍卖服务商 eBay、谷歌和雀巢等。

(1)恶意抢注

恶意抢注即有人别有用心抢在商标持有人之前注册相应互联网域名(主要针对知名企业或名人),抢注成功者就可同商标持有人谈判,要求相应企业或名人向抢注者支付巨额资金,以"收回"该域名的使用权。由于域名不受商标法规制约,抢注域名现象非常普遍。根据《中国互联网络信息中心域名争议解决办法》第九条对恶意注册和使用域名进行了规定(如下),恶意注册或使用域名将得不到支持。

☆ 注册或受让域名的目的是为了向作为民事权益所有人的投诉人或其竞争对手出售、出租或者以其他方式转让该域名,以获取不正当利益;

☆ 多次将他人享有合法权益的名称或者标志注册为自己的域名,以阻止他人以域名的形式在互联网上使用其享有合法权益的名称或者标志;

☆ 注册或者受让域名是为了损害投诉人的声誉,破坏投诉人正常的业务活动,或者混淆与投诉人之间的区别,误导公众;

☆ 其他恶意的情形。

(2) 非恶意抢注

在某些情况下,域名注册人并没有恶意抢注之心,而是由于自身原因使用了偶尔与他人商标或商号相同的域名,由于域名的唯一性,致使域名注册人与知识产权人发生冲突,形成抢注的事实。出现域名争议后,如何判断注册人是不是非恶意注册,《中国互联网络信息中心域名争议解决办法》第十条规定以下情形的域名享有合法权益:

☆ 被投诉人在提供商品或服务的过程中已善意地使用该域名或与该域名相对应的名称;

☆ 被投诉人虽未获得商品商标或有关服务商标,但所持有的域名已经获得一定的知名度;

☆ 被投诉人合理地使用或非商业性地合法使用该域名,不存在为获取商业利益而误导消费者的意图。

案例 9:美国杜邦公司诉北京国网信息有限公司计算机网络域名侵权纠纷案

杜邦公司自设立以来,一直在其产品上使用椭圆字体"DU PONT"作为产品制造者的识别标志。从 1986 年 11 月至今,原告杜邦公司在国家工商行政管理局商标局(以下简称商标局)陆续通过办理受让和注册手续,取得了椭圆字体"DU PONT"注册商标。1999 年 2 月,原告杜邦公司又在商标局注册了"DU PONT"文字商标。

原告杜邦公司在美国、德国、加拿大、俄罗斯等 17 个国家注册的三级域名,均为"DU PONT. 行政区缩写"或"DU PONT 行政区缩写"或"dupont. Co. 行政区缩写"模式。被告北京国网信息有限公司(以下简称国网公司)于 1996 年 3 月注册成立,经营范围为计算机网络信息咨询服务、计算机网络在线服务、电子计算机软硬件的技术开发等。1998 年 11 月 2 日,该公司在中国互联网络信息中心注册了域名"dupont. com. cn",至今一直没有实际使用。

1999 年 3 月,原告杜邦公司在中国的子公司中国杜邦有限公司致函被告国网公司称:"本公司注意到你方在中华人民共和国注册了域名'dupont. com. cn'。杜邦公司以'DU PONT'商标注册并经营国际商业活动有近 200 年历史,同时是'DU PONT'商标(包括椭圆标志)在世界各国的注册所有人。本公司在中国拥有 10 余家独资或合资公司,均以'DU PONT'之名注册。本公司也在中国注册了'DU PONT'商标。本公司在美国和其他国家的域名为'du pont. com'。我方要求你方立即停止使用'DU PONT'域名,并立即撤销对'dupont. com. cn'域名之注册。"

北京市第一中级人民法院认为:

自 1921 年以来,原告杜邦公司的椭圆字体"DU PONT"商标已经在 94 个国家、地区或组织注册。通过杜邦公司良好的商品质量和该公司多年的、持续的、大范围的广告宣传,该公司已在全球拥有庞大的用户群,使用椭圆字体"DU PONT"商标销售的商品数量可观。椭圆字体"DU PONT"商标已于1976年在我国注册,杜邦公司对该商标享有专用权。杜邦公司在我国也投入了巨额的广告宣传费用,使用椭圆字体"DU PONT"商标的商品在我国也拥有大量的消费者,我国已成为杜邦公司商品的重要市场,椭圆字体"DU PONT"商标在我国市场上也享有较高声誉,为我国相关公众所熟知。鉴于以上事实,杜邦公司提出椭圆字体"DU PONT"商标事实上已属驰名商标,该主张应予支持。

"DU PONT"文字标志是原告杜邦公司椭圆字体"DU PONT"驰名商标中最重要的一部分。被告国网公司不能说明其名称、地址、简称、标志、业务或者其他任何方面与"dupont"一词有关,也不能证明其在域名领域对"dupont"一词享有在先使用的权利,却把杜邦公司驰名商标中的文字作为最具识别性的内容注册了"dupont.com.cn"域名。国网公司注册的域名如果在互联网上投入使用,必然会混淆该域名与"DU PONT"商标的区别,引起公众的误认。事实上,国网公司将"dupont.com.cn"注册成域名后并未使用,只是起到了阻止杜邦公司将其注册成域名的作用,妨碍了杜邦公司在中国互联网上使用自己的商标进行商业活动。

法院最终判决被告国网公司撤销其注册的"dupont.com.cn"域名,同时要求其给原告杜邦公司赔偿为本案诉讼支出的调查取证费2700元。

8.3.3 维护商标专用权

在电子商务环境中,既有传统的商标侵权行为,也有电子商务活动特有的侵权行为,如将商标恶意注册为域名,或在自己的网站中随意引用他人商标等。

1. 商标

《中华人民共和国商标法》(以下简称《商标法》)第七条规定,商标使用的文字、图形或者其组合,应当有显著特征,便于识别。使用注册商标的,并应当标明"注册商标"或者注册标记。《商标法》第四条规定,企业、事业单位和个体工商业者,对其生产、制造、加工、拣选或者经销的商品,需要取得商标专用权的,应当向商标局申请商品商标注册。企业、事业单位和个体工商业者,对其提供的服务项目,需要取得商标专用权的,应当向商标局申请服务商标注册。

如图8-7所示,在标注商标时应在其右上角加注"R"、"TM":圆圈里加R,是"注册商标"的标记,意思是该商标已在国家商标局进行注册申请并已经商标局审查通过,成为注册商标。圆圈里的R是英文register(注册)的开头字母。

图8-7 Intel公司所生产的CPU包装盒上的商标标签

用 TM 则是商标符号的意思(企业使用 TM 通常是表示本文字、图形或符号作为商标使用),即标注 TM 的文字、图形或符号是商标,但不一定已经注册。TM 是英文 trademark 的缩写。需要特别说明的是:已经成为注册商标的文字、词汇、符号,在实际使用中,如使用字体版本不同于注册时使用的字体,不能作为注册商标使用®符号。

注册商标具有排他性、独占性、唯一性等特点,属于注册商标所有人所独占,受法律保护,任何企业或个人未经注册商标所有权人许可或授权,均不可自行使用,否则将承担侵权责任。

2. 在注册域名过程中发生的商标侵权

很多别有用心的人为牟取利润,恶意使用知名企业的商标注册域名,借其对消费者的吸引力,在网络上从事电子商务,吸引用户的注意力,提高浏览量,在美国杜邦公司诉北京国网信息有限公司计算机网络域名侵权纠纷一案中,国网公司就是使用美国杜邦公司的商标注册为域名,最终被法院判决其撤销域名,并赔偿原告支付的诉讼费。

3. 设计网页时发生的商标侵权

注册商标享有商标专用权,如果擅自使用他人注册商标中的文字、图形或者其组合用于美化、装潢自己的网页,这种行为实质上构成了《商标法》第五十二条(伪造擅自制造他人注册商标标识或者销售伪造、擅自制造的注册商标标识的)所指的侵权行为。

4. 由网页链接引起的商标侵权

在电子商务活动中,网页链接还会引起商标侵权。例如,在网页上将他人注册商标或驰名商标设为链接,采用深度链接或加框链接技术,绕开被链接网站的主页,以此来提高网站的浏览量,从而构成商标侵权。

8.3.4 避免侵犯专利权

1. 专利权

专利权经常被简称为"专利"。它指专利权人对发明创造享有的专利权,即国家依法在一定时期内授予发明创造者或者其权利继受者独占使用其发明创造的权利,这种专有权具有独占的排他性。非专利权人要想使用他人的专利技术,必须依法征得专利权人的授权或许可。

专利权是知识产权的一种,具有"独占"与"公开"两种基本特征,以"公开"换取"独占"是专利制度最基本的核心,这分别代表了权利与义务的两面。"独占"是指法律授予技术发明人在一段时间内享有排他性的独占权利;"公开"是指技术发明人作为对法律授予其独占权的回报而将其技术公之于众,使社会公众可以通过正常渠道获得有关专利信息。

在电子商务环境中,专利权和其他知识产权一样,存在各种侵权行为。

2. 电子商务环境下的专利纠纷

随着电子商务竞争的日益激烈,大批著名企业纷纷卷入电子商务专利纠纷。例如,Tumbleweed 和 eBay 公司之间曾爆发电子商务专利诉讼,Visa 曾被 E-Pass 公司控告侵犯电子商务专利等。

　　电子商务专利纠纷覆盖了大量技术领域,例如,互联网安全公司曾卷入电子商务数据安全专利侵权诉讼,Persistence 软件公司是电子商务引擎软件供应商,曾起诉 Object People 公司侵权,指控被告的 TOPLink 产品侵犯了 3 项电子商务专利。

　　电子商务领域中专利技术还有很多,截至 2009 年 5 月 6 日,通过以"专利申请人"在中华人民共和国国家知识产权局官方网站查询,可查询到我国最大的电子商务公司之一的阿里巴巴享有的 214 项专利,如图 8-8 所示。

图 8-8　阿里巴巴享有的 214 项专利

8.4　维护消费者权益

8.4.1　了解消费者权益保护法

1. 消费者权益保护法

　　我国在 1993 年 10 月 31 日第八届全国人大常委会第四次会议上通过了《中华人民共和国消费者权益保护法》(以下简称《消费者权益保护法》),该法自 1994 年 1 月 1 日起施行。《消费者权益保护法》的颁布实施,是我国第一次以立法的形式全面确认消费者的权利,对保护消费者的权益、规范经营者的行为、维护社会经济秩序、促进社会主义市场经济健康发展具有十分重要的意义。

2. 消费者权益保护法的适用对象

《消费者权益保护法》第二条规定："消费者为生活消费需要购买、使用商品或者接受服务，其权益受本法保护；本法未作规定的，受其他有关法律、法规保护。"此条规定了《消费者权益保护法》所保护的对象，该对象是"为生活消费"的消费者，主要指分散的、单个的自然人，他们在市场中处于弱势地位，需要法律的特殊保护。

《消费者权益保护法》第三条规定："经营者为消费者提供其生产、销售的商品或者提供服务，应当遵守本法；本法未作规定的，应当遵守其他有关法律、法规。"此条规定了《消费者权益保护法》所规范的对象，凡是为消费者提供其生产、销售的商品或者提供服务的对象，不管是社会组织、企事业单位，还是个人，在其经营活动中必须遵守该法的规定。

《消费者权益保护法》第五十四条规定："农民购买、使用直接用于农业生产的生产资料，参照本法执行。"消费者保护法的宗旨在于保护消费者（弱势群体）的合法权益。农民购买直接用于农业生产的生产资料，虽然不是为个人生活消费，但作为经营者的相对方，其弱势地位是明显的，因此，此条将农民购买、使用直接用于农业生产的生产资料行为纳入该法的保护范围。

3. 消费者的主要权利

根据《消费者权益保护法》第七条至第十五条规定，消费者在购买、使用商品和接受服务时享有以下权利。

安全保障权：消费者在购买、使用商品和接受服务时享有人身、财产安全不受损害的权利。消费者有权要求经营者提供的商品和服务，符合保障人身、财产安全的要求。

知悉真情权：消费者有权根据商品或者服务的不同情况，要求经营者提供商品的价格、产地、生产者、用途、性能、规格、等级、主要成分、生产日期、有效期限、检验合格证明、使用方法说明书、售后服务，或者服务的内容、规格、费用等有关情况。

自主选择权：消费者有权自主选择提供商品或者服务的经营者，自主选择商品品种或者服务方式，自主决定购买或者不购买任何一种商品、接受或者不接受任何一项服务。消费者在自主选择商品或者服务时，有权进行比较、鉴别和挑选。

公平交易权：消费者在购买商品或者接受服务时，有权获得质量保障、价格合理、计量正确等公平交易条件，有权拒绝经营者的强制交易行为。

获取赔偿权：消费者因购买、使用商品或者接受服务受到人身、财产损害的，享有依法获得赔偿的权利。

结社权：消费者享有依法成立维护自身合法权益的社会团体的权利。

获得相关知识权：消费者享有获得有关消费和消费者权益保护方面的知识的权利。消费者应当努力掌握所需商品或者服务的知识和使用技能，正确使用商品，提高自我保护意识。

受尊重权：消费者在购买、使用商品和接受服务时，享有其人格尊严、民族风俗习惯得到尊重的权利。

监督批评权：消费者享有对商品和服务以及保护消费者权益工作进行监督的权利。

消费者有权检举、控告侵害消费者权益的行为和国家机关及其工作人员在保护消费者权益工作中的违法失职行为,有权对保护消费者权益工作提出批评、建议。

4. 经营者的义务

根据《消费者权益保护法》第十六条至第二十五条规定,为了有效地保护消费者的权益,约束经营者的经营行为,该法不仅专章规定了消费者的权利,还专章规定了经营者的义务。

履行法定义务及约定义务:经营者向消费者提供商品或者服务,应当仿照《中华人民共和国产品质量法》和其他有关法律、法规的规定履行义务。经营者和消费者有约定的,应当按照约定履行义务,但双方的约定不得违背法律、法规的规定。

接受监督的义务:经营者应当听取消费者对其提供的商品或者服务的意见,接受消费者的监督。

保证商品和服务安全的义务:经营者应当保证其提供的商品或者服务符合保障人身、财产安全的要求。对可能危及人身、财产安全的商品和服务,应当向消费者做出真实的说明和明确的警示,并说明和标明正确使用商品或者接受服务的方法以及防止危害发生的方法。经营者发现其提供的商品或者服务存在严重缺陷,即使正确使用商品或者接受服务仍然可能对人身、财产安全造成危害的,应当立即向有关行政部门报告和告知消费者,并采取防止危害发生的措施。

提供真实信息的义务:经营者应当向消费者提供有关商品或者服务的真实信息,不得做引人误解的虚假宣传。经营者对消费者就其提供的商品或者服务的质量和使用方法等问题提出的询问,应当做出真实、明确的答复。商店提供商品应当明码标价。

标明真实名称和标记的义务:经营者应当标明其真实名称和标记。租赁他人柜台或者场地的经营者,应当标明其真实名称和标记。

出具凭证或单据的义务:经营者提供商品或者服务,应当按照国家有关规定或者商业惯例向消费者出具购货凭证或者服务单据;消费者索要购货凭证或者服务单据的,经营者必须出具。

保证质量的义务:经营者应当保证在正常使用商品或者接受服务的情况下其提供的商品或者服务应当具有的质量、性能、用途和有效期限;但消费者在购买该商品或者接受该服务前已经知道其存在瑕疵的除外。经营者以广告、产品说明、实物样品或者其他方式表明商品或者服务的质量状况的,应当保证其提供的商品或者服务的实际质量与表明的质量状况相符。

履行"三包"或其他责任的义务:经营者提供商品或者服务,按照国家规定或者与消费者的约定,承担包修、包换、包退或者其他责任的,应当按照国家规定或者约定履行,不得故意拖延或者无理拒绝。

不做出不利于消费者规定的义务:经营者不得以格式合同、通知、声明、店堂告示等方式做出对消费者不公平、不合理的规定,或者减轻、免除其损害消费合法权益应当承担的民事责任。格式合同、通知、声明、店堂告示等含有前款所列内容的,其内容无效。

不得侵犯消费者人格的义务:经营者不得对消费者进行侮辱、诽谤,不得搜查消费者的身体及其携带的物品,不得侵犯消费者的人身自由。

8.4.2 电子商务与消费者权益保护

计算机和通信技术的飞速发展,使得全球经济环境发生了翻天覆地的变化,消费者购物不再受时间、地点和空间限制,通过计算机网络,随时可购买世界各地的商品,享受传统贸易不能提供的服务。同时,经营者也能以超低的成本,迅捷地出售商品或提供服务。但网络交易毕竟不同于传统贸易,会对消费者权益保护产生不利的影响。

在网络交易中,消费者只能通过广告获取有关商品的信息,而不能实际地观察、挑选和检验商品,在经营者没有进行充分公开或公开虚假信息时往往使消费者的利益受到损失。

在网络交易中,一般由消费者先付货款,并说明欲购的商品。经营者收到汇款发货。即便在消费者与经营者之间存在提供交易平台或担保机构的第三方,货款也不会当面结清,很多经营者利用这一特点,以虚假不实的广告,诱使消费者购买质次价高的商品,或是收到货款后拖延邮货,或是以邮售为名,行诈骗之实。

总之,在电子商务交易过程中,消费者无法真实了解商品的具体情况,只能通过广告来比较鉴别;收到物品与宣传不符,功能欠缺,甚至是残次品;卖家提供虚假信息,收钱不发货,骗取钱财;销售商品不负责售后服务,退换困难;有的甚至利用网络行骗和从事非法交易等,这些都会对消费者权益保护产生影响。

8.4.3 规制电子商务中的格式条款

基于网络交易的双方处于信息不对称状态,以常见的 B2C 模式为例,消费者在网络购物中,商家往往采用格式合同以节省消费者的时间。《合同法》第三十九条第二款规定:"格式条款是当事人为了重复使用而预先拟定,并在订立合同时未与对方协商的条款。"最典型的就是单击式格式条款:消费者只能单击"接受"或"拒绝",而无讨价还价的余地。在商家规定的格式条款中,往往有许多违背消费者利益的内容,实践中消费者往往不加细看即表示接受,从而在发生争议时使自己的合法权益受到损害。因此,经营者必须规制这些格式条款,使格式条款符合《合同法》、《消费者权益保护法》及其他法律法规的要求。消费者也应采用法律武器,保护自己的合法权益。规制电子商务中的格式条款,应当坚持以下原则。

1. 合理提示原则

《合同法》第三十九条第一款规定:"采用格式条款订立合同的,提供格式条款的一方应当遵循公平原则,确定当事人之间的权利和义务,并采取合理的方式提请对方注意免除或者限制其责任的条款,按照对方的要求,对该条款予以说明。"

2. 免责条款无效原则

《合同法》第四十条规定:"格式条款具有本法第五十二条和第五十三条规定情形的,或者提供格式条款一方免除其责任、加重对方责任、排除对方主要权利的,该条款无效。"

3. 按通常理解解释原则

《合同法》第四十一条规定:"对格式条款的理解发生争议的,应当按照通常理解予以解释。对格式条款有两种以上解释的,应当做出不利于提供格式条款一方的解释。格式条款和非格式条款不一致的,应当采用非格式条款。"

《合同法》第一百二十五条第一款规定:"当事人对合同条款的理解有争议的,应当按照合同所使用的词句、合同的有关条款、合同的目的、交易习惯以及诚实信用原则,确定该条款的真实意思。"

4. 公平合理原则

《消费者权益保护法》第二十四条规定:"经营者不得以格式合同、通知、声明、店堂告示等方式作出对消费者不公平、不合理的规定,或者减轻、免除其损害消费者合法权益应当承担的民事责任。"

参 考 文 献

1. 阿里巴巴(中国)网络技术有限公司.中小企业电子商务之路.北京：清华大学出版社,2007

2. 邵兵家,刘炯艳,马果.电子商务概论.北京：高等教育出版社,2003

3. 李彤,杨强.电子商务营销.北京：电子工业出版社,2008

4. 司志刚,濮小金.电子商务导论.北京：中国水利水电出版社,2005

5. 吕廷杰.电子商务教程.北京：电子工业出版社,2000

6. 宋文官.电子商务基础与实务.北京：人民邮电出版社,2007

7. 劳动和社会保障部教材办公室,上海市职业培训指导中心.助理电子商务师.北京：中国劳动社会保障出版社,2006

8. 丛书编委会.电子商务项目实训教程.北京：中国电力出版社,2008

9. 劳动和社会保障部教材办公室.电子商务员助理电子商务师.北京：中国劳动社会保障出版社,2003

10. 陈德人.中国电子商务案例精选.北京：高等教育出版社,2007

11. 万守付等.电子商务基础.第2版.北京：人民邮电出版社,2006

12. 张楚.电子商务法.第2版.北京：中国人民大学出版社,2007

13. 韩学平,孔令秋等.电子商务法.大连：东北财经大学出版社,2008